JN336514

日本語教育学研究への展望

シリーズ 言語学と言語教育

第1巻　日本語複合動詞の習得研究−認知意味論による意味分析を通して　松田文子著
第2巻　統語構造を中心とした日本語とタイ語の対照研究　田中寛著
第3巻　日本語と韓国語の受身文の対照研究　許明子著
第4巻　言語教育の新展開−牧野成一教授古稀記念論文集
　　　鎌田修，筒井通雄，畑佐由紀子，ナズキアン富美子，岡まゆみ編
第5巻　第二言語習得とアイデンティティ
　　　−社会言語学的適切性習得のエスノグラフィー的ディスコース分析　窪田光男著
第6巻　ポライトネスと英語教育−言語使用における対人関係の機能
　　　堀素子，津田早苗，大塚容子，村田泰美，重光由加，大谷麻美，
　　　村田和代著
第7巻　引用表現の習得研究−記号論的アプローチと機能的統語論に基づいて
　　　杉浦まそみ子著
第8巻　母語を活用した内容重視の教科学習支援方法の構築に向けて
　　　清田淳子著
第9巻　日本人と外国人のビジネス・コミュニケーションに関する実証研究
　　　近藤彩著
第10巻　大学における日本語教育の構築と展開−大坪一夫教授古稀記念論文集
　　　藤原雅憲，堀恵子，西村よしみ，才田いずみ，内山潤編
第11巻　コミュニケーション能力育成再考
　　　−ヘンリー・ウィドウソンと日本の応用言語学・言語教育
　　　村田久美子，原田哲男編著
第12巻　異文化間コミュニケーションからみた韓国高等学校の日本語教育
　　　金賢信著
第13巻　日本語 e ラーニング教材設計モデルの基礎的研究
　　　加藤由香里著
第14巻　第二言語としての日本語教室における「ピア内省」活動の研究
　　　金孝卿著
第15巻　非母語話者日本語教師再教育における聴解指導に関する実証的研究
　　　横山紀子著
第16巻　認知言語学から見た日本語格助詞の意味構造と習得
　　　−日本語教育に生かすために　森山新著
第17巻　第二言語の音韻習得と音声言語理解に関与する言語的・社会的要因
　　　山本富美子著
第18巻　日本語学習者の「から」にみる伝達能力の発達
　　　木山三佳著
第19巻　日本語教育学研究への展望−柏崎雅世教授退職記念論集
　　　藤森弘子，花薗悟，楠本徹也，宮城徹，鈴木智美編

シリーズ 言語学と言語教育 19

日本語教育学研究への展望

柏崎雅世教授退職記念論集

藤森弘子・花薗悟・楠本徹也
宮城徹・鈴木智美　編

ひつじ書房

目　次

はじめに

日本語教育の多様化に向けて
　―柏崎雅世さんをおくることば―
　　　　　　　　　　　　　　　　　　　　　　　　姫野　昌子　　1

第1章　音声・語彙・文字

韓国語2方言話者による日本語破裂音の聴覚的認識
　　　　　　　　　　　　　　　　　　　　　　　　金　愛子　　5

「やばい」の意味
　　　　　　　　　　　　　　　　　　　　　　　　柳澤　絵美　　25

「〜がる」と「対応する動詞」との考察
　　　　　　　　　　　　　　　　　　　　　　　　韓　金柱　　43

上級日本語学習者の動詞のコロケーションに関わる誤用
　―「する」を中心に―
　　　　　　　　　　　　　　　　　　　　　　　　鈴木　綾乃　　61

マンガに現れる日本語および中国語のオノマトペの類型
　　　　　　　　　　　　　　　　　　　　　　　　黄　慧　　79

類似した意味からなる二字熟語についての考察
　　　　　　　　　　　　　　　　　　　　　　田山　のり子　95

「又」の漢字系統樹（2/3）
　　　　　　　　　　　　　　　　　　　　　　善如寺　俊幸　111

第2章　文法

中国人日本語学習者の作文における
認識のモダリティに関する考察　　　　　　楊　紅・王　景傑　129

「はずだ／べきだ」の日中意味分析と文型指導
　　　　　　　　　　　　　　　　　　　　　　梓沢　直代　149

日本語と中国語の状態動詞の量的差異
　―中国語母語話者に対する文型指導のために―
　　　　　　　　　　　　　　　　　　　　　　清水　淳　165

言語表現の〈親しさ〉と〈距離〉に関する一考察
　―ラ抜き言葉を中心に―
　　　　　　　　　　　　　　　　　　　　　　張　麗　183

比較表現「AはBより～」再考
　―参照点（reference point）の観点から考える―
　　　　　　　　　　　　　　　　　　　　　　鈴木　智美　201

命令・依頼文の述語形式
　―シナリオ資料による分析―
　　　　　　　　　　　　　　　　　　　　　　花薗　悟　221

第3章　会話分析

日本語母語話者・非母語話者によるターンの
協同的構築にみる相互行為の身体性————池田　智子　241

改善要求談話にみられる日本語学習者の
発話連鎖パターンの考察————郭　碧蘭　261

接触場面における話題選択及び話題開始の傾向
————金　銀美　281

友人間会話における有標スピーチレベル使用
についての一考察
―敬体とぞんざいな表現の使用に着目して―
————宮武　かおり　299

ディスカッション場面の相互行為分析
―中級口頭表現クラスの観察を通して―
————藤森　弘子　319

第4章　教育実践

ベオグラードにおける日本語教育
―ベオグラード大学における現状を中心に―
————渕上　真由美・和田　沙江香　335

自己のダイアリーからみるオーストラリアの
日本語アシスタントの授業における問題とその要因
————和田　沙江香　353

俳句による日本語・日本文化教育の実践と考察
―総合科目〈HAIKU・俳句〉―
————菅長　理恵　371

口頭発表レジュメの段階的指導の試み
―超級レベルの留学生を対象とした実践例―
....工藤　嘉名子　389

ＪＬＣ日本語スタンダーズに準拠した聴解教育
....坂本　恵　409

オーストラリア・ビクトリア州
教育省 ATJ プログラムについて
―その概要と可能性―
....宮城　徹　425

現代日本における留学生受入れ政策の課題と展望
....岡田　昭人・中島　久朱　445

地域における新たな日本語教授法「参加型学習」導入の試み
―共に育む活動の創造―
....伊東　祐郎　465

東京外国語大学留学生日本語教育センターの歩み
....小林　幸江　479

28 年の日本語教育を振り返って
―日本語教育史の現場から―
....柏崎　雅世　509

柏崎雅世教授略歴..515

あとがき

執筆者一覧

日本語教育の多様化に向けて
―柏崎雅世さんをおくることば―

姫野　昌子

　柏崎さんは、当センターに15年半在職された。筆者は、一足先に退職したが、最後の8年間ほど同僚として、ともに仕事をさせていただいた。ちょうど当センターの役割も日本語教育も、大きな変貌を遂げた時期と重なる。その柏崎さんがいよいよ定年退職されるということで、感慨もひとしおである。この機会に、当センターの発足当時の1970年代にさかのぼって来し方を少々振り返ってみたいと思う。

　1970年代初めは、まだ留学生の数も少なく、出身者の地域も、東南アジアの国々が中心であった。留学生の親族の世代には、依然、第二次世界大戦の記憶が生々しく残っていたころで、ほとんどの留学生が親族の反対を受けて来日していた。当然、反日感情も激しかったが、特に国費留学生の場合は、かつての憎むべき国から奨学金を受けているということで複雑な感情があったにちがいない。我々教師は、授業以前に、このような感情の嵐を前に、戸惑うことも多かったが、一方、日本人としてこのようなアジアの若者の心情にうとかったことにも大いに反省させられた。このようなわだかまりは、幸い、数年のうちに次第に消えていったが、それは、日本が「鬼のような兵隊に満ちた野蛮国」ではなく、平和を愛するごく普通の庶民の暮らす国だということを、日常の生活を通して留学生たちがわかってくれるようになったからではないかと思う。

　あまり知られていないようだが、一時、職場に日本語教育学会の事務局が置かれていた時期があり、我々教師が学会誌の発送などの業務をしていた。

新米の筆者などは、授業の準備に追われ、あまり手伝う余裕もなかったが、年配の先生方が夜遅くまで黙々と作業をされていたのを覚えている。まだ会員数も少なかったころ、学会は、このような先輩諸氏の熱意に支えられていたのだと思う。現在の学会の隆盛ぶりなど予想もできなかったころのことである。

　このころは、まだパソコンもゼロックス機もなく、教材は手書きだった。授業の参考になる書物も辞典も少なく、自分で考えるほかなかった。たぶん、そのころ出版された本や紀要の論文にはほとんど目を通すことができたのではないかと思う。それほど日本語教育関係の書が少なかったということである。入手が難しい本をやっと借りられたときは、ノートを作って写した。手間はかかったが、その分、内容は頭に残ったような気がする。今は、何でも簡単にコピーできるようになったが、コピーをしたら安心してしまい、読みもせず積んでおくという悪い癖がついてしまったように思う。当時と比べ、今は、とにかく情報が多い。ありがたいことではあるが、検索作業と情報の選択に追われて、まるで、情報の海に溺れそうである。どんなに探しても、まだ知り尽くしていないのではないかという思いがどこかに残る。情報の希少さのゆえに、考えるゆとりのあった昔が懐かしい気がする昨今である。

　ひと昔前、日本語教師は、大体、国文科か英文科出身と言われていたが、日本語教育の拡大と多様化にともない、教師のバックグラウンドは多彩になった。日本語教育専門の大学院が設置され、社会人入学が増えて、その傾向は一層強まった。柏崎さんは、まさに、このような変化の時代の先駆け的存在のように思われる。学部の出身は、社会学科で、卒論のテーマは、「日本近代化における社会の意識構造」だそうである。出版業務の職歴やご家族の公職赴任に伴う北京での暮らし（ちなみに、1970年代末、日中交流がまだ盛んではなかったこの時期に、中国滞在に関する随想を出版され、評判を呼んだ）その他、さまざまな経験を経て、1990年に東京外国語大学の大学院に入学された。課程終了後間もなく、当センターに来られたのであるが、社会言語学の立場から新しい風を吹き込んでくださったと思う。

　余談になるが、採用人事の際、柏崎さんがくろしお出版から出された『日

本語における行為指示型表現の機能』について業績審査にうるさい委員のメンバーが、その緻密な考証と論の展開、徹底した文献収集に感嘆したことが印象に残っている。言語学の出身者とは、一味違った、社会科学的な視点に貫かれていたからではないかと思う。最近は複合述語や複合助詞、日中アスペクト表現の対照研究など研究分野がさらに広がりつつあるようにお見受けする。その成果が期待されるところである。

　採用人事と言えば、一般的に、どの教育機関でも人材を採用する際、新人をとるか、熟練の経験者をとるか、意見が分かれるところである。新人なら、ひとりだちするまで時間がかかる。その代わり、職場に順応しやすく、その若さで組織に活力を与えることもある。一方、経験者なら、即戦力を生かしてすぐ働いてもらえるが、それまでのやり方に固執し、組織の調和を乱すこともありうる。柏崎さんの場合は、杞憂に過ぎなかった。そのお人柄からセンターの雰囲気にすぐ溶け込み、新人に勝るエネルギーで組織の活性化に貢献し、教育に、研究にと大きな働きをされた。その仕事ぶりの正確さは、誰しも認めるところであろう。柏崎さんのことを悪く言う人はいない。どんなことでも、忍耐強く裏方の仕事を引き受け、最後にはきちんと仕上げをしてくださる。一度仕事をともにした人は、その人柄を信頼し、また次の仕事を任せたくなる。それで、柏崎さんの仕事は増える一方となるのである。

　かつては、卓越した学者が個々に孤高の研究をなし遂げるという時代もあったが、日本語教育が多様化している現代においては、むしろ、個性豊かな集団による研究体制や教材の開発が望ましいような気がする。日本語教材の開発に限って言えば、学習者の母語別教材の必要が叫ばれているにもかかわらず、まだ理想的なものが出ていないように思える。学習者数の最も多い中国語を例にとれば、

　　中国人の日本語教師・（中国人対象の）日本人の日本語教師
　　日本人の中国語教師・（日本人対象の）中国人の中国語教師

の四者がチームを組んで、それぞれの学習者の誤用を徹底的に分析し、その対照研究の成果をいかせば、いい教材開発ができるような気がする。日中対照研究に基づいた、基本的な文法と語彙教育の枠組みができあがれば、その

上に、分野ごとの専門家の協力を得て、目的別教材を開発していけばいいのではないかと思う。

　日本語教育のためになすべきことは、まだまだ山のようにある。柏崎さんのような専門家、研究と教育の分野で豊富な経験を積み、しかも、集団を束ねる力量のある人材が今後ますます必要とされる時代となろう。留学生教育の現場からは、ひとまず退かれるようであるが、今後ともさまざま分野でいっそうの活躍をされるにちがいない。今後を大いに期待したいところである。同僚としてともに楽しく仕事をさせていただいたことに感謝の意を表しつつ、この稿を終えたいと思う。

韓国語2方言話者による
日本語破裂音の聴覚的認識

金　愛子

1.　はじめに

　本稿は、韓国語を母語とする日本語学習者のうち、ソウル方言話者(以下SS)と慶尚道方言話者(以下KS)とを日本語母語話者(以下JS)と比較しながら、SSおよびKSとJS(以下3言語話者グループ)の間に認められる、日本語(東京方言)の語頭破裂音の有声性(±voiced)の聴覚的認識の差異について探求する。まず3言語話者グループの間に、日本語の語頭の有声破裂音と無声破裂音の聴覚的距離上の差異が認められるかという問題を考察する。次に、破裂音の有声性の認識に関する3言語話者グループの重要な聴覚音声学的事実の違いの詳細を分析し、当該破裂音 /b, p, d, t, g, k/ で始まる音節とその音節がもつピッチの高低との組み合わせ(破裂音の有声性＋ピッチ)からなる〈有声＋高〉、〈有声＋低〉、〈無声＋高〉、〈無声＋低〉という4種類の音複合範疇により、3言語話者グループが示す誤聴の分布パタンの違いを解明する。

　実験の結果、有声破裂音と無声破裂音の聴覚的距離の相対的な差は、SS＜KS＜JSという2つの不等号で表されるようなパタンを示すという事実がもたらされた。これは、金(2008)の論考で示した結果と一貫するものであり、3言語話者グループの有声性の聴覚的認識が異なるという仮説をさらに裏付けるものである。また、本稿では3言語話者グループの破裂音の有声性の聴覚認識において、上記の4種類の音複合範疇による誤聴の分布パ

タンにも差があることが明らかにされる。

2. 研究の背景

　3言語話者グループの日本語破裂音の有声性の聴覚認識の差異について述べる前に、3言語話者の母語の音韻構造の違いを明らかにしなければならない。したがって、本章では、日本語と韓国語の破裂音の音韻的系列の違い(2.1.節)と韓国語の2方言の音韻構造の違い(2.2.節)を述べながら、本稿に直接関連する先行研究の内容を要約し、そこにある問題点を指摘する。

2.1. 日本語と韓国語における破裂音の音韻的系列

　日本語の破裂音には有声音と無声音という2つの系列が音韻論的に認められる。これに対し、韓国語の破裂音は、韓国語学・朝鮮語学で慣習的に用いられる音類である「平音」・「激音」・「濃音」という3音系列が認められる。[± voiced]の対立による比較的単純な日本語の破裂音2系列とは異なり、韓国語の3系列においては、[± voiced]はその他の喉頭特徴(例えば、[± spread glottis] [± constricted glottis] (Kenstowicz 1994: 40–41)によって指定されるような特徴)に比べ、音韻論的ステータスが低いと見なしうる。

　表1は、日本語と韓国語の破裂音の喉頭特徴による音韻系列と音声実現を対応させて示したものである。無声音と有声音が対立している日本語の音韻的系列に比べ、韓国語では、激音・濃音・平音は無声音であり、平音は語中の有声音の間においてのみ異音として有声音で実現される。また、語頭では無声音しか現れない。

表1　日本語と韓国語の破裂音の喉頭特徴による音韻系列の差異

	音韻的系列			
日本語	無声音			有声音
韓国語	激音	濃音	平音	(異音として語中の有声音間のみ)

このような両言語における破裂音の音素系列の差異から、まず韓国語話者において日本語破裂音の有声性の習得に困難が生じることが指摘されている（稲葉1977、金他1977、徐1978、梅田1985、白1993）。また、既に指摘された問題点を中心に、日本語の音声習得に関する知覚および発音の実験が行われた結果、韓国語話者は、日本語の破裂音の有声性に関して、特に語頭位置にある有声音の区別が困難であることが報告されている（加藤1978、李1986、李1990）。これらの研究は、本稿が取り組む調査研究領域のパイオニア的研究ではあるが、その実験に用いられた調査語の体系性や被験者の均質性、および主観的な観察手法に依存している点に問題があると考えられる。

2.2. 韓国語の2方言の音韻構造の違い

　本稿で取り扱う韓国語の2方言は、中部方言の地域に位置するソウル方言と慶尚道方言（東南方言）の地域に位置する釜山方言である（図1参照）。本稿でこの2方言を取り扱う理由は、まず2方言の音韻構造が異なり、その差異を考慮することが日本語発音を学習する際に重要となるからである。次に、韓国語の2方言において日本語学習者数が多く、その点で日本語学習上、重要な方言と推測されるためである。日本国際教育支援協会（2007）の調査によると、韓国内日本語能力試験の受験者数を地域別に比べた結果、実施会場である韓国5大都市の中でソウルと釜山の受験者数が最も多く、他地域に比べ日本語学習者数も多いことが推測される。

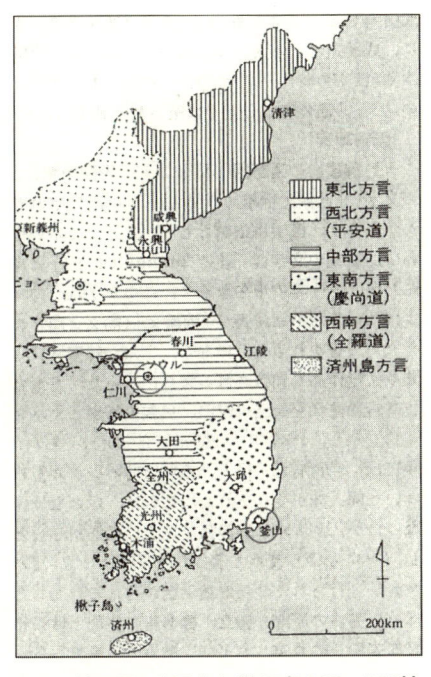

図1　韓国語の方言分布（梅田(1989：969)）
『言語学大辞典』三省堂に基づく（○は著者による）

本節では両方言の音韻構造の違いについてピッチに注目して略述する。まず、慶尚道方言はピッチの高低を弁別的特徴として用いているのに対し、ソウル方言においてはピッチの高低は非弁別的な方言である(福井2001、趙2007)。例えば、慶尚道方言で「말/mar/」は高調(H)の発音で「馬」、低調(L)の発音で「言葉」の意味を表し、助詞がついた「말이/mari/」の場合、高低(HL)で「馬が」、低高(LH)で「言葉が」の意味を表す。次に、音節のピッチと頭子音に位置する韓国語破裂音の3音系列との関係からみると、ソウル方言では激音と濃音の後続母音は平音に比べ相対的に高いピッチとなる(노마2001)。さらに、語頭の当該音節のピッチと直前音節のピッチとの相対的な高低関係という視点からも、平音の後続母音のピッチは「低」、激音と濃音の後続母音のピッチは「高」である(長渡2003)。これに対し、慶尚道方言では同様の現象が見られない。

　上述のような韓国語の2方言の音韻構造の違いを音響的にも確かめるため、SS 1名とKS 2名を対象に韓国語破裂音の実験を行った。その結果、ソウル方言においては激音と濃音の後続母音のピッチは平音に比べ一貫して高く、慶尚道方言ではそうでないことが観察された。

　図2は、(a)東京在住のSS 1名、(b)東京在住のKS 1名、(c)釜山在住のKS 1名による韓国語の音響分析の結果であり、語頭が破裂音である3音節語の後続母音の基本周波数(F0)の測定結果を示したものである。被験者は3名とも女性である。韓国語破裂音の音響実験の詳細については、金(2008)を参照されたい。(c)については、2007年11月に釜山で行った追加調査の結果である。

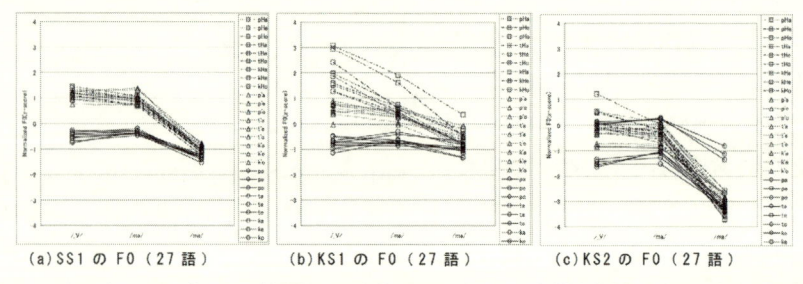

(a) SS1 の F0 (27 語)　　(b) KS1 の F0 (27 語)　　(c) KS2 の F0 (27 語)

図2　SS1名とKS2名による韓国語の3音節語のF0(z-score)((a)(b)は金(2008)から転載)

図2から、ソウル方言においては、3音系列の発音は破裂音に後続する母音のピッチの高低がどのように実現するかによって2つのクラスに分けうることが確認できる。一方、慶尚道方言の場合は、後続母音のピッチの高低により3音系列がソウル方言と同じように2つのクラスに条件づけられているとは言い難い。このように韓国語の語頭破裂音の3音系列とピッチとの対応関係により、韓国語2方言において両方言間の音韻構造の差異については音声的にもその差を読み取ることができる。

　表2は、韓国語2方言の音韻構造の違いをピッチとの関連からまとめて示したものである。2方言はまず、ピッチの高低を単語の意味の弁別特徴として用いない（ソウル方言）か、ピッチの高低で単語の意味を弁別する（慶尚道方言）かという違いがある。次に、ソウル方言はピッチの高さが韓国語の3音系列によって激音・濃音の後続母音は「高」、平音の後続母音は「低」という2つのクラスに明瞭に条件づけられているが、慶尚道方言はソウル方言と同様な条件づけは認めがたい。

表2　韓国語2方言の破裂音の音韻構造の違い

区分＼方言	ソウル方言	慶尚道方言
ピッチの弁別特徴	非弁別	弁別
激音・濃音（高いピッチ）	2クラスに条件付け：明瞭	2クラスに条件付け：不明瞭
平音（低いピッチ）		

　このような韓国語2方言の音韻構造の差異を考慮すると、母語の語頭破裂音に有声性の対立を持たないSSとKSが日本語の語頭破裂音の有声性を聴覚認識する際、破裂音の有声性の区別に関して両方言話者は母語の音韻構造の影響を受ける可能性があると推測される。すなわち、SSは日本語破裂音の有声性の区別にピッチの高低を関連付けて認識する可能性がある。具体的には、「無声音―高」、「有声音―低」という関係である。それに対し、KSはこのような一貫した共起関係による影響が比較的明瞭に表れないと予測される。本稿では、JSを含む3言語話者グループによる日本語破裂音の有声性の聴覚認識において、3言語話者グループが示す聴覚的認識の差異を、聴

覚音声学的に解明することを試みる。

　被験者の均質さを考慮に入れた実験として、福岡(2005)によるSSを対象にピッチが低く始まるLH型のみの無意味語の破裂音を用いた知覚実験がある。結果は、語頭の無声音の誤聴率の高いことが報告されているが、上述のように、SSの場合、韓国語破裂音の3音系列の音声的区別がピッチの高低に依存している点を考慮すると、LH型のみを用いた実験には問題があり、HL型の刺激音を用いる必要性がある。鄭・桐谷(1998)では、SSとJSを対象に、同一のピッチ型で語頭の子音が有声・無声で対立する最小対の有意味語を用いて、有声・無声のピッチパタンを入れ替えた合成音声による知覚実験を行った。その結果、SSの場合、HL型では有声音の誤聴率が、LH型では無声音の誤聴率が高いことが報告されている。この研究は、語頭子音の有声性とピッチとの相関を解明しようとしている点で直接、本稿と関連する。しかしながら本稿は、音韻構造の異なる韓国語2方言に関して、体系的な調査語を用いて比較観察を行い、有声音と無声音との聴覚的距離の通言語的比較を行うという点で新しさがある。さらに、これまで未開拓であった韓国語の2方言話者の日本語破裂音の聴覚音声学的事実を明らかにすることは、実証的研究としての意義も認められるものである。

3.　聴覚実験

　2節で述べた先行研究の問題点を解決するため、本実験では、(1)母語の音韻構造の異なる3言語話者グループを対象に(3.1.節で詳述)、(2)体系的かつ網羅的な音環境の調査語を用い(3.2.節で詳述)、(3)客観的な実験音声学的方法を採用する(3.3.節以下で詳述)。本実験は、3言語話者グループが、日本語の語頭破裂音の有声性を聴覚認識する際、3言語話者グループの間に有声破裂音と無声破裂音の聴覚的認識が異なるという仮説を立て検証することを目的とする。仮説を検証するため、有声破裂音と無声破裂音の聴覚的距離と平均誤聴率という聴覚的尺度を用いて、次の(i)(ii)の聴覚的事実を明らかにする。

(i) 3言語話者グループの間で日本語の語頭の有声破裂音と無声破裂音の相

対的な聴覚的距離が異なる。
(ii) 破裂音 /p, t, k/ および /b, d, g/ で始まる音節とその音節がもつピッチ型との組み合わせ(破裂音の有声性＋ピッチ)からなる4種類の音複合範疇により、3言語話者グループが示す平均誤聴率の分布パタンが異なる。

さらに、(i)に関しては、聴取に関連する可能性のある次の3つの要因に、3言語話者グループの聴覚的距離の相対的な差が依存しているかを観察する。
・当該破裂音を含むC1V1音節と共起するピッチ型の違い(HL型、LH型)
・当該破裂音に後続する母音の違い(/a/、/e/、/o/)
・当該破裂音の調音点の違い(両唇音、歯茎音、軟口蓋音)。

本実験によってもたらされた結果を手短に述べておこう。まず(i)については、3言語話者グループの有声破裂音と無声破裂音の相対的な聴覚的距離の差は、SS < KS < JS という2つの不等号で表されるパタンを示した。さらに、3言語話者グループの聴覚的距離の相対的な差は、上記の3つの要因に依存することなく一貫して SS < KS < JS のようなパタンを示し、金(2008)の2音節語を対象とした調査結果と一貫したものである(4.1.節で詳述)。(ii)に関しては、4種類の音複合範疇による平均誤聴率が、3言語話者グループにおいて程度の差を示すことが確認された(4.2.節で詳述)。

3.1. 被験者
①韓国語母語話者
SS25名(0歳から調査当時までソウル市とソウル市近辺在住、男性15名、女性10名)は、ソウル市内の弘益大学校で教養科目として日本語を学習しており、年齢は19歳から29歳まで(平均年齢21歳)である。

KS65名(0歳から調査当時まで釜山市と釜山市近辺在住、男性24名、女性41名)は、釜山市内の釜山外国語大学校で日本語を学習しており(専攻科目と教養科目の学習者を含む)、年齢は18歳から34歳まで(平均年齢21歳)である。被験者は両方言話者とも旅行以外の日本滞在経験のない者である。被験者の日本語学習歴の詳細を表3に示す。

表3 SSとKSの日本語学習歴(中・高校での日本語学習期間を含む、()内は標準偏差)

日本語学習歴	SS【25名】		KS【65名】	
	人数(名)	正聴率	人数(名)	正聴率
12ヶ月以下	6	0.76(0.16)	4	0.82(0.21)
13〜24ヶ月	9	0.85(0.11)	10	0.88(0.07)
25〜36ヶ月	6	0.87(0.09)	28	0.87(0.11)
37〜48ヶ月	4	0.85(0.17)	15	0.87(0.07)
49〜60ヶ月			4	0.92(0.03)
61〜72ヶ月			3	0.79(0.15)
73〜84ヶ月			1	0.83
平均正聴率		0.83		0.86

表3に示すとおり、両方言話者の日本語学習歴は1年以下から6年を超えるものまで含まれ、均質だとは言いがたい。しかしながら、本実験の結果を見る限り、学習歴と平均誤聴率の間には相関が見られず、方言話者間の学習歴はここで用いる聴覚の尺度に影響があると考える理由はない(相関係数は、それぞれSSでは $r=.35$、KSでは $r=-.05$ である)。したがって、本稿にとって、SS、KSそれぞれの被験者群の学習歴の差は問題にせずに一つのグループとして認める。

②日本語母語話者

JS10名(0歳から調査当時まで東京都と東京都近辺在住、男性4名、女性6名)は東京外国語大学の学生で、年齢は21歳から43歳まで(平均年齢25歳)である。日本語話者における母語の方言の内訳は、東京都5名、神奈川県2名、埼玉県2名、千葉県1名である。JSの出身地は関東地方の4県にまたがるが、東京都内と東京都以外の地域間の平均誤聴率には相関が見られず聴覚的な判断は均質であった。

3.2. 録音資料

実験に用いた刺激音は、$C_1V_1C_2V_2C_3V_3$ の構造を持ち日本語の音素配列

に反することのない無意味語で、語頭の子音(C1)は調音点と有声性の異なる6つの破裂子音である。3音節語を用いたのは、2音節語の場合、韓国語に実在する単語の発音と同じものが含まれるため、被験者が聴覚認識する際、韓国語の発音として認識する恐れがあるためである。刺激音に無意味語を用いるのは、有意味語では網羅的にコントロールされた刺激音セットの作成が不可能なためである。当該破裂音の直後に続く母音の音色は、狭母音/i/と/u/を除く、/a/、/e/、/o/の3つを用いた。狭母音を除くのは、日本語の破裂音が、狭母音/i/、/u/の前で、歯擦音になったり、無声化したりする傾向があることを考慮した結果である。C2V2C3V3は「ママ」で固定している。

録音した音声は次の条件を満たす180語(破裂子音6種×母音3種×5回×ピッチ型2種)である。

C1 = /b、d、g、p、t、k/、V1 = /a、e、o/、C2 = /m/、V2 = /a/、C3 = /m/、V3 = /a/、ピッチ型：HL型(○̄ママ)、LH型(○̱ママ)

3.3. 刺激音の録音と選択

実験の基になる音声は、東京方言話者(27歳、女性)が各刺激音を普通の会話速度になるよう、単独で10回以上発音したものである。録音にはSHURE社製WH30XLRのマイクとmarantz社製PMD660のデジタル録音機を使用し、サンプリング周波数44.1kHz、16bit、モノラルで録音した。録音した音声には、有声破裂音に関して2つの有声変種が認められた。すなわち、本来の閉鎖開放の前に声帯振動が開始する有声変種に加え、閉鎖の開放の前に声帯振動が欠く半有声変種が認められた。有声破裂音に関して、地域により若い世代には音声的なカテゴリーとして有声変種と半有声変種の2つの変種を認めている(高田2007)。本実験では、音響分析ソフトPraat 4.6.06版(http://www.praat.org/)を用いて、当該有声破裂音の閉鎖の開放の前にボイスバーが現れる有声破裂音のみを5トークンずつ選んで使用した。

3.4. 加工自然音の作成

実験に用いる音声は、3.3.節で述べた音声にホワイトノイズを重ねた加工

自然音である。本稿では、聴覚的距離の測定や被験者の誤聴傾向を詳細に調べるために広く使われている、Miller and Nicely(1955)が提案した知覚実験の方法を採用する。以下に加工自然音作成の詳細を述べる。

(i) 3.3.節で述べた刺激音(180 トークン)を、別々の音声ファイルにする。
(ii) 編集ソフト Audacity1.2.6 版(http://audacity.sourceforge.net/)を用いて、各トークンの前後を 500 ms の無音区間で挟む。それらのトークンの最も大きな振幅が同一の音圧になるように揃える。
(iii) 各トークンにホワイトノイズを重ね、加工自然音のトークンを作成する。
(iv) 作成した加工自然音の各トークンには回答のための空白の時間を 3 秒ずつ挿入し、無作為に並べ、1 トークンにつき 1 回の再生になるよう聴覚実験用の刺激音群を作成する。

3.5. 実験の実施

韓国語話者への実験は 2007 年 11 月に行った。ソウル方言話者(25 名)への実験はソウル市内の弘益大学校で、12 回に分けて行い、慶尚道方言話者(65 名)への実験は釜山市内の釜山外国語大学校で 7 回に分けて行った。日本語話者(10 名)への実験は 2008 年 1 月に東京外国語大学で行った。すべての実験で被験者には実験用の刺激音をスピーカーで聞かせた。本実験ではスピーカーを使用したため、被験者間の均質的な環境の提供において限界がある。この実験方法上の問題点の解決は今後の研究の課題である。

聴覚実験に用いる回答用紙には、同一調音点で、かつ有声音と無声音で対立するペアを示し、いずれかに印をつける二者択一の方法を採用した。各被験者への指示文は被験者の母語とした。回答用紙に提示する日本語は韓国語話者にはひらがなで、日本語話者にはカタカナで表記した。

3.6. 分析方法

4.1.節で 3 言語話者グループの間の有声破裂音と無声破裂音の聴覚的距離を算出する方法は、Shepard's Law(詳細は金 2008)に従う。聴覚的距離は、刺激音に対する被験者の回答による類似度から算出する。具体的には、2 つ

の刺激音カテゴリー間の聞き誤った割合(「有声音を無声音に誤聴した割合($P_{有無}$)」と「無声音を有声音に誤聴した割合($P_{無有}$)」)を足し合わせ、これを正しく聞いた割合(「有声音を有声音に正聴した割合($P_{有有}$)」と「無声音を無声音に正聴した割合($P_{無無}$)」)を足し合わせたもので割ることによって類似度(S)が得られる。この類似度から自然対数のマイナスを除いたものが聴覚的距離(D)である。計算式は次のようになる。

類似度$(S) = (P_{有無} + P_{無有}) \div (P_{有有} + P_{無無})$

聴覚的距離$(D) = -\ln(S)$

聴覚的距離の値が0に近いほど、有声音と無声音の間の聴覚的距離が短く、お互い混同されやすいことを表している。一方、聴覚的距離の値が大きいほど2つの刺激音カテゴリー間の聴覚的距離が長く、お互い混同されにくいことを表している。

4. 結果

3言語話者グループの間に日本語の語頭の有声破裂音と無声破裂音の聴覚的認識が異なるという仮説を検証するため、まずはじめに、4.1.節で、3言語話者グループの間で有声破裂音と無声破裂音の聴覚的距離の相対的な差異が認められるかについて観察する。つづく4.2.節では、当該破裂音の有声性とピッチの高低との組み合わせからなる4種類の音複合範疇により、3言語話者グループが示す平均誤聴率の分布パタンが異なるかについて観察する。

4.1. 有声破裂音と無声破裂音の聴覚的距離

SSとKSおよびJSによる日本語の語頭破裂音の有声性の聴覚的認識の差異について、まずはじめに概観を述べると、3言語話者グループの間で有声破裂音と無声破裂音の聴覚的距離の相対的な差異が認められた。具体的には、3言語話者グループの有声破裂音と無声破裂音の聴覚的距離は、SSは1.61、KSは1.9、JSは4.18であり、SS < KS < JSという2つの不等号で表されるパタンを示した。つまり、SSはKSとJSに比べ、有声破裂音と無

声破裂音の聴覚的距離が最も短く、有声破裂音と無声破裂音をお互い混同しやすいことがわかった。

以下では、聴取に関連する可能性のある3つの要因―当該破裂音を含むC1V1音節と共起するピッチ型の違い(以下、ピッチ型の違い)、当該破裂音に後続する母音の違い、当該破裂音の調音点の違い―に聴覚的距離の差が依存しているかを観察する。

4.1.1. ピッチ型の違いと有声・無声の聴覚的距離

本節では、3言語話者グループの間の有声破裂音と無声破裂音の聴覚的距離の相対的な差にピッチ型の違いが関与しているかを調べた。

表4は、SS、KS、JSによる刺激音45個(後続母音3種×調音点3種×5回)に対する回答をピッチ型別に分けて3言語話者グループ別に示したものである。横軸は回答カテゴリーで、縦軸は刺激語カテゴリーである。

表4 3言語話者グループによる有声性の区別に関する混同表(ピッチ型別)

ピッチ型	有声性	(a)SS(25名)			(b)KS(65名)			(c)JS(10名)		
		"voiced"	"voiceless"	Total	"voiced"	"voiceless"	Total	"voiced"	"voiceless"	Total
HL	[voiced]	725	400	1125	2234	691	2925	437	13	450
	[voiceless]	17	1108	1125	121	2804	2925	1	449	450
LH	[voiced]	1087	38	1125	2758	167	2925	446	4	450
	[voiceless]	292	833	1125	544	2380	2924	9	441	450

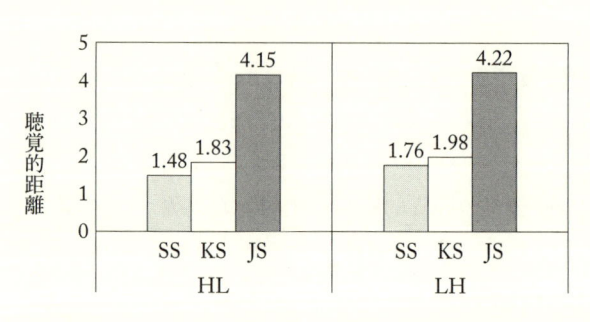

図3 3言語話者グループによる有声音と無声音の聴覚的距離(ピッチ型別)

HL: SS 1.48, KS 1.83, JS 4.15
LH: SS 1.76, KS 1.98, JS 4.22

表4のデータにもとづき、3言語話者グループによる日本語の語頭の有声破裂音と無声破裂音の聴覚的距離をピッチ型別に示すと図3のようになる。横軸は3言語話者グループを、縦軸は聴覚的距離を示す。図3の結果から、3言語話者グループが日本語の語頭破裂音を聴覚認識する際の有声破裂音と無声破裂音の聴覚的距離の相対的な差は、ピッチ型との相関が見られずSS < KS < JS のパタンを示した。つまり、SSは他の話者グループに比べ、有声音と無声音の聴覚的距離が短く、有声破裂音と無声破裂音を混同しやすいと言える。この傾向はHL型の場合に顕著に現れ、HL型の環境で有声破裂音と無声破裂音の区別が困難であることがわかる。

4.1.2. 後続母音の違いと有声・無声の聴覚的距離

本節では、3言語話者グループの間の有声破裂音と無声破裂音の聴覚的距離の相対的な差に後続母音の違いが関与しているかを調べた。

表5は、3言語話者グループによる刺激音30個(ピッチ型2種×調音点3種×5回)に対する回答を後続母音 /a/、/e/、/o/ に分けて混同表にしたものである。ここでは、調音点(両唇音、歯茎音、軟口蓋音)とピッチ型を総合した。表の縦軸は刺激語カテゴリー、横軸は回答カテゴリーである。

表5　3言語話者グループによる有声性の区別に関する混同表(後続母音別)

後続母音	有声性	(a)SS(25名)			(b)KS(65名)			(c)JS(10名)		
		"voiced"	"voiceless"	Total	"voiced"	"voiceless"	Total	"voiced"	"voiceless"	Total
/C1amama/	[voiced]	604	146	750	1686	264	1950	295	5	300
	[voiceless]	95	655	750	172	1778	1950	1	299	300
/C1amama/	[voiced]	624	126	750	1691	259	1950	297	3	300
	[voiceless]	126	624	750	302	1648	1950	6	294	300
/C1amama/	[voiced]	584	166	750	1615	335	1950	291	9	300
	[voiceless]	88	662	750	191	1758	1949	3	297	300

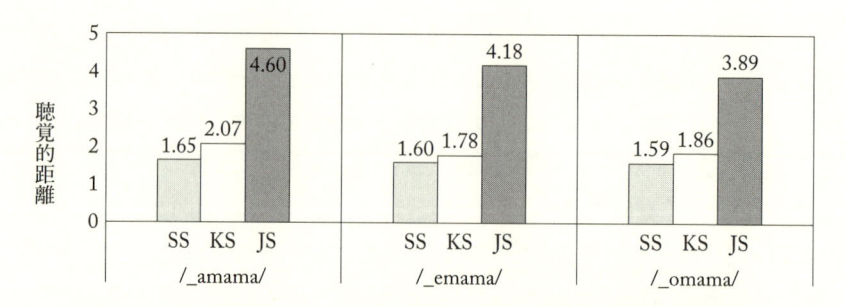

```
    5                                                    4.60                                  4.18                                  3.89
    4
聴  3                                                                                     
覚                                                                              1.78                                1.59  1.86
的  2              1.65  2.07                                 1.60
距                                                                                
離  1
    0
              SS    KS   JS                           SS    KS   JS                    SS    KS   JS
                /_amama/                                /_emama/                         /_omama/
```

図4　3言語話者グループによる有声音と無声音の聴覚的距離(後続母音別)

　図4は、表5のデータにもとづき、3言語話者グループによる日本語の語頭の有声破裂音と無声破裂音の聴覚的距離の相対的な差を破裂音に後続する母音 /a/、/e/、/o/ に分けて示したものである。横軸は3言語話者グループを、縦軸は聴覚的距離を示す。図4の結果から、3言語話者グループにおいて日本語の破裂音の有声音と無声音の聴覚的距離の相対的な差は、後続母音の違いとの相関が見られず、一貫して SS ＜ KS ＜ JS のパタンを示した。

4.1.3.　調音点の違いと有声・無声の聴覚的距離

　本節では、3言語話者グループの間の有声破裂音と無声破裂音の相対的な聴覚的距離の差に調音点の違いが関与しているかを調べた。

　表6は、調音点(両唇音、歯茎音、軟口蓋音)と有声性が異なる刺激音30個(ピッチ型2種×後続母音3種×5回)に対する各被験者グループの回答を混同表にしたものである。ここでは、破裂音に後続する母音 /a/、/e/、/o/ とピッチ型を合計してある。

　図5は、表6のデータにもとづき、3言語話者グループによる日本語の語頭の有声破裂音と無声破裂音の聴覚的距離の相対的な差を当該破裂音の調音点の違いにより両唇音、歯茎音、軟口蓋音に分けて示したものである。図5の結果から、3言語話者グループにおいて有声音と無声音の聴覚的距離の相対的な差は、当該破裂音の調音点の違いに関わらず、一貫して SS ＜ KS ＜ JS のパタンを示した。

表6 3言語話者による有声性の区別に関する混同表（調音点別）

調音点	有声性	(a)SS(25名)			(b)KS(65名)			(c)JS(10名)		
		"voiced"	"voiceless"	Total	"voiced"	"voiceless"	Total	"voiced"	"voiceless"	Total
両唇音	[b]	576	174	750	1628	322	1950	294	6	300
	[p]	120	630	750	262	1688	1950	3	297	300
歯茎音	[d]	589	161	750	1627	323	1950	290	10	300
	[t]	96	654	750	194	1755	1949	2	298	300
軟口蓋音	[g]	647	103	750	1737	213	1950	299	1	300
	[k]	93	657	750	209	1741	1950	5	295	300

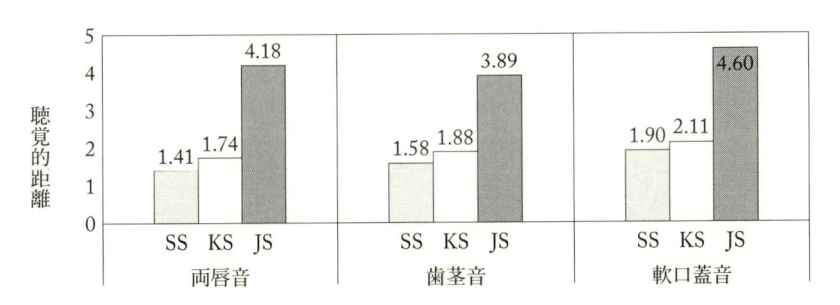

図5　3言語話者グループによる有声音と無声音の聴覚的距離（調音点別）

4.1.4. 有声破裂音と無声破裂音の聴覚的距離に関する結論

　以上のように、3言語話者グループによる日本語の語頭の有声破裂音と無声破裂音の聴覚的距離の相対的な差は、SS＜KS＜JSのパタンを示し、3言語話者グループの間には有声音と無声音の聴覚的距離上の違いが認められた。この結果は、ピッチ型の違い、当該破裂音の後続母音の違い、当該破裂音の調音点の違いという3つの要因に依存することなく、一貫して同様のパタンを示すものである。しかし、2章で述べたように、韓国語の2方言話者による日本語破裂音の有声性の聴覚的認識に関する聴覚音声学的事実を解明するためには、破裂音の有声性とピッチの高低との共起関係による2方言話者の誤聴の分布パタンにも注目しなければならない。

4.2. 有声破裂音と無声破裂音の平均誤聴率

ここでは語頭破裂音の有声性とピッチの高低との共起関係に注目し、3言語話者グループが日本語の語頭破裂音の聴覚認識において、当該破裂音 /b、p、d、t、g、k/ で始まる音節とその音節がもつピッチの高低との組み合わせからなる4種類の音複合範疇(〈有声＋高〉、〈有声＋低〉、〈無声＋高〉、〈無声＋低〉)により、3言語話者グループが示す平均誤聴率の分布パタンの違いを解明する。

表7は、刺激音45個(後続母音3種×調音点3種×5回)に対する、3言語話者グループの平均誤聴率を4種類の音複合範疇について個別に示したものである。横軸は3言語話者グループ、縦軸は刺激語カテゴリーである。

表7　3言語話者グループによる4種類の音複合範疇の平均誤聴率

平均誤聴率(%)、()内は標準偏差

区分	SS【25名】	KS【65名】	JS【10名】
HL [voiced]	35.6(27.7)	23.6(19.0)	2.9(3.5)
HL [voiceless]	3.4(6.2)	5.7(5.7)	0.9(1.9)
LH [voiced]	1.5(3.5)	4.1(7.3)	0.2(0.7)
LH [voiceless]	26.0(26.0)	18.6(19.4)	2.0(2.9)

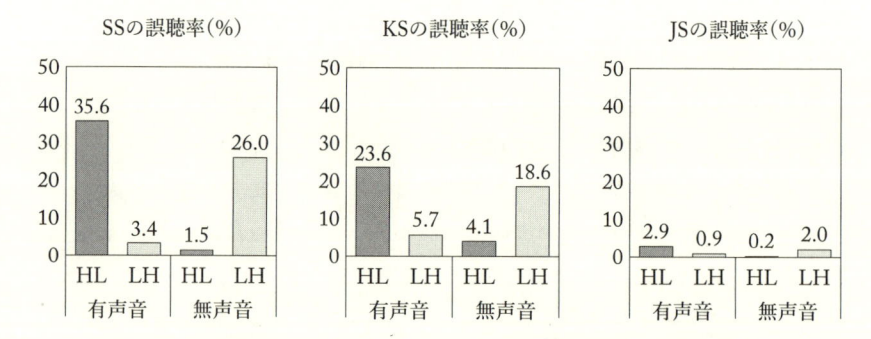

図6　3言語話者グループによる4種類の音複合範疇の平均誤聴率

図6は、表7の3言語話者グループの刺激音45個に対する平均誤聴率を4種類の音複合範疇について話者グループ別にグラフで示したものである。

図6に示すように、日本語の語頭破裂音の有声性の聴覚認識において、JSによる平均誤聴率はいずれも低いが、HL型で有声破裂音が、LH型で無声破裂音の誤聴がやや増える傾向が認められる。一方、SSとKSの場合はともに〈有声＋高〉と〈無声＋低〉の音範疇の平均誤聴率が高い。しかし、その程度には差が存在し、KSに比べSSの平均誤聴率のほうが高い。t検定を行った結果、〈有声＋高〉では、SSとKSにおいて5％の有意水準で有意差が確認できた。

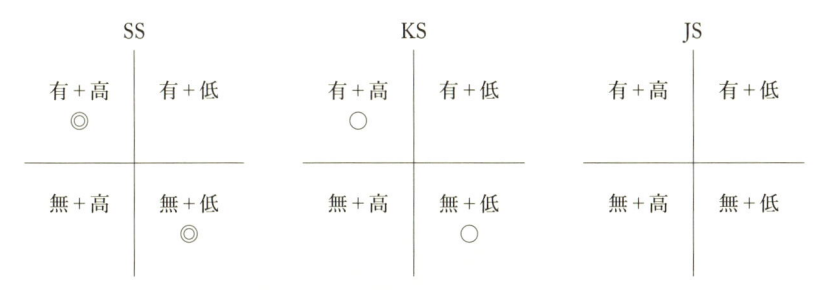

	SS			KS			JS	
	有＋高 ◎	有＋低		有＋高 ○	有＋低		有＋高	有＋低
	無＋高	無＋低 ◎		無＋高	無＋低 ○		無＋高	無＋低

図7　4種類の音複合範疇による誤聴の分布パタン
（平均誤聴率の分布—◎：非常に多い、○：多い）

　図7は、3言語話者グループが示す平均誤聴率の分布パタンを4種類の音複合範疇によって比較し、模式図に表したものである。図の中の印は平均誤聴率の分布の程度を表し、誤聴率の分布は◎が非常に多い、○が多い、印がないものは少ないことをそれぞれ意味する。図7において◎と○の違いで示してある通り、〈有声＋高〉と〈無声＋低〉の場合の平均誤聴率は、JSに比べ、SSとKSともに高いが、両者の間にはある程度の差が存在する。つまり、KSに比べSSの平均誤聴率の程度は比較的高く、その意味で両方言話者の間には語頭破裂音の有声性の聴覚的認識の差異が認められる。この結果は、SSは日本語の破裂音の知覚において、破裂音の無声・有声とピッチの高・低とがより強く結びついていることを反映していると考えうる。それに対し、KSでは、このような結びつきが比較的弱いと考えられる。このように、日本語の語頭破裂音の有声性の聴覚的認識において、3言語話者の間には聴覚的認識に違いがあることが明らかになった。

5. 結論

本稿では、次の2つの仮説の検証を試みた：(i)日本語の語頭破裂音の有声性を聴覚認識する際、3言語話者グループ(SS、KS、JS)の間に有声破裂音と無声破裂音の聴覚的認識が異なる；(ii)語頭破裂音の有声性とピッチの高低の組み合わせからなる4種類の音複合範疇により、3言語話者グループが示す誤聴の分布パタンが異なる。その結果、まず(i)に関しては、3言語話者グループの間で有声破裂音と無声破裂音の聴覚的距離の差が認められた。さらに、ピッチ型の違い、当該破裂音の後続母音の違い、当該破裂音の調音点の違いという3つの要因に依存することなく、一貫して、SS < KS < JSで表される聴覚距離の差があることがわかった。(ii)に関しては、4種類の音複合範疇における各グループが示す平均誤聴率の分布パタンは異なることが明らかになった。具体的には、〈有声＋高〉と〈無声＋低〉の音複合範疇において平均誤聴率には SS > KS > JS という程度差のパタンを示すことがわかった。

これまで、日本語の発音教育では韓国語の2方言話者の重要な聴覚的認識の差異を問題にすることはなかった。本稿で解明したように、韓国語母語話者の日本語学習者には、SSタイプの音韻構造をもつ学習者とKSタイプの音韻構造をもつ学習者が存在し、日本語破裂音の有声性の聴覚的認識において、2つの方言話者の間には学習上重要な聴覚認識の差異が認められる。この点は、母語の音韻構造の異なる韓国語母語話者が、日本語を学習する際、日本語の発音学習のための最適な教材の設計に、また音声教育の面にも生かされるべき事実である。

謝辞

本稿の調査にご協力くださった弘益大学校、釜山外国語大学校、東京外国語大学の被験者の皆様、弘益大学校の後藤信之先生と大学関係者、釜山外国語大学校日本語学部の先生方に心より感謝申し上げる。なお、本稿は日本学術振興会科学研究費(基盤研究(A)、課題番号 20242008)および東京外国語大学 グローバルCOEプログラム「コーパスに基づく言語学教育研究拠点」

の助成を受けたものである。

参考文献
稲葉継雄(1977)「韓国人の日本語学習における困難点―発音を中心として」『外国人と日本語』筑波大学文芸・言語学系　pp.63-79
李炯宰(1990)「韓国人の日本語学習者の音声教育に関する研究―発音および聞き取り上の問題点を中心に」『日本語と日本文学』第 12 号　pp.21-38
李明姫(1986)「韓国における日本語初級課程学生の聴音能力と発音能力の実態調査」『国語学研究』26　pp.38-48
梅田博之(1985)「韓国人に対する日本語教育と日本人に対する朝鮮語教育」『日本語教育』55 号　pp.48-58
梅田博之(1989)「朝鮮語」『言語学大辞典』三省堂
加藤翹子(1978)「韓国人に対する日本語教育」『日本語教育』35 号　pp.65-78
金愛子(2008)「韓国語母語話者による日本語破裂音の聴覚的認識」『言語・地域文化研究』第 14 号　pp.103-117
金貞淑・朴聖雨・洪思満(1977)「韓国人の日本語学習における発音難易度の分析―とくに両国語間の音韻組織の対照を中心に」『外国人と日本語』筑波大学文芸・言語学系　pp.49-62
徐翰秀(1978)「韓日両言語破裂音の対照分析と音声教育」『東亜大学院論文集』第 2 輯　pp.25-58
高田三枝子(2007)「語頭有声破裂音の半有声音化と語中有声化・鼻音化―鹿児島の分析を中心に」『日本語の研究』第 3 巻 2 号　pp.17-30
趙義成(2007)「慶尚道方言とソウル方言」野間秀樹編著『韓国語教育論講座』第 1 巻　くろしお出版　pp.203-219
鄭恩禎・桐谷滋(1998)「ピッチパタンが日本語の有声・無声の弁別に与える影響―韓国語母語話者と日本語母語話者の比較」『音声研究』第 2 巻 第 2 号　pp.64-70
長渡陽一(2003)「朝鮮語ソウル方言の音節頭子音と名詞の音調形」『音声研究』第 7 巻 第 2 号　pp.114-128
福井玲(2001)「韓国語のアクセント」『音声研究』第 5 巻 第 1 号　pp.11-17
福岡昌子(2005)「韓国人日本語学習者の破裂音習得―知覚と生成のメカニズム」『日本語

教育学会秋季大会予稿集』pp.151-156
白同善(1993)「日本語および韓国語の音声習得における言語間干渉」『ことばの科学』第6
　　　号　pp.79-95
Kenstowicz, Michael(1994)*Phonology in Generative Grammar* Cambridge, MA & Oxford: Blackwell, pp.40-41.
Miller, George A. and Nicely, Patricia E. (1955)"An analysis of perceptual confusions among some English consonants" *The Journal of Acoustical Society of America* 27, pp.338-352.
노마 히데키(2001) '한국어 모어화자의 일본어 피치악센트 교육을 위하여', "韓日語文学論叢", 梅田博之教授古希記念論叢刊行委員会編 서울 : 태학사　pp.651-675
日本国際教育支援協会「日本語能力試験結果の概要(平成19年度)―実施国・地域別応募者数・受験者数」『日本語能力試験』
〈http://www.jees.or.jp/jlpt/pdf/2007/jlpt_result_2007_5.pdf〉2008.6.30

「やばい」の意味

柳澤　絵美

1. はじめに

　近年、テレビ、ラジオなどをはじめとする各種メディアや若者の会話において、肯定的な意味で用いられる「やばい」という言葉を耳にするようになった。文化庁が行った平成16年度「国語に関する世論調査」の結果においても、「とてもすばらしい(良い、おいしい、かっこいい等も含む)」という意味で「やばい」を使うと答えた人は10代の男性で75.6%、女性では65.8%を占め、20代においてもその使用は男女共に50%を超えており、若い世代を中心に多くの人の間で肯定的な意味の「やばい」が使われていることが明らかになっている。
　辞書などの記述によると、「やばい」は危険や不都合な様子を表す否定的な意味を持つ語とされており、実際の使用においても否定的な意味で「やばい」が用いられている例は多い。しかし、「やばい」が使われている用例を分析していくと、そこには複数の意味が存在し、上述した「非常に良い」といった肯定的な意味でも「やばい」が用いられていることが明らかになった。本稿では、現在使用されている「やばい」の意味についてインターネット上に記された実際の用例を用いて共時的に分析を試みた。

2. 研究の目的

　本稿の目的は、現在、実際に使われている「やばい」の用例を分析し、その複数の意味を明確に記述するとともに、各意味の特徴の分析を通して、その多義的な広がりを記述することである。

3. 用例収集の方法

　本稿で紹介する用例は検索エンジン Google（http://www.google.co.jp/）を用いて、2008年1月から3月にかけて実際にインターネット上に載せられていた文章から収集したものである。これは、本稿が実際に使われている「やばい」の用例からその意味を分析することを目指しているためである。ホームページ上に記された文章は新聞記事や文学作品とは異なり、話し言葉や、非文法的な要素などが含まれていることも多いが、今現在の言葉の使用の観察、および、多くの用例の収集と分析のためには有効な手段であると考えられることから、インターネットを用いて用例を収集することにした。ただし、日本各地の方言にみられる「やばい」は今回の分析においては対象外としている。

3.1. 辞書・辞典における「やばい」の意味

　「やばい」の意味について分析された研究は筆者の管見では見当たらなかったため、ここでは、辞書や辞典に記述されている「やばい」の意味についてまとめておく。いずれの記述においても、自分にとって危険や不都合がある様を表す否定的な意味を持つ語として記述されている。

・自分にとって不都合な様子を表す。マイナスイメージの語。（『現代形容詞用法辞典』2001）
・警察につかまりそうで、（警察の手が回っていて）危険だ。不結果を招きそうでまずい。（『新明解国語辞典』2005）
・危険や不都合が予測される様（『国語大辞典』1982）

・身に危険が迫るさま、危ない、不都合が予測される(『大辞林』1995)
・危い、危険な、発覚のおそれがある、逮捕されそうな、おそろしい、耐えがたい、苦しい、不可能な(『隠語辞典』1988)

3.2.「やばい」の類義語

「やばい」がどのような言葉に近い意味を持つ語として記述されているのかを明らかにするために、類義語辞典の記載を以下に挙げる。☐☐☐は「やばい」が属するカテゴリーを表しており、［　］には「やばい」の類義語が示されている。どの記述においても否定的な意味を持つカテゴリーに分類されており、その類義語も否定的な意味の語が並んでいる。これは、「やばい」が常に否定的な意味において用いられる語であることを示しており、上記3.1.の「やばい」の意味においても共通して見られた点である。

|危険な─危ないこと|［危険］、［危ない］、［きわどい］、［ぶっそう］、［有害］
|困る|［まずい］、［都合が悪い］、［仕方ない］、［手に負えない］
|悪い|［いけない］、［まずい］、［頂けない］、［穏やかではない］

(『類語大辞典』2002)

3.3.「やばい」の肯定的な意味

上述したとおり、辞書や辞典などの記述では、「やばい」は否定的な意味として扱われている。しかし、最近では肯定的な意味でも「やばい」が用いられるようになってきている。「やばい」の肯定的な意味に触れたものとして、『現代用語の基礎知識』(2001〜2008)の記述を以下に示す。☐☐☐は「やばい」が属するカテゴリーを表している。2001年から2004年までは「いらだち」というカテゴリーに分類され、否定的な意味の語と共に載せられていることから、完全に肯定的な意味としては扱われていないことが分かる。

|いらだち|「やばい／やべえ／やばやば」
危ない、変だ、あやしい、すごい、手に負えない、<u>手が付けられないほど</u>

のめりこみそうな、魅力がありすぎる、すごくいい（下線は筆者）

（『現代用語の基礎知識』2001、2002）

いらだち 「やばい／やべー」
　危ない、最悪な状態にも、すごくいい時、最高の状態にも使う。意味は文脈によって決まる。「マジやばい」（下線は筆者）

（『現代用語の基礎知識』2003、2004）

　2005年、2007年、2008年においては、意味の説明は2003年、2004年と同じであるが、カテゴリーは2005年が「精神状態」、2007年と2008年が「感想は？」に分類されている。2006年だけは以下のように他の年とは異なる説明がなされており、肯定的な意味での使用について記述されている。

感想は？ 「やばい／やべー」
　「やばーい」と伸ばして発音する。本来ヤクザが"発明"した「危険」という意味の言葉だが、それが「危ないほどにハマる」とか「危ないほどにおいしい」など「すごい」という良い意味の評価に変わった。

4.「やばい」の意味と用法

　ここからは、インターネットから収集した用例の分析を通して複数あると考えられる「やばい」の意味を整理・分析していくことにする。以下に「やばい」の4つの意味を定義する。

①ある事柄に対して、否定的な判断をしている様子
　この用法は人、物、場所、状態などに対して問題点や危険な部分をその状況、事実関係、自らの経験などから見出し、その結果「危険だ」、「怪しい」、「変だ」などの否定的な評価や判断がなされた際に用いられるものである。
　この用法は、より客観的な立場から否定的な判断をしている場合と、話者に不利益を与える反省の対象となるような事柄に対して「焦り」や「戸惑い」といった感情が加わった場合が見られたため、a）とb）に分けて記述す

る。

a) ある事柄を客観的に怪しい、変だ、危険だと判断している様子
　この用法は、ある事柄に対して客観的に否定的な判断をしている場合に用いられる。「やばい」と判断された事柄が話者に不利益をもたらすものではないため、感情に振り回されることなく、冷静な評価や判断をしているものであるといえる。

（1）　やばい産廃業者を告発しよう！不法投棄をしている業者を告発。
　　　（http://society.2ch.net/test/read.cgi/atom/977213330/-100）
（2）　やばいペットショップ。病気の犬の薬を時々忘れる。忘れた時は2倍の量を与えろといわれる。病気の生体を平気で売る。クレームは受けつけない。（http://hobby.2ch.net/test/read.cgi/dog/1041310354/150）
（3）　おさいふ携帯はやばい。携帯の暗証番号は10秒もあれば盗まれる。本人確認のための携帯の指紋照合システムはグミを利用した偽造指紋で簡単に破られる。（http://blogs.yahoo.co.jp/dot7line/359029.html）
（4）　証明写真のあの人はヤバイ目をしてる。証明写真というのはどうして人相が悪くなるのだろう。
　　　（http://collon.noblog.net/blog/b/10498666.writeback）

b) 反省の対象となるような事柄に対して、不都合や危険を感じている様子
　この用法は、自分にとって反省の対象となるような望ましくない行動や状態（あるいは、その行動や状態によって引き起こされる可能性のある望ましくない事態）に対して、「不都合」や「危険」などを感じた際に用いられる。話者自身に不利益を与える可能性があるため、a)には見られなかった「困惑」、「焦り」といった感情が含まれていると考えられ、「しまった」、「まずい」などに置き換えることも可能であるといえる。

（5）　あっ、やばい。読書感想文の宿題やってない！
　　　（http://ch.kitaguni.tv/u/1021/%CB%BA%C8%F7%CF%BD/0000017354.html）

（6） <u>やばい</u>、間違えた…。あと、3日だと思っていたら…。2日だった…。（http://mutenka.blog.ocn.ne.jp/weblog/2004/07/post_9.html）

（7） 体重が増えている！<u>やばい</u>！日本に帰国して、3ヶ月とちょっと。2―3キロ増えた。
（http://lightsanctuary.blog2.fc2.com/blog-entry-404.html）

（8） <u>やばいぞ</u>！ホームページ更新が去年より滞っちゃってる。<u>やばいぞ</u>！ここの所ブログの更新も遅れがち。
（http://r696.cocolog-nifty.com/r696/2005/02/post_13.html）

②ある事柄が自分の予想以上にできすぎて、戸惑いを覚えている様子

　この用法は、ある事柄が自分が思っていた以上にできた時、その「驚き」や「戸惑い」を表現する際に用いられる。その事柄ができたこと自体は良いことなのだが、自分が思っていた以上にでき過ぎてしまったことで、嬉しい反面、ある種の「気味悪さ」や「興奮」、「鳥肌が立つような感覚」などを覚える時に使われる。

（9） 最近夢で新曲がじゃんじゃん溢れてきて「<u>やばい、やばい</u>！！できる！！」ととても興奮し、最後は泣ける程良い曲ができてピアノの前でガッツポーズしてるのですが…
　　　　　　　　　　　　（http://blog.goo.ne.jp/fasaori/m/200605/1）

（10） <u>やばい</u>上手く行きすぎてるー！！！友達に占いをやってもらったら、ドンピシャリに当たってて、恐かった。
（http://d.hatena.ne.jp/Josie/20051205）

（11） 新しく行き始めた塾。<u>やばい</u>！わかるわかるって何か急に天才ちゃんになったみたいだよー。いや。でも、まじで今までちんぷんかんぷんだった問題がわかるの。
（http://rssblog.ameba.jp/asato0615/rss20.xml）

（12） <u>やばい</u>、できる。ずっとイメージしてたダブルフリップを再度挑戦。今までの掛けとちょいと変えてみたんだけどこれがピタリとはまった。イメージ通りの動き。

(http://blog.livedoor.jp/airtrick1260/archives/50984185.html)

③魅力的な事柄に対して、自己コントロールを失いつつある様子

　この用法は、非常に魅力的な物や人物などに出会い、心惹かれていく自分の感情、あるいは(それを手に入れたいというような)強い欲求が生まれた際に、自分の感情や欲求に流されないように持ちこたえようとしているのだが、心が動いていってしまう状態に対して「危険」や「焦り」を感じた際に用いられる。この用法には、その事柄に対する自身の興奮や欲求と、それを抑えようとする自分との間に存在する「葛藤」という要素が含まれていることが特徴であると言える。

(13)　やっや、やばい。ソニーが以前発売したロボット犬「アイボ」。うーん困った。すっかり気持ちは傾いている。
　　　(http://fish.miracle.ne.jp/ashiato/zakki/kona/aibo.html)
(14)　やばい D300 めちゃ欲しい。めちゃすごいよ。ほしいよ。でもたかいよ。
　　　(http://1st.geocities.yahoo.co.jp/gl/huwawa1994b/view/20080307/1204875996)
(15)　やばい。超ほしいぞ！iPod touch。ひさしぶりに購買意欲をかき立てられています。(http://www.sanadas.net/archives/008425.php)
(16)　やばい、やばい。やばい！！恋をしました。平常心を保つのに必死でした。なんだろう。なんで恋したんだろう。「好き」になってしまった。やばい。やばい。ドキドキする。
　　　(http://tokkorinn.blog46.fc2.com/blog-entry-166.html)

④ある事柄を非常に高く評価している様子

　この用法は、物、人、事柄などに対して、「非常に良い」、「魅力的である」といった高い評価がなされた際に用いられる。この用法は、近年テレビや若い世代間の会話などにおいて、しばしば用いられるようになった用法で、「やばい」の意味の中では新しいものであると考えられる。

(17) やばい。あの人超綺麗！立ち姿は完璧！
(http://twitter.com/cafistar/statuses/715674202)

(18) マジやばい！キングギドラのアルバム。まじかっこいいから絶対聞いた方がいい！(http://oops-music.com/info/view_news.html?nid=5777)

(19) これやばい!!! 超おもしろいよ。かなり豪華なメンバーで、本当やぶぁい面白いッ。(http://taroooh.blog4.petitmall.jp/blog-entry-144.html)

(20) ここのラーメンはやばいです。東京ラーメンは醤油という概念を覆すような塩ラーメンがイケてます。もちろん醤油も美味しいですよ。味・ボリューム・品質の三拍子が揃ってます。
(http://www.bit-st.jp/favor/view.cgi?num=07076&code=FD_CH_0)

5. 各意味の特徴

4.で分類された4種類の「やばい」の各意味の特徴を表1に示す。

表1　各意味の特徴

意味＼特徴	判断・態度		感情・気持ち・心理状態				
	事柄	客観性	プラスの感情 感動・嬉しさ	マイナスの感情 焦り・戸惑い		反省	葛藤
意味①-a)	Negative	＋	−	−		−	−
意味①-b)	Negative	−	−	＋		＋	−
意味②	Positive	−	＋	＋		−	−
意味③	Positive	−	＋	＋		−	＋
意味④	Positive	（＋）	＋	−		−	−

　まず、「やばい」の特徴を話者の「判断・態度」に関係するものと「感情・気持ち・心理状態」に関係するものに分類し、更に各要素について細かく分析を行った。「やばい」と判断される「事柄」が良いことや望ましいことと評価される場合はPositive、悪いことや望ましくないことと評価される場合はNegativeで表した。その判断や評価に客観性が見られればプラス、

見られなければマイナスとなっている。感情・心理面においては、「プラスの感情」、「マイナスの感情」、「反省」、「葛藤」のそれぞれの要素がある場合はプラス、ない場合はマイナスで示した。

　意味①a)は、ある事柄を観察して、望ましくないという客観的な判断をしていることから「事柄」はNegative、「客観性」はプラスになる。ある事柄を客観的に冷静に観察して評価しているため、「感情」はどちらもマイナスとなる。また、話者自身に影響や不利益を与える事柄ではないため「反省」、「葛藤」といった要素も存在しない。意味①b)は、意味①a)と同じくある事柄を望ましくないものと判断していることから事柄はNegativeになる。意味①b)では、その事柄が話者に不都合や不利益をもたらすため、焦りや戸惑いなど「マイナスの感情」がプラスになり、その事柄が自らの過ちによる場合が多いため、失敗や過ちに気付いたり後悔したりする「反省」もプラスになる。感情的な色合いが濃くなるため、冷静な観察と判断を可能にする客観性は弱くなる。意味②は、ある事柄が自分の予想以上にできたことが「やばい」と感じる対象であるため、「事柄」はPositiveとなる。「感情」はよくできたことへの嬉しさや感動と、予想以上にできすぎたことへの戸惑いや気味悪さが混在するため、プラスとマイナスの両方を持ち合わせるといえる。意味③は、自分の心のコントロールが効かず「やばい」と感じるほど素晴らしい物や人が対象であることから「事柄」はPositiveとなる。事柄は話者にとって非常に魅力的なものであり、その事柄との出会いには喜びや感動があるが、その事柄に自分の心が魅了され、自己コントロールが効かなくなってしまったことに焦りや戸惑いを覚えた結果、自分の心の中に葛藤が生まれるため「葛藤」はプラス、「感情」はプラスとマイナスの両方を持つことになる。意味④は、非常に高く評価されるある事柄が「やばい」と感じる対象であり、そこには、嬉しさや感動があるため、「事柄」はPositive、「感情」はプラスになる。非常に冷静に分析や判断をしているというところまでは行かないが、感情的な要素だけに振り回されるのではなく、ある事柄を観察し、肯定的な評価をしているという点では「客観性」も存在すると考えられるため（　）付きのプラスとした。

　表1に示したように、今回資料としたネット上の用例では、「やばい」に

は肯定的な事柄を対象とするものも、否定的な事柄を対象とするものも観察された。感情面では、プラスの感情を持つもの、マイナスの感情を持つもの、その両方が混在したものが見られた。「やばい」は複数の意味を持つようになり、多義的になってきているといえるのではないだろうか。

6. 「やばい」の意味の多義的な広がり

ここでは、①から④の各意味がどのような関係にあるかを分析し、その多義的な広がりについて記述していきたいと思う。

6.1. 意味特徴から見た関係

籾山(2001)では「最も確立されていて、認知的際立ちが高く、また、最初に習得され、中立的なコンテクストで最も活性化されやすいといった特徴を持つもの」を基本義としている。「やばい」は不都合や具合の悪い様子・状況などを表す語であることが多くの辞書や辞典に記されており、これまでも否定的な意味で認識、使用され、定着してきたと考えられる。「この牛乳はやばい。」といったシンプルな文では、多くの人が賞味期限切れや品質不良などの否定的な評価としてとらえるのではないだろうか。こういったことから、本稿では 4. で分類した意味①を「やばい」の基本義と考えることにする。

意味①とその他の意味との関係において、表 1 で示した各意味の特徴がどのように関わり合っているかを図 1 に示した。細い実線の矢印は共通の要素、点線の矢印は一部分が共通の要素、太い実線の矢印は異なるものに変化した要素を表している。

意味①と意味②および意味③との関係においては、意味①で悪い、望ましくないと否定的な判断や評価をされていた事柄が「予想以上にできる(意味②)」、「とても素晴らしい物や人に出会う(意味③)」といった肯定的な事柄に変わっていることがわかる。この関係では、「やばい」と感じる対象となる事柄が否定的なものだけでなく、肯定的なものにまで拡大した点が大きな特徴であるといえよう。事柄が肯定的なものになったことに伴って、感情面

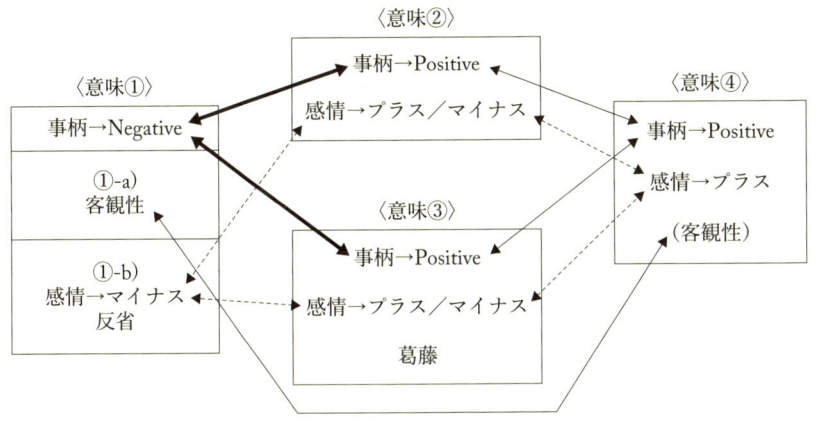

図1 「やばい」の意味特徴から見た関係

でも嬉しさや感動といったプラスの要素が加わったと考えられるが、事柄に対して焦りや戸惑い、気味悪さを覚えるといったマイナスの感情も存在するため、この段階では感情面にはプラスとマイナスの両方が混在しているといえるだろう。意味④では、「やばい」と感じる対象は意味②や意味③に見られた事柄と同じく肯定的なものである。感情については、焦りや戸惑いといったマイナスの感情は失われ、嬉しさや感動といったプラスの感情のみを持つようになる。また、意味②や意味③と比べると、事柄を冷静に観察し、評価する姿勢が見られることから、意味①と共通の「客観性」という要素も存在すると考えられる。

籾山(2001)では、Langackerのネットワーク・モデルが紹介されているが、その中で、複数の意味を多義語として関連付けるカテゴリー化関係として、ある意味の特徴が保留あるいは変更されて別の意味を形成する「拡張関係」が示されている。本稿で分析した「やばい」の複数の意味もこの「拡張関係」によって多義語として関連付けられているのではないだろうか。

6.2. 話者の視点の変化から見た関係

6.1.では、「やばい」の意味の持つ特徴別にその関係と多義的な広がりの分析を試みたが、ここでは、話者が「やばい」と感じる事柄への視点の変化

から、それぞれの意味の関係を考えてみたいと思う。「やばい」と感じる事柄への視点の変化を図2に示す。内側に位置するものほど「やばい」と判断された事柄と話者との距離が近く(話者との関係や結びつきが強く)、外側に位置するものほど遠い(話者との関係や結びつきが弱い)ことを表す。また、図の左側は否定的な要素を持つもの、右側は肯定的な要素を持つものを表している。これは肯定か否定かを表しているだけであり、その程度(左へいくほど否定的など)を表すものではない。

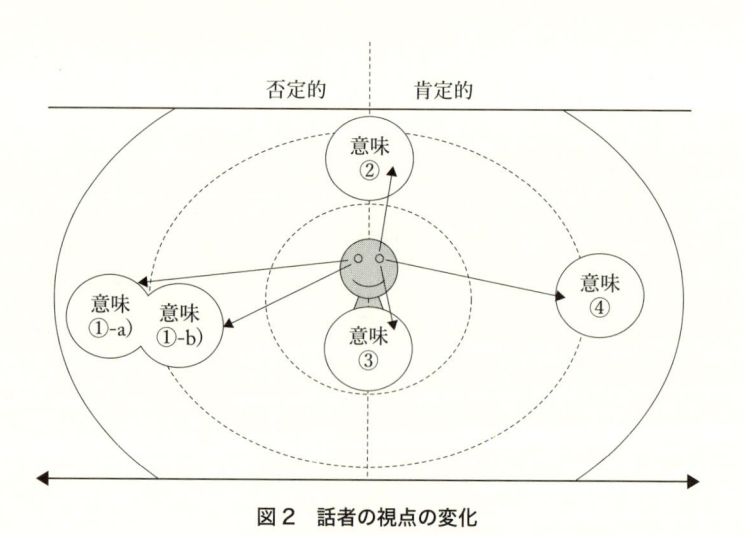

図2 話者の視点の変化

意味①a)は、話者には直接的な影響や関係がなく、客観的に観察できる事柄を「やばい」と感じる対象として見ていることから、話者からは最も離れたところに位置すると考えられる。意味①b)は、「やばい」と感じる対象が話者の不利益につながるものであるため、話者との関係が意味①a)と比べて強くなり、距離も近くなったと考えられる。話者の視点は意味①のような客観的に観察できる否定的な事柄だけでなく、話者自身に影響を与える可能性がある否定的な事柄にも向けられているといえるだろう。意味②では、「やばい」と感じる対象となる事柄は「予想以上のいい結果」という実際に見て観察できるものである。しかし、その結果を導くもとになっているのは話者自身の能力、才能、運といった要素であるため、話者との関連が強く、

距離も近くなっていると考えられる。意味③は、魅力的な事柄と出会い、揺れ動く話者自身の心を「やばい」と感じているため、距離は最も近く、話者の視点は自分自身の心に向けられているといえる。話者の視点は否定的な事柄から、肯定的な事柄へ、更に、自分の外側にあるものから、内側にあるものへと広がったといえる。意味④は、意味①の次に話者からの距離が遠いと考えられる。今回の分析に用いた例文では、話者の興奮や感動といった要素が見られる例も多かったが、意味②や意味③と比べると、感情的な要素は少なくなり、事柄を観察・分析し、その結果、高く評価するという立場をとっていることから、話者からの距離は離れるといえるだろう。話者の視点は自分と関係のある肯定的な事柄から、自分とは直接的な関係がなくても、客観的に観察や分析ができる非常に肯定的な事柄へと拡大したといえる。

　意味の特徴と視点の変化を通して各意味の関係を分析していくと、話題となる事柄が否定的なものから肯定的なものへと広がり、感情も事柄と同様に「焦り」、「戸惑い」といった否定的な段階から、「葛藤」、「困惑」などの否定的なものと「嬉しさ」、「感動」などの肯定的なものが混在した段階を経て、肯定的な感情のみが存在する段階へと変化していることがわかる。より冷静な観察や分析につながると考えられる客観性は高いものから低いものへ、そして再び高いものへと変化している。今後、肯定的な意味の「やばい」が継続して使用されていった場合、感情的な要素が更に薄れ、意味①と同程度の客観性を持ってある事柄を高く評価する「やばい」の用法も確立されていくのではないだろうか。図3に「客観性」、「感情的要素」、事柄への「評価」の推移と各意味との関係を示す。

　客観性が低くなるにつれて感情要素が高くなり、感情的要素が低くなると客観性が高くなることがわかる。評価については、意味①から意味④に向かって高くなる一方である。「やばい」の意味の多義的な広がりは、6.1.で示した意味の特徴、6.2.で示した話者の視点の変化、そして「客観性」、「感情的要素」、「評価」といった要素によって形作られているといえるだろう。

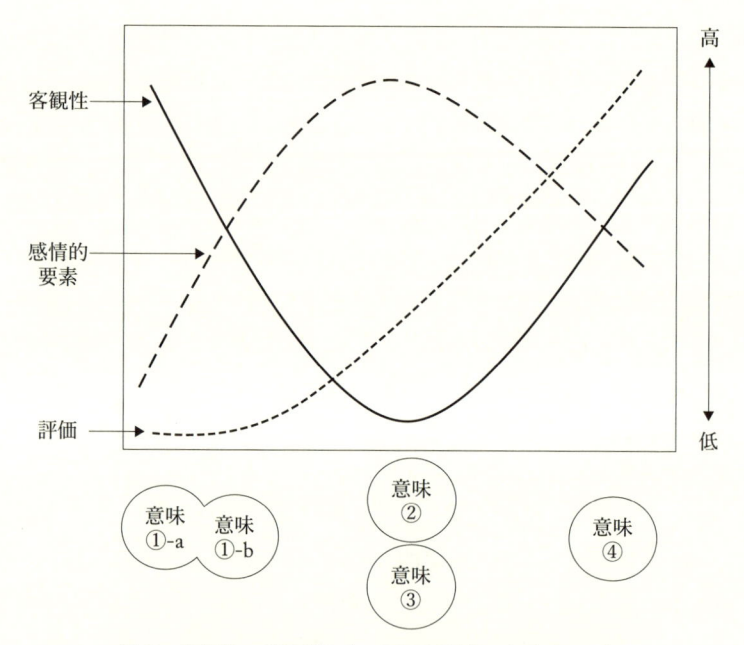

図3　客観性・感情的要素・評価の推移と各意味の関係

7. まとめと今後の課題

　本稿では、インターネット上で収集された用例において現在使用されている「やばい」の複数の意味を明らかにし、各意味の特徴を分析するとともに、意味の多義的な広がりを記述することを試みた。その結果、「やばい」には4つの異なる意味が存在し、多義的になっていることが示唆された。その意味の広がりから、従来、否定的な意味しか持たなかった「やばい」に対象となる事柄や話者の感情において肯定的な要素が加わってきていることが明らかになった。

　本稿では、インターネット上から用例を収集し、それをもとに「やばい」の意味分析を行ったわけだが、インターネット利用者の幅は非常に広く、作成者の年齢、性別、属性などの正確な情報を入手することは非常に困難である。文化庁の調査によって「やばい」の肯定的な意味の使用に関しては性別と年齢層がある程度明らかになったが、本稿で取り上げた複数の意味がそれ

それどの程度認知され、どういった属性の人たちにどのような文脈で使用されているのかという点はまだ明らかになっていない。今後はアンケート調査などを行い、「やばい」の複数の意味の認知度と実際の使用について調査を進めていけたらと思う。

　また、本稿では、「やばい」の意味を共時的に分析しており、歴史的な側面には触れていない。しかし、辞書などの記述から「やばい」はもともと否定的な意味で用いられており、それが肯定的な意味も表すようになってきたことはほぼ明らかであるといえる。こういった現象はさまざまな言語や単語に見られるものであり、ラテン語で「無知(nescius)」という意味であった語が英語の「nice」になったり、「見るべきこと、見もの」という意味であった「みごと」が「立派なこと、素晴らしいこと」という意味を持つようになった例などが挙げられる(『言語学大辞典第6巻述語編』1996)。「やばい」が肯定的な意味を持つようになったことは、このような意味の変化の一種であるameliorationsにあたると考えられる。通時的な意味の分析には時代を追って様々な文献を調査する必要があるが、「やばい」の意味を多角的に分析していくためには、そういった調査の実施も今後の課題となるであろう。

8. おわりに

　ある特定の社会集団、年齢層、地域などにおいて使われている言葉や「流行語大賞」に取り上げられるような言葉、また、今回の分析の意味④にあたるような、ある語の「新しい意味」といったものが5年後10年後も継続して使われているかどうか、そして、現在と同じ意味を保っているかどうかは甚だ疑問である。言葉は変化するものであり、その意味分析はある時点では実際の使用に合致していたとしても、少し時間が経てば、分析内容と実際の使用の間にずれが生じてしまう可能性がある。本稿の分析結果も2008年現在において言えることでしかなく、常に実際の使用と合った意味を捉えるためには、継続して調査・分析をしていく必要があるといえる。

　「やばい」は、「いいです」、「けっこうです」、「〜じゃない」などと同様に話者の発話意図を正しく把握できなければ、話者と聞き手の間に誤解が生

じ、円滑なコミュニケーションを妨げる可能性がある語である。特に、日本語を母語としない学習者にとって、それを正しく聞き取ったり、自分の意図が伝わるように発話することは大きな課題の1つである。日本語教師にはこのような複数の意味を持つ語や、ある語の新しい意味などの説明と使い方の指導が求められることも少なくない。常に変化し続ける言葉に注目し、その意味を的確に捉えようと努めていくことは、日本語教育に携わる者として必要な姿勢だと考えられるため、今後も言葉の使用や意味の変化などに注目して、その分析に努めていきたいと思う。

参考文献

池上嘉彦(1977)「意味の体系と分析」『岩波講座日本語9 語彙と意味』pp.173–220　岩波書店
楳垣実(1988)『隠語辞典 第三四版』東京堂出版
大野晋・浜西正人(2002)『類語国語辞典 第十五版』角川書店
亀井孝・河野六郎・千野栄一編著(1996)『言語学大辞典第6巻術語編』三省堂
木村義之・小出美河子(2000)『隠語大辞典 第一版』皓星社
国広哲弥(1986)「語義研究の問題点―多義語を中心として」『日本語学』5-9　pp.4–12　明治書院
柴田武・山田進(2002)『類語大辞典 第一版』講談社
尚学図書編(1982)『国語大辞典 第一版』小学館
自由国民社編(2001)『現代用語の基礎知識2001』自由国民社
自由国民社編(2002)『現代用語の基礎知識2002』自由国民社
自由国民社編(2003)『現代用語の基礎知識2003』自由国民社
自由国民社編(2004)『現代用語の基礎知識2004』自由国民社
自由国民社編(2005)『現代用語の基礎知識2005』自由国民社
自由国民社編(2006)『現代用語の基礎知識2006』自由国民社
自由国民社編(2007)『現代用語の基礎知識2007』自由国民社
自由国民社編(2008)『現代用語の基礎知識2008』自由国民社
新村出編(1998)『広辞苑 第五版』岩波書店
飛田良文・浅田秀子(2001)『現代形容詞用法辞典 第五版』東京堂出版

松村明編(1995)『大辞林 第二版』三省堂
籾山洋介(2001)「多義語の複数の意味を統括するモデルと比喩」『認知言語学論考 No.1』
　　　pp.29–58 ひつじ書房
山田忠雄他編(2005)『新明解国語辞典 第六版』三省堂
山口翼編(2003)『日本語大シーソーラス―類語検索大辞典 第一版』大修館書店
平成16年度「国語に関する世論調査」の結果について
　　　［文化庁 HP http://www.bunka.go.jp/1kokugo/16_yoron.html］

「〜がる」と「対応する動詞」との考察

韓　金柱

1. はじめに

　日本語の形容詞には感情形容詞と属性形容詞があると言われる。感情形容詞とは、主観的な感情・感覚を表すもの(例えば、「悔しい」「懐かしい」など)、属性形容詞とは、客観的な性質・状態を表すもの(例えば、「新しい」「厚い」など)である。感情形容詞は、第三者を主体として用いることができない。その際には、形容詞の語幹に「がる」をつけ、動詞化した形(例えば、「悔しがる」「懐かしがる」など、以下「〜がる」とする)で用いられる。

　感情形容詞には、形態的に対応する動詞(例えば、「悔しい」に対して「悔やむ」、「懐かしい」に対して「懐かしむ」など、以下「対応する動詞」とする)を持つものもある。では、第三者を主体とし、その感情を表そうとする際、「〜がる」を用いた場合と「対応する動詞」を用いた場合にはどのような違いがあるのだろうか。

　本稿では、このような「〜がる」と「対応する動詞」との間に、どのような意味・用法の違いがあるかを明らかにすることを目的とする。

2. 先行研究

　「〜がる」の意味・用法、および「対応する動詞」に関する先行研究とし

ては、森田(1988)、黄(1999)、大曽(2001)、王(2005)などが挙げられる。

　森田(1988)は「〜がる」の意味・用法について考察したものである。そこでは、「切実性」「表出」「誇示」の3つの弁別要素を立て、「〜がる」の意味をAグループ({−表出、＋切実性、−誇示})、Bグループ({＋表出、＋切実性、−誇示})、Cグループ({＋表出、−切実性、＋誇示})の3つのグループに分けている。「切実性」とは、「主語に当たる人物が心からそうであると思う、感じる」ことであるとされている。しかし、この「切実性」をどのような基準で判断すればいいのかは明確には示されていない。例えば、Bグループの例文として「彼はそれを聞くと、床をけって悔しがった」、「うめ女は生葱を食べたがった」などが挙げられている。Bグループは「＋切実性」であると分析されているのだが、これらの例文については、何を基準として「＋切実性」と判断しているのかが分かりにくい。

　黄(1999)も「〜がる」の意味・用法について考察したものである。ここでは、観察者・感情主・モノゴトの3つの要素を設定し、「〜がる」の機能は、基本的に言語主体が観察者の立場に立ち、文脈に登場した人物の内的状態を把握して、それを言語表現するところにあると分析している。しかし、「対応する動詞」もこれと同様の性質を持つ。例えば、人がお腹を抱えて苦しそうな顔をして倒れているというような場面では、「××さんは苦しがっている」とも「××さんは苦しんでいる」とも言える。これら2つの文はいずれも、言語主体が観察者の立場に立って、「××さん」という人物の内的状態を把握して述べた言語表現である。このように、黄(1999)による「〜がる」の機能についての記述では、「〜がる」と「対応する動詞」との違いを明確に示すことができない。

　大曽(2001)は、「苦しがる」と「苦しむ」について、「『苦しがる』は肉体的な苦しみを表すのに対し、『苦しむ』は精神的・肉体的両方の苦しみを表す」と述べている。ただし、この記述はただこの2語の違いだけのものにとどまり、この分析結果が他の「〜がる」と「対応する動詞」との違いについても当てはまるのかどうかは検討されていない。

　王(2005)は、「対応する動詞」と対照しながら、接尾辞「がる」の意味・用法と機能を考察したものである。そこでは、「〜がる」の使用は、感情事

象の関与者である「感情主」に密接に関わるものであり、「〜がる」は感情主の行動や意志を中心に描写する機能を果たすとされている。これに対して、「対応する動詞」の使用は、むしろ「感情対象」に密接に関わっており、感情対象の性質・状態、およびそれによって引き起こされた感情行為を描写するとしている。

例えば、「花子は私のフィアンセを見て羨ましがった／羨んだ」の場合、感情主である「花子」を中心に描写する際には「羨ましがる」が使われ、感情対象である「私のフィアンセ」を中心に描写する際には「羨む」が使われるとしている。しかし、「感情主」を中心として描写しているか、それとも「感情対象」を中心として描写しているかを、何を基準に判断するのかが十分に説明されていない。また、「感情対象」とは何かも明確にされていない。この例文では、「羨ましい」という感情が向かう相手を「感情対象」とするならば、それは「私」であり、「羨ましい」という感情を引き起こしたものと考えるならば、それは「私のフィアンセ」となる。

以上の先行研究を見ると、①概念の設定が明確にされていない、②分析対象として扱われている例が少ない、③両者の違いを明確にするだけの十分な記述が行われていない、という問題点を含んでおり、「〜がる」と「対応する動詞」との相違点については、まだ完全に明らかになっていないことが分かる。そこで、本稿では、この両者の違いについて今一度考察し、その違いを明らかにすることを目的としたい。

3. 本稿における分析の対象および分析の観点

本稿では、「悔しい」、「欲しい」、「懐かしい」、「恥ずかしい」の4語の感情形容詞を取り上げ、それぞれの形容詞を「がる」によって動詞化した「〜がる」の形(「悔しがる」、「欲しがる」、「懐かしがる」、「恥ずかしがる」)と、それらの形容詞と「対応する動詞」(「悔やむ」、「欲する」、「懐かしむ」、「恥じる」)との違いを考察する。これらの感情形容詞は、『朝日新聞オンライン記事データベース・聞蔵』(1985年1月–2006年10月)と『新潮文庫の100冊(CD-ROM版)』(1995年、翻訳作品を除いた戦後の作品)において、特に

「〜がる」の用例が多く見られた感情形容詞である。

また、本稿ではその違いを探るため、以下のように「主体の特定性」、および「対象の外面性・内面性」という観点を立てて考えていくことにする。

① 主体の特定性：
　　感情を持つ主体が特定の個人や特定の集団であることを「特定的」とする。一方、不特定多数の者や構成員個人を特定することの難しい集団については、「特定的」であるとはしない。
② 対象の外面性・内面性：
　　対象となるものが具体的な形で存在するもの、あるいは、見て確認できる事柄であることを「外面的」とし、対象となるものが具体的な形で存在しない抽象的なもの、あるいは、見て確認できない抽象的な事柄であることを「内面的」とする。

なお、本稿では「対象」とは、感情が向かう先、および感情が引き起こされるものやことをいずれも指すものとして考える。

4.「主体の特定性」

第4節では、「主体の特定性」という観点から「悔しがる」と「悔やむ」、「欲しがる」と「欲する」、「懐かしがる」と「懐かしむ」、「恥ずかしがる」と「恥じる」の順に考察する。

4.1.「悔しがる」と「悔やむ」

ここでは、「悔しがる」と「悔やむ」が「主体の特定性」の観点においてどのような違いがあるかについて考察する。

まず、「悔しがる」は主体となるものが特定的である。例えば、次の例(1)(2)のようなものである。

（1）　今年1月には、岡山市の公園で北九州市若松区のアートディレクター

師村八さん(当時24)がテント内でCO中毒死した。自転車で旅行中の一夜、ガスのランタンで暖まろうとしていたらしい。父親で書家の師村妙石さんは「正確な注意書きがあれば防げたかもしれない」と悔しがる。　　　　　　　　　　　　　　　（2006年9月14日・夕刊）
（2）　トリノ五輪のスピードスケート女子団体追い抜きの3位決定戦。出場選手の1人が所属する富山市の会社では、未明に社員ら30人がテレビの前で熱い声援を送った。終盤、銅メダルを目前にして仲間の選手が転倒した。「あーっ！」。イス上でずっこけ、天を仰ぎ、悔しがる社員たち。やがて気を取り直し、拍手で「よくやった」と健闘をたたえた。　　　　　　　　　　　　　　　（2006年3月2日・朝刊）

　ここでは、いずれも「悔しがる」の主体となるものが特定のものとなっている。(1)の主体となる「師村妙石さん」は特定の個人であり、(2)の主体となる「社員たち」は社会一般の会社員ではなく、「出場選手の1人が所属する富山市の会社の社員たち」を指している。つまり、(2)の主体となるものは特定の集団であると言える。
　一方、「悔やむ」の主体となるものは、特定の個人、特定の集団、不特定多数の人と幅広い。例えば次の例のようなものである。

（3）　もし父の延命治療をしていたら……。神奈川県の女性(42)は、約1年前のことをいまでも悔やむ。　　　（2006年4月22日・朝刊）
（4）　国指定史跡の日野江城跡の一部を南島原市が桜の植栽工事で破壊した問題で、町が以前にも桜200本を城跡内に植えた際、無許可だったにもかかわらず、県が補助金を出していたことがわかった。県が無許可に気づかなかったのが原因だが、町側に問題点を指摘できていれば今回の破壊行為を防げた可能性もある。県の関係者らからは「チェックできていれば」と悔やむ声が出ている。（2006年4月15日・朝刊）
（5）　鳥取空港発着の定期便は東京便だけになってしまい、鳥取経済界では「食い止める手だてはあったのではないか」と悔やむ声も聞かれる。
　　　　　　　　　　　　　　　　　　　　　（2006年7月14日・朝刊）

（6） そんな愛娘(まなむすめ)がなぜ事件に巻き込まれたのか。真相を知りたくて公判に通った。しかし松本死刑囚からは罪を悔やむ人間性が感じられなかった。「法廷という同じ部屋で同じ空気を吸っているかと思うと、身の毛がよだつ思いがしました」(2006年9月18日・朝刊)

　上記に挙げた例を見ると、(3)の主体となる「神奈川県の女性」は特定の個人であり、(4)の主体となる「県の関係者ら」は、長崎県のおそらくこの史跡保護にかかわる関係者を指しており、特定の集団となっている。一方、(5)の主体となる「鳥取経済界」という特定の集団は、そこに多くの構成員が属しており、個人を特定することの難しい社会的な性質を持った集団となっている。(6)での主体は不特定多数の人間一般となっている。

4.2　「欲しがる」と「欲する」

　「欲しがる」と「欲する」を比べてみると、「欲しがる」の主体となるものは特定的である。例えば、次のような例である。

（7） 中学生の息子が、誕生祝いにほしがっていたゲームソフトを買うため店に行った。人気野球選手が宣伝しているソフトだ。ゲーム店で、お目当てのソフトを手に取ってみると「対象年齢15歳以上」「暴力シーンやグロテスクなシーンがあります」の注意書きがあった。ほしがる息子をあきらめさせるのに一苦労した。子どもに与えられない商品をテレビのゴールデンタイムに宣伝するというのは、どんな神経なのだろうか。　　　　　　　　　　　　　　　　（2005年7月6日・夕刊）

（8） 鉱害は農地を陥没させ、民家を傾け、地下水脈を変化させた。
　　　「筑豊における農民運動の大きな問題は鉱害ですよ。何かものを要求するように受け止められがちだったけれど、そうではないんです」と羽音は語る。国に早く農地を復旧しろと要求し、現金をほしがる被害者たちには農地回復の方が大切だと説得した。

　　　　　　　　　　　　　　　　　　　　　　　（2006年10月26日・夕刊）

上記の(7)(8)を見ると、いずれも「欲しがる」の主体となるものが特定のものとなっている。(7)の主体となる「息子」は特定の個人を指している。(8)の主体となる「被害者たち」は、鉱害を受けた人たちであり、特定の集団となっている。
　これに対して、「欲する」の主体となるものは、特定的なもののみならず、不特定多数の場合もある。例えば、次の例のようなものある。

(9)　我が家の調理器具で、鍋釜以外で使用頻度の高いものといえば、レモンスクイーザー。何に使うかというと、家族全員が人の2倍は食べるサラダのためだ。夜は外食がほとんどの夫も高血圧の母も、毎日サラダを<u>欲する</u>。長いこと家族のために作り、食べ続けていたので、私もサラダなしではいられない体になってしまった。
　　　　　　　　　　　　　　　　　　　（2004年11月17日・夕刊）
(10)　日本の国はそれほどに武力行使容認への道を歩もうと<u>欲する</u>のか。いや、その言い方は適切ではない。　　（2005年8月12日・朝刊）
(11)　支持率なんか安定しなくても、国民の<u>欲する</u>政策をきちんと実行する、そしたら支持率は伸びていくのではないですか。
　　　　　　　　　　　　　　　　　　　（2004年8月12日・朝刊）

　上記に挙げた例を見ると、(9)では「欲する」の主体となるものは「外食がほとんどの夫、高血圧の母」であり、特定のものとなっている。(10)では主体となるものは「日本の国」という集団となっている。ただし、「日本の国」はそこに多くの構成員が属しており、個人を特定することの難しい社会的な性質を持った集団であると言える。また、(11)では主体となるものが「国民」であり、国民全般の不特定多数の人となっている。
　さらに、「欲する」は(12)～(15)のように人以外のものが主体となることもある。

(12)　地域経済がいちばん<u>欲する</u>雇用増効果は限定的とみられる。
　　　　　　　　　　　　　　　　　　　（2005年8月25日・朝刊）

(13) おうちカレーのまろやかな味も捨てがたいけど、正月休みで弛緩(しかん)した頭と身体が、スープカレーの強烈なスパイスを欲するのだ。　　　　　　　　　　　　　　　（2006年1月17日・夕刊）
(14) 両手に余るほどの秋を見つけると、小田和正さんの曲を聴きたくなる。夏の暑さで渇いた心が、詩なのか旋律なのか声なのか、彼の曲を欲する。　　　　　　　　　　　　　（2005年8月30日・朝刊）
(15) 文学作品はその本性上、読まれることを欲する。誰かが読むことではじめて作品世界はこの宇宙に立ち現れうるからである。
　　　　　　　　　　　　　　　　　　　（2006年4月17日・夕刊）

　上記に挙げた例を見ると、(12)での「地域経済」、(13)での「頭と身体」、(14)での「心」、(15)での「文学作品」のように、主体となるものがいずれも人以外のものとなっている。

4.3. 「懐かしがる」と「懐かしむ」

　「懐かしがる」も次の(16)(17)のように主体が特定のものである際に用いられる。

(16) 「SLでかくれんぼして、テニスもしたなあ」と懐かしがる真実さんが4年前に始めたサロンでは、月1回程度のペースでミニコンサートが続く。　　　　　　　　　　　　　　（2005年5月30日・朝刊）
(17) 露店で1本200円。瓶詰ラムネの敵は、コンビニのペットボトルだ。店主によると、売るコツは、懐かしがる中高年層に話しかけて、連れの家族の足まで止めてしまうこと。　（2005年8月15日・朝刊）

　上記に挙げた例を見ると、「懐かしがる」は主体となるものが、いずれも特定的なものとなっている。(16)の主体となるものは「真実さん」という特定の人物であり、(17)の主体となる「中高年層」は中高年層という社会層一般を指しているのではなく、店に来た個別の中高年の一人一人を指していることがわかる。つまり、感情を抱く主体が特定の集団であると言える。

一方、「懐かしむ」は、「懐かしい」という感情を抱く主体となるものが不特定多数の人間一般の場合もある。例えば、次の例のようなものである。

(18)　勝己さんは「40年前は出前もしていました。クーラーのない時代で、夕涼みしながら将棋を楽しむ人たちに喜んでもらって。溶けないよう早く届けるのに苦労しました」と昔を懐かしむ。
　　　　　　　　　　　　　　　　　　　　　　　(2006年8月4日・朝刊)
(19)　晴天の下、舟から手を伸ばして水に触れてはしゃぐ子どもたちや昔を懐かしむお年寄りたちでにぎわった。　(2006年9月24日・朝刊)
(20)　午後になると文化院では、放課後の高校生たちが中島美嘉を聴きに来る。青春時代に親しんだ音楽を懐かしむのは、人間として自然な感情だろう。　　　　　　　　　　　　　　(2006年4月13日・朝刊)

　上記に挙げた例を見ると、(18)の主体となる「勝己さん」は特定の個人であり、(19)の主体となる「お年寄りたち」は社会一般のお年寄りを指しているのではなく、その場に来てくれたお年寄りであり、特定の集団となっている。(20)の主体となるものは、「懐かしい」という感情を抱く人間一般を示している。

4.4. 「恥ずかしがる」と「恥じる」

　「恥ずかしがる」も上記の「悔しがる」「欲しがる」「懐かしがる」と同様、主体となるものが特定的である。例えば、次の例(21)(22)のようなものである。

(21)　賢太郎のペンションの居間には、トロフィーが並ぶ。賢太郎は飾るのを恥ずかしがるのですが……。　　　(2006年2月25日・朝刊)
(22)　男の子の声に励まされて私も豆をまき、市内の娘の家に出かけた。恥ずかしがる孫たちに、数年前から豆まきの模範を示している。そんな心境を詠んだ。　　　　　　　　　　　　(2006年2月6日・朝刊)

ここでは、「恥ずかしがる」の主体となるものが、いずれも特定のものとなっている。(21)での「賢太郎」は特定の個人であり、(22)での「孫たち」は、この執筆者個人の孫たちのことであり、特定の集団と言える。

一方、「恥じる」の主体となるものは、特定の個人から不特定多数まで幅広い。例えば、次のようなものである。

(23) 理一は声を荒らげたのを恥じるように刑事に挨拶した。それから理一と澄江は刑事にうながされて廊下にでた。　　　　　　　（冬の旅）
(24) 民俗学の宮本常一の「自然と日本人」を読めば、現在、人は森林とのかかわりに距離を置いてしまったことを恥じるはずだ。

（2005年3月4日・朝刊）

上記に挙げた例を見ると、(23)の主体となるものは「理一」であり、特定の個人を指している。一方、(24)の主体となるものは「人」であり、ここでの「人」は不特定多数である一般の人々全体を指している。

以上、4.1～4.4から、「悔しがる」、「欲しがる」、「懐かしがる」、「恥ずかしがる」は主体となるものが特定の個人や特定の集団であるのに対し、「悔やむ」、「欲する」、「懐かしむ」、「恥じる」は主体となるものが特定の個人や特定の集団、不特定多数の人と幅広い。さらに、個人を特定することの難しい社会的な性質を持った集団が主体となる場合も見られる。また、「欲する」の場合には人以外のものも主体となり得ることがわかる。

5. 「対象の外面性・内面性」

第5節では、「対象の外面性・内面性」という観点から「悔しがる」と「悔やむ」、「欲しがる」と「欲する」、「懐かしがる」と「懐かしむ」、「恥ずかしがる」と「恥じる」の順に考察する。

5.1. 「悔しがる」と「悔やむ」

ここでは、「悔しがる」と「悔やむ」が「対象の外面性・内面性」の観点

においてどのような違いがあるかについて考察する。
　まず、「悔しがる」の対象となるものは外面的なものである。例えば、次の例のようなものである。

(25)　準々決勝の桐光学園戦。本塁打を含む 2 安打の活躍で、チームは 7–3 で勝った。しかし、試合後は 2 回裏の満塁のチャンスで三振に倒れたことを悔しがった。「チャンスで打たないと意味がない」と。
(2006 年 7 月 30 日・朝刊)

(26)　打撃は 1 人が 5 球ずつ。力が入りすぎて飛球を上げる者や打ち損じて声を上げて悔しがる者もいた。加藤伸一監督は参加者たちをそばで見守りながら評価表にペンを走らせ、時折、「目をボールから離すな」「体をしっかり回して」とジェスチャーつきで指導した。
(2006 年 10 月 3 日・朝刊)

　上記に挙げた例を見ると、「悔しがる」対象となるものが、(25)での「2 回裏の満塁のチャンスで三振に倒れたこと」、(26)での「打ち損じたこと」のように、いずれも見て確認できる事柄となっている。
　一方、「悔やむ」は対象となるものが内面的なものである。例えば、次の例(27)(28)のようなものである。

(27)　家族や関係者からは、一雄さんの無念の死を悔やむ声がひろがった。
(2006 年 8 月 23 日・朝刊)
(28)　マウンドを降りベンチに戻ると、帽子を手に持ち、内藤君らを見つめた。自らの力不足を悔やむ思いと、「甲子園に行きたい」という気持ちが入り交じった。
(2006 年 7 月 29 日・朝刊)

　ここでは、対象となるものは、いずれも具体的な形で存在せず、抽象的なものとなっている。(27)の対象となる「死」はこの世に存在しないということであり、(28)の対象となる「力不足」は能力の程度のことを表しており、具体的に目に見える形で存在するものではない。

5.2. 「欲しがる」と「欲する」

「欲しがる」も対象となるものが外面的なものである。例えば、次のような例である。

(29) 「何故あなたはそんなに地図を欲しがるの？」と彼女が訊ねた。「地図を手にしたところで、あなたは永遠にこの街を出ることはできないのよ」　　　　　　　　　（世界の終りとハードボイルド・ワンダーランド）
(30) 榎本容疑者は「ネット上で他人の運転免許証を欲しがる人がいるのを知り、もうけられると思った」と供述しているという。
　　　　　　　　　　　　　　　　　　　　　（2005年7月26日・夕刊）

上記の(29)(30)を見ると、いずれも対象となるものが外面的なものとなっている。(29)の対象となる「地図」、(30)の対象となる「運転免許証」はいずれも具体的な形として存在するものである。

これに対して、「欲する」は対象となるものが内面的である。例えば、次の例(31)(32)のようなものである。

(31) 「テキストでは習っていたけど、想像以上の暴れ方だった」。大人の愛情を欲するあまり攻撃的になり、自傷行為に走る——。虐待された子の典型的な行動という。　　　　　　　　　（2004年3月20日・朝刊）
(32) 歴史を繰り返さないでください。そして、日本は平和をどこよりも欲する国でいて下さい。　　　　　　　　　（2003年11月20日・朝刊）

上記に挙げた例を見ると、「欲する」対象となるものは、いずれも内面的なものとなっている。(31)の対象となる「愛情」、(32)の対象となる「平和」はいずれも具体的な形をとっては存在せず、抽象的なものであると言える[1]。

5.3. 「懐かしがる」と「懐かしむ」

「懐かしがる」は主体が懐かしく思う対象が外面的である。例えば、次の

ようなものである。

(33) 生産者の一人、同町白木の主婦、松崎サチ子さんが作るユズまんじゅうも人気が高い。ユズ皮を刻んで生地に混ぜて蒸し上げる。あんは小豆ではなく、空豆で作る白あん。「昔に比べて最近は空豆を作る農家が少なくなったので、白あんを懐かしがる人が多いです」と話す。
(2006年5月19日・朝刊)
(34) 旧正月の贈答などに「新雪」が1月21日から売り出されたのにあわせ、富沢さんも上海へ行った。デパートの食品売り場で富沢さんが、はっぴ姿で客に試食してもらったところ、好評だった。ナシの大きさと味のよさにびっくりした上海の住民や、日本のナシを懐かしがる在住日本人が買ってくれた (2005年2月4日・朝刊)

　上記の(33)(34)を見ると、いずれも「懐かしがる」対象となるものは外面的なものとなっている。(33)の対象となる「白あん」、(34)の対象となる「日本のナシ」はいずれも具体的な形を持っているものである。
　一方、「懐かしむ」は対象となるものが内面的である。例えば、次の例(35)〜(37)のようなものである。

(35) 悲しいとか、切ないとかではなく、若くて高揚したあの日の自分を懐かしむために。 (2006年4月11日・朝刊)
(36) 昔を懐かしむ心って、それだけでなんだか切ないですよね…といっても、その頃チエはまだ生まれてないんだけどサ。
(2006年3月19日・朝刊)
(37) 詩には政治的な内容はなく、帰国が絶望的となるなか、祖国を懐かしむ望郷の詩が多い。 (2006年2月1日・朝刊)

　上記の(35)〜(37)は、いずれも「懐かしむ」対象となるものは具体的な形で存在せず、抽象的なものとなっている。(35)の対象となる「あの日の自分」は主体の記憶の中にある「若い時の自分」であり、現存しないもので

ある。(36)の対象となる「昔」は具体的な形として存在しないものである。また、(37)の対象となる「祖国」は抽象的な概念であり、視覚的に具体的にとらえられるものではない。

5.4.「恥ずかしがる」と「恥じる」

「恥ずかしがる」も上記の「悔しがる」「欲しがる」「懐かしがる」と同様、対象となるものが外面的である。例えば、次の例(38)(39)のようなものである。

(38) 霜鳥がライバルだったというのは現・高田農高相撲部顧問の石山昇教諭(29)だ。石山さんは「確かに中学までは相撲が盛んなんですけど。高校で激減するんです。尻を出すのを恥ずかしがるのと、何しろ相撲部がある学校が少なくて」と語る。　　　（2006年5月17日・朝刊）

(39) 同市呉服町の鹿児島三越も今年から、インスタント写真のカードをプレゼントに添えるサービスを始めた。婦人服売り場の店員、田島千愛さんは「写真を撮るのを恥ずかしがるお客さんもいますけど、みなさん喜んで帰られますよ」と話している。　　　（2002年5月8日・朝刊）

上記の(38)(39)は、「恥ずかしがる」対象となるものが、いずれも外面的な事柄となっている。(38)での「尻を出す」こと、(39)での「写真を撮る」ことはいずれも具体的な行為であり、その動作が目で見て確認できるものとなっている。即ち、「恥ずかしがる」対象となるものは外面的様子・状況を表している事柄となっている。

これに対して、「恥じる[2]」の対象となるものは内面的である。例えば、次のようなものである。

(40) 2月に転職してきた。それまで東京で仕事をしていたが、任地が「岐阜」と聞いても、正直、あまり連想するものがなかった。自分の無知を恥じるばかりだが、頭に浮かんだのは白川郷や温泉など観光地ばかりだった。しかし、実際に岐阜について知るにつれ、産廃問題があっ

たり、中津川一家殺傷事件など悲しい事件があったりと「影」の部分も見えてきた。　　　　　　　　　　　　　（2006年2月28日・朝刊）

(41) 93年から芦屋市立美術博物館に勤務する。01年に芦屋で手がけた田中さんの個展を見て、感銘を受けたカナダ人研究者が北米への巡回を提言、今回の受賞につながった。加えて、評価したのは米国の美術ジャーナリズムであるから、日本の美術記者として不明を恥じるばかりである。　　　　　　　　　　　　　　（2006年3月9日・夕刊）

　上記の(40)(41)を見ると、「恥じる」対象となるものは、いずれも内面的なものとなっている。(40)での「無知」、(41)での「不明」は、具体的な形で存在せず、抽象的なものである。

　以上、5.1〜5.4から、「悔しがる」、「欲しがる」、「懐かしがる」、「恥ずかしがる」の対象となるものは、具体的な形で存在するもの、あるいは見て確認できる事柄であるのに対し、「悔やむ」、「欲する」、「懐かしむ」、「恥じる」の対象となるものは、具体的な形をとって存在しないもの、あるいは見て確認できない抽象的な事柄であることがわかる。

6. まとめ

　本稿では、感情形容詞に「がる」が接続した形（「〜がる」）とその形容詞と同一の語根を持ち、形態的に対応する動詞（「対応する動詞」）との違いについて、「悔しい」「欲しい」「懐かしい」「恥ずかしい」を取り上げ、「主体の特定性」および「対象の外面性・内面性」の2つの観点から分析を行った。その結果、「〜がる」と「対応する動詞」とは、以下のような点で異なることが分かった。

　「主体の特定性」については、「〜がる」の場合には、主体となるものが人であることが多く、また、それは特定の個人や特定の集団である。これに対して、「対応する動詞」の場合には、主体となるものが特定の個人や特定の集団のみならず、不特定多数の場合にも、また、構成員個人を特定すること

の難しい集団についても用いられる。さらに、「欲する」は、主体となるものが人以外のものでも用いられる。

「対象の外面性・内面性」については、「〜がる」の場合は、対象となるものが具体的な形で存在するもの、あるいは見て確認できる事柄で、外面的であると言える。これに対し、「対応する動詞」の対象となるものは、具体的な形をとって存在しないもの、あるいは見て確認できない抽象的な事柄で、内面的である。

本稿で対象とした形容詞は「悔しい」、「欲しい」、「懐かしい」、「恥ずかしい」の4語と限られたものであったが、「〜がる」と「対応する動詞」との相違点の一端は示すことができたと考えられる。今後、より広い範囲の形容詞を対象に含め、本稿における分析結果の有効性を検証していくこと、および「〜がる」の意味・用法についてさらに詳細に分析を進めていくことを課題としたい。

〔追記〕
本稿は、筆者の修士論文「日本語における感情表現の考察―感情形容詞を中心に―」の一部をもとに改稿を行ったものである。本稿の執筆にあたり、指導教員の鈴木智美先生ならびに柏崎雅世先生からは数々の有益なご助言を頂いた。ここに深く感謝申し上げます。

注

1 ただし、「愛情」に関しては、「愛情を欲する」だけでなく「愛情を欲しがる」という表現も可能である。しかし、この場合も「欲しがる」を用いた場合は、「愛情を欲する」の場合のように内面的なものを意味するのではなく、愛情を目に見える形で、外面的に表してもらうことを望む様子を表すと思われる。

2 「恥じる」は、「そのようなふるまいは横綱の名に恥じる」「国際空港の名に恥じない対応が求められる」のように、「―は―に恥じる」の形で用いられることもある。この場合は、「〜に照らして恥ずかしい、ふさわしくない」という意味を表し、本稿で分析の対象としている「―が―を恥じる」とは異なり、「―を恥ずかしがる」とは意

味的に対応しない。このような用法は稿を改めて詳しく論じたい。

参考文献

王安(2005)「接尾辞「～がる」の機能の再考」『北海道大学大学院文学研究科研究論集(5)』pp.241-261　北海道大学大学院文学研究科

大曽美恵子(2001)「感情を表す動詞・形容詞に関する一考察」『言語文化論集』第XXI巻第2号　名古屋大学言語文化部・国際言語文化研究科紀要　pp.21-30

黄其正(1999)「接尾辞「がる」考―文レベルにおける表現機能の一考察」『日本語表現法論攷』pp.176-187　溪水社

黄其正(2004)『現代日本語の接尾辞研究』溪水社

森田富美子(1988)「接尾辞「～がる」について」『東海大学紀要8』pp.1-15　東海大学留学生教育センター

用例出典

『朝日新聞オンライン記事データベース・聞蔵』(1985年1月-2006年10月)

『新潮文庫の100冊(CD-ROM版)』(1995年、翻訳作品を除いた戦後の作品)

上級日本語学習者の動詞の
コロケーションに関わる誤用
―「する」を中心に―

鈴木　綾乃

1. はじめに

　本研究は、上級日本語学習者の作文コーパスを用いて、動詞「する」を中心にコロケーションの誤用について分析を行ったものである。日本語コロケーションについては、秋元(1993)が中級段階の学習者を対象にそのコロケーション能力の調査を行い、コロケーション指導の意義を述べている。しかし現在に至るまで日本語コロケーション、およびその習得研究は十分に行われているとはいえず、例えば谷口(2001)は初級教科書のコロケーションを分析した結果、「日本語教育にはコロケーションを扱う基準のようなものが一切ない」ことを報告している。

2. 先行研究

　コロケーションについての英語学や英語の習得に関する研究を取り上げ、「コロケーション」の概念と判定基準についてまとめた研究として、松野・杉浦(2004)があげられる。ここでは、「Firth(1951)の研究からコロケーションの研究に関心が向けられるようになったため、一般的にコロケーションの定義としてFirthの定義が用いられる」とし、「Firth(1957)はコロケーションとは慣習的にともに用いられる(2語以上の)語であると定義して」いる、と述べられている。しかしさまざまな研究者によってさまざまな概念・判定

基準が用いられており、「Nation(2001: 317)などの研究者が指摘するようにコロケーションには統一的な明確な定義がない」という(松野・杉浦 2004：79)。

また、国語学や日本語学、日本語の習得研究でも、様々な定義が用いられており、さらにその用語も「連語」(国広 1985、秋元 1993)や「連語的慣用句」(宮地 1985)、「共起表現」(曹・仁科 2006)など様々である。例えば国広(1985: 6)は「連語」という語を用いて「二語(以上)の連結使用が、構成語の意味ではなく慣用により決まっているもので、全体の意味は構成語個々の意味から理解できるもの」とした。そして、連続するものとして「単なる語の連結」である「語連結」と、「二語(以上)の連結使用が固定しており、全体の意味は構成語の意味の総和からは出て来ないもの」である「慣用句」を挙げている。これによれば、「つめたい水」は語連結であり、「傘をさす」は「なぜ(傘を)」「かざす」の代わりに「さす」を用いるほうが固定しているのかは、意味的に説明できない」という理由で連語である、という。

日本語コロケーションの習得に関する研究としては、秋元(1993、2002)、滝沢(1999)、小森(2003)、曹・仁科(2006)などが挙げられる。例えば小森(2003)は、英語を母語とする学習者を対象に、コロケーションの内省テストと学習者の作文コーパスを用いて分析を行った。そして誤用のうち、母語の知識に頼った誤用が全体の約85％であったという結果を報告している。また曹・仁科(2006)は、中国人学習者のコーパスを用いて、形容詞及び形容動詞のコロケーションの習得の特徴を明らかにし、母語の影響を検証した。しかし、上記のような研究はあるものの、研究の量・質共に十分であるとは言えず、特に動詞と名詞のコロケーションについては、分析はあまり行われていない。

3. 本研究の概要

3.1. 研究設問

本稿では、動詞「する」に関して、コロケーションに関わる上級学習者の誤用にはどのような傾向があるのかを明らかにする。さらにそのうえで、動

詞「する」に関してコロケーションという観点からどのような習得上の問題点があり、どのように指導するべきかについて考察を加える。

3.2. 本稿での定義

本稿では、誤用の定義を Ellis(1994: 51)の「目標言語の規範から逸脱したもの」とする。「目標言語の規範」には、母語話者の直観および辞書を用いる。そして、規範から明らかに逸脱しているものだけでなく、はっきりと逸脱しているとは言えないが、日本語として不自然・不適切なものまで分析の対象とする。

「コロケーション」に関して、用語や定義・認定基準はそれぞれの研究者によって様々なものが用いられている。そこでまず用語は、本稿では「コロケーション」という語を採用する。定義は、国広(1985)の「連語」の定義をもとに、「二語(以上)連結使用が、慣用により決まっているもので、全体の意味は構成語個々の意味から理解できるもの」とする。そして、分析では、語と語の結びつき方について意味的に説明できるかどうかに関わらず、「語と語の結びつきかたが決まっていると考えられるもの」、すなわち、類義のほかの語に置き換えることができないものを対象とし、個別的に「コロケーションの誤用」として分析の対象になるかを判定する。

3.3. データ収集と分析の方法

本研究では以下の3つの作文データを用いた。作文の執筆者は、東京外国語大学日本課程所属の留学生で、日本語能力試験1級合格か、それと同等の能力を持つ上級学習者である。留学生の母語は様々であるが、中国出身者(母語が北京語である学習者、朝鮮族の学習者など)および韓国語を母語とする学習者が大多数である。

① 海野多枝監修(2005)「上級学習者の日本語作文データベース(内部資料版)」(21世紀COEプログラム 「言語運用を基盤とする言語情報学拠点」)、及び同(2007)「上級学習者の日本語作文データベース 2006年度版(内部資料版)」

② 日本課程の留学生対象の授業「日本語文章表現」にて2006年度に書かれ

た作文
③日本課程の留学生対象の授業「日本語口頭表現」にて2006年度に書かれた3分間スピーチ原稿

表1　作文データの概要

	作文テーマ	字数の目安	人　数	作文数
①	「友人紹介」 「意見文」	800字 800字	72人 144人	72 148[1]
②	「意見文」	800字	19人	34
③	「青年の主張」	800〜1000字	23人	23

作文数合計　277

　分析は、すべての作文を筆者自身が読み、「する」が使われている句、及び「する」を使うべき句をすべて抜き出し、それぞれ正誤判断を行う作業から行った。一度すべての作業を行った後、もう一度作文を読み直し、見落としがないか、一度目の判断が正しかったかどうかを確認した。正誤判断に迷った際には、姫野監修(2004)や国語辞典を参照したり、他の母語話者の判断を仰いだりした。また、2度目の判定後、筆者以外の2名の母語話者にすべての用例を見てもらい、筆者の判断についての確認を行った。

4.　結果と考察

　以下で、分析の結果と考察を述べる。なお、例文中の「*」は誤用であることを表し、(　)で訂正例を示す。また、個人名を伏せた部分は「▲」で表している。

4.1.　全体の傾向

　3.3で述べた手順に従い、「する」が使われている句、及び「する」を使うべき句をすべて抜き出し、正誤判断を行った。その結果、正用が延べ数317例(異なり数160例)[2]、誤用が延べ数102例(異なり数76例)、全体の誤

用率[3]は延べ数で24.3％（異なり数32.3％）であった。
　誤用はコロケーションの誤用とそうでない誤用に分けられた。コロケーションの誤用ではないと判断したのは、以下のような例である。

(A)「する」の意味・用法に関わる誤用
　　（１）　「する」の脱落(2例)：(例)*日焼けがない(日焼けをしていない)
　　（２）　冗長(1例)：*新鮮感を感じる(新鮮な感じがする)
　　（３）　過剰般化(1例)：*2ヶ月もする夏休み(2ヶ月もある夏休み)
　　（４）　その他(5例)
(B)「する」以外の要素に関する誤用
　　（１）　助詞の誤用(31例)：(例)*死刑する(死刑にする)
　　　　　　　　　　　　　　　　　*厳しい法律をする(厳しい法律にする)
　　（２）　漢字の誤用(4例)：(例)*否正をする(否定をする)
　　（３）　発音・表記の誤用(1例)：*▲さんのことをいっぱいしてない(知らない)

　さらに、コロケーションの誤用は、コロケーションの結びつき自体を誤っている「結びつきの誤用」と、コロケーションの結びつきは正しいが文脈を見ると誤用であると判断される「文脈上の誤用」に分けられた。それぞれの例を以下に挙げる。

「結びつきの誤用」
(例)彼女の歳についての*質問をやらないでください。(質問をしないでください)

「文脈上の誤用」
(例)"戦争にならないだろう"と私が言ったら、"それは言えないよ。もしの場合になったら、上海は一番大変ですよ"とかなり両親思いの*返事がしてきました[4]。(答えが返ってきました)

また、「結びつきの誤用」「文脈上の誤用」以外に、はっきりと誤用であるとは言えないが不適切であると判断された例もあった。これを以下では「適切さの誤用」とする。

表2に、それぞれの誤用数と誤用率をまとめる。

表2　誤用数(誤用率)

	正用	結びつきの誤用	文脈上の誤用	適切さの誤用	その他の誤用	合計
延べ数	317	41 (9.8%)	8(1.9%)	8(1.9%)	45(10.7%)	419
異なり数	160	32(13.5%)	7(3.0%)	4(1.7%)	33(14.0%)	236
コロケーションの誤用合計		延べ数　57(13.6%)				
		異なり数 43(18.2%)				

次に、これらの誤用を考えられる原因によって分類すると、次のようになった。

・類義の語またはコロケーションの混同
・「する」の過剰使用
・その他

次節では、上記の分類項目にしたがって、その結果と考察を述べる。なお、以下では正用を(正)、「結びつきの誤用」を(誤結)、「文脈上の誤用」を(誤文)、「適切さの誤用」を(誤適)と表す。

4.2. 各分類項目の分析結果と考察
4.2.1. 類義の語またはコロケーションの混同

　類義の語または類義のコロケーションを混同していると考えられる誤用である。こうした例は、全部で延べ34例見られた。この項目では、「する」と「やる」のように1対1の類義関係である場合の混同と、共通する意味カテゴリに属する語またはコロケーションの混同とが見られた。

4.2.1.1. 1対1の類義関係での混同

「する」にきわめて近い意味を持つ語として「やる」がある。誤用では、この2つの語を混同していると考えられるものが見られた。

（1）(誤結)彼女の歳についての*質問をやらないでください。(質問をしないでください)
（2）(誤結)その時、日本語も問題がなかったし、会社の人たちも*親切にやってくれたので、外国での生活上の違和感は全然なかったそうです。(親切にしてくれた)
（3）(誤文)私は今、*合気道をしています。(合気道をやっています)

(3)は、一見すると正用に思える。しかし、「今、まさに合気道をしている最中」ならばこの文で正しいが、「趣味としてときどき」というような習慣を表す場合、「やる」が適切であり、(3)はこうした文脈で使われた文であるため、「文脈上の誤用」であると判断できる。このような「スポーツをする」というコロケーションは、「テニスをする」「サッカーをする」のように初級の段階から多く導入されるものであり、使う機会も多いと考えられる。そのため、学習者の中で「スポーツ(テニス、サッカー、合気道など)を」と「する」の結びつきがかなり強いものとして認識されていることが予測される。しかし実際には、このように「やる」を用いなければならない場合もあるのである。

（4）(誤適)彼女は勉強しながら、通訳の*仕事もやりました。(仕事もしました)
（5）(誤適)▲さんは今、日本の伝統的スポーツに興味を持ってその*研究をやっています。(研究をしています)

(4)及び(5)は、複数の母語話者によって、どれも「話し言葉なら正用」もしくは「誤用ではないが、「する」のほうが適切」と判断された。また、このように判断されたものは、「やる」を使った文のみであった。これは、

「やる」が話し言葉的だと認識されていることを裏付けるものである。

星野(1985: 44)では、「する」と「やる」には固有の意味・用法があるが、「～(動作・行動・行為)をする／やる」で置き換え可能な場合がある、としている。しかし、(3)のように置き換え可能な場合の意味の違いや、(4)、(5)のような適切さについての分析はあまりなされていないようである。また、今回分析した作文データの執筆者の多くが中国語、または韓国語を母語とする学習者であり、それぞれの母語話者に確認したところ、どちらの言語にも日本語の「する」と「やる」のような語の使い分けはない、ということであった。そのため、特に(3)のように「する」と強い結びつきがあると認識されているコロケーションについて、「やる」を使うことができないと考えられる。

また、類義の名詞や副詞を混同したと考えられる例も見られた。

（6）(誤結)同じ日本語学院を卒業したそれだけでも話題を*一緒にすることができる味方と会ったような気がして本当に嬉しかった。（共にする）

（7）(誤結)結局は平凡な大学生になって日本語を*専攻としていた。（専門としていた／専攻していた）

次の例は、類義の名詞を混同し、動詞の選択を誤ったものである。

（8）(誤結)出たら、一回の刑務所の経験があったので、かならずしも*悪事をしないとは限らないでしょう。（悪事を働かない）

「悪事を」とコロケーションをなすのは「働く」であり、「悪事」の類義の名詞「悪いこと」は「悪いことをする」というように「する」とコロケーションをなす。すなわち、(8)の下線部だけを見れば、「悪事を働く」と「悪いことをする」という2通りの訂正が可能である。しかし「悪事を働く」と「悪いことをする」は全く同じ意味というわけではない。『新明解国語辞典』(第6版)では、「悪事」を「人に迷惑をかけたり社会的慣習に背いたり

などする、悪い行い。」としている。よって、(8)は「悪事を働く」と訂正するほうがよいと考えられる。

また、類義のコロケーションを混同したと考えられる例も見られた。

(9)(誤文)公共の場所での*禁煙はするべきであろうか(禁煙を実施する[5])

　(9)「禁煙をする」という場合は、「私」など「個人が」「タバコを吸わない」ことを意味する。また、「禁煙をする」とは「タバコをいつでも、どこでも、一切吸わない」ということなので、「公共の場所で」と「禁煙をする」はコロケーションをなさない。
　このように、コロケーションを使う場合、まず組み合わせが可能であるかを考え、次に類義のコロケーションがある場合文脈からそのどちらが適切かを判断する必要があるといえる。

4.2.1.2. 共通する意味カテゴリに属する語の混同
　「共通する意味カテゴリに属する語」とは、「仕事」という意味カテゴリに対しての「先生」「教職」「会社」や「～に勤める」「～に就く」などの語のことである。語を、品詞に関わりなく「仕事」という意味カテゴリでまとめた場合、そこには「仕事」「先生」「会社」のような名詞や、「～に勤める」「～に就く」「～をする」などの動詞が入ると考えられる。そして、この1つの意味カテゴリに属する語を混同している場合、コロケーションの誤用が起こる可能性がある。今回の分析では、こうした共通した意味カテゴリに属する語を混同した結果であると考えられる誤用が見られた。これらの誤用を意味カテゴリごとにまとめると、次のようになる。

・仕事
(10)(誤結)九四年、カリージを出て、*小学校の先生を4年間勤めた。(4年
　　　　　間小学校の先生をした)
(11)(誤結)日本に来る前に、医学部を卒業して、*麻酔医師に2年間つきま

していました。(2年間麻酔医師の仕事をしていました)
(12)(誤結)外語大を卒業したら、できるなら、日本で*教職をして、自分が習い、日本で経験した全でを生かしたいそうです。(教職に就いて)

・着脱
(13)(誤結)まず、季節を応じて適切な*服装を着るのは人の健康上一番有力な措置である。(服装をする)

・生活
(14)(誤結)歓殻と金銭に囲まれ、自分はいかに豊かな*生活を過していると勘違いするに違いないと思う。(生活を送っている／している)
(15)(誤結)テレビは私にとって不可欠な物だが、他の*一人暮らしを送っている人にとっては、なくても済む物であろうか？(一人暮しをしている)
(16)(誤文)快楽的な生活の中に身を投じて、*夢や希望がない生活を営むようになると思う。(夢や希望がない生活をする)

・話・言葉
(17)(誤結)そこで、初めて*話を交わした人が▲▲▲という人でした。(話をした)
(18)(誤結)"戦争にならないだろう"と私が言ったら、"それは言えないよ。もしの場合になったら、上海は一番大変ですよ"とかなり両親思いの*返事がしてきました。(答えが返ってきました)
(19)(誤文)もし死刑制度を廃止したら、親族を失った人たちにはどんな*返答をしてあげればいいのか。(言葉をかけてあげる)
(20)(誤結)▲▲▲さんに中国語についていくつかの*質問を聞きました。(質問をしました)
(21)(誤結)バイト先で会った外国人の常連さんは日本人の方が*あいまいな言い方をよくおしゃって、何がいいたいのかあまり分からないとおしゃいました。(あいまいな言い方をして)

これらの誤用は、訂正の可能性が複数ある場合もある。例えば(10)は、「小

学校の先生として4年間働いた」、(11)は「医師の仕事に2年間ついていました」と訂正することもできる。これはすなわち、あることを表現するのに複数の言い方が可能であり、文脈や文体によってどれを使うのか選択する必要があるということを意味する。そして、このように複数の選択肢がある場合、正しいコロケーションを選択することが難しくなると考えられる。これを(10)を例に図にすると次のようになる。

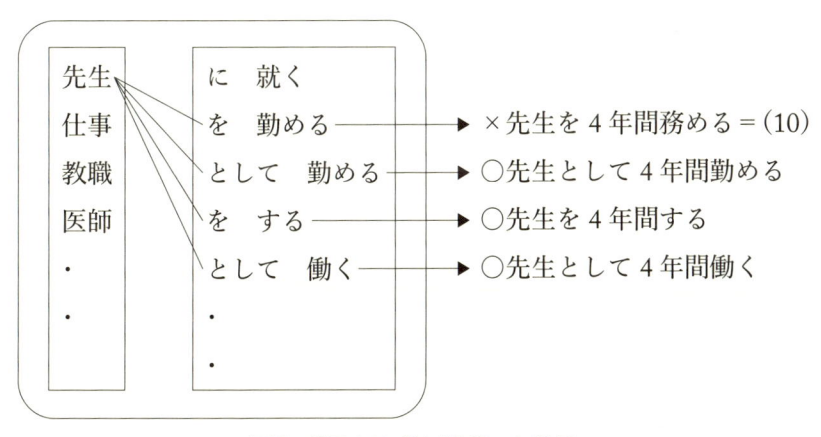

```
┌─────────┬──────────────┐
│ 先生    │  に   就く    │ ──→ ×先生を4年間務める＝(10)
│ 仕事    │  を   勤める  │ ──→ ○先生として4年間勤める
│ 教職    │  として 勤める│ ──→ ○先生を4年間する
│ 医師    │  を   する    │ ──→ ○先生として4年間働く
│  ・     │  として 働く  │
│  ・     │   ・          │
│         │   ・          │
└─────────┴──────────────┘
```

図1　意味カテゴリ「仕事」と(10)

大きな囲みは意味カテゴリ「仕事」を表している。その中には仕事に関する名詞や動詞がある。そして、「先生」という名詞に対して動詞の選択肢は複数存在する。ここでは「先生」という名詞のみを図で示したが、ここに「仕事」「教職」など他の名詞と、一緒に使われる動詞の選択可能性を加えると、さらに複雑になる。この複雑さが、正しいコロケーションを選択することを難しくしていると考えられるのである。

以上、「類義の語またはコロケーションの誤用」には、母語に直訳すれば正しくなるものもある。しかし、その原因は母語のコロケーションとの異同にとどまらない。(8)「悪事」と「悪いこと」のように、母語にもある日本語の漢語名詞と、和語名詞の意味の違いにも原因があると言える。また、

「悪事を働く」と「悪いことをする」のように、類義の名詞であってもコロケーションをなす動詞が違い、さらにコロケーション全体の意味も違っている場合がある。こうした場合、どちらを選択するのかは、文脈や文体から判断しなければならない。これまでの研究において、コロケーション使用についての母語の影響の大きさについては指摘がなされている（小森 2003 など）。しかし今回の分析結果から、コロケーションの指導において母語との異同を示すだけでは不十分であると言える。

4.2.2. "「する」の過剰使用" について

「する」は「機能動詞」の典型であり、それ自体に意味はあまりなく、前に取る名詞を動詞化する役割があると言える[6]。このような、名詞を動詞化する機能を「する」が持っている、という認識を学習者が持っていると仮定した場合、ある名詞に対して動詞は何を使えばいいのか分からないときに「する」を使うことが予測できる。しかし、今回の分析ではこうした例は 3 例にとどまった。

(22)（誤結）そして、電車の中で、*臭くて悪いマナーをすることもなくなる。（臭かったり、マナーの悪い行動をしたりする）

4.2.3. その他

(23)（誤結）来日してから▲さんは日本語学校で一からの*再出発を始まりました。（再出発をしました）
(24)（誤結）公衆意識があって、仮にホームではぐっと我慢した愛煙家としても、ホームを出る途端煙草に火を付けて、*歩き煙草をやむざるを得ないと思う。（歩き煙草をするのも仕方がない）

(23)は母語からの直訳と思われる誤用（全部で延べ 11 例）、(24)は原因が特定できない誤用である（この 1 例のみ）。先行研究においても、コロケーションの誤用の原因として母語が挙げられている（滝沢 1999、小森 2003、曹・仁科 2006）。今回の分析でも、母語の直訳によると思われる誤用が見られ

た。

4.3. 全体の考察

次に、誤用の訂正タイプによる比較と母語直訳の割合を、表3にまとめた。「タイプA」とは「する」以外の動詞を使ったコロケーションを「する」に訂正するもの、「タイプB」とは「する」を使ったコロケーションを別の動詞や名詞、句などに訂正するものである。そして、先行研究と比較するために、誤用のうち母語に直訳すると正しくなる、と母語話者によって判断されたものを数え、まとめた。

表3 誤用の訂正タイプによる比較と母語直訳の割合

分 類	タイプA(誤)→(正)する		タイプB(誤)する→(正)		合 計	
延べ数	29		28		57	
		母語直訳		母語直訳		母語直訳
	20	9(31.0%)	9	19(67.6%)	29	28(49.1%)

英語を母語とする日本語学習者のコロケーションについて分析を行った小森(2003)では、英語母語話者が母語の知識に頼った結果の日本語コロケーションの誤用は85%以上だったことが報告されている。しかし今回の分析では、母語の直訳をしたと考えられる誤用は全体で49.1%と、半数以下にとどまっている。小森(2003)の分析は「母語の知識に頼った結果の誤用」とされており、本研究は「母語に直訳すると正しくなる誤用」であるため、必ずしもこの2つが一致するとは限らない。しかし本研究の分析から、コロケーションの誤用の原因が母語だけではなく、そのほかの原因も重視すべきであるといえる。そして母語以外の原因の1つとしては、類義語や類義のコロケーションの混同が考えられる。

また、「タイプA」と「タイプB」を比較すると、延べ数がほぼ同じであるにもかかわらず、「タイプB」のほうが直訳と考えられる割合が高いという結果であった。ある名詞に対して動詞は何を使うのかわからないとき、①「する」を使うか、②母語のコロケーションを使う、という方法を取ること

が予測されるが、①を取ることはそれほど多くないと考えられる[7]。

　さらに、今回は正用・誤用ともに見られた例は非常に少なく、多くの場合正用のみか、もしくは誤用のみであった。このことから、特に誤りやすいコロケーションがあること、そして学習者の中で特に「する」と強く結びついている語があることが推測できる。すなわち、学習者の中での結びつきが比較的弱い語について、類義の語やコロケーションとの間で混乱が起こってしまうのではないかと考えられるのである。

5. おわりに

　本稿では、上級日本語学習者の作文コーパスを用いて、動詞「する」のコロケーションに関わる誤用について分析を行った。その結果として、次の2点が挙げられる。

（1）　コロケーションの誤用は「結びつきの誤用」と「文脈上の誤用」とに分けられた。このことから、文脈などコロケーションの「外」の情報についても分析を進める必要がある。

（2）　類義語や類義のコロケーションを混同していると思われるものが多く見られた。これまで先行研究では、コロケーションの誤用は母語の干渉と関連して論じられることが多かったが、本分析では母語の直訳をしたと思われる誤用は約半数であった。このことから、動詞「する」に関するコロケーションの誤用の傾向として、類義語や類義のコロケーションとの混同を挙げることができる。

　以上を踏まえると、動詞「する」のコロケーションに関しては、先行研究で言われているような母語との異同をリストで示すだけでは不十分であり、類義の動詞や名詞、コロケーションを整理して示す必要があると考えられる。すなわち、「する」とコロケーションをなす名詞を整理することはもちろんのこと、初級の段階から導入されるようなコロケーションであっても、類義語や類義のコロケーションを導入する際に既出のものと対照させることが必要である。例えば、「生活をする」というコロケーションがすでに導入されている段階において、「生活を営む」という新しいコロケーションを導

入する場合、「生活を」と「営む」は一緒に使う、と教えるだけでは不十分であり、このコロケーションがプラスの評価を持ち、「生活」にマイナス評価の修飾句がつく場合(例：夢や希望のない生活)は「する」を使う、というところまで指導する必要がある。さらに、「する」とコロケーションをなす名詞について、他にコロケーションをなす動詞があれば導入し、両者の違いについて明確にしていくことが必要であると考えられる。これについて鈴木・海野(2007)では、混同しやすい動詞を元にシラバスを構成した、コロケーションの教材の開発を一部試みている。

　しかし現在、こうした情報を得るための辞書などが十分そろっているとは言いがたい。例えば、姫野監修(2004)は日本語学習者のための優れた日本語コロケーション辞典であるが、コロケーションの「外」の情報について調べることはできない。今後は、こうした点についてさらに分析を進め、教材や辞書に反映させていくことが望まれる。

注
1　人数と作文数が違うのは、異なるテーマについてそれぞれ1つずつ執筆した学習者がいるためである。
2　「延べ数」は、「名詞＋助詞＋動詞」の単位で1つと数えた。そして、「異なり数」とは、このすべてが同じものを1つと数えた。すなわち、「私は勉強をすることが嫌いです。だから学生時代はほとんど勉強をしませんでした。」という文章があった場合、延べ数は2、異なり数は1となる。
3　「誤用率」は、曹・仁科(2006)に倣い、抜き出した全ての句の数に占める、誤用の割合を表す。
4　「返事がする」は、例えば以下のように使われる。
　　3番目の女子トイレのドアを3回ノックして、
　　「花子さぁん」
　　と呼ぶと、「はぁい」と返事がする。
　(http://www.asahi-net.or.jp/~IH9K-YNMT/ver5/legend/school1.html ／ 2007.1.2 検索)
5　「公共の場所では禁煙にするべきであろうか」という訂正も可能であり、この場合助

詞の誤用であると言えるが、ここでは「禁煙をする」と「禁煙を実施する」との誤用について述べる。

6　村木(1991: 204)は、「実質的意味を名詞にあずけて、みずからは文法的な機能をはたしている動詞」を「機能動詞」と呼び、「日本語のもっとも基本的な動詞の一つである「する」は、このような機能動詞の典型例である。」と述べている。

7　今回の分析結果に反して、インフォーマルな形ではあるが「動詞が分からないときには「する」を使う」と言う学習者の意見も耳にしたことがある。そのため、「する」に名詞を動詞化する機能がある、という認識を学習者が持っている可能性は否定できない。今後の課題としたい。

参考文献

Ellis, R. (1994) *The Study of Second Language Acquisition.* Oxford: Oxford University Press.

Firth, J.R. (1957) *Paper in Linguistics 1934–1951.* London:Oxford University Press.

Nation, I.S.P (2001) *Learning Vocabulary in Another Language.* Cambridge Univercity Press

秋元美晴(1993)「語彙教育における連語指導の意義について」"The Proceedings of the 4th Conference on second Language Research in JAPAN" pp.29–51　国際大学

秋元美晴(2002)「連語の研究と語彙運用能力向上のためのその指導法」『総合的日本語教育を求めて』pp.233–246　国書刊行会

大曾美惠子・滝沢直宏(2003)「コーパスによる日本語教育の研究―コロケーション及びその誤用を中心に」『日本語学』22　pp.234–244

国広哲弥(1985)「慣用句論」『日本語学』4(1)　pp.4–14

小宮千鶴子(2004)「留学生のための経済の専門連語辞書の試作―専門語の特定から専門連語の選定まで」『21世紀言語学研究　鈴木康之教授古希記念論集』　pp.343–354

小森早江子(2003)「英語を母語とする日本語学習者の語彙的コロケーションに関する研究」『第二言語としての日本語の習得研究』6　pp.33–51　凡人社

鈴木綾乃・海野多枝(2006)「学習者言語コーパスに基づいた教材開発の可能性―日本語コロケーション習得を目指した教材開発の試み」『言語情報学研究報告 14』pp.45–66　東京外国語大学大学院

曹紅荃・仁科喜久子(2006)「中国人学習者の作文誤用例から見る共起表現の習得及び教育への提言―名詞と形容詞及び形容動詞の共起表現について」『日本語教育』130　pp.70–79

滝沢直宏(1999)「コロケーションに関わる誤用—日本語学習者の作文コーパスに見られる英語母語話者の誤用例から」『日本語学習者の作文コーパス:電子化による共有資源化』pp.77-89

谷口秀治(2001)「日本語教育におけるコロケーションの扱い」『教育学研究紀要』47　pp.381-386　中国四国教育学会

姫野昌子監修(2004)『日本語表現活用辞典』研究社

星野恵子(1998)「「する」と「やる」は同じですか?」『月刊日本語』11(5)　pp.44-46　アルク

松野和子・杉浦正利(2004)「コロケーションの定義—コロケーションの概念と判定基準に関する考察」『なぜ英語母語話者は英語学習者が話すのを聞いてすぐに母語話者ではないとわかるのか』pp.79-95

宮地裕(1985)「慣用句の周辺—連語・ことわざ・複合語」『日本語学』4(1)　pp.62-75

村木新次郎(1991)『日本語動詞の諸相』ひつじ書房

マンガに現れる日本語および
中国語のオノマトペの類型

黄　慧

1. はじめに

　日本語のマンガにおけるオノマトペに関する類型の問題は、いくつかの先行研究を見ることができるが、中国語におけるオノマトペの類型に関してはあまり言及されてこなかった。

　本稿では、まず先行研究を踏まえたうえで、日本語のマンガにおける類型について考察を行う。さらに、日本語のマンガに対応する中国語翻訳本のマンガから収集したデータを用いて考察を行う。翻訳された中国語のオノマトペの類型は、日本語のオノマトペの類型とどのような違いがあるのか、さらに、その原因は何であるのかを明らかにすること、最後にマンガを用いたオノマトペ教育が可能であることを示唆することが本稿の目的である。

　なお、用語に関しては、オノマトペと擬音語・擬態語の両方の呼び名があるが、筆者は田守(1999)に倣い、擬音語・擬態語の総称をオノマトペと呼ぶ。但し、引用文献に擬音語・擬態語と表記されているものは、そのまま引用することとする。

2. 先行研究

　マンガのオノマトペの形態的特徴を考察するにあたっては、日向(1986)が代表的な研究である。さらに、越前谷(1989)、謝(1993)、そして、陳

(2004)によっても言及されている。以下、これらの先行研究を提示する。

　類型に関する分類基準に関しては、日向(1986)、越前谷(1989)、謝(1993)、そして、陳(2004)を参照することにする。そのため、これら先行研究における分類基準を表1にまとめる。なお、表1にあがっている用語はすべて先行研究を忠実に反映したものである。

表1　先行研究の分類基準

	日向(1986)	越前谷(1989)	謝(1993)	陳(2004)	範囲
	3つ	4つ	4つ	4つ	
形式	標準形	見出しにあるもの	見出し語	辞書型	辞書の見出し語として収録されているもの
	同類語／類義語	同類語に同じもの	同類語	類縁型	辞書の同類語、同族、類義語として収録されているもの
	変異形／逸脱形	変異形	異変形	変異型	辞書の見出し語、その同類、類義語にいきつくもの
		逸脱形	逸脱形	造語型	辞書には原型がなく、上の3つに含まれないもの

　表1から分かるように、日向(1986)は、浅田・金田一(1978)の見出しにあるものを「標準形」と呼んでいるのに対し、越前谷(1989)、謝(1993)は、「見出し語」と呼んでいる。さらに、謝(1993)では、越前谷(1989)が変異形として扱っているものを異変形という用語を使ったり、変異形という用語を使ったり、用語の使用に不統一が見られる。

　陳(2004)にも述べられているとおり、それぞれ範囲の定め方も少しずつずれが生じていると考えられる。いずれにしても類型に関しては、はっきりした分類基準は定められていないことが分かる。

　日向(1986)では、浅田・金田一(1978)の『擬音語擬態語辞典』を基準とし、マンガから得られた延べ語数536語について考察を行った。その結果、擬音語では、標準形にその同類語、類義語を含めても全体の約32.5%しか

ないが、擬態語は全体の約59.6%を占めていることから、マンガは擬音語の、変異形、逸脱形をいろいろ自由に生み出させる世界であると結論付けている。

10冊の少女マンガを資料として扱っている謝(1993)では、見出し語が19%、同類形が19.7%、変異形が36.4%、逸脱形が24.9%を占めることが考察されている。見出し語と同類形を合わせると38.7%、異変形と逸脱形を合わせると61.3%を占めるとしている。さらに、擬音語は見出し語、同類語を合わせても31%にしか及ばないが、擬態語のほうでは、見出し語、同類語を合わせると46.2%を占めることを指摘している。

陳(2004)は、マンガ誌を資料にして扱ったものである。擬音語の場合は類縁型が、読者層に関わらず、1割前後の使用率になっていることが考察された。類縁型と辞書型を合わせると、女性(59.9%)、少女(52.0%)、青年(41.6%)、成人(40.8%)、少年(37.2%)、子供(32.2%)の順になっている。造語型は成人マンガ雑誌が約20%以上を占めるのに対し、他のジャンルはすべて20%以下になっている。全部のデータの平均値を見ると辞書型と類縁型が50%以上を占める。擬態語に注目したところ、どの読者層でも、辞書型が5割以上の使用率で一位を占めること、さらに擬音語における造語型は用例数が2割未満であるのに対して、擬態語の場合は1割くらいであるという結果が得られた。

日向(1986)、謝(1993)、陳(2004)の考察結果から分かるように、辞書型はある程度マンガにおいて高い割合を示している。さらに造語型は、擬態語よりも擬音語のほうが出現率が高いということも見てとれる[1]。

3. 研究対象、研究方法

3.1. 研究対象

本稿では、日本語のオノマトペについて考察を行ったうえで、中国語のオノマトペに言及したいため、日本の単行本マンガ[2]およびオノマトペが中国語に翻訳されている翻訳本を用いる。各作者2冊ずつ、計8点およびその翻訳本を扱っている。以下、資料として用いた日本語および中国語翻訳本の

マンガを示す。

日本語：	中国語翻訳版：
『クレヨンしんちゃん』1,2　双葉社 1993	『蜡笔小新』1,2　远方出版社 2003
『名探偵コナン』5,6　小学館 1997	『名探偵柯南』5,6　長春出版社 2002
『ドラえもん』11,29　小学館 1997	『哆啦A梦』11,29　長春美術出版社 2003
『ちびまる子ちゃん』1,2　集英社 1990	『櫻桃小丸子』1,2　內蒙古美術出版社 2002

3.2. オノマトペ辞典を用いたオノマトペデータベース作成

　マンガにおけるオノマトペの選別作業及び、音韻・形態的特徴の考察を行うにあたり、本稿では擬音語・擬態語辞典を基準とした。日本語は擬音語擬態語辞典を4冊用い、中国語では辞書2冊とインターネットに載っているものを参考にすることにした。以下、オノマトペのデータベース作成に用いた資料を日本語、中国語の順に提示する。

日本語

　　『擬音語・擬態語辞典』1974　天沼寧　　　　　　　用例数：1522 語
　　『擬音語・擬態語辞典』1978　浅野鶴子・金田一春彦　用例数：1631 語
　　『現代擬音語擬態語用法辞典』2002　飛田良文・浅田秀子編
　　　　　　　　　　　　　　　　　　　　　　　　　　用例数：1045 語
　　『暮らしのことば擬音・擬態語辞典』2003　山口仲美　用例数：2017 語

中国語

　　『現代中国語擬音語小事典』1976　相原茂　　　　　用例数：260 語
　　『中国語擬音語辞典』1995　野口宗親　　　　　　　用例数：431 語
　　インターネット　2006/09/10 閲覧　侯小青　　　　 用例数：129 語

　日本語の場合は、天沼(1974)、浅野・金田一(1978)、飛田・浅田編(2002)、山口(2003)による擬音語・擬態語辞典の見出し語だけでなく、その同類型として辞書に載っているもの全てをデータとして扱う。

中国語の辞書オノマトペの作成において、中国で書かれたオノマトペの辞書は極少なく、日本で書かれた中国語の擬音語辞典計2冊、侯小青[3]がインターネットで公開しているサイトのものを合わせて3つから中国語の辞書におけるオノマトペのデータベースを作成した。基準は日本語と同様であるが、日本語は50音順になっているのに対し、中国語ではピンインを揃えるため、アルファベット順になっている。

日本語の辞書での、平仮名と片仮名の表記の違いと同じく、中国語の辞書では漢字表記の違いが見られる。日本語の辞書においては同一の辞書において、平仮名と片仮名を区別して見出し語に載せることはない。しかし中国語は、オノマトペの漢字表記にばらつきが見られる上に、同一の辞書でも、音は同じであるが表記が違ういくつかのオノマトペがそれぞれ見出し語としてあげられている。例えば、「卡」「咔」「喀」「咯」は全て「kā」と読む。中西(2000)では、中国語におけるこれら漢字表記は、一見同じ音であり、同じ意味を表すように思われるが、状況により置き換えが可能であったり、不可能であったり、意味の違いが生じる場合があると主張している。しかしながら本稿では、辞書だけでは各表記形の使用場面を判断するのは難しいと考え、これら違う漢字表記を便宜的に全て一つの単位として数えることにする。

3.3. 本稿における類型の分類基準

本稿では、先行研究を参照し、①辞書型、②同類型、③変異型、④造語型といった4つの類型を設ける。以下、分類基準および用例の一部を提示する。

3.3.1. 辞書型
日本語

上で述べた先行研究において、辞書の見出し語として収録されているもののみが辞書型として収録されている。しかし、辞書の見出し語としては収録されていないものの、辞書の付録のオノマトペ一覧に載っているものは、ある意味確実に定着した語彙として認めるべきだと考えられるため、本稿では

『辞書におけるオノマトペデータベース』を参照し、全て辞書型と称する。
例：
① 見出し語：「いらいら、ごろごろ、ひゅーひゅー」など
② 見出し語ではないが、付録のオノマトペ一覧に乗っているもの：「わーっ、ぐーん、ころころっ」など

中国語
　中国語のおいても日本語と同じくオノマトペ辞典およびインターネットで公開されている候情のサイトにあがっているオノマトペをすべて辞書型と称する。
例：
「咔嚓，轰隆，啪啪」など

3.3.2. 同類型
日本語
① 辞書型の単純反復や辞書型に長音、促音、撥音、記号(…、～[4]など)が付加されたものを同類型とする。(なお、紙幅の関係上用例は一例ずつ出すことにする。)
例：
a 辞書型「ぱくぱく」の単純反復、「ぱくぱくぱくぱくぱく」
b 辞書型の「あはは」に長音が付加された「あははー」
c 辞書型の「ぐずぐず」に促音が付加された「ぐずっぐずっ」
d 辞書型の「ぎゃー」に撥音が付加された「ぎゃーん」
e 辞書型に記号が付加された「ホゲ～、うとうと…」など

② 元々は2音節の単純反復形ABAB形式でしか使われないものが、AB形式で使われたものも含めて同類型と称する。
例：
「ぎこぎこ」(辞典)→「ギコ」のみ(マンガ)
　これらは辞書に載っていないものの、辞書からその類縁性があるオノマト

ぺを見ることができることから同類型に入れることにした。

③　そして、元々は特殊拍を伴って使われるものが、特殊拍なしで現れたものも同類型に入れることにした。
例：
「きゃーきゃー／きゃっきゃっ」(辞典)　→「キャキャ」(マンガ)
　これらも前述したとおり、辞書から類縁性があるオノマトペを見ることができることから同類型に含めることにした。

中国語
　中国語においても辞書型の単純反復や記号(…、―、！)が付加されたものを同類型に入れることにした。
例：
①　辞書型「咣当 guangdang」[5]の単純反復形「咣当咣当咣当」
②　辞書型の「嗒嗒 dada」に「…」が付加された「嗒嗒……」
③　辞書型の「咕咕咕 gugugu」に「―」が付加された「咕―咕―咕―」、
④　辞書型の「哈哈 haha」に「！」が付加された「哈！哈！」

3.3.3. 変異型
日本語
　辞書型の不完全に反復されたもの、あるいは子音交代により、新しく生み出されたオノマトペを変異型とする。
例：
①　「うふふ」(辞典)　→「うへへ」(マンガ)
　「ふ」が「へ」に変わり「うふふ」とは違うニュアンスを生み出している。
②　小さい「ぁ、ぃ、ぅ、ぇ、ぉ」が付加されたもの、つまり、「わぁー」や「わぁぁぁ」、「びゅー」や「びゅぅぅぅ」など
　小説などの文章においては、ほとんど見ることができず、マンガなど特殊な場合にのみ現れるものであるため、同類型ではなく、変異型として分類す

中国語

　非単純反復されたもの、あるいは、個々の形態素としては、オノマトペとして認められるものであるが、組み合わせ自体普段はあまり使われていないオノマトペを変異型に分類する。
例：
① 非単純反復の「嘟嚕嚕嚕 dulululu」
② 「噗隆噗隆 pulongpulong」
　「噗 pu」も「隆 long」も中国語ではオノマトペの形態素としてよく使われる漢字である。しかし、「噗隆」といった組み合わせは辞書には載っていないことから変異型として扱うことにする。

3.3.4. 造語型
日本語
　辞書には載っていない、臨時的に作られた作者独自のオノマトペを造語型の範囲に定める。
例：
「でええっ、ドドォ、どんがらがっしゃん、ぷに、ペカッ、ポンポロロン、んがーんがー、ぱっこーん…」などが一部用例である。

中国語
　日本語と同じく辞書に載っていなく、臨時的に作られたオノマトペを造語型とする。ここでは、翻訳者独自に作られたものもあれば、日本語のオノマトペを音のまま当て字で当てたものも含める。

① 翻訳者によって新しく作られたもの
例：
「嚓郎嚓郎 chalangchalang」、「噗咻噗咻噗咻 puxiupuxiupuxiu」、「呜咿 wuyi」など

日本語のオノマトペの影響を受けたものではなく、作者が独自に作ったものであると判定できる。
② 当て字で翻訳したものをすべて造語型の中に分類する。
例：
「カチャカチャ」→「卡恰卡恰 kaqiakaqia」
「キコキコキコ」→「叽可叽可叽可 jikejikejike」
「ちゅばちゅばちゅば」→「啾叭啾叭啾叭 jiubajiubajiuba」
など

4.1. 延べ語数と異なり語数に関する考察

　本稿で扱った日本語のマンガにおけるオノマトペは、延べ語数 3550 語のうち、異なり語数が 1472 語で延べ語数の約 41% を占めていることが分かった。そして、中国語に翻訳されたオノマトペは、脱訳やオノマトペ以外に翻訳されたものを除いた延べ語数 1934 語のうち、異なり語数は 650 語で延べ語数の約 34% を占めている。

4.1.1. 日本語における延べ語数

　日本語におけるオノマトペの延べ語数の割合が高いのは以下のようなものがある。

① 30〜60 回の頻度で現れたもの
例：
「あはは、ハハハ、カチャ、ガラッ、ざわざわ、たたた、ダッ、ハアハア、バッ、わー、わいわい、バシッ、バタ…」など

② 20〜30 回の出現頻度で現れたもの
例：
「イライラ、カツカツ、カチッ、わはは、へへ、ヒュー、ビク、ピー、パッ、バシッ、ドドド、ドキドキ、トゥル、ちら、ジリリ、じー、さー」など

② 10～20回の出現頻度で現れたもの
例：
「カッ、カラカラ、カンカン、ぎくっ、ギュッ、ぐい、くか、くすくす、くるくる、コッコー、ゴホゴホ、ゴロゴロ、コンコン、ザザザ、しーん…」など

4.1.2. 中国語における延べ語数

中国語におけるオノマトペの延べ語数の割合が高いのは以下のようなものがある。

① 30～60回の頻度で現れたもの
例：
「跶/哒 da、哈哈 haha、呼呼 huhu、喀嚓/咔嚓/咔喳 kacha、铃铃 lingling、啪 pa、哇 wa」など

② 20～30回の頻度で現れたもの
例：
「当 dang、咚 dong、嘟噜 dulu、哗哗 huahua、哗啦 huala、啪哒 pada、啪哒啪哒 padapada、砰 peng、砰砰 pengpeng、噗 pu、沙沙 shasha、唰 shua、咻 xiu」など

③ 10～20回の頻度で現れたもの
例：
「啪啪 papa、噗噗 pupu、扑通 putong、沙 sha、嗖 sou、哇哈哈 wahaha、呜 wu、嘻嘻 xixi、吱 zhi」など

中国語のオノマトペは日本語のオノマトペから翻訳されたものであるため、日本語のオノマトペの影響を多く受け、異なり語数の割合にはそれほどの差異が見られないものと考えられる。ここでも上述した中国語の漢字表記の問題、及び記号[6]の問題を考慮に入れると、中国語の異なり語数の割合は

低くなると思われる。

4.2. 類型に関する考察
4.2.1. 日本語および中国語のオノマトペの類型

次に収集したデータから日本語と中国語のオノマトペを本稿で定めた4つの形式に分類し、考察を行う。

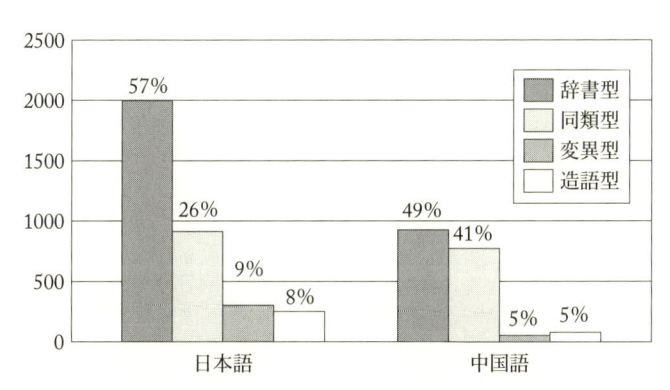

図1 日本語および中国語のオノマトペの類型

本稿で扱った資料を考察したところ、図1のように、日本語のマンガに現れた辞書型は約57%を占める。本稿で扱っている辞書型は、先行研究における、辞書型に同類語が加わったものになる。これは、単行本マンガを資料として扱った日向(1986)、マンガ雑誌を資料として扱った陳(2004)、そして少女マンガを資料として扱った謝(1993)の考察を裏付ける結果になる。

同類型が26%、変異型が9%、造語型が8%の順になっている。陳(2004)や日向(1986)の考察結果では、造語型が20%以上あるが、本稿では、8%と先行研究を半数以上も下回る結果になった。

マンガは新しいオノマトペが次から次へと生産され、造語型の占める割合が高くなると思われがちだが、ジャンルや作者により、かなりのゆれが見られる。田守(1993)では、習慣的オノマトペと臨時的オノマトペという用語を用いている。本稿では同類型は辞書型の規則的反復や、長音などが付加さ

れたオノマトペであるため、辞書型と同じく習慣的なオノマトペとしてみる。本稿で扱った資料では習慣的オノマトペが約83％を占めていることが分かる。

　中国語の習慣的オノマトペは日本語を上回り、約90％が辞書型と同類型を含む習慣的オノマトペであることが窺える。中国語の辞書型と同類型にそれほど差がないことに注目されると思われる。これは辞書型に長音をつけた形で翻訳されたものが多かったのが原因の1つであると考えられる。中国語のオノマトペは日本語から翻訳されたものであるため、日本語のオノマトペの影響を強く受けていると思われる。しかし、その反面、中国語のほうが習慣的オノマトペは日本語より多かったことや、造語型オノマトペが日本語の造語型オノマトペより占める割合が低いことなどから、オノマトペの翻訳は様々な要因に左右されていることが窺える。中国語のオノマトペは、日本語ほど造語力を持たないこと、そして日本語の造語型オノマトペをすべて中国語の当て字で当てることが不可能なことなどからも習慣的オノマトペが90％を超える原因が導き出される。

4.2.2. 作品別類型について

　作品別に類型をさらに詳細に見ていくことにする。（下に提示した図2）
　個別作品における4つの類型の分布はそれほど差がなく、4作品（各2冊、計8冊）とも辞書型が最も多く、50％以上を占め、同類型が占める割合は2位に上る。同類型には、辞書形の反復形、長音や撥音、リ音等を付加したものであるため、辞書型が多いほど、辞書型に何らかの変化をもたらしたオノマトペが多くなると言える。4つの作品における変異型や造語型にもそれほど差はなく、『クレヨンしんちゃん』では10％をキープしたものの、『クレヨンしんちゃん』以外の作品は全て10％未満になっている。いずれにしても、4作品における類型に関しては個別作品によってばらつきもなく、4作品の間で、差は見られなかった。次に中国語に翻訳されたオノマトペの類型を図3で示し、考察を行う。

　中国語のオノマトペを考察したところ、『ちびまる子ちゃん』がその他と違う特徴を示していることが明らかになった。他の作品は、日本語から翻訳

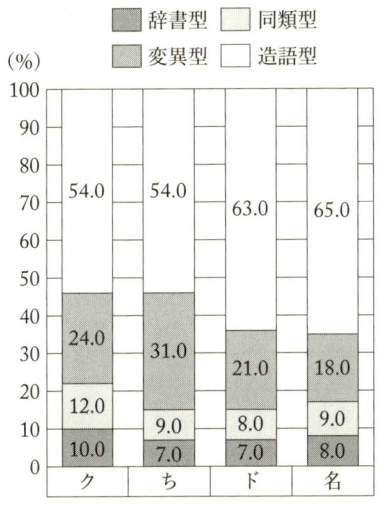

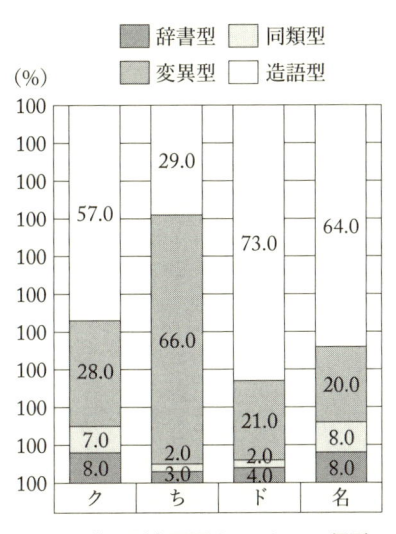

図2 作品別日本語オノマトペの類型   図3 作品別中国語オノマトペの類型

した影響で、日本語と同じく、辞書型や同類型の出現率が高いが『ちびまる子ちゃん』では、辞書型が同類型の半分ぐらいしか占めない。中国語に翻訳された『ちびまる子ちゃん』の用例で、同類型が圧倒的に多くなった原因は次のようなことと考えられる。

　すなわち本稿で、中国語の類型の分類基準を定める際、日本語で反復や特殊拍が付加されたものを同類型に分類し、中国語でも、辞書型の反復や日本語と同じく「ー」や強調を表す感嘆符「！」が付加されたものを同類型に分類した。『ちびまる子ちゃん』の翻訳された用例には、「ー」が付加されたものが53語、「！」が付加されたものは244語見られた。日本語の長音記号に合わせた「ー」は無視することにしても、日本語のオノマトペに特殊拍が付加されていないのに、中国語では「！」が付加されたものが多かったため、同類型に分類されていた。これは、『ちびまる子ちゃん』において辞書型より同類型が圧倒的に多くなった原因の1つであると考えられる。

　さらに『ちびまる子ちゃん』では、電話の音や、電車の音が何ページかに渡って連続的に出現している。例えば同類型の電話の音「ジリリリ」が127ページだけで23語見られる。こういった、1ページ全体に絵と一体化した

形でオノマトペを適当に散らばす書き方は、同類型の割合が高くなることに結びつくのではないかと考えられる。

中国語のオノマトペの変異型と造語型の割合はいずれも約5%であり、日本語の変異型と造語型の割合より低くなっているのは、前述したように中国語のオノマトペは造語力に富んでないため、日本語の造語に対応して、全てを造語に翻訳することができないからである。

4. おわりに

本稿では、日本語のマンガおよびその中国語翻訳本におけるオノマトペについて考察を行った。従来、マンガにおけるオノマトペは造語が多いため非常に難しいということについての指摘が多かった。しかし、本稿でマンガを用いて調査を行った結果、すべての作品において日本人が日常生活で使われていると判断できる習慣的オノマトペが80%以上を占めることが分かった。さらに、造語型は、すべての作品において5%前後にとどまっていることが検証された。擬音語よりも擬態語のほうが習慣的オノマトペを用いる割合が高いことから、今後は、日本語教育の現場で最も教授が難しいと言われてきたオノマトペ教育にマンガを用いることも1つの方法として可能性を考えていきたい。

謝辞

本稿は、修士論文の一部である。執筆にあたり、指導してくださった風間伸次郎先生ならびに花薗悟先生、川村大先生、三宅登之先生に感謝いたします。

注

1　多ジャンルを扱っている日向(1986)と陳(2004)は考察結果に多少の違いが見られる。ただしこれは、マンガの書かれた時代に関係があるのか、それとも単行本とマンガ誌

というデータの母体の違いから生じたものなのか不明である。
2　陳(2004)では、単行本マンガを扱った先行研究は、ジャンルへの配慮、作者の使用傾向、発表年度における差異などに問題点があると指摘し、マンガ誌を扱っている。しかし、本稿では日本語のオノマトペおよびその翻訳傾向について考察したいため単行本を用いる。作者の傾向性を防ぐためには、4冊のマンガ二冊ずつを取り扱う。
3　参考資料：作者：侯小青　四川省宣汉县教师进修学校 http://www.glxx.cn/luntan/showtopic.asp?TOPIC_ID=255&Forum_id=67&page (2006/09/10 閲覧)
4　手書きで長く伸ばした「〜」は、「—」とはまた別のものであることから記号の中に入れた。
5　中国語の音声表記としてはピンインを用いる。しかし、声調は本研究と直接関わらないため、省略する。
6　中国語では日本語のように、「ー、っ、ん」の付加により与えるイメージが違うのと同じように、伸ばす記号「—」や感嘆符「！」などの記号により、与える印象が違うと考え、別々のものとして扱うことにする。

参考文献

相原茂(1976)「現代中国語擬音語小辞典」『中国語』11　pp.2-11　大修館書店

浅野鶴子編, 金田一春彦編概説(1978)『擬音語・擬態語辞典』角川書店

天沼寧編(1974)『擬音語・擬態語辞典』東京堂

越前谷明子(1989)「マンガの擬音語・擬態語—作家にみる」『日本語学』9　pp.44-52　明治書院

謝宛玲(1993)「日本漫画における擬音語・擬態語の調査と分析—少女漫画を中心に」『親民學報』10　pp.65-75

陳佳雯(2004)「日本マンガにおけるオノマトペ(2)：単位語から見た使用傾向」『比較社会文化研究』16　九州大学大学院比較社会文化学府　pp.47-54

田守育啓・ローレンス・スコウラップ(1999)『オノマトペ—形態と意味』くろしお出版

田守育啓(2002)『オノマトペ擬音・擬態語をたのしむ』岩波書店

中西正樹(2000)「オノマトペの研究5—中国語オノマトペ［ka］の漢字表記について」『摂大人文科学巻号』8　pp.3-23　摂南大学

飛田良文・浅田秀子編(2002)『現代擬音語・擬態語用法辞典』東京堂出版

日向茂男(1986)「マンガの擬音語・擬態語(5)」『日本語学』11　pp.81-87　明治書院

山口仲美(2003)『暮らしのことば　擬音・擬態語辞典』講談社

類似した意味からなる
二字熟語についての考察

田山　のり子

　漢語は、歴史的に見て、中国語から取り入れられ日本語の中に定着してきたものである。また、それに準じる形で日本においては漢語が作られてきている。そうした漢字熟語はすべて字音で読むことが原則となっており、2字が基本となっている。その場合の1字1字にはそれぞれ意味があり、その意味を和語にあてて読んだ字訓として表わされている。このため、字音で読む漢語は、その意味を捉えようとする時に字訓で理解することができ、日本語としては非常に効果的である。それゆえ、日本での漢字学習においては、字音と同時に字訓の習得が欠かせない。両者は密接に結びついている。

　これら二字熟語を考える時、その構成のあり方は単一ではない。それぞれの漢字の意味がどのようにかかっていくのか、そのパターンは大きく分けて4つになる。以下、代表例を『漢字の教え方』(武部 1989: 150)で見ると次のとおりである。

　　（1）　上から下へかかっていく場合
　　　　　海水(ウミの・ミズ)　　　休日(ヤスム・ヒ)
　　　　　外出(ソトへ・デル)　　　移住(ウツリ・スム)
　　（2）　下から上へかかっていく場合
　　　　　開店(ミセを・ヒラク)　　握手(テを・ニギル)
　　　　　乗車(クルマに・ノル)　　無味(アジが・ナイ)
　　（3）　同じ意味の漢字が続く場合

音声(オトや・コエ)　　　根本(ネと・モト)
会見(アッテ・ミル)　　　詳細(クワシク・コマカイ)
(4)　反対の意味の漢字が続く場合
昼夜(ヒルと・ヨル)　　　晴雨(ハレか・アメか)
売買(ウッタリ・カッタリ)　高低(タカイか・ヒクイか)

　本論では、このうち「(3)同じ意味の漢字」が続く場合に着目し、類似した意味からなる二字熟語にはどのようなものがあるのか、また、そこから浮かび上がる言語の本質について言及したい。同義・類義の二字熟語を選び出す方法としては訓読みを手がかりとした。これには『字通』の付録にある「同訓異字」(白川1997: 1688–1762)を資料として採用し、その中の各項目中、筆者が現代語として熟語の構成が可能な2字を選び出し、それを組み合わせた熟語を表1に『字通』の頁番号とともに記載した。その数は617語に上る。さらに、これまでに独自に採取してあった熟語115語(頁番号なし)と併せ、表1には732語を集計した。なお、採取した漢字は常用漢字に限られない。
　今回、訓読みを特定するに当たり、訓読みと一口に言っても教育上の拠り所として日常的に触れている常用漢字の範囲内で言及すればよいというものではないことを改めて痛感した。「訓読み」とは、『広辞苑』第5版によれば、

① 　教えみちびくこと。さとし、いましめること。「教訓・訓戒」
② 　よむこと。字義を解釈すること。「訓詁・訓義」
③ 　漢字を和語にあててよむこと。「人」を「ひと」とよむ類。「訓読・字訓」⇔音(おん)

となっている。③の「漢字を和語にあててよむ」とは、その字義の解釈の幅は広いということであり、公用漢字として指定された常用漢字の場合でも規定された訓読みの範囲内に限定されるというものではない。『字通』でもその編集の解説(白川1997: 23)において次のように述べられている。

　同訓異字には、その用法に自然に慣行とすべきものがあり、必ずしも厳

密な区別を施すべきものではない。

　このため、作成された表1にある訓読みは、通常の訓読みの範囲を超えて、漢字の意味的部分もこめたものになっている。一般的に電子辞書でも「訓読み」に関しては、規定どおりの訓読みと意味を加えた意訓の形で表示されているが、そうしないとその漢字の日本語としての意味が十分に通じないことになるからであって、訓読みとして教育的・公的に指定されたもののみでは日本語として縦横に言葉を駆使しようとする場合に不十分ということも多いのである。
　さて、同義・類義からなる二字熟語が日本語の語彙全体の中でどうして多様されるのだろうか。その前になぜ同じようなもの、似たものを並べて表現するのかから考察しよう。それには二つある。①重ねることで意味を強調する。②重ねることで意味を広げる。
　漢字を和語として用いる場合について『語彙とその意味』(森田1991: 50-51)には次のようにある。

　　和語の場合、本来は同一語でありながら、特定の対象や作用・概念にのみ限定して用いられている場合、それに相当する別々の漢字をそれぞれ当てて書き分けることがある。「泣く／鳴く(啼く)」「乗せる／載せる」「表す／現す」「熱い／暑い」「油／脂」など例は多いが、これらは文字を使い分けることによって、かえって意味に差があるとの意識を書き手に植え付ける。

　このことは、漢字は和語に比べて、意味が細分されているということを示している。「さがす」を例にとると、漢字では「探す」と「捜す」という二つの表記がある。『広辞苑』第5版の説明は以下のようになっている。

　　欲しいものを見つけ出そうとする場合に「探」、見えなくなったものを見つけ出そうとする場合に「捜」を使うことが多い。

あいにく、この2字からなる熟語はないが、これに近い「捜索」や「探索」といった単語はある。「索」には「さがし求めること」という意味がある。ここから、厳密に細分された意味での表現を必要としない場合にもこの二字熟語は有用である。これは、私たちの生きる現象世界に言語の網をかぶせた時、漢字が示す厳密さだけでなく、和語のように大括りで把握することにも意味があることを示している。当然のこととして、同訓であったとしても、その2字はそれぞれに漢字の字源が異なり、そのため意味範囲にもずれが生じている。それゆえ、用法上の違いも生まれるのである。

(1) 同義の類

例えば、「樹木(じゅもく)」は意訓では「き」となるが、「樹」は植物として生きている木をさし、「木」は植物としての立ち木という意味のみならず、用材としての材木という意味も併せ持つ。「木の机」などがその例である。そして、二字熟語としての「樹木」はどうかと言えば、木材の意味ではなく、立ち木としての意味の方が勝って、「樹木が茂っている」などの形で語られる。それゆえ、「立ち木」という特定の意味の方が強調されている。さらに、和語の「木(または樹)を植える」という表現を安定した2字の漢語の形で「樹木を植える」と言うならば、文語としての硬い表現という別の効果が生まれる。もう一つ例を挙げよう。「河川」は「かわ」のことであるが、「河」は黄河をさし、直角に曲がった流れの形を表している。そして、「川」は水が流れる形状である。「江」も「かわ」のことであるが、こちらは揚子江をさしている。一般に川はさまざまな流れ方をしているが、すべてを代表させる形で「河川」という漢語としての大括りができるのである。

(2) 類義の類

「運転」を分析すると、「運=はこぶ」と「転=ころがす」という意味が結合したものであることがわかる。これらは、意味的に非常に近いもの同士ということになる。また、「音声」も「おと」と「こえ」からなり、「物音」や「話し声」のような用法上の違いがある。さらに、今回は採取を見送ったが、「結合」という熟語の場合は、結びつくことで一つに合体されるという

意味になる。訓読みからすると「むすぶ」と「あう」でかなり異なっているという感じもするが、意味的には非常に近いものがある。

　これまでは、二字熟語を構成要素としての1字1字として捉えてきたが、その一方で、これらはもはや現代日本語においては一語としてしか意識されず、構成要素に分けられない単純語相当と考えられている部分も存在する（森田・村木・相澤1991: 52-53）のは確かであろう。

　このように「訓読み」という観点から同義・類義の二字熟語を見てくると日本語の類義語の意味範疇に自然と関心が向いていく。互いに似通っていて、なおかつ相違した両者を包括して、1語の漢語が生まれていること、その上で語彙に広がりを持たせた使用法となるという点で、類似した意味からなる二字熟語が多様される理由も明らかになる。こうした意味果たしている役割は大きいと言えよう。

　今回は、中国語との対比にまでは至らなかった。今後の研究課題としたい。

参考文献

上田万年・栄田猛猪・岡田正之・飯田伝一・飯島忠夫編纂(1976)
　　『大辞典』(普及版)第16刷　講談社
白川静(1997)『字通』初版第四刷　平凡社
武部良明(1989)NAFL選書2『漢字の教え方』p.150　アルク
森田良行(1991)NAFL選書11『語彙とその意味』pp.50-51　アルク
森田良行・村木新次郎・相澤正夫編(1991)『ケーススタディ日本語の語彙』
　　初版第5刷　pp.52-53　桜楓社
シャープ電子辞書PW-8100『広辞苑』第5版　岩波書店

表1　同義・類義の二字熟語（音読み50音順）

音読み	二字熟語	訓読み	『字通』(頁)	音読み	二字熟語	訓読み	『字通』(頁)
あいとう	哀悼	かなしい・かなしむ	1707	おうたい	応対	こたえる	1710
あいれん	哀憐	あわれ・あわれむ	1695	おうだく	応諾	こたえる	1710
ありか	在処	おく・おる	1701	おうとう	応答	こたえる	1710
あんせい	安静	やすらか・やすらぐ・やすんずる	1756	おだく	汚濁	よごれる／にごす・にごる	
あんたい	安泰	やすらか・やすらぐ・やすんずる	1756	おんけい	恩恵	めぐみ・めぐむ	1753
				おんせい	音声	おと／こえ	
あんねい	安寧	やすらか・やすらぐ・やすんずる	1756	おんだん	温暖	あたたか・あたたかい・あたためる	1690
いき	遺棄	すてる		おんちょう	恩寵	めぐみ・めぐむ	1753
いきょ	依拠	よる	1759	おんみつ	隠密	ひそかに	1742
いし	意思	おもう		かいい	怪異	あやしい	1693
いしつ	遺失	うしなう	1699	かいが	絵画	え・えがく	1701
いぞう	遺贈	おくる	1702	かいかく	改革	あらたまる・あらためる	1694
いそん	依存	たもつ	1724				
いたく	委託	まかす	1746	かいけん	会見	あう／みる	
いにん	委任	まかす	1746	かいこん	開墾	ひらく	1743
いふ	畏怖	おそれる	1703	かいしゅん	改悛	あらたまる・あらためる	1694
いやく	医薬	いやす	1698				
いりゅう	遺留	のこる・のこす	1736	かいじょ	介助	たすける	1722
いりょう	医療	いやす	1698	かいそく	快速	はやい	1740
いんえい	陰影	かげ		かいたく	開拓	ひらく	1743
いんじ	印璽	しるし	1716	がいたん	慨嘆	なげく	1733
いんしょう	印章	しるし	1716	かいてい	階梯	はしご	
いんぺい	隠蔽	かくす	1705	かいへん	改変	あらたまる・あらためる	1694
うかい	迂廻	まわる・まわり	1749				
うんてん	運転	はこぶ／ころがす		かいぼう	解剖	とく／さばく	
うんぱん	運搬	はこぶ	1739	かえん	火炎	ひ／もえる	
うんゆ	運輸	はこぶ／うつす		かおく	家屋	いえ／や	
えいが	栄華	はな	1740	かきょく	歌曲	うたう	1699
えいきゅう	永久	ながい		がくしゅう	学習	まなぶ／ならう	
えいけつ	英傑	すぐれる	1717	かくせい	覚醒	さとる・さとり	1713
えいご	衛護	まもる		かくせい	覚醒	さめる・さます	
えいしゃ	映写	うつす	1700	かくとく	獲得	える	
えいゆう	英雄	すぐれる	1717	かくらん	攪乱	みだす・みだれる	1750
えいよ	栄誉	ほまれ・ほめる	1746	かこく	苛酷	きびしい	1708
えいり	鋭利	するどい	1719	かざい	貨財	もの	1755
えとく	会得	さとる・さとり	1713	かし	瑕疵	きず・きずあと	1708
えんじょ	援助	たすける	1722	かしつ	過失	あやまち・あやまり・あやまる	1693
おうしゅう	応酬	こたえる	1710				

音読み	二字熟語	訓読み	『字通』(頁)
かしょう	歌唱	うたう	1699
かせん	河川	かわ	
かぞう	加増	くわえる	1709
かっちゅう	甲冑	よろい	1760
かへい	貨幣	たから	1722
かよう	歌謡	うたう	
かんあん	勘案	かんがえる	1707
かんか	閑暇	ひま	1743
かんき	歓喜	よろこぶ	1760
かんごく	監獄	みる	1751
かんし	監視	みる	1751
かんしゅう	慣習	ならう	1733
かんしょう	勧奨	すすめる	1718
かんせい	閑静	しずか	1714
かんそう	乾燥	かわる	1707
かんたん	肝胆	こころ	1710
かんとく	監督	ただす	1723
がんぼう	願望	ねがう	1736
がんぽん	元本	もと	1754
かんれい	寒冷	さむい	1713
きい	奇異	あやしい	1693
きえつ	喜悦	たのしい・たのしみ・たのしむ	1724
きえつ	喜悦	よろこぶ	1760
きが	飢餓	うえ・うえる	1698
きかん	帰還	かえす・かえる	1704
きき	機器	はた／うつわ	
ききん	飢饉	うえ・うえる	1698
ぎげい	技芸	わざ	1761
きけん	危険	あやうい	1693
きし	旗幟	しるし	1716
きしょう	希少	すくない	1717
きそく	規則	のっとる	1737
きっしょう	吉祥	めでたい	1753
きつもん	詰問	とう	1729
きどう	軌道	みち	1750
きぼ	規模	のっとる	1737
きぼう	希望	ねがう	1736
きぼう	希望	のぞむ	1736
きゅうきょく	究極	きわめる・きわまる	1708
きゅうくつ	窮屈	きわめる・きわまる	1708

音読み	二字熟語	訓読み	『字通』(頁)
きゅうけい	休憩	いこう	1696
きゅうけい	休憩	やむ・やめる	1757
きゅうさい	救済	すくう	1717
きゅうそく	休息	いこう	1696
きゅうそく	急速	すみやか	1719
きゅうそく	休息	やむ・やめる	1757
きゅうてき	仇敵	かたき	1706
きゅうみん	休眠	いこう	1696
きゅうよ	給与	たまう	1724
きゅうよ	給与	あたえる	
きゅうりょう	丘陵	おか	1701
きょうあい	狭隘	せまい	1719
きょうあく	凶悪	わるい・わるもの	1762
きょうい	脅威	おどす	
きょうおう	饗応	うける	1699
きょうかい	境界	さかい	1712
きょうがく	驚愕	おどろく	1703
きょうきん	胸襟	むね	1753
きょうくん	教訓	おしえる	1703
きょうけん	強健	つよい	1729
きょうそう	競争	きそう／あらそう	
きょうと	京都	みやこ	1751
きょうど	郷土	くに	1708
きょうどう	教導	おしえる	1703
きょうふ	恐怖	おそれる	1703
きょうまん	驕慢	おごる	1702
きょか	許可	ゆるす	1758
きょだい	巨大	おおきい	1701
きょだく	許諾	ゆるす	1758
きりつ	規律	のっとる	1737
きろく	記録	しるす	1716
ぎわく	疑惑	うたがう	1700
きんしん	近親	ちかい・ちかしい	1725
きんしん	謹慎	つつしむ	1727
きんむ	勤務	つとめる	1728
くうきょ	空虚	むなしい	1753
ぐち	愚痴	おろか	1704
くちく	駆逐	おう	1701
くっきょく	屈曲	かがむ	1704
ぐどん	愚鈍	おろか	1704
くぶ	区部	さかい	1712

音読み	二字熟語	訓読み	『字通』(頁)
くぶん	区分	わかつ・わかれる・わける	1760
ぐんえき	軍役	いくさ	1696
くんこう	薫香	かおり	1704
くんのう	君王	きみ	1708
けいえい	経営	いとなむ	1698
けいか	経過	すぎる	1717
けいが	慶賀	よろこぶ	
けいかい	警戒	いましめ・いましめる	1698
けいこく	渓谷	たに	1723
げいじゅつ	芸術	わざ	1761
けいじょう	形状	かたち	1706
けいすう	計数	かず・かぞえる	1706
けいそく	計測	はかる	1738
けいぞく	継続	つぐ	1726
けいぞく	継続	つづく	1727
けいばつ	刑罰	つみ・つみする	1728
けいほう	刑法	のっとる	1737
けいやく	契約	わりふ	1762
けいりゃく	経略	いとなむ	1698
けいりょう	計量	はかる	1738
けいれい	敬礼	うやまう	1700
けいれき	経歴	すぎる	1717
げきれい	激励	はげむ・はげます	1739
げきれつ	激烈	はげしい	1739
けつべつ	決別	わかれる	
げんかい	限界	さかい	1712
けんげん	顕現	あらわす・あらわれ・あらわれる	1694
けんご	堅固	かたい	1706
げんご	言語	ことば	1710
げんしゅ	元首	はじめ	1739
げんしょ	原初	もと	1754
けんじょう	献上	たてまつる	1723
げんしょう	減少	へる／すくない	
けんそ	険阻	けわしい	1710
けんぞう	建造	たてる	
けんちょ	顕著	あきらか・あきらかにする	1689
けんちょ	顕著	あらわす・あらわれ・あらわれる	1694

音読み	二字熟語	訓読み	『字通』(頁)
けんぽう	憲法	のっとる	1737
けんぽう	憲法	のり・のっとる	1737
けんま	研磨	みがく	1749
けんもん	検問	しらべる	1715
げんわく	幻惑	まどう・まどわす	1748
こうい	行為	おこなう／ためにする・なす	
こうう	降雨	ふる	1744
こうかい	更改	あらたまる・あらためる	1694
こうかつ	狡猾	わるがしこい	1762
こうかん	交換	かわす／かえる	
こうか	降下	おろす・おりる	
こうき	光輝	ひかり・ひかる	1741
ごうき	剛毅	つよい	1729
ごうき	豪毅	つよい	1729
ごうきゅう	号泣	なく	1732
ごうけつ	豪傑	すぐれる	1717
こうこう	耿耿	きよい・きよらか	1708
こうごう	皇后	きみ	1708
こうこつ	恍惚	ほのか	1745
こうさつ	考察	かんがえる	1707
こうぞう	構造	つくる	1727
こうたい	交替	かわす／かえる	
こうだい	宏大	おおきい	1701
こうだい	弘大	おおきい	1701
こうてい	行程	みち	1750
ごうどう	合同	あう／おなじ	
こうばい	購買	かう	1704
こうばく	広漠	ひろい	1743
こうばく	宏漠	ひろい	1743
こうふく	幸福	さいわい	1711
ごうまん	傲慢	おごる	1702
ごえい	護衛	まもる	
こかつ	涸渇	つきる	1726
こくど	国土	くに	1708
こくふ	国府	みやこ	1751
こくめい	刻銘	きざむ	1708
こごう	呼号	さけぶ	1712
こしょう	呼称	よぶ／となえる	
こてい	固定	かためる・さだめる	

類似した意味からなる二字熟語についての考察　103

音読み	二字熟語	訓読み	『字通』(頁)	音読み	二字熟語	訓読み	『字通』(頁)
こどく	孤独	ひとり	1743	さもん	査問	しらべる	1715
ごびゅう	誤謬	あやまち・あやまり・あやまる	1693	さんがく	山岳	やま／たけ	
ごらく	娯楽	たのしい・たのしみ・たのしむ	1724	ざんき	慚愧	はじ・はじる・はずかしめ	1739
こんきゅう	困窮	きわめる・きわまる	1708	さんよ	参与	あずかる	1690
こんきゅう	困窮	くるしい・くるしむ	1709	ざんよ	残余	のこる・のこす	1736
こんく	困苦	くるしい・くるしむ	1709	しあん	思案	かんがえる	1707
こんこう	混交	まじる・まじわる	1747	しい	思惟	おもう	1703
こんこう	混淆	まじる・まじわる	1747	しいか	詩歌	うたう	1699
こんざつ	混雑	まじる・まじわる	1747	しいく	飼育	やしなう	1756
こんちゅう	昆虫	むし	1752	しかん	弛緩	ゆるい・ゆるやか	1758
こんなん	困難	こまる／むずかしい		じき	時季	とき	1730
こんぱい	困憊	つかれる	1726	しきてん	式典	のっとる	1737
こんぽん	根本	ね・もと		じこ	自己	みずから／おのれ	
こんめい	昏冥	くらい	1709	しこう	伺候	うかがう	1698
こんりゅう	建立	たつ・たてる	1723	しこう	思考	かんがえる	1707
さいか	災禍	わざわい	1761	しこう	伺候	まつ	1748
ざいか	財貨	たから	1722	じこう	時候	とき	1730
さいがい	災害	そこなう	1720	じこく	時刻	とき	1730
さいがい	災害	わざわい	1761	しごと	仕事	つかえる	1725
さいぎ	猜疑	うたがう	1700	しざい	資材	たから	1722
さいげん	際限	さかい	1712	じしょ	地所	ところ	1730
さいじ	祭事	まつり	1748	じしん	自身	み・みずから	1749
さいしゅ	採取	とる	1732	しそう	思想	おもう	
ざいたく	在宅	おく・おる	1701	しっぺい	疾病	やまい・やむ	1757
ざいたく	在宅	おる	1704	じどう	児童	こ	
さいだん	裁断	たつ		しぼ	思慕	おもう	1703
さいなん	災難	わざわい／かたい		しぼう	脂肪	あぶら	1692
ざいぶつ	財物	もの	1755	しぼう	死亡	しぬ	1715
ざいほう	財宝	たから	1722	しもん	諮問	とう	1729
さいみつ	細密	こまかい	1710	じゃあく	邪悪	わるい・わるもの	1762
さいみつ	差違	たがう	1721	じゃくりょう	寂寥	しずか	1714
さくい	作為	なす・なる	1733	じゃけん	邪険	よこしま	1759
さくせい	作成	なす・なる	1733	しゃし	奢侈	おごる	1702
さくらん	錯乱	みだす・みだれる	1750	しゃめん	赦免	ゆるす	1758
さくりゃく	策略	はかりごと	1738	しゅうい	周囲	めぐる	1753
さしょう	僅少	わずか／すくない・すこし		じゅうおう	縦横	ほしいまま	1745
さっそく	早速	すみやか	1719	しゅうかん	習慣	ならう	1733
さつりく	殺戮	ころす	1711	じゅうじつ	充実	みちる	1750
				じゅうじゅん	従順	したがう	1758
				じゅうそう	重層	かさねる・かさなる	1705

音読み	二字熟語	訓読み	『字通』(頁)
じゅうぞく	従属	したがう	1714
しゅうち	羞恥	はじ・はじる・はずかしめ	1739
じゅうとう	充当	あてる	
じゅうなん	柔軟	やわらか・やわらかい	1757
じゅうなん	柔軟	やわらかい・やわらか	
しゅうのう	収納	おさめる	
じゅうふく・ちょうふく	重複	かさねる・かさなる	1705
じゅうまん	充満	みちる	1750
しゅうりょう	終了	おわる	1704
しゅうりょう	終了	ついに	1725
しゅえい	守衛	まもる	
しゅご	守護	まもる	1749
じゅそ	呪詛	のろう	1738
しゅつげん	出現	あらわす・あらわれ・あらわれる	1694
しゅっせい	出征	ゆく	1758
じゅもく	樹木	き	
じゅよ	授与	さずける／あたえる	
じゅよう	需要	もとめる	1754
じゅよう	受容	うける／いれる	
じゅりつ	樹立	たつ・たてる	1723
しゅりょう	狩猟	かり	1707
しゅるい	種類	たぐい	1722
しゅんかい	俊改	あらたまる・あらためる	1694
じゅんかい	巡回	めぐる	1753
しゅんけつ	俊傑	すぐれる	1717
しゅんけん	峻険	けわしい	1710
しゅんげん	峻厳	きびしい	1708
じゅんたく	潤沢	うるおう・うるおす	1700
じゅんぽく	淳朴	すなお	1718
しよう	試用	もちいる・もって	1754
しよう	使用	つかう／もちいる	
しょうかん	召喚	よぶ	1759
しょうかん	招喚	よぶ	1759
しょうけい	象形	かたち	1706
しょうけん	証験	あかし	1688
しょうさい	詳細	くわしい／こまかい	
しょうさん	賞賛	ほまれ・ほめる	1746
しょうさん	称賛	ほめる	
しょうじき	正直	ただしい	1723
じょうしょう	上昇	のぼる	1737
しょうすい	憔悴	やせる・やつれる	1756
しょうぞう	肖像	にる	1734
しょうち	招致	いたす	1697
じょうちょ	情緒	こころ	1710
しょうとつ	衝突	つく	1726
じょうはつ	蒸発	すすむ	1718
しょうへい	招聘	まねく	1749
しょうめつ	消滅	きえる／ほろぶ	
しょうよ	称誉	ほまれ・ほめる	1746
しょうよう	逍遥	さまよう	1713
しょうよう	賞与	たまう	1724
しょき	書記	しるす	1716
じょきょ	除去	のぞく／さる	
しょくむ	職務	ショク(つかさどる)	
しょくりょう	食糧	たべる／かて	
じょじゅつ	叙述	のべる	1737
しょせき	書籍	しるす	1716
しょせき	書籍	ふみ	1744
しょねつ	暑熱	あつい	1691
しんおう	深奥	ふかい	1743
しんがい	侵害	そこなう	1720
しんじつ	真実	まこと・まごころ	1747
しんじょう	心情	こころ	1710
しんせん	新鮮	あたらしい	1690
じんそく	迅速	はやい	1740
しんたい	身体	からだ	
しんてん	伸展	のびる・のばす	1737
じんとく	仁徳	めぐみ・めぐむ	1753
しんぱん	侵犯	おかす	
しんみ	親身	み・みずから	1749
しんみつ	親密	ちかい・ちかしい	1725
じんもん	尋問	たずねる	1722
じんもん	訊問	たずねる	1722
じんもん	訊問	とう	1729
しんゆう	親友	したしむ	1715
しんりん	森林	もり・はやし	
ずいじゅう	随従	したがう	1714

類似した意味からなる二字熟語についての考察　105

音読み	二字熟語	訓読み	『字通』(頁)
ずいしょう	瑞祥	めでたい	1753
すいせん	推薦	おす・すすめる	
すいどう	隧道	みち	1750
すいみん	睡眠	ねむる	1736
すうこう	崇高	たかい	1721
ずが	図画	え・えがく	1701
せいかつ	生活	いきる	
せいぎ	正義	ただしい	1723
せいけつ	清潔	きよい・きよらか	1708
せいさく	製作	つくる	1727
せいさく	制作	つくる	1727
せいさん	生産	うむ・うまれる	
ぜいじゃく	脆弱	よわい	1760
せいじょう	清浄	きよい・きよらか	1708
せいせい	生成	なす・なる	1733
せいぞう	製造	つくる	1727
せいだい	盛大	さかん・さかんに	1712
せいばつ	征伐	うつ	1700
せいひつ	静謐	しずか	1714
せいめい	生命	いきる・いのち	
せいやく	誓約	ちかう	1725
せつぞく	接続	つづく	1727
せつだん	切断	きる	1708
せっとう	窃盗	ぬすむ	1735
せっぱく	切迫	せまる	1719
せんいつ	専一	もっぱら	1754
せんえき	戦役	いくさ	1696
せんげん	宣言	のべる・いう	
せんさい	繊細	こまかい	1710
ぜんじょう	禅譲	ゆずる	1758
せんそう	戦争	たたかう／あらそう	
せんたく	洗濯	あらう	1694
せんたく	選択	えらぶ	1701
せんとう	戦闘	たたかう	1722
せんぱつ	先発	すすむ	1718
ぜんりょう	善良	よい	
ぞうえき	増益	ます	1748
ぞうお	憎悪	にくむ	1734
ぞうか	増加	くわえる	1709
そうぎ	争議	あらそう	1694
そうぐう	遭遇	あう	1688
ぞうさ	造作	なす・なる	1733
そうさく	捜索	さがす	1712
そうさく	造作	つくる	
そうし	創始	はじめ	1739
そうしつ	喪失	うしなう	1699
そうしょう	創傷	きず・きずあと	1708
ぞうしょく	増殖	ふえる	
そうぞう	創造	つくる	1727
そうだい	壮大	さかん・さかんに	1712
そうちょう	早朝	あさ	1689
そうねん	想念	おもう	1703
そうらん	騒乱	みだす・みだれる	1750
そくいん	惻隠	かなしい・かなしむ	1707
そくりょう	測量	はかる	1738
そしょう	訴訟	うったえる	1700
そんがい	損害	そこなう	1720
そんけい	尊敬	とうとぶ／うやまう	
そんしつ	損失	うしなう	1699
そんちょう	尊重	とうとぶ／おもい	
ぞんねん	存念	おもう	1703
たいこう	対向	むかう	1751
たいだ	怠惰	おこたる	1702
だいたい	代替	かわる	1707
たいほ	逮捕	とらえる	1732
たいまん	怠慢	あなどる	1692
たいめん	対面	むかう	1751
たくま	琢磨	みがく	1749
だげき	打撃	うつ	1700
ただい	多大	おおい／おおきい	
だぼく	打撲	うつ	1700
だらく	堕落	おちる	1703
たんいつ	単一	ひとつ	1742
たんさく	探索	さがす	1712
たんさく	嘆嗟	なげく	1733
たんしゅく	短縮	みじかい／ちぢめる	
だんぜつ	断絶	たつ・たえる	
たんてい	探偵	うかがう	1698
たんどく	単独	ひとり	1743
たんにん	担任	になう	1734
たんぼう	探訪	たずねる	1722
ちいき	地域	くに	1708

音読み	二字熟語	訓読み	『字通』(頁)
ちじょく	恥辱	はじ・はじる・はず かしめ	1739
ちほう	痴呆	おろか	1704
ちみつ	緻密	こまかい	1710
ちゅうさつ	誅殺	ころす	1711
ちゅうじつ	忠実	まこと・まごころ	1747
ちゅうしゃ	注射	さす／いる	
ちゅうせい	忠誠	まこと・まごころ	1747
ちゅうちょ	躊躇	たたずむ	1723
ちゅうとう	偸盗	ぬすむ	1735
ちゅうりゅう	駐留	とどまる・とまる	1731
ちょうえつ	超越	こえる・こす	1710
ちょうきゅう	長久	ながい／ひさしい	
ちょうこく	彫刻	きざむ	1708
ちょうさ	調査	しらべる	1715
ちょうせい	調整	ととのう	
ちょうたく	彫琢	みがく	1749
ちょうもん	聴聞	きく	
ちょうやく	跳躍	おどる	1703
ちょうらく	凋落	おちる	1703
ちょうろう	嘲弄	たわむれる	1724
ちょうわ	調和	ととのう	1731
ちょうわ	調和	やわらぐ	1757
ちょぞう	貯蔵	たくわえる	1722
ちょちく	貯蓄	たくわえる	1722
ちりゃく	智略	はかりごと	1738
ちんじゅつ	陳述	のべる	1737
ちんせい	沈静	しずめる	
ちんせい	鎮静	しずまる・しずめる	
ちんれつ	陳列	つらなる・つらねる	1729
ついじゅう	追従	したがう	1714
ついらく	墜落	おちる	1703
ていか	低下	ひくい	1741
ていけつ	締結	むすぶ	1752
ていし	停止	とどまる・とまる	
ていたい	停滞	とどまる・とまる	1731
ていたく	邸宅	やしき	1756
ていとう	抵当	あたる・あてる	
ていはく	停泊	とどまる・とまる	1731
ていりゅう	停留	とどまる・とまる	1731
てきおう	適応	まさに	1747

音読み	二字熟語	訓読み	『字通』(頁)
てきとう	適当	まさに	1747
てんせき	転籍	ふみ	1744
でんそう	伝送	おくる	1702
てんとう	顛倒	たおれる	1721
てんぽ	店舗	みせ	1750
てんらく	転落	おちる	
てんらく	顛落	おちる	1703
どういつ	同一	おなじ／ひとつ	
とうき	投棄	すてる	1718
どうこく	慟哭	なく	1732
どうじ	童子	わらべ・こ	
とうそう	闘争	たたかう／あらそう	
とうた	淘汰	あらう	1694
とうちょく	当直	あたる	1691
とうばつ	討伐	うつ	1700
とうほう	当方	まさに	1747
とうぼう	逃亡	にげる	1734
どうよう	動揺	うごく・うごかす	1699
とうりゅう	逗留	とどまる・とまる	1731
どうろ	道路	みち	1750
どうわ	同和	ととのう	1731
どくとく	独特	ひとり	1743
とこう	渡航	わたる	1761
とさつ	屠殺	ころす	1711
としゃ	吐瀉	はく	1738
どじょう	土壌	つち	1727
とち	土地	くに	1708
とち	土地	つち	1727
どりょく	努力	つとめる	1728
どりょく	努力	はげむ・はげます	1739
にんか	認可	ゆるす	1758
にんしん	妊娠	はらむ	1741
にんたい	忍耐	たえる	1721
ぬぼく	奴僕	めしつかい	1753
ねんじゅ	念誦	となえる	1731
ねんしょう	燃焼	もやす／やく	
ねんれい	年齢	とし	1730
のうにゅう	納入	おさめる／いれる	
はいかい	徘徊	さまよう	1713
はいき	廃棄	すてる	1718
はいざん	敗残	そこなう	1720

音読み	二字熟語	訓読み	『字通』(頁)
はいじゅ	拝受	うける	1699
ばいぞう	倍増	ます	1748
はいはん	背反	そむく	1720
はいぼく	敗北	まける	1747
はいゆう	俳優	わざおぎ	1761
はいれつ	排列	ならぶ	1733
はかい	破壊	やぶる・やぶれる	1757
ばくろ	暴露	あらわす・あらわれ・あらわれる	1694
ばくろ	暴露	さらす	1713
ばくろ	曝露	さらす	1713
はけん	派遣	つかわす・つかいする	1726
はっしん	発進	すすむ	1718
はつよう	発揚	あがる・あげる	1688
はんこん	瘢痕	あと	1691
はんこん	瘢痕	きず・きずあと	1708
はんぷく	反復	かえす・かえる	1704
はんぶん	半分	わかつ・わかれる・わける	1760
はんべつ	判別	わかつ・わかれる・わける	1760
はんらん	氾濫	はびこること	1740
ひあい	悲哀	かなしい・かなしむ	1707
ひかく	比較	くらべる	
ひかく	皮革	かわ	
ひげ	卑下	ひくい	1741
びさい	微細	かすか	1706
ひしょう	飛翔	とぶ	1731
ひせん	卑賤	いやしい	1698
ひせん	鄙賤	いやしい	1698
ひぞう	秘蔵	かくす	1705
ひぞく	卑俗	いやしい	1698
ひっぱく	逼迫	せまる	1719
ひぼう	誹謗	そしる	1720
ひみつ	秘密	かくす	1705
ひみつ	秘密	ひそかに	1742
ひょうげん	表現	あらわす・あらわれ・あらわれる	1694
ひょうじ	表示	あらわす／しめす	
ひょうしき	標識	しるし	1716
ひょうしゅつ	表出	あらわす・あらわれ・あらわれる	1694
ひょうしょう	標章	しるし	1716
ひょうだい	標題	しるし	1716
びょうどう	平等	ひとし	1742
ひょうめん	表面	おもて	
びれい	美麗	うつくしい	1700
ひろう	疲労	つかれる	1726
びんしょう	敏捷	さとい・さとし	1713
ふうしょう	諷誦	となえる	1731
ふうぼう	風貌	すがた	1717
ふくいく	馥郁	におう・におい	1734
ふくじゅう	服従	したがう	1714
ふくろく	福禄	さいわい	1711
ふじょ	婦女	おんな	
ふじょ	扶助	たすける	
ふじん	布陣	しく	1714
ふぞく	付属	つく	1726
ふちゃく	付着	つく	
ぶとう	舞踏	まう／ふむ	
ふへん	普遍	あまねし	1693
ふゆう	富裕	ゆたか	1758
ふよ	賦与	あたえる	1690
ぶよう	舞踊	おどる	1703
ふりょ	俘虜	とりこ	1732
ふんがい	憤慨	いきどおる・いきどおり	1696
ふんきゅう	墳丘	おか	1701
ぶんしょ	文書	ふみ	1744
ぶんしょう	文章	あや	1693
ぶんせき	分析	わかつ・わかれる・わける	1760
ふんぬ	忿怒	いかり・いかる	1695
ふんぬ	憤怒	いかり・いかる	1695
ふんべつ	分別	わかれる	
ぶんべつ	分別	わかれる	
ふんぼ	墳墓	はか・はかば	1738
ふんまん	憤懣	いきどおる・いきどおり	1696
ふんまん	忿懣	いきどおる・いきどおり	1696

音読み	二字熟語	訓読み	『字通』(頁)
ぶんり	分離	わける／はなれる	
へいあん	平安	やすらか・やすらぐ・やすんずる	1756
へいえき	兵役	いくさ	1696
へいきん	平均	ひとし	1742
へいさ	閉鎖	とざす・とじる	1730
へいじゅん	平準	たいらか	1721
へいたん	平坦	たいらか	1721
へいれつ	並列	ならぶ	1733
へんか	変化	かわる	1707
へんかん	変換	かわる	1707
へんかん	返還	かえす・かえる	
へんきゃく	返却	かえす・かえる	
へんこう	変更	かえす・かえる	1704
へんこう	変更	かわる	1707
へんぽん	翻翻	ひるがえる	1743
べんれい	勉励	つとめる	1728
べんれい	勉励	はげむ・はげます	1739
ぼうえい	防衛	まもる	1749
ほうかい	崩壊	くずれる／こわれる	
ぼうがい	妨害	そこなう	1720
ぼうぎょ	防御	ふせぐ	1744
ほうこう	芳香	かおり	1704
ほうこう	芳香	におう・におい	1734
ほうこう	彷徨	さまよう	1713
ほうこう	咆哮	ほえる	1745
ほうしゅう	報酬	むくいる	1752
ほうじゅう	放縦	ほしいまま	1745
ほうじょう	豊穣	ゆたか	1758
ほうそく	法則	のっとる	1737
ほうと	方途	みち	1750
ほうふつ	彷彿	ほのか	1745
ほうほう	方法	かた／のり	
ほうもん	訪問	たずねる	1722
ほうもん	訪問	とう	1729
ほうゆう	朋友	とも・ともがら	1731
ほうりつ	法律	のり・のっとる	1737
ぼうりゃく	謀略	はかりごと	1738
ぼくちく	牧畜	やしなう	1756
ほさ	補佐	たすける	1722
ほさ	輔佐	たすける	1722

音読み	二字熟語	訓読み	『字通』(頁)
ほじ	保持	たもつ	1724
ほそく	捕捉	とらえる	
ほゆう	保有	たもつ	1724
ほんそう	奔走	はしる	1740
ぼんのう	煩悩	なやむ	1733
まつび	末尾	すえ	1716
まんえん	蔓衍	はびこること	1740
まんぞく	満足	たる	1724
みっせつ	密接	ちかい・ちかしい	1725
みっぺい	密閉	とざす・とじる	1730
みょうごう	名号	な	1732
みょうじ	名字	な	1732
めいき	銘記	しるす	1716
めいせい	名声	ほまれ・ほめる	1746
めいはく	明白	あきらか・あきらかにする	1689
めいもう	迷妄	あやまち・あやまり・あやまる	1693
めいわく	迷惑	まどう・まどわす	1748
めつぼう	滅亡	ほろぶ・ほろぼす	1746
もうら	網羅	あみ	1693
もくざい	木材	き	
もよう	模様	かたち	1706
もんしょう	紋章	あや	1693
やくさい	厄災	わざわい	1761
やゆ	揶揄	からかう・あざける	
ゆうげん	幽玄	くろ・くろい	1709
ゆうげん	幽玄	ふかい	1743
ゆうしゅう	優秀	すぐれる	1717
ゆうしゅう	憂愁	うれい・うれえる	
ゆうしょう	優勝	まさる	1747
ゆえつ	愉悦	たのしい・たのしみ・たのしむ	1724
ゆえつ	愉悦	よろこぶ	1760
ゆくえ	行方	みち	1750
ゆし	油脂	あぶら	1692
ゆそう	輸送	いたす	1697
ゆそう	輸送	おくる	1702
ようかい	妖怪	あやしい	1693
ようかい	溶解	とける	
ようご	擁護	まもる	1749

音読み	二字熟語	訓読み	『字通』(頁)
ようこう	陽光	ひかり・ひかる	1741
ようし	容姿	かたち	1706
ようし	容姿	すがた	1717
ようそう	様相	かたち	1706
ようだい	容態	すがた	1717
ようち	幼稚	おさない	
ようぼう	容貌	かたち	1706
よか	余暇	ひま	1743
よくあつ	抑圧	おさえる	1702
よくぼう	欲望	ねがう	1736
よくぼう	欲望	のぞむ	1736
よじょう	余剰	あまる	1693
らっか	落下	ふる	1744
りべつ	離別	はなれる／わかれる	
りゅうせい	隆盛	さかん・さかんに	1712
りょうかい	了解	さとる・さとり	1713
りょうこう	良好	よい	1759
りょうぼ	陵墓	はか・はかば	1738
るいじ	類似	にる	1734
るいせき	累積	かさねる・かさなる	1705
れいじゅう	隷従	したがう	1714
れいぞく	隷属	したがう	1714
れいとう	冷凍	つめたい・ひやす／こおる	
れいらく	零落	おちる	1703
れいらく	零落	ふる	1744
れっしょう	裂傷	やぶる・やぶれる	1757
れんぞく	連続	つらなる／つづく	
れんびん	憐愍	あわれ・あわれむ	1695
れんびん	憐憫	あわれ・あわれむ	1695
れんらく	連絡	つらなる／つながる	
ろうえい	漏洩	もれる	1755
ろうえい	漏泄	もれる	1755
ろうごく	牢獄	ひとや	1743
ろうふ	老父	としより	1730
わいろ	賄賂	まいない	1746
わぼく	和睦	やわらぐ	1757

「又」の漢字系統樹(2/3)

善如寺　俊幸

1. はじめに

「又」の漢字系統樹から、紙面の都合で、東京外国語大学留学生日本語センター論集34号の「又」の漢字系統樹(1/3)に続く、「反」「及」「叟」「奴」「攴(攵)」「攸」「微」「徴」「丈」「史」「事」「吏」「更」「便」「父」の系統樹を示し、各々の系統について論証する。「漢字系統樹」については、東京外国語大学留学生日本語センター論集33号の『「人」の漢字系統樹1/2』や、同32号の『「目」の漢字系統樹』などを参照されたい。

　また、この「漢字系統樹」作成で想定された字数枠、古文字の確認に用いられた資料は、これまでと同様である。

　なお、＊は次の(　)に説明する字形の漢字を表す。

2. 「又」の漢字系統樹(2/3)解字

2-13) **反**飯板返坂阪版販叛

　「反」は［説文解字真本］三下七に「覆也从又厂反形」、［説文解字注(段注)］三篇下十九には「覆也。从又厂。」、［広漢和辞典］上巻489頁には「手」と「厓」の会意字でのしかかる岩のような重圧をくつがえす意味を表すとするが、［新訂字統］724頁、[字通］1286頁には手を表す「又」と

「㢅」の「厂」との会意字で、聖域である「㢅」に手をかけこれを侵しよじ登ろうとする神聖を冒す行為、反逆あるいは背反、違反の意味であると解く。対して［角川大字源］267頁や［甲骨金文辭典］一九四頁には「厂」を音符とする形声字で手のひらを反転させる意味であると字解する。ただ、甲骨文(資料23)を見る限り、「厂」の字形(資料24)ではない。甲骨文の字形(資料23)によっては、むしろ、単純に全体象形として手で物を反転させる形とも見えるが、白川の挙げる金文の用例(注28)を見ると、原義は反逆に相違なく、金文は白川の字解通りと見て間違いなかろう。「反」の字義は、「そむく、かえる、くつがえす、そる」等である。

「飯」は「反」を音符とする形声字で、指を使って食する時、指先にすくった飯を、親指のつけ根を巧みに動かし、親指を反り返して口に入れる所作から、字義には、「たべる、めし、親指のつけね」がある。［説文解字真本］五下四には「＊(食の旧字)也从＊(食の旧字)反聲」とある。

「板」は「反」が音符の形声字で、反り返る木片、板を表す。古くは「版」を用いていたらしく同源とされる。

「版」は「反」を音符とする形声字で、版築に用いる板を表す。(注29)城壁や土壁築造などで両側に板を当て、間に土を入れ、杵でつき固める工法を版築といい、古く竜山文化に始まるといわれるが、その両側に用いる板を「版」という。後に「板」と分岐し、「名札、版木」を意味するようになるが、そもそも「片」も版築の際両側に当てる当て木の片方の象形(注30)である。そして、「片」の反文が「爿」である。［説文解字真本］七上十一に「片」を「判木也从半木凡片之屬皆从片」とするが、篆文字形(資料25)による類推らしく、甲骨文の字形(資料26)は二分した半木からはほど遠い。「版」は［説文解字真本］七上十一に「判也从片反聲」、［説文解字注(段注)］七篇上三十三には「片也。从片。反聲。」とあり、また、「判」は［説文解字真本］四下十四に「分也从刀半聲」と、半木説を唱える。

「返」は「反」を音符とする形声字で、反転して進む、つまり、返還、帰還を意味する。字義は、「かえる、かえす」。［説文解字真本］二下三には「還也从辵从反反亦聲」とある。

「坂」は「反」を音符とする形声字で、「㢅」と「土」で㢅のような急峻な

地勢をいう。「坂」は主に日本で用いられる後起の字で、［説文解字真本］には収録されておらず、「阪」が本字とされる。(注31)

「阪」は「反」が音符の形声字で、急峻なる厓のような地勢で、しかも神の降臨する神聖なる聖地を意味する。(注32)左半の「阜」は神の陟降する神梯の象形で、神が降臨する聖所を表している。［説文解字真本］十四下一には「坡者日阪一日澤障一日山脅也从阜反聲」、［説文解字注（段注）］十四篇下二には「坡者日阪。从阜。反聲。一日澤障也。一日山脅也。」とある。

「販」は「反」が音符の形声字で、お金がより増えて返ってくる商い、商売のことをいう。［説文解字真本］六下八に「買賤賣貴者从貝反聲」とある。

「叛」は「半」を音符とする形声字で、謀叛、叛乱を意味し、初文は「反」である。「反」の多義化に伴って、新たに「半」を加えたのは、両分し離反する連想からだろう。［説文解字真本］二上三には「半也从半反聲」、［説文解字注（段注）］二篇上五には「半反也。从半反。半亦聲。」と、［段注］では意味と音符を補っている。

「又」の第2系統に「反」、その第3系統に「飯、板、返、坂、阪、版、販、叛」などが分類される。

2–14）及吸級扱汲

「及」は「人」と「又」の会意字で、後方から手を伸ばし前の人に追いつき掴もうとする形を表している。字義は、「追いつく、およぶ」である。その追いつこうとする時の急ぎ逸る心を表すのが、「及」の下に「心」を加えた「急」である。(注33)［説文解字真本］三下七には「逮也从又从人」とし、続けて古文字形を3種紹介している。

「急」は旧字を「＊（急のヨの中横画が右に突き出た形）」と書き、「及」が音符の形声字である。「又」の項で述べたが、パーツとして上下を挿まれたり、縦に交わる一画がある場合は、「又」は「＊（ヨの中横画が右に突き出た形）」の形に書く。「及」の下に「心」を加えて、後ろから前の人に追いつき、背に手を及ぼし掴もうとする時の急ぎ逸る心を表す。字義は「いそぐ、

さしせまる」。[説文解字真本] 十下十三に「褊也从心及聲」、さらに [説文解字注 (段注)] 十篇下三十六には「釋言曰。褊急也。」と注釈がある。

「吸」は「及」を音符とする形声字で、字義は、「すう」。「呼」は相対語である。[説文解字真本] 二上七に「内息也从口及聲」とある。

「級」は「及」を音符とする形声字で、機織で糸が途切れないよう糸の次第、順序立てをする意味である。そこから「段階、階級」の意味が生じてくる。[説文解字真本] 十三上三に「絲次第也从糸及聲」とある。

「扱」は「及」が音符の形声字で、「とる、はさむ」の意味がある。日本語では、「あつかう」の意味で使われる。[説文解字真本] 十二上十五には「收也从手及聲」とある。

「汲」は「及」が音符の形声字で、「(井戸から) 水を汲み上げる」意味である。[説文解字真本] 十一上十八には「引水於井也从水从及及亦聲」、[説文解字注 (段注)] 十一篇上二の三十七には「引水也。从及水。及亦聲。」とある。

「又」の第2系統に「及」、その第3系統に「急、吸、級、扱、汲」を分類する。

2–15) 叟捜瘦嫂

「叟」の正字は「＊(灾の下に又)」で「宀」と「火」と「又」の会意字である。廟中で火を手に執り祭儀を司る長老の意味である。祭祀はしばしば夜を徹して行われたと云う。[注34] [説文解字真本] 三下七には「老也从又从灾」とある。[説文解字注 (段注)] 三篇下十七には更に「玄應曰。又音手。手灾者、衰惡也。言脈之大候在於寸口。老人寸口脈衰。故從又從灾也。」とあるが、先の白川の字解に比べて分かりにくい。[甲骨金文辭典] には「叟」を俗字とも云う。[注35]

「捜」は正字を「＊(手偏に灾の下に又)」とし、「＊(灾の下に又)」が音符の形声字である。火を手に執ってかざし捜索する意味である。[説文解字真本] 十二上十七には「＊(衆の上半血の下線両端が出ない字形) 意也一日求也从手＊(灾の下に又) 聲」とある。

「痩」は「叟」が音符の形声字で、「やせる」意味。病んだり老いたりした痩躯を表す。［説文解字真本］七下十二には「＊(懼の左半が月)也从＊(灾の广が厂)＊(灾の下に又)聲」とある。

「嫂」の正字は「＊(女偏に灾の下に又)」で「＊(灾の下に又)」が音符の形声字である。長老を表す「＊(灾の下に又)」と「女」で「兄嫁」の意味である。兄の妻は祖廟に仕えた。［説文解字真本］十二下三［説文解字注(段注)］十二篇下八には「兄妻也从女＊(灾の下に又)聲」とある。

「又」の第2系統である「叟」から第3系統の「捜、痩、嫂」が連なる。

2-17) 奴努怒

「奴」は「女」と「又」の会意字で女子を捕まえる形を表し、捕まえた女子を奴隷にする意味である。奴隷は多く戦争俘虜がなったらしいが、罪によって罪隷となる者も少なくなかったと云う。他に「孚」、「＊(服の右半部)」も捕虜奴隷を表し、関連が深い。(注36)［説文解字真本］十二下三には「＊(女偏に奚)」を「女隷也从女奚聲」、「婢」を「女之卑者也从女从卑卑亦聲」、「奴」を「奴婢皆古之＊(自の下に辛)人也周禮曰其奴男子入于＊(自の下に辛)隷女子入于舂藁从女从又」とある。「奚」は辮髪を手に掴み牽く象形字で、多くは生贄とされた羌族の奴隷であろうとされる。(注37)

「努」は「奴」が音符の形声字で、耒を表す「力」と合わせて農耕に励み努める意味である。字義は、「はげむ、つとめる」。

「怒」は「奴」を音符とする形声字で、はげしく責める心を意味する。「いかる、しかる、せめる」意味である。［説文解字真本］十下十六に「恚也从心奴聲」、「恚」を「恨也从心圭聲」、［説文解字注(段注)］十篇下四十三には「恚」を「怒也。从心。圭聲。」とある。

「又」の第2系統である「奴」から第3系統の「努、怒」へと繋がる。

2-17) 支(攵)教枚牧

「支」は木の枝の形を表す「卜」と「又」の会意字で、ものを打つことを

表す。右半のパーツ、旁として用いられる時は多く左半のパーツ、偏の意味するものを打つことを表す。［説文解字真本］三下十三には「小擊也从又卜聲凡攴之屬皆从攴」と、［広漢和辞典］(注38)でもこれに倣って形声字とするが、白川(注39)もいうように、甲骨文(資料27)では小枝を持つ手の形である。右半のパーツとしては「攵」を用いるのが通常であるが、統一されているわけではなく、混用されている。常用漢字では「攵」を用いる。この字はふつう単漢字としては用いられない。

「教」は旧字を「＊(左半部が爻の下に子)」と書き、「爻」と「子」と「攴」の会意字で、学舎に学齢の男子を集めて氏族の長老たちが伝統や生活規範などを教えることを表した字である。「攴」は教鞭を表している。そして教わる側から造字すれば「學」となる。「爻」は日本の社殿の屋根にも見られる千木の象形(資料28)で、その千木様式の建物を意味する。社殿と同様にそうした千木様式の建物は神聖な場所だったらしく、一定の年齢に達した貴族の子弟がここに隔離合宿し氏族の伝統や秘儀を長老たちから教わり学ぶ慣わしがあったと云う。白川によると「爻」を「學」として用いた甲骨文があるらしく、「學」の初文といえる。「學」は千木に家形を加え、千木様式の建物に「子」と上に両手を表す「＊(キョク：臼の最下線が途切れた字)」を添えて学ぶことを表した字で、同系の字である。そして、そうした学びの建物が学校の起源でもある。(注40)［広漢和辞典］(注41)では「爻」を千木とするも「交」、「教」とも連関させ広く交わる意味を共通義とするとしているが、甲骨文も金文も「交」は人が足を組む象形(資料29)で、偶発的な字義的連関はあっても字源的な繋がりはない。［説文解字真本］三下十六には「上所施下所效也从攴从＊(教旧字)凡＊(教旧字)之屬皆从＊(教旧字)」とある。また三下十七に「爻」を「交也象易六爻頭交也凡爻之屬皆从爻」とするが、「學」との連関を考えると、「易の六爻」というのは後起の字義と考える白川説が妥当である。

「枚」は「木」と「攴」の会意字で、木を打ってできる杖や鞭や木片をいう。金文(資料30)を見ると、「枚」の「攴」は手に斧を持った形になっており、手斧で木を打ち、作られる杖や鞭、削りとられた木の薄片などを「枚」という。［説文解字真本］六上六には「＊(幹旧字右半余)也可爲杖从木从攴

詩曰施于條枚」、[説文解字注(段注)]六篇上二十二には「＊(幹旧字右半余)也。從木攴。可爲杖也。詩曰。施于條枚。」とある。

「牧」は「牛」と「攴」の会意字で、牛を鞭打ちつつ放牧する意味である。こうした牧養に従事するものは卑賎の民とされたらしい。[注42][説文解字真本]三下十六[説文解字注(段注)]三篇下四十には「養牛人也从攴从牛」とある。

「又」の第2系統である「攴(攵)」から第3系統の「教、枚、牧」などへ繋がる。他に「放」なども同系であるが、より主要なパーツの「方」の系統に分類する。

2-18) 攸修悠條(条)

「攸」は「人」と「水」と「攴」の会意字で、人の背後から水を垂らして身を清める形を表し、禊をすることを意味している。字義は、「禊」の他に、「ゆるやか」。ただ、甲骨文は「人」と「攴」のみで、「水」が加えられるのは金文以降の字形(資料31)である。禊で清められた心を「悠」、背を洗うための笹束や枝葉をつけた細枝を「條(条)」という。その「條」で洗うことを「滌」といい、心身を清め整えて禊を終えることが「修」で、修祓という。また贈答用の細長い乾肉を「脩」といい、それを束ねて用いた束脩の名残が「のし」らしい。「のし」も今ではのし紙に印刷されるが、一昔前は干した海産物などを用いた。[注43][説文解字注(段注)]三篇下三十六には「行水也。从攴。从人。水省。」とあって「行水」を「水行攸攸也。」と注釈する。[説文解字真本]三下十五にはさらに「行水也从攴从人水省徐＊(金偏に皆)曰攴入水所杖也」と続けるが、白川[注44]のいうように「行水」は「ぎょうずい」で、沐浴の他には考えにくい。

「修」は「攸」と「彡」の会意字で、禊を仕上げる意味である。「彡」はきれいに正しく整えることを示す字で、「修」は人の背後から水をかけ沐浴し修祓する意味である。「きよめる、おさめる」等の字義がある。[注45][説文解字真本]九上六に「飾也从彡攸聲」とあるが、「修飾」は後起の字義で「修祓」が本義である。

「悠」は「攸」を音符とする形声字で、禊を終えて安らいだ心をいう。安らいでゆったりした意味から悠久、悠遠の意味が生じてくる。字義は、「はるか、うれえる」。

「條」は「条」の旧字で「攸」と「木」の会意字である。「攸」は人の背を洗って清める禊を表し、「木」はその際に用いる枝葉をつけた細枝を表す。修祓儀礼では背に水を垂らしたり枝葉に聖水をつけたりして背を打ったと想像される。木の細枝の意味から、条長、条理、条目など、「ほそい、ながい、すじ」等の意味をもつようになった。常用漢字の「条」は俗字を採ったものである。(注46)

「又」の第2系統である「攵」から同じ第2系統の「攸」、さらに第3系統の「修、悠、條(条)」などが生起する。他に脩なども同系であるが、ここでは略す。

2-19) 微

「微」は「＊(微のイを除いた字)」を音符とする形声字で、敵方に通ずる路上で長髪の恐らくは年若き巫女を打つ呪儀を行い、受ける呪詛を微弱微少にし無力化しようとする意味である。「＊(微のイを除いた字)」は「＊(微のイ攵を除いた字で一と儿の分離した字)」と「攴」の会意字で、髪の長い巫女(資料32)を打って受けた呪詛を微弱にする呪儀を表している。「山」の形のパーツは長髪の象形である。「微」はもと「なし」と読み、無効にする意味で、「なくする、わずか」の字義がある。(注47)「微」の金文字形(資料33)は「＊(微のイを除いた字)」となっており、初文と見てよい。「＊(微のイ攵を除いた字で一と儿の分離した字)」は上半部が「耑」と既に金文字形において同形(資料34)で長髪の巫女と見なされる所以でもある。[説文解字真本]二下七には微を「隱行也从彳＊(微のイを除いた字)聲」、八上五には「＊(微のイを除いた字)」を「妙也从人从攴豈省聲」とあるが、隱微の字義は初義ではなく、呪飾の羽飾りをつけた軍鼓の「豈」とも繋がらない。

本来は「又」の第2系統である「微」の前に同じ第2系統の「＊(微のイを除いた字)」を置いて、「又」、「攵」から「＊(微のイを除いた字)」、「微」

と連ねるべきであるが、ここでは不都合ないので「＊(微のイを除いた字)」を略す。

2-20）徴懲

「徴」は旧字を「＊(微の山と王の間に一を書いた字)」と書き、「イ」と「＊(上から山一王を重ねた字)」と「攴」の会意字である。「＊(上から山一王を重ねた字)」は、金文では逆立てた長髪の人の形、篆文では逆立てた長髪を表す「山」と挺立する人の形の「壬」を合わせたもの(資料35)で、恐らく虜囚となった敵方の長老だろうとする。「徴」は、部族を代表するその霊能者を路上で殴ち、懲らしめ懲罰を加えると同時に、敵方にこちら側の要求を「しるし」(徴)として示す徴求の呪儀を意味する。「懲」の初文で、字義は、「こらしめる、もとめる、しるし」等である。(注48)［説文解字真本］八上十三には「召也从＊(微旧字)省壬爲徴行於＊(微旧字)而文達者即徴之」、［説文解字注(段注)］八篇上四十六には「召也。从壬。从＊(微旧字)省。壬＊(微旧字)爲徴。行於＊(微旧字)而聞達者即徴也。」とあるが、後半部は文に誤脱があるらしく文意不明とされる。

「懲」は「徴」を音符とする形声字で、「懲罰」の意味である。［説文解字真本］十下十九に「＊(父の下に心)也从心徴聲」、「＊(父の下に心)」を「懲也」とある。

「又」の第2系統である「攵」、「微」、「徴」と連なり、そこからさらに第3系統の「懲」へと繋がる。

2-21）丈杖

「丈」は、杖の形と「又」の会意字で、手につえを持つ形を表し、「杖」の初文である。字義は、「十尺、せたけ、つえ」。(注49)［説文解字真本］三上四に「十尺也从又持十」というが、「十」と「尺」ではなく「十」と「又」の組み合わせというのは不自然だし、兵器となる兵仗(兵杖)の「仗」などから考えると、「丈」は「杖」の初文で、「十」は杖の形とするのが正しい。［説

文解字真本〕十下八の「夫」には「丈夫」を「周制以八寸爲尺十尺爲丈人長八尺故曰丈夫」とある。

「杖」は「丈」が音符の形声字で、「つえ、むちうつ」の字義がある。喪礼にも刑にも用いられ、喪中を杖期といい、鞭打ちの笞刑を杖刑ともいう。〔説文解字真本〕六上十二に「持也从木丈聲」とある。

「又」の第2系統、「丈」から第3系統の「杖」に繋がる。

2-22) 史

「史」は、祝詞を収める祭器を細長い木につけた形の「中」と「又」の会意字で、その祭器をつけた木を手に持ち神に捧げて祖霊を祀る祭名(史祭)をいう。(注50)〔説文解字真本〕三下八に「記事者也从又持中中正也凡史之屬皆从史」とあるが、「中」は旗竿の形とされ、「史」が史官(記録を司る役人)の意となったのは、史祭における祝詞などを保存し伝統を保持、記録するというその職掌を通じてらしいが、そもそも史官とは祭政時代には祭祀の執行者として最高位を占めたのである。(注51)

「史」は「事」や「吏」に繋がる「又」の第2系統に分類する。

2-23) 事

「事」は、祭器をつけた木あるいは旗竿にさらに呪飾の吹き流しをつけた形と「又」の会意字で、それを手に持って、聖所に赴き神を祀る祭事をいう。山や川の神々を祀る際には、祭りの使者が派遣され、使者は祝詞を収めた祭器を旗竿や太い木の枝につけ、さらに上部に吹き流しをつけて奉じたらしい。その形が「事」で、「史」に吹き流しを加えた字形(資料36)になる。それはまた「使」の初文とも云われる。「事」はその祭事を表し、「使」はその使者をいうようになった。(注52)パーツとして上下に挟まれたり、縦に交わる一画がある場合、「又」の字形が「＊(ヨの中横画が右に突き出た字)」になることは既に「又」や「急」の項で述べた。〔説文解字真本〕三下八に「職也从史之省聲」というが、「事」は山川の祭祀を行う外祭を意味し、祭祀

権を掌握することは即ち政治的支配を意味したのである。祭事は政（政事）である。

「事」は「吏」と同様「又」の第2系統に分類する。

2-24）**吏使**

「吏」は、「事」と同形（資料37）で、字義の分化した字である。字義は「役人」。甲骨文や金文（資料37）を見ると分かりやすいが、木の枝に祝祷を収めた祭器をつけ手に持つ形を表している。金文では吹き流しのついた旗竿に祭器をつけた形になっていて、祭器である「口」と「＊（方偏に人）」（の省文）と「又」の会意字と分かる。字は使者を遣わして自然神を祭る外祭をいい、字義の分化は、後に行政組織が整備されるに伴い、派遣される使者も祭祀官としての官職を得ていったことによると考えられている。(注53)[説文解字注（段注）]一篇上二には「治人者也。从一。从史。史亦聲。」とあるが、「一」ではなく、甲骨文では枝、金文では旗竿に吹き流しの形である。

「使」は「史」を音符とする形声字であるが、甲骨文や金文では「事」や「吏」と同形（資料38）で、祭事を表す「事」が初文とされる。字義は「つかい（使者）、つかう、させる」。[説文解字真本]八上六には「伶也从人吏聲」、「伶」は「弄也」、[説文解字注（段注）]八篇上二十四には「令也。从人。吏聲。」とある。

「又」の第2系統、「史」、「事」、「吏」から第3系統の「使」に繋がる。

2-25）**更硬**

「更」は古く「＊（丙の下に攴）」と書き、「丙」と「攴」の会意字である。字義は「あらためる、あたらしくする」。「丙」は「商」などにも見られる台座の形で、「攴」はこれを打つ意味である。武器などを載せる台座を打って、かけた呪詛の効力を更改する意味らしい。(注54)単に機能的な修治更改を意味する(注55)ならば、「攴」でなくて「又」となるだろうが、「攴」としたのは呪的行為を示すからに相違ない。[説文解字注（段注）]三篇下三十五には

「改也。从攴。丙聲。」というが、「丙」とは字音が合わない。

「硬」は「更」が音符の形声字で、字義は「かたい」。「石質の堅いもの」の意味である。

「又」の第2系統の「更」から第3系統の「硬」に繋がる。

2–26) **便鞭**

「便」は「人」と「更」の会意字で、人を鞭打って従順にし使役に便することを表す。ただ、金文では「更」(資料39)と異なり、「鞭」と同形(資料40)である。白川は金文や石鼓文にある「＊(馭の又の上に乍の＝を一と書いて載せた字)」の旁の部分と同じだろうという。「＊(馭の又の上に乍の＝を一と書いて載せた字)」は馬に鞭を加える形らしい。[注56]「便」の字義は「やすらか、音信、便利、大小便」。鞭を加えて祓いをし安堵することに根差す字義である。[説文解字真本]八上六には「安也人有不便更之从人更」と釈然としない。

「鞭」は「便」が音符の形声字で、字義は「むちうつ」、特に刑罰として人に加えるものをいう。[説文解字真本]三下三に「駆也」とあるのは誤記らしい。[説文解字注(段注)]三篇下八には「毆也。从革。＊(便の原字で、人偏に丙の下に攴を書いた字)聲。」とあって、さらに「経典之鞭皆施於人。不謂施於馬。」と注釈がある。馬に対しては「＊(馭の又の上に乍の＝を一と書いて載せた字)」といい、その鞭を「策」という。[注57]

「又」の第2系統の「更」、「便」から第3系統に「鞭」を連ねる。

2–27) **父斧釜**

「父」は「又」と斧頭の会意字で、祭器の斧頭を持つ手、指揮権をもつ人を表す。父親のみならず長老の尊称としても用いられる。斧や鉞が祭器として身分を象徴するのは「王」や「士」も同様である。[注58][説文解字真本]三下七に「矩也家長率＊(教旧字)者从又舉杖」とあるが、金文(資料41)から杖ではなく斧頭とされる。

「斧」は「父」が音符の形声字で、「おの、おので切る」の意味がある。「斤」は小振りの手斧の象形である。「斧」はそれより大振りとされる。[説文解字真本]十四上十に「斫也从斤父聲」とある。

　「釜」は「父」を音符とする形声字で、平底無足大腹の器、「かま」をいう。[説文解字注(段注)]三篇下十に「＊(鬴の左半が鬲)或从金。父聲。」と「＊(鬴の左半が鬲)」を正字とするが、金文(資料42)からも分かるように、「釜」が初文で「＊(鬴の左半が鬲)」は後起の字という。[注59]

　「又」の第2系統である「父」から第3系統の「斧、釜」と繋がる。

3. おわりに

　「又」の漢字系統樹から、「反」「及」「叟」「奴」「攴(攵)」「攸」「微」「徴」「丈」「史」「事」「吏」「更」「便」「父」の系統樹を示すと、以下のようになる。

Ⅰ Ⅱ Ⅲ(系統)
又反飯板版返坂阪販叛
　及急吸級扱汲
　叟捜痩嫂
　奴努怒
　攵教枚牧
　攸修悠條(条)
　微
　徴懲
　丈杖
　史
　事
　吏使
　更硬
　便鞭

父斧釜

　最後になったが、この一連の「漢字系統樹」の考え、あるいは「漢字系統樹」による漢字教授法に、早い時期から深い御理解と御支援をいただいた柏崎雅世先生に心より感謝申し上げるとともに、先生の御退職を心より惜しむ。
　今後も引き続き、先生の御支援、御指導を賜りたく、また先生の御健勝を心よりお祈り申し上げます。

注釈

(注28) ［新訂字統］724 頁
(注29) ［新訂字統］727 頁
(注30) ［新訂字統］800 頁 ［字通］1419 頁
(注31) ［新訂字統］726 頁 ［字通］1290 頁
(注32) ［新訂字統］726 頁 ［字通］1290 頁
(注33) ［漢字百話］102 頁
(注34) ［新訂字統］560 頁、［漢字百話］85,86 頁、［字通］987 頁
(注35) 二〇〇頁 353
(注36) ［新訂字統］663 頁、［漢字百話］106 頁
(注37) ［新訂字統］240 頁
(注38) 中巻 295 頁
(注39) ［新訂字統］835 頁
(注40) ［新訂字統］114,203,298 頁、［字通］326 頁
(注41) 中巻 1059 頁
(注42) ［新訂字統］835 頁
(注43) ［文字逍遥］194,300 頁、［新訂字統］424 頁
(注44) ［新訂字統］865 頁
(注45) ［文字逍遥］194,300 頁、［新訂字統］423 頁
(注46) 條(条)は禊の儀式を表す字なので、「木」の漢字系統樹に分類した『(香港 第6

回国際日本研究・日本語教育シンポジウム論文集）日本研究と日本語教育におけるグローバルネットワーク　１日本研究と日本語教育研究 』の記載を改め、「攸」の系統に移す。

(注47)　［漢字百話］56,137 頁、［文字逍遥］22 頁、［新訂字統］746,747 頁、［字通］1326,1328 頁
(注48)　［新訂字統］626 頁、［字通］1113 頁、［漢字百話］56 頁
(注49)　［新訂字統］472 頁、［字通］823 頁
(注50)　［漢字百話］19,29,31 頁、［新訂字統］375 頁、［文字逍遥］234 頁
(注51)　［新訂字統］375 頁
(注52)　［漢字百話］29 頁、［字通］638 頁、［文字逍遥］234 頁、［新訂字統］395,375 頁
(注53)　［新訂字統］903 頁、［文字逍遥］234、238 頁、［漢字百話］29 頁
(注54)　［字通］501 頁、［漢字百話］123 頁
(注55)　［新訂字統］303,304 頁
(注56)　［新訂字統］805 頁、［字通］1428 頁
(注57)　［字通］1430 頁
(注58)　［新訂字統］764 頁、［字通］1357,1358 頁
(注59)　［新訂字統］769 頁、［字通］1366 頁

参考文献

阿辻哲次(1994)『漢字の字源』講談社
阿辻哲次(1989)『漢字の歴史』大修館書店
阿辻哲次(2001)『漢字道楽』講談社
尾崎雄二郎編(1993)『訓読説文解字注』東海大学出版会
白川静(1987)『文字逍遥』平凡社
白川静(1996)『字通』平凡社
白川静(1979/99)『中国古代の文化』講談社
白川静(1980/99)『中国古代の民俗』講談社
白川静(2000)『漢字』岩波書店
白川静(1978/2000)『漢字百話』中央公論社
白川静(1994/97)『字統』平凡社
白川静(2004)『新訂字統』平凡社

白川静(1995)『字訓』平凡社
白川静(2001)『白川静著作集 2　漢字 II』平凡社
白川静(2000)『白川静著作集 3　漢字 III』平凡社
白川静(2001)『白川静著作集 4　甲骨文と殷史』平凡社
白川静(2001)『白川静著作集 5　金文と経典』平凡社
善如寺俊幸(2003)「日」の漢字系統樹」『東京外国語大学留学生日本語センター論集』第 29 号
善如寺俊幸(2004)「隹の漢字系統樹』『東京外国語大学留学生日本語教育センター論集』第 30 号
善如寺俊幸(2005)「木」の漢字系統樹』(香港　第 6 回国際日本研究・日本語教育シンポジウム論文集)日本研究と日本語教育におけるグローバルネットワーク　1 日本研究と日本語教育研究』香港城市大学語文学部・香港日本語教育研究会
善如寺俊幸(2005)「冂」の漢字系統樹』東京外国語大学留学生日本語教育センター論集』第 31 号
善如寺俊幸(2006)「目」の漢字系統樹』東京外国語大学留学生日本語教育センター論集』第 32 号
善如寺俊幸(2007)「人」の漢字系統樹 1/2』東京外国語大学留学生日本語教育センター論集』第 33 号
善如寺俊幸(2008)「又」の漢字系統樹 1/3』東京外国語大学留学生日本語教育センター論集』第 34 号
陳舜臣(1999(1991 初))『中国の歴史』講談社
藤堂明保(1965)『漢字語源辞典』学燈社
水上静夫(1995)『甲骨金文辞典』雄山閣
水上静夫(1998)『漢字誕生－古体漢字の基礎知識』雄山閣
諸橋轍次他(1982)『広漢和辞典』大修館書店
山田俊雄他(1992)『大字源』角川書店
日外アソシエーツ編集部 (1994)『漢字異体字典』日外アソシエーツ
特集・甲骨文字の世界『月刊しにか』4 月号　1999 Vol.10/No.4　大修館書店
段玉裁(1993)『説文解字注』上海古籍出版社
許慎『説文解字真本』中華民国 75 年版　台湾中華書局
陳初生(2004)『金文常用字典』陝西人民出版社
Bernhard Karlgren(1999) 岩村忍・魚返善雄訳『支那言語学概論』ゆまに書房

資料

(資料 23)　　［甲骨金文辭典］一九五頁 343

(資料 24)　　［甲骨金文辭典］一八三頁 323

(資料 25)　　［甲骨金文辭典］八二七頁 1524

(資料 26)　　［甲骨金文辭典］八二七頁 1524

(資料 27)　　［甲骨金文辭典］五六五頁 1041

(資料 28)　　［甲骨金文辭典］八二三頁 1517、

(資料 29)　　［甲骨金文辭典］三七頁 59

(資料 30)　　［甲骨金文辭典］六五七頁 1203

(資料 31)　　［甲骨金文辭典］五六九頁 1047

(資料 32)　　［甲骨金文辭典］五九一頁 1087

(資料 33)　　［甲骨金文辭典］四九一頁 891

(資料 34)　　［甲骨金文辭典］一〇五五頁 1934

(資料 35)　　［甲骨金文辭典］四九一頁 894

(資料 36)　　［甲骨金文辭典］二七頁 46、二〇八頁 366

(資料 37)　　［甲骨金文辭典］二一五頁 379、二七頁 46

(資料 38)　　［甲骨金文辭典］六一頁 101、二七頁 46、二一五頁 379

(資料 39)　　　　　［甲骨金文辭典］六二九頁 1157

(資料 40)　　　　　［甲骨金文辭典］六九頁 117、一四三五頁 2654

(資料 41)　　　　　［甲骨金文辭典］八二一頁 1516

(資料 42)　　　　　［甲骨金文辭典］一四八五頁 2746

中国人日本語学習者の作文における認識のモダリティに関する考察

楊　紅・王　景傑

【キーワード】文末表現、認識モダリティ、だろう類、と思う類、非用

1. はじめに

1.1. 研究目的

　中国国内で日本語を学ぶ中国語を母語とする大学生(以下、中国国内の大学生と記す)書いた日本語の作文を読むと、不自然な語調の強さに違和感を感じることがある。それは文末において断定的な表現が多用されており、文末表現の未習得が原因ではないかと推測される。文末表現についての考察の基準・指標は言語によって様々だが、日本語においては、「モダリティ」が有力な手がかりの一つであると考えられる。「モダリティ」は、書き手が命題の表す事柄をどのように捉え、読み手にどのように伝えるかという、文の述べ方を決定する重要な働きをしている。

　そこで、本稿では、中国国内の大学生の作文における文末表現「だろう」「そうだ」「かもしれない」「ようだ」などの認識のモダリティ形式を対象に、その使用状況について考察・分析し、中国人の大学生のモダリティの習得状況を明らかにしていきたいと思う。

1.2. モダリティに関する先行研究
1.2.1. モダリティとは

安達(2005: 134–135)は以下のように述べる。
「日本語の文は性質の異なる2つの部分からできている。
(1) きっと彼は忙しいんだろうね。

(1)において意味の中心となることがら(「彼が忙しい」こと)は文の内側に現れている。これに対して、文頭の「きっと」や文末の「だろう」「ね」のように文の外側に現れる要素はそのことがらに何らかの内容をつけ加えているわけではない。これらは、ことがらに対する話し手の捉え方や伝え方といった主観的態度を表している。ことがら的内容を表す部分は"命題"、話し手の主観的態度を表す部分は"モダリティ"と呼ばれる。

近年、「モダリティ」という術語は日本語文法学界で頻繁に使われ、注目を集めているが、その研究の歴史はかなり長い。20世紀初期の山田文法での「陳述」という術語からはじまり、徐々に「モダリティ」についての研究が盛んになってきた。なお、「命題」と「モダリティ」という言い方は、学派によってやや違っている。その言い方からもモダリティ研究の幅の広さが窺われるであろう。代表的な学派の言い方を以下の表1に示す。

表1 各学派におけるモダリティについての言い方
(王(2002)に基づきまとめたものである。)

各学派の代表者	命題	モダリティ
金田一春彦	客観的表現	主観的表現
芳賀綏	客体的表現	主体的表現
時枝誠記	詞	辞
渡辺実	叙述	陳述
寺村秀夫	コト	ムード
奥田靖雄	文の対象的な内容	モーダルな意味
仁田義雄／益岡隆志	命題	モダリティ

各学派のモダリティの範疇については完全に一致しているわけではない

が、本稿の研究には直接関係しないので、この点は深く触れないことにする。

　寺村はムードを構文論(シンタクス)の構文要素の一つとして捉え、「現実のいろいろな場で、話し手がコトを相手の前に持ち出す持ち出し方、態度を表わす部分」(寺村1984:12)をムードと定義している。

　益岡(1991)は文の基本的構造を客観的事柄を表す要素である「命題」と主観的な判断・態度を表す要素である「モダリティ」の二つの部分からなると考え、基本的には日本語の文の述部をモダリティ論の立場から分類している。

　仁田(2000)は、「文は客観的ことがらを表す命題と、命題や聞き手に対する話し手の態度を表すモダリティという2つの要素から成り立っている。」と述べている。

　モダリティを担う言語形式としては、イントネーションを伴う用言の言い切りの形(終止形、意向形、命令形)、助動詞〔「ことだ」「ものだ」「わけだ」「はずだ」「ようだ(みたいだ)(推定)」「らしい」「のだ」「そうだ(伝聞)」「だろう」「まい」〕、終助詞〔「ぞ(ぜ)」「か」「とも」「わ」「よ」「さ」「ね」〕などがある。

　日本語記述文法研究会編(2003、以下研究会と記す)によると、モダリティには以下の4つのタイプがある。
　① 文の伝達的な表し分けを表すもの
　② 命題が表す事態のとらえ方を表すもの
　③ 文と先行文脈との関係を表すもの
　④ 聞き手に対する伝え方を表すもの

1.2.2. 認識のモダリティについて

　近年のモダリティについての研究は、日本では寺村(1982、1984)、益岡(1991)、森山(1995)、仁田(1991、2000)、研究会(2003)などが挙げられる。中国では、劉(2006)がある。これらの研究は全体的に文法の面でモダリティを記述的に研究するものである。寺村(1984)は「だろう、まい、かもしれない、に違いない、ようだ、らしい、そうだ(伝聞)」などの言語形式を「概

言のムードの類型」として分類した。益岡(1991)は「だろう、かもしれない、に違いない、はずだ、ようだ、そうだ、らしい、か」などを「真偽判断のモダリティ」として分析している。研究会(2003)は認識のモダリティ(epistemic modality)として、「情報伝達文の構成にあたって、その文によって示される事柄や情報に対する話し手の様々な認識的態度を表し分けるものである」と定義している。そして、主な認識のモダリティの形式には、次のようなものをあげる。

  断定形: φ
  推量形: だろう
  蓋然性判断: かもしれない、にちがいない、はずだ
  徴候性判断: ようだ、みたいだ、らしい、(し)そうだ、
  伝聞: (する)そうだ等
  そのほか: のではないか、知覚動詞、思考動詞(主に「と思う」)等

　本稿では、仁田(2000)、研究会(2003)に従い、上記の言語形式を認識のモダリティとして、分析対象とする。なお、思考動詞の「と思う」は研究会(2003)に従い、認識のモダリティの形式として認める。また、本稿では、上述の認識のモダリティの形式の中から、分析対象を有標形式に絞る。即ち、断定形で終了している文末は分析対象外とする。

1.2.3. 本研究の位置づけ

　モダリティの習得研究については、日本の大島(1993)、佐々木・川口(1994)と中国の曹(2002)、張・徐(2002)などがある。それらの研究は、ほとんど在日経験者を対象としており、数量的な報告のみに留まっている。

　そこで、本研究は、在日経験のない中国国内の大学生を対象に調査を行う。学生が書いた作文の文末表現(主に認識のモダリティ)の使用状況(正用、誤用、非用)を調査し、その原因を考察・分析する。そして、最後に学生の習得過程にも検討を加える。

1.3. 研究対象項目及び研究方法
1.3.1. 研究対象項目
本調査では、研究会(2003)における認識のモダリティの中で以下の項目を対象にし、考察・分析を行う。

推量	だろう及びその関連表現
蓋然性判断	かもしれない、にちがいない、はずだ
徴候性判断	ようだ、らしい、(し)そうだ
伝聞	(する)そうだ等
そのほか	と思う及びその関連表現

研究方法として、中国国内の大学生が書いた作文を収集し、作文に現れた上述の認識のモダリティを抽出する。その中から正用、誤用、非用の状況を益岡(1991)、仁田(2000)、研究会(2003)などの日本語モダリティ理論を用いて考察・分析する。

1.3.2. 調査方法
調査の具体的な方法は以下の通りである。

被験者：重慶大学外国語学院で日本語を専攻する二年生と三年生(日本語レベルは中級[1]である)。

調査データ：上記の学生が授業で書いた作文を使用(教室外で完成)。ちなみに、両学年の担当教員は同一の日本人教師である。

収集期間：2006年3月—2006年7月

使用した作文：2年生113篇、3年生87篇。合計200篇 500字以上。論説文、記述文、説明文。(大多数が論説文であった。)

正誤判定の方法：日本語を母語とし、日本語教育の専門性を有する担当教員[2]により、添削された作文と未添削作文を比較。さらに、日本語母語話者[3]に添削後の作文をダブルチェックしてもらった。

データ処理方法：「考察対象」以外の間違いは基本的に添削文によって示す。

表示の方法：2＊＊＊が2年生の作文。3＊＊＊が3年生の作文。

　　　　　＊＊＊は作文の番号を示す。作文番号は文章の最後に示す。
　　　　　番号のつけ方は任意的である。
　　　　　⇒の後の文章は、教員が訂正した文章である。
　文末の判定：単文の文末。複文の場合は、従属節の文末と主節の文末。
　調査対象：学生の作文の文末表現。主に認識のモダリティの中の
　　　　　「だろう」「かもしれない」「にちがいない」「はずだ」
　　　　　「ようだ」「らしい」「（し）そうだ」「そうだ」「と思う」
　使用状況：
　正用：学生によって認識のモダリティが正しく使われている文
　誤用：認識のモダリティが間違って使われている文
　非用：認識のモダリティを使ってほしい箇所に使われていない文

　「誤用」と「非用」との判定はかなり難しい。「非用」も「誤用」の一種と見なすことができるが、本稿では分析の便宜上両者を分けることにする。さらに、中間言語現象も存在している。つまり、間違いとは言えないが、やや不自然な日本語である。この場合も本稿では、「誤用」か「非用」かを認定する。例えば、

（1）　今は時代によってすこし違っているかもしれませんが、私たち日本語科の学生はやはりそれらの区別を知っておいたほうが<u>いいではありませんか</u>。　　　　　　　　　　　　　　　　　　　　　　　（3049）
　　　⇒それらの区別を知っておいたほうが<u>いいのではないでしょうか</u>。
　　　（⇒訂正を表す。下線は筆者による。）

　学生が「いいではありませんか」を使い、明らかに間違いとは言えない。しかし、この場合はやはり、教師によって添削された「いいのではないでしょうか」のほうが自然であろう。本稿はこのような例を「非用」と判定する。

1.3.3. 調査の結果の全体像

まず、収集された作文における認識のモダリティ—「だろう」「かもしれない」「にちがいない」「はずだ」「ようだ」「らしい」「(し)そうだ」「そうだ」「と思う」—の使用状況を表2に示す。

学生の認識のモダリティの使用数は、「と思う」>「だろう」>「そうだ」>「かもしれない」>「ようだ」>「に違いない」>「らしい」>「(し)そうだ」>「はずだ」の順になっている。次に間違いの多い率は、「そうだ」>「だろう」>「かもしれない」>「と思う」>「ようだ」という結果となった。

次節より具体的に各言語形式ごとに分析を行うが、紙幅の都合もあり、本論文における分析対象は調査結果のデータにおいて、用例数の多かった上位2項目「と思う」(と思う、と思っているなど)、「だろう」(「だろう」を含む関連表現:だろう、だろうか、ではないだろうか)を扱う。

2. 「だろう」「と思う」の考察

2.1. 「だろう」の調査結果と分析

表2に「だろう」の使用状況を示したように、「だろう」の文の使用数は、全部で175で、総間違い率は約3割である。誤用と非用とでは、非用の数が誤用よりかなり多いことが分かる。

張・徐(2002)によると、「推量とは話し手が命題をまだ確かなものとして確認されていない、或いは空想の世界でのものとして捉えるのを表すものである」と述べている。研究会(2003: 140)は推量を「話し手が直接知ることのできない事態を想像や思考によって間接的に認識していることを表す文である」と規定している。こうした事態を表す間接的な認識は「だろう」によって表される。推量を表すのは「だろう」の基本的な意味で、計85例ある。

（2） 私たちが卒業までに寮の条件が改善されることはないでしょう。

(2076)

（3） 中国の家庭では、ふつう全員で一緒に新年を迎える。日本もそうだろ

表2　各認識のモダリティの使用状況

～年生 項目	使用状況	二年生	三年生	計	総数	総間違い率
だろう	正用	63	61	124	175	29.14%
	誤用	5	5	10		
	非用	28	13	41		
	計	96	79	175		
	間違い率	34.38%	22.78%	29.14%		
かもしれない	正用	20	19	39	44	11.36%
	誤用	3	1	4		
	非用	0	1	1		
	計	23	21	44		
	間違い率	13.04%	9.52%	11.36%		
に違いない	正用	7	3	10	10	0.00%
	誤用	0	0	0		
	非用	0	0	0		
	計	7	3	10		
	間違い率	0.00%	0.00%	0.00%		
はずだ	正用	0	0	0	2	100.00%
	誤用	1	1	2		
	非用	0	0	0		
	計	1	1	2		
	間違い率	100.00%	100.00%	100.00%		
ようだ	正用	19	9	28	30	6.67%
	誤用	1	0	1		
	非用	1	0	1		
	計	21	9	30		
	間違い率	9.52%	0.00%	6.67%		
らしい	正用	1	1	2	4	50.00%
	誤用	0	2	2		
	非用	0	0	0		
	計	1	3	4		
	間違い率	0.00%	66.67%	50.00%		
(し)そうだ	正用	1	1	2	3	33.33%
	誤用	1	0	1		
	非用	0	0	0		
	計	2	1	3		
	間違い率	50.00%	0.00%	33.33%		
(する)そうだ	正用	14	23	37	61	39.34%
	誤用	2	0	2		
	非用	8	14	22		
	計	24	37	61		
	間違い率	41.67%	37.84%	39.34%		
と思う	正用	119	147	266	298	10.74%
	誤用	14	10	24		
	非用	5	3	8		
	計	138	160	298		
	間違い率	13.77%	8.13%	10.74%		

う。　　　　　　　　　　　　　　　　　　　　　　　　　　(3003)

　このように、推量を表す「だろう」は大体中国語の「吧」と対応できるため、学習者にとって、習得しやすいのではないだろうか。
　さて、「だろう」の誤用と非用はどうであろう。まず非用から検討する。

（４）　最後に、2008年のオリンピックは北京で行われます。それを機会に北京はきっともっと有名になります。　　　　　　　　　　　(2022)
　　　⇒それを機会に、北京はきっともっと有名になるでしょう。
（５）　しかし、政治には、永久的な対立状態はなく、問題を全部解決できる日はきっと到来できる。　　　　　　　　　　　　　　　　(3080)
　　　⇒問題を全部解決できる日はきっと到来するでしょう。

　例文から分かるように、学生は自分の主張や意見、願望を強調したい時、「だろう」をつけない傾向がある。特に「きっと」と共起する場合はその傾向がいっそう強くなる。これは母語の影響だと考えられる。「きっと」は中国語訳では「一定」「必定」となる。また中国語では、主張や意見、願望を出す時、それを強調するため、「断定」や「感嘆」を使うのである。それで、中国人学生の日本語作文には推量の表現が用いられず、自分の態度を明確に表現する文章が多く見られる。「だろうか」「ではないだろうか」の例文からも、その特徴が見られる。

（６）　私の考えでは、向上心は必要ですが、やはり程度があって、時々は人生を楽しんだ方がいいではないですか。　　　　　　　　　　(2032)
　　　⇒時々は人生を楽しんだ方がいいのではないでしょうか。
（７）　今は時代によってすこし違っているかもしれませんが、私たち日本語科の学生は、やはりそれらの区別を知っておいたほうがいいではありませんか。　　　　　　　　　　　　　　　　　　　　　　(3049)
　　　⇒やはりそれらの区別を知っておいたほうがいいのではないでしょうか。

以上は「だろう」の非用の例である。以下は誤用の用例を見てみよう。

（8） いとこはそれを見たら、さぞびっくりしている顔を見せるでしょうか。 (2056)
⇒さぞびっくりしている顔を見せるでしょう。

この文は、「さぞ」と呼応して、話し手が現在推測できない事柄を実感を伴って自分の想像として述べており、疑問詞を使う必要がないため、「か」を付加させる必要がない。高橋・伊集院(2006)でも、聞き手情報依存の疑問文について、日本語母語話者より中国人学習者のほうが多用していることが報告されている。

（9） もし、小さい時から、英語の勉強に興味があって、ずっとがんばって勉強するのなら、これからの英語能力はきっと高いだろう。しかし一方で、そんな小さな時から、英語に接するのは悪い影響もあるだろう。 (3070)
⇒もし、小さい時から、英語の勉強に興味があって、ずっとがんばって勉強するのなら、これからの英語能力はきっと高いだろう。しかし一方で、そんな小さな時から、英語に接するのは悪い影響もあるかもしれない。

(9)は「だろう」が2回、好結果と悪い結果の推測の双方に使われている。同じ表現を2回続けて使うことはできれば避けたいところである。ずっとがんばって英語を勉強すると、英語能力は高くなることが判断できることである。「だろう」はある事柄に対する話し手の確信度が高い場合に使われる。それに対して、小さな時から、英語に接するのは悪い影響もあることは可能性としてあり、必ず悪い影響があるとは言えない。確信度の高い「だろう」を使うのは不適当で、「かもしれない」に訂正すると、適切性が増すと感じられる。

2.2. 「と思う」の調査結果と分析

　表1に示している「と思う」の総使用数が298文で、間違い率は1割である。誤用数が非用数より多い。

　「と思う」は、話し手の判断や意見を聞き手に向けて表明する表現である。引用節の述語には断定形、断定形以外の判断形式や意志形などがある。学生が使用している教科書では、「と思う」と「と思っている」の区別については、「と思う」は一人称に用い、「と思っている」は一人称にも三人称にも用いることができると、単なる人称の区別を説明しているだけである。

　「と思う」は話し手の判断、意見、主張、意向などを表明するときに使用される。以下はデータの中の正用例の一部である。

(10)　今、中日関係は緊迫した情勢です。この情勢の下、多くの人は日本製品不買運動をします。この方法はいいことがないと思います。(2027)

(11)　日本については、知らないことがまだたくさんあって、日本語のレベルもまだまだ足りないですが、これからもっともっと日本人や日本を理解するために、そして、中日友好を促進するために、がんばっていきたいと思います。　　　　　　　　　　　　　　　　(2032)

(12)　将来、科学が進歩するとともに、多くの先進的な物が発明されて、私たちの生活がもっとすばらしくなると思う。　　　　(2010)

　(10)の「と思う」の用法は、引用節に示した判断・意見が話し手の個人的な主張であることを明示する用法である。(11)は自分の意向を表明する用法であり、(12)は未知のことに対して話し手なりの判断を示す用法である。データの中の「と思う」の例文は大部分がこの三つの用法で、しかも、ほとんど正しく使われている。中国語にも「我想」などで話し手の判断や意向を表し、また、教科書は「と思う」についてきちんと説明されているためだと考えられる。

　しかし、「と思う」の誤用は次の3つのケースが見られた。

ケース１　「と思った」と「と思っていた」の混同

(13)　最初、私は病気ではないと思ったけれど、後から皮膚が痒くてたまらなくなったので、やっと勇気を出して、お医者さんに見てもらうことにした。　　　　　　　　　　　　　　　　　　　　　　　(2082)
　　⇒最初、私は病気ではないと思っていたけれど、…

　「と思っていた」は「話し手が長期にわたってもちつづけてきた認識の妥当性について含意する用法である。」(研究会 2003: 186)とされている。(13)では、後件で「後から～なったので」「やっと」といった表現が用いられていることから、前件で長い間妥当だと考えてきた認識があることが示唆され、それが逆接の接続助詞で誤りであったことを示している。そこで、「と思っていた」を用いることで、文章に整合性が出てくる。

ケース２　「と思う類」の過剰使用

(14)　外で電話をかけるのは、夏は暑いし、冬は寒いし、人が多い時なら、しばらく待たなければならないので、とても大変と思っています。
　　　　　　　　　　　　　　　　　　　　　　　　　　　　(2011)
　　⇒とても大変です。
(15)　せっかく東温泉に着いたのに、目の前の景色は、最初思ったほど美しくないと思った。　　　　　　　　　　　　　　　　　　　　(2053)
　　⇒最初思ったほど美しくなかった。
(16)　しかし、私の考えでは、硬貨もあったほうがいい。なぜかというと、二つの理由があると思う。　　　　　　　　　　　　　　　　　(3028)
　　⇒二つの理由がある。

　(14)はすでに存在する事実の体験の感想、(15)は眼前に存在する景色に関する感想、すなわち両者とも五感による話者の判断が述べられており、認識・思考の結果を示す「と思う」を付加する必要がない。また、(16)は論

拠を提示するものであり、断定形式で提示するほうが論旨が明快になる。
　この過剰使用は中国語母語の干渉によると考えられる。中国語では、自分の意見や主張などを持ち出す時、よく「我覚得」「我想」などを使用する。

ケース３　人称による間違い

(17)　多くの人は、その学生が少しつまらない<u>と思います</u>。　　　（3002）
　　　⇒多くの人は、その学生が少しつまらない<u>と思っています</u>。
(18)　卒業後は、両親は私が経済の方面で職業を探すのがほしい<u>と思います</u>。　　　（2080）
　　　⇒両親は私が経済の方面で職業を探してほしい<u>と思っています</u>。

　「と思う」の主語は普通一人称である。三人称なら、「と思っている」が使われる。これについては、教科書に説明はあるが、学生がまだ完全に習得していないと言わざるを得ない。
　さて、非用の状況を見てみよう。非用は全部で８例しかない。下記の文は、文法上では間違いはない。

(19)　私はここで文化についての自分の感想を説明する。　　　（3064）
　　　⇒私はここで文化についての自分の感想を説明したい<u>と思う</u>。
(20)　今回はインターネットについて話したいです。　　　（2026）
　　　⇒今回はインターネットについて話したい<u>と思います</u>。

　「と思う」を使わないと、ぶっきらぼうな感じがする。教科書には、「たいと思います」は「たい」より柔らかいという説明があるが、学生の注意を引き起こさないようである。学生の注意を引き起こすためには、単なる一言で説明するのは不十分で、「と思う」に含めたニュアンスを学生に理解させ、学生の語感を培うのが一番重要だと思う。また、

(21)　私はずっと前から刺身を食べたいのです。　　　（3043）

⇒私はずっと前から刺身を食べたいと思っています。

　この文は、(19)、(20)と事情が少し違う。助動詞「たい」は直接的な「欲望」を表すが、その後に「と思っている」を用いると、話し手の「ずっと前から」の期待の心情が表明できる。「と思っている」のこの用法については、教科書には説明がない。

2.3. 誤用・非用の原因について
　以上、学生の作文における「だろう」「と思う」の使用状況を詳しく考察してきた。特に、誤用と非用状況を分析した。その間違いの原因にも少し触れた。学生の習得不足と教科書の説明不足による間違いもあれば、中国語の表現習慣の影響による間違いもある。

2.3.1. 学生の習得不足と教科書の説明不足による間違い
　学生の作文における文末表現に「ではないだろうか」と「ではないだろう」との混同や「と思う」と「と思っている」が主語の人称制限なども、一部の学生はまだ習得していないようである。
　一方、前節の分析から、学生の誤用・非用は、これらの表現をどのように授業で取り扱うかにも関係してくるとも考えられる。学生が使用する教科書、カリキュラム、学習環境など、様々な要素が考えられるが、本稿では、指導の基礎となる教科書に絞り、「だろう」、「と思う」の取扱い方について調べることにする。
　考察対象は、重慶大学で日本語科の学生(3年生まで)が使っている教科書『新編日語』(1－4冊)とする。教科書における各表現の取り扱い方の主な内容を簡単にまとめて表3に示す。
　(表についての説明：↑と↓はアクセントを表す。)
　考察の結果、以下のことが分かった。教科書では各表現についての接続法、中国語との対応表現に重点を置いている。使用の際に注意すべき点は全く触れられていない。さらに、類義表現、或いは日本語学習者が混乱しやすい表現の区別もほとんど記述されていない。また、教科書における例文に

表3　教科書における認識のモダリティの取り扱い方

項目	位置	説明		訳語	例文
だろう関連表現	1冊16課	でしょう↓	委婉断定或推測		日本ではクリスマスにお互いにプレゼントをするでしょう
		でしょうか	同于ですか、表询問、但語気比「ですか」委婉。		クリスマスのプレゼントはどんなものが多いでしょうか。
		でしょう↑	征求対方同意		なかなかいいでしょう。
	2冊14課	さぞ…でしょう	対他人的境遇心情表示同感	想必、一定是	先生は朝が早かったので、さぞお疲れでしょう。
	2冊18課	(の)ではないでしょうか	询問的口気、語気婉転、不強加于人	是不是？会不会？	むしろ生活は苦しいと思っている人もかなりいるのではないでしょうか。
	3冊19課	…ことだろう	比「だろう」語気鄭重、表示自己的感慨。		一人も友だちがいないなら、さぞさびしいことだろう。
	3冊20課	なんと…ことだろう	表示対眼前某一事物的性質或状態感嘆无比。	多么…啊！	まあ、なんとみごとなものだろう。
と思う関連表現	1冊13課	たいと思います	这种形式比「たい」柔和、婉転。		前からあなたに説明したいと思っていました。
	1冊13課	…う(よう)と思います	表意志。「と思う」表示講話時的心理状態、一般用于第一人称、問句可用于第二人称。「と思っている」表示(含講話時)一段時間的心理状態、可用于第一、三人称、問句可用于第二人称		あした、朝が早いから今日は早く寝ようと思います。
	1冊17課	と思います		我以为、我认为、我想	六時に出発すれば間に合うと思います。
	3冊6課	ように思う(思われる)	用于講話者委婉地発表自己的意見。	我觉得、似乎	この音楽はどこかで聞いたように思いますが。

は、ただ中国語訳がついているだけである。各表現は当該文での意味・機能も説明したほうがいいのではないだろうか。また、練習問題は接続法だけに重点を置き、学生に理解させる目的が達成できていない。

また、「と思う」と「と思っている」については、単なる人称の区別を説明しているだけである。無論、それは両者の一番大きな区別である。しかし、ニュアンスの違いを説明しないと、学生に両者は人称の違いだけだと誤解されやすいのではないだろうか。

在日の留学生と違って、国内の日本語科の大学生にとっては、充分な日本語環境が整っておらず、日本人と接する機会も少ない。したがって中国国内で日本語を学習する大学生は教科書への依存度が高いと思われる。このように、教科書は国内の大学生にとって、重要な存在と言えよう。それ故、日本語を教える際、教科書の不足を補い、各表現の意味・機能や類義表現の区別などを教える必要があるだろう。

2.3.2. 中日表現の特徴の比較

① 日本語では推量の表現形式(寺村の概言のムードの類型)が多く用いられる。中国語では事実だと明確に判断できれば、ほとんど推量の表現は用いられない。

② 日本語には客観的表現が多く用いられるのに対し、中国語には「我認為」「我覚得」「我以為」など主観的表現が多く用いられる。曹(2002: 414)は「確言では中国語が多く、概言では日本語が多いと、それぞれ比重が違うという特色」があると述べている。

以上は中国語と日本語における「確言・概言」の言語の特徴である。迫田(2002: 36)は「第二言語習得は、文化変容の一側面であり、学習者が自分自身をどの程度、目標言語集団の文化に同化させるかによって、習得の度合いが作用される。」と述べる。これは、アメリカのシューマン(J.Schumann)が提唱した文化変容モデルである。この記述からも分かるように、日本語の教育は日本語の言語知識だけではなく、関連文化知識や中日言語における表現の特徴を教えることも必要ではないだろうか。

3. 本稿のまとめと今後の課題

　本稿では、小規模ではあるが、中国国内の大学で日本語を専攻している大学生の作文(200篇)における「だろう」、「と思う」の使用頻度を分析すると同時に、その使用状況(正用・誤用・非用)について分析も行った。そこで、以下のことが分かった。

　学生の作文で使用される文末表現の形式は、非常に限られている。本稿の調査結果から見れば、「と思う」、「だろう」、「かもしれない」、「ようだ」、「(する)そうだ」五種類だけが30文を超えており、ほかの形式「にちがいない」、「はずだ」、「らしい」などの使用があまり見られなかった。また、全体的に見ると、作文に断定表現がかなり多く使われている。そして、「と思う」の使用頻度が非常に高い。以上のことから、文末表現がまだ十分には習得されていないことが分かった。それは、日本語母語話者の文末表現の発達過程が、「次第に、命題のみで文を終えることを避けて、モダリティ表現を付加するようになる。」(佐々木・川口1994: 11)ことと呼応していると言える。

　また、各モダリティの使用状況から見れば、誤用より非用のほうが目立つ。

　その理由としては、学生の日本語の能力や教科書の説明不足、中国語の表現習慣の影響などが考えられる。

　今後は、データの収集範囲を、全中国国内の大学生に広げていきたい。また、認識のモダリティだけではなく、ほかのモダリティ表現も考察し、学生の文末表現の習得過程を全体的に把握していきたいと考えている。

　本稿では、2年生と3年生との認識のモダリティ表現の使用状況の比較をしなかった。両者の比較をすることにより、各表現の習得と学習時間との関係についても考察できると考える。

　［謝辞］本稿の資料として、添削作文を扱うことを快く応諾して下さった作文クラス担当の先生、また、忙しい中、妥当性判断をしてくださった4人の協力者に厚く御礼を申し上げます。

注

1 2年生は教科書『新編日語』の第2冊と第3冊の前半部分を学習する。3年生は第3冊の後半と第4冊を終了する。
2 日本語教育学を専門とする日本の大学院修士課程修了。修士号を取得し、2006年3月―2008年2月重慶大学日本語学部の日本語教育担当。
3 中国にある大学の日本語教員2名と日系企業技術者2名に依頼した。

参考文献

安達太郎(2005)「モダリティ」日本語教育学会編『新版日本語教育事典』pp.134–135　大修館書店
浅井美惠子(2002)「日本語作文における文の構造の分析―日本語母語話者と中国語母語の上級日本語学習者の作文比較」『日本語教育』115号　pp.51–60
伊集院郁子・高橋圭子(2004)「文末のモダリティに見られる"Writer/Reader visibility"―中国人学習者と日本語母語話者の意見文の比較」『日本語教育』123号　pp.86–95
大島弥生(1993)「中国語・韓国語話者における日本語のモダリティ習得に関する研究」『日本語教育』81号　pp.93–103
金田一春彦(1975)『日本人の言語表現』講談社
迫田久美子(2002)『日本語教育に生かす第二言語習得研究』アルク
佐々木泰子・川口良(1994)「日本人小学生・中学生・高校生・大学生と日本語学習者の作文における文末表現の発達過程に関する一考察」『日本語教育』123号　pp.1–13
佐治圭三(1999)「日本語学習者に日本語のモダリティをどう教えるか」『言語』28(06)　pp.80–83　大修館書店
高橋・伊集院(2006)「疑問文に見られる"Writer/Reader visibility"―中国人学習者と日本語母語話者の意見文の比較」『日本語教育』130号　pp.80–89
寺村秀夫(1984)『日本語のシンタクスと意味Ⅱ』くろしお出版
森山卓郎・仁田義雄・工藤浩(2000)『日本語の文法3　モダリティ』岩波書店
仁田義雄(2000)「認識のモダリティとその周辺」『日本語の文法3　モダリティ』岩波書店
日本語教育学会(2005)『新版日本語教育事典』大修館書店
日本語記述文法研究会編(2003)『現代日本語文法④モダリティ』くろしお出版
益岡隆志(1991)『モダリティの文法』くろしお出版
森山卓郎(1995)「ト思ウ、ハズだ、ニチガイナイ、ダロウ、副詞〜φ―不確実だが高い確

信があることの表現」宮島達夫・仁田義雄編『日本語類義表現の文法(上)』くおし
　　　お出版
横田淳子(1998)「「と思う」およびその引用節内の動詞の主体について」『留学生日本語教
　　　育センター論集』第24号　pp.101-117
曹大峰(2002)「作文コーパスによる日中モダリティ表現の対照研究―概言と確言」『中日
　　　対訳語料庫的研制与応用研究』pp.402-417　外语教学与研究出版社
鲁宝元(2005)『日汉语言对比研究与对日汉语教学』华语教学出版社
刘笑明(2006)『日语语法学研究新解』南开大学出版社
王忻(2002)「日语语气再考(上)」『日语学习与研究』109　pp.18-24
王忻(2006)『中国日语学习者偏误分析』外语教学与研究出版社
张兴・徐一平(2002)「中国人学習者の日本語作文における命題目当てのモダリティ表現に
　　　ついて―中国語との対照を含めて」『中日対訳語料庫的研制与応用研究』pp.402-
　　　417　外语教学与研究出版社
周平・陈小芬编(1995)『新编日语』(1，2，3，4)上海外语教育出版社

「はずだ／べきだ」の
日中意味分析と文型指導

梓沢　直代

1. はじめに

　本稿は、「はずだ」と「べきだ」について両者に相当する中国語の「応該(yinggai)」との比較より分析する。

　従来の研究においては、「はずだ」と「だろう／に違いない」の使い分け、「べきだ」と「なければならない／ざるを得ない」の使い分けなどが問題とされてきた[1]。宮崎・安達・野田・高梨(2002: 118–120、142–152)は、「はずだ」を「認識のモダリティ」に、「べきだ」を「評価のモダリティ」に分類した上で、「はずだ」を「判断の確かさを表す形式」「必然性の認識を表す形式」とし、「べきだ」は「当該事態が妥当であるという評価を表す」としている。多くの日本語母語話者も両者は全く違ったカテゴリーに属すると考えているだろうが、中国人学習者の誤用として、「はずだ」と「べきだ」を混同してしまうというケースが多い[2]。

（1）　日本語学校の学生として、私たちは一生懸命日本語を勉強するはずだと思います。
（2）　私は短い発展観は狭いと思う。この意見を持つ人は見識が浅い人だと思う。私たちは持続できる観点を堅持するはずだ。

(1)(2)はともに「べきだ」とすべきところを「はずだ」にしてしまった例

である。

（３）　いい人間関係を持つために、私達はできるだけ「郷に入っては郷に従え」のようなことわざを勉強する<u>べき</u>である。生活に、私達はもし更に「郷に入っては郷に従え」のようなことわざを注意すれば、私達の生活はもっとおもしろくなる<u>べき</u>である。

(3)では「べき」が２回使われているが、初めの「べき」は正用で、二つ目の「べき」は「はず」の誤用である。「べき」と「はず」の混同が見て取れる。

　日本語母語話者からすると全く異なったカテゴリーに属すると思われる「はず」と「べき」が、中国語母語話者に同じものと見なされる背景には、学習者の母語である中国語の「応該(yinggai)」が大きく関係していると思われる。本稿では、「はずだ／べきだ」について中国語の「応該(yinggai)」と比較しながら、その共通点と相違点を検討し、「はずだ」と「べきだ」を統合する「当然」という概念が想定されることを指摘する。日本語では当然の事態が意志的か無意志的かによって使い分けがあるが、中国語においては意志・無意志による使い分けがないこと、日本語の「べきだ」は意志的に「当然する」を、日本語の「はずだ」は無意志的に「当然なる」を表すという関係にあることを論じる。

　また、連体修飾節の中の「はず／べき」について、例文を挙げながら両者の置き換え可能性を探る。

　さらに、教科書や指導書において「はずだ／べきだ」を意志性の観点からどのように説明できるか、一試案を提出する。

2.　先行研究

　「はずだ」と「べきだ」を比較した先行研究は多くはない。外国語との対照という視点からは、池尾(1970)、市川(1997)、張(2001)などがあり、日本語のみからの考察では、森田(1980、1996)、森田・松木(1989)、中畠

(1998) などがある[3]。

3. 「応该(yinggai)」と「はずだ／べきだ」の関係

3.1. 中国の教科書・辞書での「はずだ／べきだ」の説明

　中国で使われている『中日交流标准日本語』(初級1988、中級1990)や国際交流基金『日本語中級Ⅱ』の中国語版(2002)では、「はずだ」「べきだ」は両方とも「应该」に相当すると説明されている。また、グループ・ジャマシイの中国語版(2002: 646–649、665–666)では、以下のように「はずだ」にも「べきだ」にも「应该」が当てられることが多い。

（4）　…はずだ〈说话的人判断〉　应该…、按说…该…。
　　　あれから4年たったのだから今年はあの子も卒業のはずだ。
　　　从那时起已经过了4年了，今年那孩子应该毕业。
（5）　…はずだった　应该是…(但…)。
　　　始めの計画では、道路はもっと北側を通るはずだったのに、いつの間にか変更されてしまった。
　　　在最初的计划里，道路应该铺得在靠北一些，但不知什么时候被变更了。
（6）　…はずではなかった　本来不该…
　　　こんなはずじゃなかったのに。
　　　本来不应该是这样的。
（7）　…べきだ　应该、应当。
　　　学生は勉強す(る)べきだ。
　　　学生应该用功学习。
（8）　…べきだった／べきではなかった　当时应该…／当时不应该…。
　　　あんなひどいことを言うべきではなかった。
　　　当时不该说那种过分的话。
（9）　…べきN　必须…、必然…、应该…
　　　外交政策について、議論すべきことは多い。

关于外交政策还有许多<u>应该</u>讨论的遗产。

3.2.「はずだ」「べきだ」の共通点と相違点

「応該」が表すことのできる意味を考えてみると、「はずだ」と「べきだ」を統合する概念があることに気付く。それは「当然」という概念である。「はずだ／べきだ」を統合する「当然」という概念の指摘は、既に森田(1980、1996)、森田・松木(1989)、中畠(1998)においてもなされているが、外国語との対照はされていない。

中国語と日本語を比較して考えてみると、「当然こうあるはずだ」「当然こうするべきだ」という話し手が頭の中で思い描く状態があり、それが中国語では「応該」一つで表されるが、日本語では「はずだ」「べきだ」という2つの言い方に分化される。中国語母語話者による「はずだ」と「べきだ」の誤用の原因は、「当然」の在り方に対する捉え方の違いが関係していると考えられる。「当然」の在り方に対して、日本語では意志的か無意志的かの使い分けがあるが、中国語においては意志・無意志による使い分けがないと言える。言い換えると、日本語の「べきだ」は意志的に「当然する」のであり、日本語の「はずだ」は無意志的に「当然なる」を表すのである。

ここで言う「意志／無意志」とは、文が表す事態への意志的関与の有無を意味し、「はずだ」に前接する動詞の意志性とは無関係である。例えば、以下の例で「晴れる」は無意志動詞、「来る」は意志動詞であるが、ともに「はず」が使える。

(10) 明日は晴れる<u>はず</u>だ。
(11) A：ミラーさんはきょう来るでしょうか。
　　　B：来る<u>はず</u>ですよ。きのう電話がありましたから。

（『みんなの日本語　初級Ⅱ』第46課　練習C）

(10)の無意志性とは、天候に対して「こうせよ」と意志的に忠告、あるいは制御できるような存在が普通は考えられないということによる。(11)における無意志性とは、「ミラーさんが来る」という事態の可能性を述べるこ

とのみに主眼が置かれ、ミラーさんの意志も話し手の意志も、その他の第三者の意志も介入していない述べ方であるということである。
　一方、(12)のように食品の安全という一見すると意志とは関わりないような事態に「べきだ」がつくこともある。

(12)　食品は常に安全である<u>べき</u>だ。　　　　　　　　　（森山　1992: 30）

(12)のような文が成立するのは、森山(1992)の言う「事態の統制者」の存在が背後に想定されるからだろう。
　以上のように、話し手の中で想定される当然の事態を単に事態としてだけ述べる時には「はずだ」が選択され、話し手の中で想定される当然の事態への意志的な関与を積極的に主張できるものには「べきだ」が選択される。つまり、「はずだ／べきだ」と意志性との関係については、当然こうあるという事態に意志的に関与する有情物の存在を想定できるかどうかという面から考えることができる。
　「当然なる」事態というものは客観的な論理的因果関係の中にあり、「当然する」事態というものは客観的な論理をはずれていたとしても、話し手の中で「当然」と思われていれば主張できることである。

(13)　いくら病気をしていたって、ミラーさんはここに来る<u>べき</u>ですよ。責任者なんだから。

(12)の「食品は常に安全である」、(13)の「ミラーさんはここに来る」は、話し手にとっては「当然」起きなければならない事態として捉えられてはいるものの、無意志的に「なる」事態としては捉えられておらず、話し手はその事態の実現の可能性に全面的な信頼を持ってはいない。だからこそ、その事態の実現のために「なる」ではなく「する」という意志の発動を行う存在が要請され、「べき」が選択される。

(14)　＊日本語学校の学生として、私たちは一生懸命日本語を勉強する<u>はず</u>

だと思います。 ((1)再掲)

「私たちが一生懸命日本語を勉強する」という事態が話し手の「当然」という概念の中に位置するのはもちろんであり、その概念自体は誤りとは言えないものの、それは「私たち」の意志の制御内で行えることである。「当然する」という意志の発動者の存在は明らかであるから、無意志的表現の「はず」を選択すると誤りとなる。

(15) a. あの人は全然勉強していないんだから、落第するはずだ。
    b. ？あの人は全然勉強していないんだから、落第するべきだ。
    c. あの人は全然勉強していないんだから、落第させるべきだ。

(15b)は不利な事態に当事者自ら当然のように赴かなければならないというニュアンスを帯びてしまうためやや不自然であるが、(15c)のように使役形にして、その不利な事態へ当事者を赴かせる意志的な関与者を想定させやすくすると自然な文になる。

3.3. 連体修飾節の中の「はず／べき」

前節では「はずだ」と「べきだ」の使い分けとして意志性が問題になることについて述べたが、「はずだ」と「べきだ」が意味的に非常に近くなる用法というものも存在する。高梨(2005)は連体修飾の「べきN」は「論理的必然」を表すことが可能となり、「はずのN」の意味に接近すると指摘している[4]。

(16) a. もう着いているべき彼が、まだ現れない。 (高梨 2005: 9)
    b. もう着いているはずの彼が、まだ現れない。 (高梨 同上)

筆者も高梨(2005)のこの指摘に基本的には同意する者であるが、ここでさらに詳しく連体修飾節について見ていきたい。確かに、「べきN」と「はずのN」は近い意味になる時があるが、すべてが置き換え可能な訳ではな

い。

「はず」→「べき」置き換え可能な例
(17) 教育上のトラブルが、本来最も重要であるはずの研究生活に悪影響を及ぼすことの不合理、不利益を説いたのだが、彼はそれを一切受け付けなかった。　　　　　　　　　　　　　　　（『若き数学者のアメリカ』）

「はず」→「べき」置き換えが不可能ではないが不自然な例
(18) 業者のほうでは分割に成功しさえすれば、たちまち回収のつくはずの有利な投資だと考え、……　　　　　　　（『人民は弱し官吏は強し』）

「はず」→「べき」置き換え不可能な例
(19) こんな時に限って眠っていたはずの心の古傷が、その生々しい傷痕を開いたりする。　　　　　　　　　　　（『若き数学者のアメリカ』）
(20) 私はため息をついて、この先自分の身にふりかかってくるはずの危険についてそれ以上の質問をすることをあきらめた。
　　　　　　　　　　　　　　　（『世界の終わりとハードボイルドワンダーランド』）

(19)は「はず」の前がタ形のため、辞書形にしか付かない「べき」に置き換えることができない。「眠っているべき心の古傷」「眠るべきであった心の古傷」と言い換えても不自然さは残る。「心の古傷」自体が自らの意志を持っているかのようなニュアンスになり、高梨（2005）の言う「論理的必然」を表せない例であろう[5]。また、(20)は「ふりかかってくるべき危険」とすると、「危険がふりかかってくること」を待ち望んでいるようなニュアンスを帯びてしまい、不自然である。

「べき」→「はず」置き換え可能な例
(21) 三対零でスピンクスが勝つべき試合だった。　　　　（『一瞬の夏』）

「べき」→「はず」置き換えが不可能ではないが不自然な例

(22) それこそが相手のパンチを予知し、自分が<u>打つべき</u>時を教えてくれるのだ。　　　　　　　　　　　　　　　　　　（『一瞬の夏』）

「べき」→「はず」の特殊な置き換え可能例
(23a)は(23b)のように過去形にすれば置き換え可能である。

(23)　a. 法華津の<u>別荘が建つはずの島</u>は、開戦と同時に英国に没収されてしまったが、……　　　　　　　　　　　　　　　（『山本五十六』）
　　　b. 法華津の<u>別荘が建つべきであった島</u>は、開戦と同時に英国に没収されてしまった。

(24a)は(24b)のように可能動詞にすれば置き換え可能となる。

(24)　a. <u>頼るべき武器</u>は潜水艦と飛行機しか無いが、……
　　　　　　　　　　　　　　　　　　　　　　　　　　（『山本五十六』）
　　　b. <u>頼れるはずの武器</u>は潜水艦と飛行機しか無い。

(25a)は(25b)のように受身形にすれば置き換えられる。

(25)　a. 秘書官が書類を下げに行くと、きっと墨書きの、<u>出すべき手紙</u>が何通かまじっている。　　　　　　　　　　　　　（『山本五十六』）
　　　b. <u>出されるはずの手紙</u>が何通かまじっている。

　以上、置き換えても意味が変わらないものから、やや不自然だが置き換えられるもの、過去形や可能動詞、受身形などへの変換によって置き換えが可能になるもの、置き換えると意味が違ってきてしまうものなど、連体修飾節の中にもバリエーションが存在することが分かった。

4. 中国語母語話者に教える時の注意点

　中国語母語話者は、母語の「応该」の干渉により「はずだ」と「べきだ」を混同する傾向が顕著である。そのような学習者には、日本人にとって類似的と思われる「はずだ」と「だろう／に違いない」との使い分けや、「べきだ」と「なければならない／ざるを得ない」との使い分けよりも先に、「はずだ」と「べきだ」を区別するための特徴について触れなければならない。

　しかし、現行の教育では「はずだ」は初級文型、「べきだ」は中級文型として提出されているため、教える際の時間的なずれが大きい。そこで、暫定的な処置として、初級段階で「べきだ」の意味で「はずだ」を使おうとしている時は、「べきだ」に近い「なければならない」を使うように指導するという方法もやむを得ないのではないだろうか。「はずだ」は意志的に制御することができないものに使うことを理解させなければならない。そして、中級段階で「べきだ」が出てきた時に「はずだ」を復習する必要がある。中国語では両方とも「応该」と訳せるが、両者は「当然」という共通する概念は持つものの、日本語においては意志的に制御できる事態であるかどうかによって使い分けなければならないということを理解させる必要があるだろう。

　初級の教科書における「はずだ」の一般的な説明は、話し手が客観的、論理的な根拠に基づいて当然そうであると判断したことを確信を持って述べる際に使うという説明が多い。一方、「べきだ」は中級段階になって導入され、「～するのが当然だ／しなければならない」という話し手の強い主張や判断を表す、または「～するのが義務だ」と主張したり忠告したりする時に使うというのが学習者向けの説明として一般的であろう。

　以上の現行教科書・指導書の説明を踏まえて、さらに意志性という観点を取り入れた、中国語母語話者への「はずだ／べきだ」の説明の一試案を提案する[6]。なお、「はずだ」は初級段階での導入、「べきだ」は中級段階での導入を想定している。

① 「はずだ」

说话者在客观的，理论的基础上做出推论，把某件事情的发生当作理所当然的事来判断，很确信的陈述自己所下判断的场合时使用。

(話し手が客観的、論理的な根拠に基づいて推論し、ある事態の実現を当然のことと判断して、それを確信を持って述べる時に使う。)

(26) A：書類はもう送りましたか。急がないと、締め切りに間に合いませんよ。

（文件已经寄出去了吗？如果不快点的话，就赶不上截止日期了。）

B：大丈夫です。速達で出しましたから、明日届くはずです。

（没问题，文件已用快件寄出，明天应该能到。）

(27) これはやさしい問題だから、1年生にも分かるはずです。

（因为这是个简单的问题，所以一年级的学生也应该明白。）

(28) 研究室に明かりがついているから、まだ先生がいるはずです。

（因为研究室的灯还亮着，所以老师应该还在。）

把日语「はずだ」翻译成中文「应该」的情况比较多，但是要注意以下例子不能用「はずだ」。

(中国語訳では「応該」となることが多いが、以下のような例では「はずだ」は使えないので注意すること。)

(29) ×学生は勉強するはずです。（学生应该用功学习。）

在表达即使是理所当然的事，但是有意识的，不得不做的事情的时候不能用「はずだ」。「はずだ」只能推断出必然发生的事情是理所当然的，但是既不能表达出说话者的意志，也不能表达话题中人物的意志。所以，在表达伴有意志性的，不得不做的事情的时候不能用「はずだ」。

(当然のことだと思っても、意志的に制御してそうしなければならないと言いたい時には「はずだ」は使えない。「はずだ」は「当然そうなるだろう」という必然的な事態の成立を推論するだけであり、話し手の意志も話題の中の人物の意志も表さない。だから、意志を伴う義務として「当然そうしなければならない」と主張する場合には使えない。)

(30) A：田中さんは来るでしょうか。（田中先生会来吗？）

○B：来るはずですよ。さっき電話がありましたから。

(应该会来吧。因为刚才已经来过电话了。)
(31)　A：日本へ研修に行くかどうか、考えています。
　　　(去不去日本研修，正在考虑当中。)
×B：それは行くはずですよ。いい機会ですよ。
　　　(那当然应该去了。这是个难得的机会。)
(30)的例子只是阐述了「田中さんが来る」的这个事情的可能性，但是既没有表达出田中先生的意志，也没有表达出说话者的意志。(31)的例子「Aが日本へ研修に行く」的事情是在A的意志的支配下积极的做出决定并实行的建议。所以像(31)一样的场合，不能使用「はずだ」。
((30)は、「田中さんが来る」という事態の可能性だけを述べていて、田中さんの意志も話し手の意志も表さない言い方である。(31)は、「Aが日本へ研修に行く」という事態をAの意志の制御の下で積極的に決定、実行した方がいいというアドバイスである。(31)のような場合、「はずだ」は使えない。)

② 「べきだ」

　　从道理，事情本来的状态，社会上的一般想法来考虑，在表达说话者对"做某件事是理所当然的"强烈主张和判断的时候使用。在强烈主张或忠告"做某件事是义务的"时候使用。
(ものの道理や本来のあり方、社会通念から考えて、「〜するのが当然だ」という話し手の強い主張や判断を表す。「〜するのが義務だ」と強く主張したり忠告したりする時に使う。)
(32)　バスの中ではお年寄りに席を譲るべきだ。
　　　(在公共汽车上，应该给年老的人让座。)
(33)　地球の未来のために持続可能な開発を考えるべきだ。
　　　(为了地球的未来，我们应该考虑可持续发展战略。)
(34)　女性も仕事を持つべきだと思う。(我们认为女性也应该工作。)
　　　把日语「べきだ」翻译成中文「应该」的情况比较多，但是要注意与「はずだ」的区别。
(中国語訳では「応該」となることが多いが、「はずだ」との違いに注意

すること。)

(35) 書類は速達で出したから、明日届く{×べきだ／○はずだ}。
(文件已用快件寄出，明天应该能到。)
在表达「書類が届く」必然事态发生的可能性的时候，用「はずだ」比较合适。因为文件没有意识，所以不能对文件下达「明天务必到达」的命令。因此，不能使用「べきだ」。
(「書類が届く」という必然的な事態の可能性だけ述べるには、「はずだ」がふさわしい。書類は意志的に行動できないので、書類に「明日届け」と命令することはできない。だから、「べきだ」は使えない。)

(36) ○私達学生は勉強すべきだ。(我们学生应该用功学习。)

(37) ×経済の発展に伴って、私達の将来はもっとよくなるべきだ。／○はずだ。(伴随着经济的发展，我们的未来也应该会变好的。)
(36)的例子中，因为「勉強する」的事情是在「私達」的意识控制范围之内做出的行动，所以可以用「べきだ」。与之相反，(37)的例子中，因为「将来がよくなる」的事情已经超出了「私達」的意识控制范围，所以不能使用「べきだ」。像(37)一样的场合，使用「はずだ」更为合适。
((36)の「勉強する」という事態は、「私達」の意志の制御内で行えることであるから、「べきだ」が使える。(37)は「将来がよくなる」という事態は「私達」の意志を超えたところで起こるものであるから、「べきだ」は使えない。(37)のような場合は、「はずだ」がふさわしい。)
「べきだ」的前面一般接意志性动词。但是，也不是说不能用状态性谓语。如果能设想出在"理所当然应该如此"的事态背后存在着有意识的能干预此事态的主体，那么，也就可以使用状态性谓语。
(「べきだ」の前には基本的には意志動詞が来る。しかし、状態性述語が用いられないということはない。「当然こうあるべき」という事態に意志的に関与する有情物の存在が想定されれば、状態性述語でも言える。)

(38) ○大学生活はもっと自由であるべきだ。(大学生活应该更加自由。)

以上が説明の試案である。また、この他に形態的バリエーションを示すため、「はずだ」に名詞・い形容詞・な形容詞が前接する例、前接する言葉が

過去形・否定形の例、連体修飾節の中の「はず」、意外・不審の念を表す「はずなのに」の例も挙げなければならない。「べきだ」の前の動詞は辞書形だけだが、名詞・い形容詞・な形容詞が「べきだ」に前接する例、「べきではない」「べきだった」「べきではなかった」となる例、連体修飾節の中の「べき」の例も挙げて、各用法を説明しなければならない。

5. まとめと今後の課題

　中国語母語話者に誤用の多い「はずだ」と「べきだ」について、両者に相当する中国語の「应该(yinggai)」が表す意味との関連から考察した。「はずだ」と「べきだ」は「当然」という概念で結びつくこと、中国語母語話者の誤用は「当然」の在り方に対する日本語と中国語の捉え方の違いが関係していることを指摘した。「当然」の在り方に対して、中国語においては意志・無意志による使い分けがないが、日本語では意志的か無意志的かによって使い分けなければならず、日本語の「べきだ」は意志的に「当然する」、日本語の「はずだ」は無意志的に「当然なる」を表すということが確認できたと思う。

　「はずだ」と「べきだ」は連体修飾用法の時に意味が近くなり、両者の置き換え可能性が出てくることについても検討した。置き換え可能な時と不可能な時とでは、まだ統合的な説明が見つからなかった。今後の課題として、これからも考察を深めていきたい。

　また、本稿では否定形や過去形の「はず／べき」については触れることができなかった。中国語への翻訳が「应该」以外の語になる場合もあるので、これらについてはさらに詳しく調べる必要がある。「さとり」や「納得」[7]と言われるような「はず」の持つ初級段階で学ばない用法をいつ系統立てて学ぶのかという教育上の問題も残っている。

注

1 「はずだ」と類似的な表現の比較としては、野田(1984)、森山(1995)、三宅(1995)、木下(1997)などがあり、「べきだ」と類似的な表現の比較としては、丹羽(1991)、郷丸(1995)、野林(1996)などがある。
2 例(1)～(3)は、青海民族学院(中国青海省西寧市)で日本語を専攻している中国人大学生(2年生)の作文から取ったものである。
3 張(2001)は、中国語では「はずだ」も「べきだ」も「応該」という言い方一つに対応することから誤用が生じると指摘している。池尾(1970)は英語の類似表現との比較から、「はずだ」を「べきだ／なければならない」等との対比の上で学習者に認知させる方が効果的だと提言している。市川(1997)は日本語の「はずだ／べきだ／なければならない」などは学習者の母語によっては1語で表せることもあると指摘している。森田(1980, 1996)、森田・松木(1989)は、「当然」という概念から「はずだ／べきだ」の類似について指摘している。さらに中畠(1998)は、「はずだ／べきだ」の「当然」という共通点に着目し、様々な視点から包括的に比較している。
4 丹羽(1991)も連体修飾節の「べき」について「当然」ともいうべき用法があると指摘し、古語の用法が残っているのかもしれないとの見方を示しているが、「はず」に置き換えることはできないとしている。
5 中畠(1998:24-25)は、文末で用いられる妥当性を表す用法と等しい意味を持つ連体修飾用法の「べき」と、文末で用いられるような意味はなく、古語における用法の残存が感じられる連体修飾用法の「べき」があると指摘している。
6 以下の説明と例文の中国語訳は、青海民族学院日本語学部の非常勤講師、罗菲氏にお願いし、さらに同学部講師、辛国玮氏にチェックしてもらった。
7 高橋(1975)は「はずだ」を「予定や推定など、きまりやたしかさのみこみ」を表す用法と「ナルホドソウイウワケダという道理のさとり」を表す用法の2種に分類した。初級教科書においては、「さとり」の例を挙げているものは見当たらない。

参考文献

池尾スミ(1970)「判断辞のように用いられる形式名詞―「はず」とその周辺」『日本語と日本語教育』2 pp.161-184 慶應義塾大学国際センター
市川保子(1997)『日本語誤用例文小辞典』凡人社
太田陽子(2002)「「ハズダ」を用いた連体修飾表現について―「安全なはずの学校」は安

全か」『東京大学留学生センター紀要』12　pp.61–82

太田陽子(2004)「文型指導における「文脈欠如」の問題点―日本語教科書におけるハズダの導入・練習を例に」『早稲田大学日本語研究教育センター紀要』17　pp.53–69

奥田靖雄(1993)「説明(その3)―はずだ」言語学研究会編『ことばの科学』6　pp.179–211　むぎ書房

木下りか(1997)「ハズダの意味分析―他の真偽判断のモダリティ形式と比較して」『日本語教育』92　pp.165–176

郷丸静香(1995)「現代日本語の当為表現―「なければならない」と「べきだ」」『三重大学日本語学文学』6　pp.29–39

坂田雪子・倉持保男(1993)『教師用日本語教育ハンドブック④文法Ⅱ』改訂版　凡人社

高梨信乃(2005)「評価のモダリティを表す助動詞「べきだ」」『神戸大学留学生センター紀要』11　pp.1–15

高橋太郎(1975)「「はずがない」と「はずじゃない」」『言語生活』289　pp.79–81　筑摩書房

張麟声(2001)『日本語教育のための誤用分析―中国語話者の母語干渉20例』スリーエーネットワーク

寺村秀夫(1984)『日本語のシンタクスと意味Ⅱ』くろしお出版

中畠孝幸(1998)「当然を表すモダリティ形式について―ハズダとベキダ」『甲南大学紀要文学編』111　pp. 左15–28

仁田義雄(1991)『日本語のモダリティと人称』ひつじ書房

丹羽哲也(1991)「「べきだ」と「なければならない」」『大阪学院大学人文自然論叢』23・24　pp.53–72

野田尚史(1984)「～にちがいない／～かもしれない／～はずだ」『日本語学』3(10)　pp.111–119　明治書院

野林靖彦(1996)「「～ベキダ」「～ナケレバナラナイ」「～ザルヲエナイ」―3形式が表す当為判断の連関」『東北大学文学部日本語学科論集』6　pp.69–80

三原健一(1995)「概言のムード表現と連体修飾節」仁田義雄編『複文の研究(下)』pp.285–307　くろしお出版

三宅知宏(1995)「ニチガイナイとハズダとダロウ」宮島達夫・仁田義雄編『日本語類義表現の文法(上)』pp.190–196　くろしお出版

宮崎和人・安達太郎・野田春美・高梨信乃(2002)『モダリティ』くろしお出版

森田良行(1980)『基礎日本語2』角川書店

森田良行(1996)『意味分析の方法』ひつじ書房

森田良行・松木政恵(1989)『日本語表現文型』アルク
森山卓郎(1992)「価値判断のムード形式と人称」『日本語教育』77　pp.26-35
森山卓郎(1995)「ト思ウ、ハズダ、ニチガイナイ、ダロウ、副詞〜φ」宮島達夫・仁田義雄編『日本語類義表現の文法(上)』pp.171-182 くろしお出版

グループ・ジャマシイ編著　徐一平(代表)・陶振孝・巴玺维・陈娟・滕军翻译(2002)《日本语句型辞典》北京：外语教学与研究出版社(グループ・ジャマシイ編著(1998)『教師と学習者のための日本語文型辞典』スリーエーネットワーク)
人民教育出版社・光村图书出版編(1988)《中日交流标准日本语　初级(下)》北京：人民教育出版社・日本光村图书出版
人民教育出版社・光村图书出版編(1990)《中日交流标准日本语　中级(上)》北京：人民教育出版社・日本光村图书出版
人民教育出版社・光村图书出版編(2002)《中日交流标准日本语　会话篇》北京：人民教育出版社・日本光村图书出版
スリーエーネットワーク編著(2003)《大家的日语 2 学习辅导书》北京：外语教学与研究出版社(スリーエーネットワーク編著(1998)『みんなの日本語初級Ⅱ　翻訳・文法解説中国語版』スリーエーネットワーク)
日本国际交流基金日语国际中心編(2002)《留学日语－日本语中级　下册》北京：外语教学与研究出版社(国際交流基金(1996)『日本語中級Ⅱ』凡人社)

用例出典
(CD-ROM 版「新潮文庫の 100 冊」から)
阿川弘之『山本五十六』
沢木耕太郎『一瞬の夏』
藤原正彦『若き数学者のアメリカ』
星新一『人民は弱し官吏は強し』
村上春樹『世界の終わりとハードボイルドワンダーランド』

日本語と中国語の状態動詞の量的差異
―中国語母語話者に対する文型指導のために―

清水　淳

1. はじめに

　本稿の目的は、「〜間(あいだ)」「〜うちに」などの文型における「状態性」という文法用語を用いた説明に関して、中国語母語話者に対してより効果的な文法説明を提案することにある。そのために、まず、中国人母語話者の誤用から問題を提起し、その誤用の原因が、日本語と中国語の状態動詞の量的な違いにあることを指摘する。この種の誤用を回避するために、辞書的な意味での対応語の奥に隠された語彙アスペクトの違いを、文法説明に加えていく有効性を論じる。

1.1. 誤用例
　次のような中国語母語話者の誤用[1]がある。

（1）　子供の時は、母によく似ました。
（2）　日本に住む間、とても忙しかったです。
（3）　覚えるうちに、書いておきます。

　(1)(2)(3)において、下線部はいずれもテイル形[2]を用いるのが正しい。つまり、(1)では「似ていました」、(2)では「住んでいる」、そして(3)では「覚えている」というのが文法的に正しい文である。(1)(2)(3)の各文にお

いて、文法的に適格な文を作るためには、少なくとも以下の二つの文法的知識が必要である。

（４）　「似る」「住む」「覚える」という動詞は、スル形では状態を表すことができず、テイル形を付加することで、主語の発話時（あるいは基準時[3]）の状態に言及できるようになる。
（５）　例文(1)に関して、「〜時」という基準時における主語の属性を表す場合、後件は状態性の述語になる。(2)(3)に関して、「〜間」、「〜うちに」という文型は、前件に状態性の述語が来る。

これらの知識がなければ、例文を丸暗記していない限り、正しい文を作ることはできない。

1.2. 母語の干渉による誤用

　(1)(2)(3)のような誤用の原因を母語の干渉から来たものと即断することはできない[4]。そこで、筆者は学習者へのフォローアップインタビューにより、以下のことを確認した。

（６）　テイル形にすべきところを、うっかりスル形にしてしまったわけではない。
（７）　例文(1)に関しては、後件で主語の状態を述べようとし、(2)(3)に関しては、「〜間」「〜うちに」という文型の前に状態性の述部が来ることを認識した上で、スル形を用いた。すなわち、(5)については、十分に理解していた。

　つまり、学習者は、いずれの文に関しても当該の場所に状態性の述部を置かなければならないことを知りつつ、テイル形ではなく、あえてスル形の使用を選択したということである。その理由は、「似る」「住む」「覚える」＝状態性という公式が頭の中にあったということだろう。しかし、実際には、その公式は正しくない。後述するところではあるが、日本語の「似る」「住

む」「覚える」は、意味的にはどうであれ、統語的に見れば明らかに非状態的な(動的な)動詞類に所属する。しかし、中国語の訳語である"象""住""记得"は、統語的に見て状態的な動詞である。このような動詞の表す時間的性質(以下、語彙アスペクト)の差異により、(1)(2)(3)のような誤用が引き起こされたと考えられる。つまり、学習者は、次のような思考のプロセスをたどったことになる。

①(1)(2)(3)の当該の述語部分には状態性のものが来る
　　　　↓
②中国語の"象""住""记得"は状態的である
　　　　↓
③日本語の対応語である「似る」「住む」「覚える」も状態的であろう
　　　　↓
④テイル形を用いる必要はない

以上のプロセスの中で、②から③への過程に大きな誤りがあり、ここに誤用を犯す原因があるものと思われる。逆に言えば、この部分、つまり動詞分類と言語間におけるずれが指導の際に強調されるべきなのである。次節では、動詞分類とその言語間におけるずれということについて確認しておく。

2. 動詞分類の意義

前述のプロセスにおいて、②から③への過程に大きな誤りがあり、ここに誤用を犯す原因があると考えられるわけだが、これは、辞書的な意味の対応が、必ずしもその語彙アスペクトの対応を意味せず、それが文生成の際に誤用を生じさせる可能性があることを表している。

よって、語彙アスペクトの違いによって動詞をいくつかのタイプに分けること(動詞分類)が重要なわけであるが、この分野は、これまで盛んに研究が行われており、動詞とアスペクト形式との共起関係や意味関係を説明することができるという点で、その有効性が認められている。例えば、日本語の

「知る」と中国語の"知道"は、辞書的な意味では対応するが、語彙アスペクトの観点からは、その所属先が異なる。"知道"は、"着"、あるいはその他のアスペクト形式(進行の意味を表す"(正)在")が付けられないことからも、状態動詞であると言える。しかし、日本語の「知る」は状態動詞ではない。後述するところであるが、それは、裸の形で発話時(基準時)の状態に言及しようとしてもできないからである。(状態動詞の規定については3.1節で述べる。)

(8) *私はそのことを知る。
(9) 私はそのことを知っている。

発話時において「そのこと」を知識として持っているということを表すためには、(8)では不適格である。(9)のように「知っている」という形にしなければならない。一方、中国語の"知道"は状態動詞であり、何らアスペクト形式を付加しない形で「知っている」に相当する意味を表し、当然"着"とも共起しない。

(10) 我知道这件事。(私はそのことを知っている。)
(11) *我知道着这件事。

　以上の例で明らかなように、両言語で意味的な対応を見せると思われるような動詞でも、そこに内在する語彙アスペクトが異なり、それがアスペクト形式の違いに表れることは一般的に認められていることである。しかし、それは言語学的なレベルで取り扱われる議論であり、語学教育の現場ではあまり強調されないのが現実ではないだろうか。(1)(2)(3)のような誤用は、このような「辞書的な意味での対応の奥にある語彙アスペクトのずれ」が学習されなかったことによるものだと考え、分析を進めることにする。なお、本稿では、「ある」のような動的な展開に無関心な動詞(状態動詞)と、それ以外の動詞(非状態動詞)という二つの大きい分類のみを問題とする。当然、非状態動詞には細かい下位分類があり、それに伴うアスペクト形式との関係は

非常に複雑であり興味深いが、本稿ではそこまで考察が及ばない。

3. 日本語と中国語の状態動詞とその量的な違い

　前節の「知る」と"知道"の例からも明らかなように、その動詞が状態的なのか非状態的なのかを理解していないと、ある事態を表現する際、動詞にアスペクト形式を付加するべきかするべきではないかの部分で誤用を犯す可能性が大きくなる。よって、日中語のある動詞が辞書的な意味で対応しているという場合、それがどちらの言語でも状態動詞である、または、中国語では状態動詞だが日本語では非状態動詞である、と理解できることが（教師にも学習者にも）必要ではないだろうか。このような考えから、この節では、日中両語の状態動詞を挙げ、それらの語彙アスペクト的な対応関係を見る。

3.1. 日本語の状態動詞

　状態動詞とは、「時間のなかへの現象を問題にしえない」「時間のなかに現象しえたとしても、時間的展開性のない」「スタティックなもの」（工藤1995: 70）である。これは意味的観点からの定義であるが、統語的には「スル形で繰り返しを伴わない発話時の状況に直接言及できる」動詞ということになる。この規定は、白井（2004）を参考にしているが、そこでは、従来から行われてきたような「進行相で表せるかどうか」、「テイル形を許容するかどうか」（金田一 1950）という規定には従わない。それは、（「ある」「いる」「要る」などを除いて）状態動詞はテイル形と共起しうるからである。

(12)　それは違う／違っている　（白井 2004: 81）

　状態動詞をあえてテイル形で表現した場合、ある種の一時性を表しているものと思われる。このように、状態動詞でもテイル形との共起は可能なのであり、金田一の認定基準は妥当性のないものと考える。ちなみに、英語でも、状態動詞に分類される動詞が、アスペクト形式をとることはありえる。通常"love"は状態動詞に分類されるが、"be loving"という形式も状況に

よっては正しい[5]。このように、テイル形が状態動詞を規定する要因とはならないことが確認されるのである。したがって、ここで大切なのは、より一般的な意味において、何らアスペクト形式を用いずとも、「繰り返しを伴わない発話時の状況に言及できる」ものが、状態動詞であるということである。

以上のように規定される日本語の状態動詞は、「ある」「いる」「違う」「要る」「〜すぎる」[6]などである。

(13) あそこに花が<u>ある</u>。
(14) 今日の天気はきのうと<u>違う</u>。
(15) 砂糖、<u>要り</u>ますか。
(16) このスープは辛<u>すぎる</u>。

(13)〜(16)は、いずれもこの文が発せられる時点の状態に言及できることから、これらの動詞は状態動詞である。

3.2. 中国語の状態動詞

中国語の動詞分類を行った先行研究の概要は、劉(2006)に簡潔にまとめられている。先行研究の中で、具体的に状態動詞例をリストアップしているものに刘(1996)、楊(2001)、劉(2006)などがあるが、いずれも語学学習において基本的と思われる動詞が挙げられていないなど、(語学教育的立場から見た場合の)不備がある。例えば"愛"は、刘(1996)、劉(2006)では状態動詞(劉では静的事態)に含まれるが、楊(2001)では挙げられていない。"住"は、刘(1996)、劉(2006)では記載がなく、楊(2001)では非状態的な動詞のグループに入っている[7]。このような不一致を解消するために、本稿では、日本語の場合と同様に、白井(2004)の規定を援用する。つまり、何のアスペクト形式を用いなくても、通常の意味において、発話時の状態に言及することができるものである。以下に、中国語の状態動詞を示す。( )は日本語訳。

有(ある、持つ)　　在(居る)　　　同(同じだ)　　　要(要る)
知道(知っている)　住(住んでいる)　愛(愛している)
很(憎んでいる)　　覚得(感じる)　記得(覚えている)
象(似ている)etc.

(17) 那里有花。(そこに花がある。)
(18) 我的意見不同于他的。(私の意見は彼のと違う。)
(19) 我知道这件事。(私はそのことを知っている。)
(20) 我住在长春。(私は長春に住んでいる。)
(21) 我爱你。(私はあなたを愛している。)
(22) 他觉得这个菜太甜。(彼はこの料理を甘いと感じている。)

　例のように状態動詞は、通常"着""了"のようなアスペクト形式を用いることなく、発話時の状態に言及できる[8]。

3.3. 状態動詞の量的な違い

　以上までで、日中語それぞれの状態動詞を確認した。ここで気づくのは、状態動詞に所属するものに量的な差があるということである。つまり、日本語の状態動詞は中国語のそれよりも圧倒的に少ない[9]。下に状態動詞における対応表を示すが、この表からわかるように、中国語で状態動詞に分類される動詞のほとんどが日本語では非状態動詞である。
　表の中で、灰色の部分が語彙アスペクトに非対応が生じている部分である。よって、同じ事態を表現しようとする場合でも、それがアスペクト形式の差となって顕在化するのである。

(23) a. 他知道我们的秘密。
　　 b. 彼は私たちの秘密を知っている。
(24) a. 我住在长春。
　　 b. 私は長春に住んでいる。
(25) a. 我记得那人的名字。

中国語の状態動詞と日本語の動詞の対応表

中国語	日本語
状態動詞	状態動詞
有(存在／所有)	ある(存在／所有)、
在	居る
不同	違う
需要	要る
知道	非状態動詞
住	知る
爱	住む
恨	愛する
觉得	憎む
记得	感じる、思う
象	覚える
有[10](所有)	似る
想要	持つ(所有)
	欲しがる

  b. 私はあの人の名前を覚えている。

(26) a. 他想要一支钢笔。

  b. 彼は万年筆を欲しがっている。

(27) a. 他的脸象他哥哥。

  b. 彼の顔はお兄さんに似ている。

 中国語を見る限り、動詞に何らアスペクト形式が付加されていない。それでも、発話時における主語の状態を表している。一方、日本語では、テイル形が付加されることで、発話時の主語の状態に言及することができるのであり、これをスル形、つまり「知る」「住む」「覚える」「欲しがる」「似る」の形にしてしまうと、それは発話時の状態ではなく、未来の出来事を表す。このように、日中語の状態動詞には量的に大きな差があり、(23)から(27)のような表現形式的な差異を生み出すことになる。この違いを認識しておくことが、よりよい文法指導につながるのではないかと考える。

4. 文法解説における問題点と改善案
4.1. 問題点

　以上のような状態動詞の量的な違いが確認される中、「状態性」という言葉一つだけで(2)(3)で見たような文型(「〜間」「〜うちに」)を説明しようとすると、困難が生じるのではないだろうか。例えば、『実力日本語(下)単語・文法解説書(中国語版)[11]』、『基礎日語(2)』を見てみると、動作が継続する期間を表す「〜間」に関して、以下のような説明がされている。(いずれも下線は筆者による。)

(28) 　動作や行動が継続する期間、同じ状態が続くことを表す。「間」の前には「〜ている」の形の動詞、<u>「いる、ある」等、状態を表す動詞、名詞が来る</u>。(中略)…<u>「間(は)」の後に、継続性のある言葉、状態性の言葉が来る</u>。

　　　　　　　　　　　　　　(『実力日本語(下)単語・文法解説書(中国語版)』159頁)

(29) 　表示在不間断地进行某一动作或保持某种状态的期间。<u>后句必须是持续性的动作或状态</u>。　　　　　　　　　　(『基礎日语(2)』208頁)

　下線部には、「状態を表す動詞」「継続性のある言葉」「状態性の言葉」"持续性的动作或状态"(持続性の動作や状態)といった説明が並ぶ。しかし、意味的には理解できても、「状態」という時間的性質がいったいどのような動詞で表現されるのかは両言語間で異なる。いくら「状態」を強調しても、「どういったものが日本では状態動詞なのか」という根本がとらえられていないと、(2)のような誤用が生じるだろう。また、状態性が関係してくる文型の中に「〜うちに」がある。これについては、『日本語初級Ⅰ文法説明中国語版』85頁において文法説明があるが、"「〜」的状态继续的一定期间内,做「…」的动作"(「〜の状態継続の期間内に、…の動作をする」筆者訳)という意味的な説明にとどまる。これらの文法説明を頼りに、母語の動詞における時間的性質をそのまま援用することで、(2)(3)のような誤用が起こるの

ではないだろうか。(2)(3)の誤用を中国語訳とともに再掲する。

(30) a. 日本に住む間、とても忙しかったです。
     b. 住在日本的时候，非常忙碌。
(31) a. 覚えるうちに、書いておきます。
     b. 趁着没有忘记，作好记录。

(30a)の誤用に関して、学習者は「住む」という動詞を状態性であると主張したが、統語的な観点から、日本語では非状態動詞に所属している。また、(31a)における「覚える」も同様である。中国語では、統語的に見ても、「住」、「记得」[12] は状態動詞であり、アスペクト形式を付加するという概念はわかりにくいものであろう。「状態性」という文法用語に加えて、状態性が日本語ではどのように表現されるかという具体的説明が必要であると考えられる。

4.2. 改善点

以上までの分析を踏まえ、ここでは次のことを提案したい。それは、これまでに述べたような大枠の動詞分類と日中語間の非対応を学習者に理解させておくべきだということである。母語と目標言語では、統語的に何が状態動詞なのか、何が非状態動詞なのかは異なる。この根本を理解しておかなければ、テイル形の表す意味を理解させようとも、また本稿で扱った「〜間」「〜うちに」[13] のような文型説明で、どんなに状態性を強調しようとも、学習者にとってその理解は非常に困難なものであると思われる。以下、中国語母語話者のための文法解説書を想定して、対照分析の成果を取り入れた、より効果的な文型説明を提案したい。

まず、「状態性」という概念が必要になる文型導入にさきがけて、状態動詞と非状態動詞について説明する部分を設ける(〈文法解説案①〉)。その理解を基礎として、具体的な文型解説(「〜間」)に入り(〈文法解説案②〉)、より深い文型理解を目指す。(なお、説明の文言には、初級では難しいものもあるため、中国語訳が付されることを想定している。)

文法解説案①：状態動詞と非状態動詞の説明

〈状態動詞と非状態動詞〉
　動詞は、状態を表すものと状態を表さないものに大きく分けられます。それぞれ状態動詞と非状態動詞と呼びます。状態動詞は、何もつけずに今ある状態を言うことができます。非状態動詞は、「ている」をつけなければ、今ある状態を言うことができません。
　例（a）（花を見ながら）「花が<u>あります</u>。」
　　（b）（横になっている田中さんを見ながら）田中さんは<u>寝ています</u>。
　　　　　　　　　　　　　　　　　　　　　　　×寝ます
　（b）の例文で、「寝ます」を使った場合、「今から田中さんは寝る」という未来のことを表します。

〈日本語と中国語の状態動詞〉
　言語によって、何が状態動詞で何が非状態動詞なのかは違います。次の表を見てください。

　（3.3節の表を提示。ここでは省略する。）

　表の白い部分の動詞は、日本語でも中国語でも状態動詞です。だから、何もつけずに今ある状態について言うことができます。
　例（c）那里<u>有</u>花。（そこに花が<u>あります</u>。）
　　（d）我的意见<u>不同</u>于他的。（私の意見は彼のと違います。）
　しかし、表の灰色の部分の動詞は、中国語では状態動詞ですが、それにあたる日本語の動詞は非状態動詞なので、注意が必要です。今ある状態を言いたい場合、中国語ではそのままの形で大丈夫ですが、日本語では「ている」をつけなければなりません。
　例（e）我<u>爱</u>你。（私はあなたを<u>愛しています</u>。）
　　（f）他<u>觉得</u>这个菜太甜。（彼はこの料理を甘いと<u>感じています</u>。）
　　（g）他<u>想要</u>一支钢笔。（彼は万年筆を<u>欲しがっています</u>。）
　　（h）他的脸<u>象</u>他哥哥。（彼の顔はお兄さんに<u>似ています</u>。）
※今ある状態ではなく、過去の時点の状態を言う場合は「ていた」を使います。
　　（i）小时候，他的脸<u>象</u>他哥哥。（彼は小さい時、顔がお兄さんに<u>似ていた</u>。）

〈文法解説案②：「間」の説明〉

〈「間」の意味〉
　「間」は、動作や出来事が継続する期間中、もう一つの動作や出来事も継続することを表します。「間」の前後には、<u>状態を表す述部</u>が来ます。<u>状態を表す述部</u>というのは、次のものです

> ①状態を表す動詞(状態動詞)
> ②状態を表さない動詞(非状態動詞)の「ている形」[14]
> ③形容詞
> ④名詞

　例(a)父が外国に<u>いる</u>間、わたしたちはみんな心配していました。
　　(b)雨が<u>降っている</u>間、ずっと家にいました。
　　(c)子どもが<u>小さい</u>間、夫婦で外出するのが難しかった。
　　(d)彼は<u>会議</u>の間、ずっと眠そうな顔をしていた。

〈注意点〉
　特に、上の①②に気をつけなければなりません。前のページで学んだように、何が状態動詞で何が非状態動詞なのかは、言語によって違うからです。例えば、中国語の"住"は状態動詞ですが、日本語の「住む」は非状態動詞です。だから、「間」を使って文を作るときには、次のようにしなければなりません。

　例(e)日本に<u>住んでいる</u>間、ずっと忙しかったです。
　　　　　　×住む

ほかにも、例を挙げます。
　　(f)ビザを<u>持っている</u>間は、この国にいることができます。
　　　　　　×持つ
　　(g)だれかを<u>憎んでいる</u>間は、幸せになれない。
　　　　　　×憎む

　このように、中国語で状態的だと思っても、そのほとんどは、日本語では非状態動詞です。中国語で"住""有""很"に"着"がつきませんが、日本語の「住む」「持つ」「憎む」には「ている」をつけなければならないことに注意しましょう。これから「間に」「うちに」「と(発見)」を勉強しますが、このようなことに気をつける必要があります。
　例(h)日本に<u>住んでいる</u>間に、いろいろな所へ行ってみた。
　　(i)習ったことを<u>覚えている</u>うちに、メモしておきます。
　　(j)学校に<u>行く</u>と、みんなそのニュースを<u>知っていた</u>。

以上、〈解説案①〉で示したような対照分析に基づいた動詞分類を学習者に理解させておくことで、「状態性」が関係する文型の理解を深められるのではないかと考えられる。

5. おわりに

　本稿では、日中語間における状態動詞の量的な違いを確認し、その差がアスペクト形式にからんだ文型の誤用につながっていることを指摘した。文型の文法説明として「状態性」のみを強調するだけではなく、どのような事態が日本語では状態動詞、あるいは非状態動詞に属しているのかを、併せて提示する必要があるだろう。また、ここで示した手法は、主に教授活動において明示的説明を行うことを前提としている。よって、これが生かされる場としては、中国人教師(あるいは、中国語に精通した日本人教師)が中国語を使って文法説明を行う場面、または学習者の自習場面などが想定できる。しかしながら、暗示的に文法指導を行う場合でも、(「ある」「いる」のようなずれのないものばかりではなく)両言語間でずれが生じている部分を積極的に例文や練習問題に取り入れ、学習者に意識させることもできるだろう。
　以上、本稿では、状態動詞に関する分析しかできなかったが、アスペクトに関しては、以下のような問題もよく取り上げられる。

(32) a. ドアが開いている。
　　 b. 门开着呢。
(33) a. 家に客が来ている。
　　 b. 家里来了一位客人。

(32a)(33a)では、両方ともテイル形を用いて結果の状態を表している。このように、日本語では同一の表現形式で表される事態が、(32b)(33b)の中国語の例においては、表現の仕方が異なっている。これは、中国語では同じ非状態動詞であっても、結果を表す場合に"着"と共起できないものがある。このような動詞の場合、代わりに"了"を用い、動的事態の完了に言及

することで、基準時の結果状態の意味も含ませるやり方が採られる。"了"＝「た」（過去形）という公式で覚えている学習者にとっては、(33a)における「来ている」を「来た」としてしまいがちである。これについては、張(2001)、于(2006)によっても指摘されているが、本稿で提案したように、先行研究にある動詞分類を参考にし、文法指導、例文、練習に活かすことが必要となろう。また、中国語においては、"着"のようなアスペクト形式が、結果状態を表そうとする時でも不使用の場合があり、日本語との形式的な差となる。

(34) a. 席に戻ると、知らない人がそこに座っていた。
  b. 回到座位的时候，有一个不认识的人坐在那里。 ＊"坐着"
(35) a. 家に帰ったら、男の人が門のところに立っていた。
  b. 回到家的时候，有一个男的站在门口。 ＊"站着"

(34b)(35b)のような文構造をとった場合は、"坐着""站着"は不適格となる[15]。このように、"着"が結果状態を表すといっても、常に必要となるわけではない。このような形式的な差異も、テイル形を学ぶ際の問題を提起するだろう。

 日中対照研究は、これまで着実に成果を上げてきている。学習者の母語と日本語との差異に着目した文法指導を目指すのであれば、現場の教師は、常に対照研究の動向にアンテナを張り、疑問を解決すべく研究論文などに目を通すのが理想であろう。しかし、実際の現場では、忙しさ、情報へのアクセスのしにくさなど、必ずしもそのような環境が整っているとは言いがたい。本稿が、研究成果を現場向きに加工するための良き一例となれば幸いである。

謝辞

 本研究は、2007年7月6日、東北師範大学中国赴日本国留学生予備学校にて行われた「東北師範大学中国赴日本国留学生予備学校日本語教育研究発表会」での口頭発表の内容を論文に改めたものである。発表会では、「日本

語と中国語の動詞分類―アスペクトの観点から見た語彙化の違いについて」という題目であったが、参加者から貴重なご指摘をいただき、「日本語と中国語の状態動詞の量的差異―中国語母語話者に対する文型指導のために」がより適切な題目であると考えたことから、それを変更した。また、東北師範大学中国赴日本国留学生予備学校の中国人日本語教師の方々には、中国語例文のチェックなどで大変お世話になった。ここにお礼を述べたい。

注

1 本稿で「誤用」といった場合には、いずれも、2007年3月下旬から赴任した中国における日本語教育機関で、筆者が実際に収集した誤用である。また、(1)(2)(3)の3つの誤用は、それぞれ異なる学習者によるものである。
2 「日本語のテンスとアスペクトを複合的に表す文法形式」(工藤1995)を、本稿ではテイル形と呼ぶ。テイル形が付かない場合の動詞形をスル形とする。また、スル形―テイル形と言った場合には、その過去形であるシタ―シテイタも含むことがある。
3 発話時とは、その文が発話される時点である。基準時とは、当該の出来事が成立している時点である。例えば、「子供の時、母によく似ていました。」という文で、「似ていた」は、発話時の状態ではなく、「子供の時」の状態である。よって、この場合は、「子供の時」が基準時となる。
4 誤用の原因という観点から、誤用は「間違い(ミステイク)」と「誤り(エラー)」とに分けられる(Ellis 1997)。正しい言語体系を習得していても、その表出の際に、つい忘れたり、焦りなどで間違えてしまう場合がある(「間違い(ミステイク)」)。母語の干渉の問題を扱う際には、その前提として、学習者が「間違い」を犯したのではなく、自ら持っている言語体系を狂いなく表現したが不適格であるということ、つまり「誤り」であるということを確認することから始めなければならない。
5 英語ネイティヴの語感によれば、例えば引越しをして、最初は気に入っていなかった土地だが、しばらくたって徐々に好きになっている状況を "I'm slowly loving this place." と表現することは可能だという。
6 工藤(1995)では、「意味する」「そびえている」なども含め、状態動詞(工藤では静態動詞)として扱っている。これに異論はないが、本稿では、「初級日本語教育で扱われる動詞」という観点から、『実力日本語(上)(下)』(東京外国語大学留学生日本語教育

センター）で提出されている状態動詞を選んだ。中国語の状態動詞も、同テキストの提出語の中から、中国語に訳した場合に状態動詞になるものを選定した。

7 楊(2001)では、"住"が非状態的な動詞（楊では「持続動詞」）に分類されているが、これは、厳密に"着"が付くか否かの基準で状態動詞を取り出したためである。この規定に従えば、"爱"も文脈によっては"着"との共起が可能なため、非状態動詞となってしまう。しかし、(20)(21)の例からもわかるように、通常の状態に言及するのであれば、"住""爱"などは裸の形で用いるのが自然である。"我深深地爱着你。""我住着朋友的房子。"のようにすれば、程度や一時性が強調され、"着"との共起が可能となるが、一般的な意味とは言えない。3.1.1 節でも示したように、日本語でも英語でも、状態動詞にアスペクト形式が付くのはよくあることであり、これを動詞分類の基準とすることは、状態動詞と非状態動詞の混同を招くものであると思われる。

8 状態動詞には、"是"(～だ)、"叫"(名前は～だ)、"喜?"(～が好きだ)なども含まれるが、日本語に訳した場合、これらは名詞文や形容詞文になるため、ここでは除外している。ただし、"同"については、"不同"が日本語の動詞「違う」の訳語に当たるため、例として挙げた。日本語では、少ない状態動詞を補うべく、名詞文や形容詞文で状態性の事柄を表現するという事実も興味深い。

9 日本語と英語の状態動詞の比較は、西、白井(2001)に詳しい。日英語の状態動詞のの比較でも、日中語の場合と同様、日本語の状態動詞は圧倒的に少ない。

10 中国語の分類の中に"有"を二つ載せたが、所有を表す「持つ」に対応させるためである。日本語では、「所有」を表すのに、「ある」だけでなく「持っている」もよく使われる。

11 筆者は 2007 年 3 月下旬から約 2 ヶ月間、『実力日本語』を主教材として日本語を教えた。このテキストは漢字圏の学習者を対象として編まれたテキストであり、日本語および中国語での詳細な文法解説書のある希少価値の高いものである。その解説書では、文型を説明するのに、「状態性」といった文法用語も多用されている。学習者から文型の意味などについて質問を受ける際、学習者がかなりこのような文法用語を頼りに文型の意味を理解しているという印象を持った。

12 (33b)の中国語訳では"記得"でなく"没有忘記"が使われている。中国語母語話者の感覚では、このような文では"記得"を使用するよりも"没有忘記"を使って表現するほうが自然であるということである。

13 「～間」「～うちに」だけではなく、例えば発見の「と」における説明も、状態性で説明されている。以下に引用する。

…これは、発見の「と」と言われている。文の最後が過去形で、状態性になることが

特徴である。(『実力日本語(下)単語・文法解説書(中国語版)』159頁
14 非状態動詞を状態化させるのは、テイル形だけではなく、可能形も含まれる。さらに説明を詳細にするのであれば、これも盛り込むべきであろう。
15 次のような文構造をとれば、"坐着""站着"という形式は可能になる。
　・回到座位的时候，在哪里有一个不认识的人坐着。
　・回到家的时候，在门口有一个男的站着。
要点は、結果状態の意味において、中国語のアスペクト形式が文構造の影響により付いたり付かなかったりするのに対し、日本語ではテイル形が常に用いられるということである。

参考文献

金田一春彦(1950)「国語動詞の一分類」金田一春彦編(1976)『日本語動詞のアスペクト』pp.5-26　むぎ書房

工藤真由美(1995)『アスペクト・テンス体系とテクスト』ひつじ書房

白井恭弘(2004)「非完結相「ている」の意味決定における瞬間性の役割」佐藤滋ほか『対照言語学の新展開』pp.71-99　ひつじ書房

西由美子・白井恭弘(2001)「アスペクト構造の語彙化における普遍性と差異　英語と日本語の場合」南雅彦・アラム佐々木幸子編(2001)『言語学と日本語教育Ⅱ』pp.75-92　くろしお出版

于康(2006)「日本語と中国語」『講座・日本語教育学第6巻　言語の体系と構造』pp.141-155　スリーエーネットワーク

張麟声(2001)『日本語教育のための誤用分析―中国語話者の母語干渉20例』スリーエーネットワーク

楊凱栄(2001)「中国語の"了"について」『「た」の言語学』つくば言語文化フォーラム　ひつじ書房

刘月华ほか，相原茂監訳(1996)『現代中国語文法総覧』くろしお出版

劉綺紋(2006)『中国語のアスペクトとモダリティ』大阪大学出版会

Ellis, R. (1997) *Second Language Acquisition.* Oxford University Press. (牧野高吉訳(2003)『第2言語習得のメカニズム』ちくま学芸文庫)

資料体

『実力日本語(上)』(1999)東京外国語大学日本語教育センター　アルク
『実力日本語(下)』(2000)東京外国語大学日本語教育センター　アルク
『実力日本語(下)単語・文法解説書(中国語版)』(2000)東京外国語大学日本語教育センター
　　　アルク
『日本語初級Ⅰ文法説明中国語版』(2000)東海大学留学生教育センター　東海大学出版会
『基礎日语(2)』刘和民主編(1986)高等教育出版社

言語表現の〈親しさ〉と〈距離〉に関する一考察
―ラ抜き言葉を中心に―

張　麗

1. はじめに

　現在、ラ抜き言葉が日常生活の中で各世代の人に多く使用されており、言語変化の一例として研究者によってしばしば取り上げられている。ラ抜き言葉とは、一段動詞およびカ行変格活用動詞において可能の意味を表す接辞「-られる」(例「見られる」「来られる」)の「ら」が脱落した語(例「見れる」「来れる」)を指す。

　ラ抜き言葉は研究者によって「可能動詞の破格的用法」(土屋1971)、「一段動詞の可能動詞化」(松本1990)、「B型可能動詞」(渋谷1993)、「ar抜きことば」(井上1998)とも呼ばれている。本稿では、一般的な呼称となっている「ラ抜き言葉」を用いることとし、従来の規範的な可能形を規範形と呼ぶこととする。

　本稿では、文体を丁寧体(デス・マス体)と普通体(ダ・デアル体)に分け、議論を進める。鈴木(1997: 70)は、「丁寧体世界と普通体世界は異なった行動規範に基づいており、丁寧体を使用しながら、親しさを表すということは本質的に相入れない事柄である。そのために、丁寧体を使って話す場合には、丁寧さを失わず、かつ、親しくふるまうための配慮が必要となる」と述べている。丁寧体は、相手と距離がある場合、例えば、上下関係や個人的にそれほど親しくない相手に対して用いられると一般的に認識されているため、丁寧体が用いられた発話が自分に向けられた場合、その相手に対して、

親しさを感じることはないであろう。しかし、文末に丁寧体が用いられたとしても、文中で言語形式をラ抜き言葉のような非規範的形式にすることで、くだけた感じとなり、このような方法をもって親しさを表すことが出来るのではないかと考えられる。その検証として、本稿では、文体が丁寧体である場合、ラ抜き言葉が用いられた場合と用いられない場合とでは、聞き手が話し手に対して「親しさ」を感じるのか、それとも「距離」を感じるのか、という問題を明らかにしたい。

本稿で用いられる「親しさ」と「距離」とは、いわゆる対人関係における心理的な「親しさ」及び「距離」感を表す。「自分と同じグループの者である、仲間同士である」との印象を相手から受ければ「親しみ」を感じ、その反対ならば、「自分と心理的に距離感がある」と感じる。このことより、本稿では、日常会話において、聞き手がラ抜き言葉を使った話し手に対して「親しみ」を感じた場合は、ラ抜き言葉が親しさを表す機能を持つと捉える。

2. 先行研究

現在まで、ラ抜き言葉に関する研究は数多く行われている。その中で、社会言語学的な観点から、ラ抜き言葉の使用が、地域、性別、対人関係などの社会的な要素に影響されるかどうかを調査し考察したものは多く、またラ抜き言葉に対する評価も多く行われている。研究者には、ラ抜き言葉に対して、一般的に「乱れ」[1]、「ゆれ」[2]、「言語変化」[3]の3つの捉え方が見られる。ラ抜き言葉は規範からはずれた「乱れ」ているものであると捉えている一方、「ゆれ」、「言語変化」という観点においては、ラ抜き言葉は合理性のある表現であるとして肯定的に認める傾向も見られる。井上・宇佐美(1997: 65)では、ラ抜き言葉が新方言の範疇に属し、言語変化として捉えたほうがいいと指摘されている。

ラ抜き言葉に対する評価について、舛田(1995)は、専門学校の学生を対象に「『ら抜きことば』を使うべきでない」という意見をどう思うかについて意識調査を実施した。その結果は、「賛成」と答えた者がわずか7.1%で

あり、その理由としてラ抜き言葉を使うと「日本語の美しさが失われる」、「大人としての言葉遣いができなくなる」などのものがあった。これに対し、「反対」と答えた人は、ラ抜き言葉が「可能の意味がはっきりしている」、「言いやすい」、「口語的である」、「『ら』を入れると堅苦しい」などの肯定的な評価が圧倒的に多かった。加治木(1996)は、動詞のラ抜き言葉5語[4]について抵抗感があるかどうかについて調査した結果、若者ほどラ抜き言葉に対して抵抗がなく、20代で「食べれない」に抵抗を持つ者は3割にとどまったと述べている。加治木の調査によれば、ラ抜き言葉は、従来の規範的な可能形と形が違うものの、若い世代においては自然な話し言葉の表現として受け入れられているようである。

　ラ抜き言葉は、現在、自然な話しことばの表現として日常会話において多く表れている。特に、若者の間や家族、親戚などのいわゆる「身内」や親しい間柄において多く使用されている(中本1985、真田1983、井上1991、真田他1990、加治木1996、山県1999等)。親しい人間同士の会話では普通体が多く、丁寧体は少ないと考えられることから、ラ抜き言葉が用いられた文の文体には普通体が多く、丁寧体は少ないと考えられる。筆者は文体が丁寧体である文に注目し、ラ抜き言葉の使用、不使用によって、聞き手の話し手に対する感じ方が違ってくるかどうかを明らかにしたい。もし、文体が同じく丁寧体であるにもかかわらず、ラ抜き言葉を使ったほうが使わないより、聞き手が話し手に対して心理的に「距離感」がなく、「親しみ」を感じるのなら、ラ抜き言葉は、対人関係において親しさを表すという機能を持つのではないかと考えられる。このようなラ抜き言葉の対人コミュニケーションにおける機能を明らかにすることは、円滑なコミュニケーションを行うモチベーションを持つ日本語学習者にとって非常に大切なことである。しかしながら、先行研究においては、ラ抜き言葉のコミュニケーション機能に関する研究は管見の限り見当たらない。そこで、本稿では、ラ抜き言葉と規範的な可能形が用いられた発話に対して、聞き手が話し手に対してどう感じるか、日本語母語話者を対象に意識調査を行い、ラ抜き言葉のコミュニケーション機能の表れを明らかにした。

3. 日本語母語話者に対する意識調査

3.1. 調査の対象及び調査の実施期間

筆者は、2006年5月～7月にかけて、10代～70代の東京在住者を対象にアンケート調査を実施した。アンケートの回答者は全員日本語母語話者で、合計181名であった。

3.2. 調査概要

3.2.1. フェイスシート項目

ラ抜き言葉の使用は、使用者の出身地、性別、年齢、職業などを含めた社会的属性に影響されると指摘されている。そのため、ラ抜き言葉の使用者に対して聞き手がどう感じるかも、回答者のそれぞれの社会的属性に影響されるのではないかと考えられる。従って、フェイスシート項目として出身地、性別、年齢、職業といった項目を設けた。

3.2.2. 回答者の内訳

回答者の性別および世代を表1にまとめた。性別ごとに見ると、回答者181人の内、男性が73人で、女性が108人である。年齢ごとに見ると、20代が男女合計69人で最も多く、その次に多いのは50代で男女合計31人で

表1 日本語母語話者 (性別×年齢)

年齢	男性	比率%	女性	比率%	合計
20歳未満	7	9.6	5	4.6	12
20～29歳	29	39.7	40	37.0	69
30～39歳	7	9.6	10	9.3	17
40～49歳	5	6.8	9	8.3	14
50～59歳	12	16.4	19	17.6	31
60～69歳	10	13.7	20	18.5	30
70歳以上	3	4.1	5	4.6	8
合計	73	40.3	108	59.7	181

ある。

3.2.3. 質問項目

　アンケート用紙の質問項目として、日常会話でよく使用されている「見る」「来る」「寝る」「起きる」の4つの動詞の丁寧体と普通体それぞれをラ抜きと規範形にし、合計32文を設けた。具体的に「見る」を例として取り上げる。

　「見る」に対して、以下8つの形態を提示した。

- 規範形の丁寧体　　　→上野動物園へ行ったら、パンダが<u>見られます</u>。
- 規範形の丁寧体の否定→上野動物園へ行ったら、パンダが<u>見られません</u>。
- ラ抜きの丁寧体　　　→上野動物園へ行ったら、パンダが<u>見れます</u>。
- ラ抜きの丁寧体の否定→上野動物園へ行ったら、パンダが<u>見れません</u>。
- 規範形の普通体　　　→上野動物園へ行ったら、パンダが<u>見られるよ</u>。
- 規範形の普通体の否定→上野動物園へ行ったら、パンダが<u>見られないよ</u>。
- ラ抜きの普通体　　　→上野動物園へ行ったら、パンダが<u>見れるよ</u>。
- ラ抜きの普通体の否定→上野動物園へ行ったら、パンダが<u>見れないよ</u>。

　今回のアンケート用紙において、「見られます」と「見れます」、「見られません」と「見れません」のようにペアで提示する意図は、文末の形態がまったく同じ場合に、ラ抜き言葉と規範形を使用した話し手に対して、それぞれ聞き手の感じ方が違うかどうかを測るためである。選択肢として「1 親しみを感じる」、「2 特に何も感じない」、「3 距離感を感じる」の3つを設けた。

3.3. 統計の結果及び考察

　本節では、アンケートのフェイスシート項目及び質問項目の統計結果を報告し、考察を行う。統計処理の際に、各項目に対して、t検定、分散分析などの統計手法を用いた。本稿の研究目的に沿って、ラ抜きの丁寧体及び規範形の丁寧体に対する分析に重点を置いた。以下、フェイスシート項目と質問項目の結果を報告する。

3.3.1. 性別

　性別項目に対して、統計を行った結果、「見られる」と「起きれません」だけが5%のレベルの有意な差が見られた[t (179) = 3.049, $p < 0.05$][t (179) = –2.267, $p < 0.05$]。男性が女性より「見られる」を使用した話し手に対して親しみを感じる人数が多く、女性が男性より「起きれません」を使用した話し手に対して「親しみを感じる」人数が多いという結果となった。しかし、全体として性別による差は特に見られなかった。ラ抜きの丁寧体に限っても、「起きれません」以外には性別による回答の差は見られない。

3.3.2. 出身地

　井上(1998)などの研究において、昔からラ抜き言葉を方言として使う地域と使わない地域があるため、ラ抜き言葉の使用率は地域によって差が出ると指摘されている。コミュニケーションにおいて、人間は話し手であると同時に聞き手である。同じ地域の人は同じアイデンティティを持っており、使用する表現だけでなく、同じ表現に対する感じ方も近いと考えられる。したがって、ラ抜き言葉を使った人と規範形を使った人に対する感じ方は地域によって差が出るのではないかと考えられる。今回のアンケート調査の回答者は全員東京在住者で、日常会話で「共通語」を話すが、言語形成期において地方に住んでいたので、ラ抜き言葉への感じ方において出身地による地域差がある可能性も否定できない。よって、吉田(1996)[5]に従い、アンケート回答者の出身地を以下のように分けた。

《回答者の出身地》(　)内は人数(総計181人)

1. 東京都(71)
2. 東京以外の関東(41)：
   神奈川県(14)、埼玉県(9)、千葉県(7)、群馬県(1)、栃木県(3)、茨城県(7)
3. 東北地方～北海道(24)：
   福島県(2)、山形県(4)、青森県(1)、秋田県(5)、宮城県(6)、北海道(6)
4. 中部以西(45)：
   京都(1)、岐阜県(2)、愛知県(3)、石川県(1)、静岡県(5)、山梨県(2)、

長野県(5)、新潟県(3)、岡山県(1)、福井県(2)、兵庫県(2)、愛媛県(2)、鳥取県(1)、佐賀県(1)、福岡県(2)、広島県(2)、香川県(2)、山口県(3)、和歌山県(2)、熊本県(2)、鹿児島県(1)

井上(1998: 5)によると、ラ抜き言葉を方言として使っているところは東北地方や中部地方、中国・四国地方であり、「かつての文化的中心である京都・大阪ではラ抜き言葉を使っていなかった」と述べている。加治木(1996: 61)では、ラ抜き言葉に対して抵抗があるかどうかも地域差が大きく、「関東や東京では抵抗が大きく東北や中部、西日本の方では少ない」と指摘している。筆者はこれらの要素を考察の視野に入れて、回答者の出身地域を、ラ抜き言葉を地方方言として使っていない地域(Ⅰ)1 東京都、2 東京以外の関東地方、ラ抜き言葉を地方方言として使っている可能性がある地域(Ⅱ)3 東北地方～北海道、4 中部以西(京都出身が一人だけいるが分析の結果に大きな影響がないと考えられる)といった4つのグループに分けて分析を行った。回答者の出身地の4つのグループに対して、分散分析を行った。有意確率が5%以下の項目だけを表2に示した。

表2 出身地に対する分散分析の結果

見られません	$F(3,177) = 2.914,$	$p = 0.036$
見れる	$F(3,177) = 2.886,$	$p = 0.037$
来られます	$F(3,177) = 5.495,$	$p = 0.001$
来れる	$F(3,177) = 3.485,$	$p = 0.017$
寝られない	$F(3,177) = 2.689,$	$p = 0.048$
起きられます	$F(3,177) = 4.655,$	$p = 0.004$
起きられません	$F(3,177) = 3.563,$	$p = 0.015$

考察の対象となるラ抜きの丁寧体は有意確率がすべて0.5%以上であるため、出身地による有意差が見られなかった。従って、今回のアンケートの回答結果に回答者の出身地による影響はないと言える。

3.3.3. 年齢(世代)

　真田(1983)・中本(1985)・井上(1991)では、ラ抜き言葉の使用が世代によって違うと指摘されている。従って、ラ抜き言葉を使用した相手に対してどう感じるかも世代によって違うと考えられる。筆者は、回答者を1(10代～20代)、2(30代～40代)、3(50代)、4(60代以上)の4つのグループに分けて分散分析を行った。分析の結果を以下表3に示す。

　表3で示したように、ラ抜きの普通体の中では、「見れる」「見れない」「来れる」「来れない」「寝れる」「寝れない」「起きれる」が世代によって有意な差が見られた。すなわち、ラ抜き言葉の普通体を使用した人に対する感じ方に世代間の差が大きく現れている。これに対し、規範形の丁寧体である「見られます」「来られます」「来られません」「寝られます」「寝られません」「起きられます」「起きられません」にも有意な差が見られた。

　「起きられません」と「起きれません」のような文は、どちらも丁寧体の否定形である。言い換えれば、両者の違いは、ラ抜き言葉の表現と規範的な可能形のどちらかを使用する違いだけである。聞き手がそれを使った人に対してどう感じるのかを調べるために、t検定を行い、その結果を表4と表5にまとめた。

　10代～40代ぐらいの世代においてラ抜き言葉を使用した人に対してどう感じるかについての結果を表4にまとめている。

　まず、10代～20代において、「見られます―見れます」及びその否定、「来られます―来れます」及びその否定、「寝られます―寝れます」及びその否定、「起きられます―起きれます」には有意差が見られた。すなわち、文末には丁寧体「ます」が用いられたにもかかわらず、ラ抜きが用いられた文を聞いた人は規範形が用いられた文より親しみを感じる傾向があることが分った。「起きられません―起きれません」には有意差が見られなかったが、「起きられません」の場合は聞き手が話し手に対して距離感を感じる傾向に偏っていることが分った。まとめてみると、10代～20代においては、ラ抜き言葉のほうが規範形より、聞き手が話し手に対して親しみを感じる傾向があると言える。

　30代～40代においては、「来られます―来れます」及び「来られません

表3　世代別でみた回答の平均および分散分析の結果

32の表現	全体の平均	10代～20代の平均	30代～40代の平均	50代の平均	60代～の平均	世代差
見られます	2.20	2.33	2.32	2.06	1.92	**
見れます	2.06	2.04	2.06	2.19	1.97	
見られません	2.29	2.4	2.35	2.06	2.18	
見れません	2.18	2.12	2.16	2.29	2.21	
見られる	1.44	1.57	1.26	1.35	1.37	
見れる	1.45	1.31	1.32	1.77	1.58	**
見られない	1.65	1.79	1.32	1.68	1.58	*
見れない	1.55	1.31	1.52	1.81	1.89	***
来られます	2.22	2.4	2.26	2.03	1.95	**
来れます	1.95	1.85	1.9	2.06	2.11	
来られません	2.33	2.42	2.45	2.23	2.11	*
来れません	2.19	2.17	2.06	2.45	2.13	
来られる	1.97	2.02	1.87	1.87	2.03	
来れる	1.72	1.42	1.68	2.13	2.05	***
来られない	1.71	1.86	1.52	1.55	1.66	
来れない	1.54	1.32	1.42	1.9	1.82	***
寝られます	2.25	2.4	2.48	2	1.97	**
寝れます	2.14	2.11	2.10	2.32	2.11	
寝られません	2.29	2.47	2.29	2.06	2.08	**
寝れません	2.16	2.04	2.26	2.32	2.21	
寝られる	1.43	1.49	1.42	1.32	1.37	
寝れる	1.45	1.23	1.32	1.77	1.74	***
寝られない	1.65	1.67	1.39	1.97	1.55	*
寝れない	1.5	1.21	1.32	1.94	1.92	***
起きられます	2.2	2.4	2.32	2.13	1.76	***
起きれます	2.17	2.14	2.29	2.23	2.11	
起きられません	2.28	2.44	2.32	2.1	2.03	*
起きれません	2.34	2.25	2.13	2.65	2.45	*
起きられる	1.45	1.49	1.29	1.52	1.45	
起きれる	1.37	1.25	1.19	1.61	1.58	**
起きられない	1.61	1.7	1.42	1.58	1.58	
起きれない	1.56	1.35	1.26	2.03	1.87	

注1：全体＝181名．女性＝108名．男性＝73名．10代後半～20代＝81名．30代～40代＝31名．50代＝31名．60代～＝38名．
注2：*$p < .05$．　**$p < .01$．　***$p < .001$．

―来れません」に有意差が見られた。すなわち、30代～40代の人は「来れます」、「来れません」を使う人に対して「来られます」、「来られません」を使う人より親しみを感じるということである。さらに、丁寧体の組の平均値を観察すると、「寝られます―寝れます」及びその否定以外にすべてプラス値である。この結果から、30代～40代においては、「寝られます―寝れます」以外に、ラ抜きの丁寧体は規範形の丁寧体より聞き手が話し手に対して親しみを感じる傾向が見られる。

表4　10代～40代の規範形とラ抜きの使用者に対する感じ方の比較

規範形―ラ抜き	10代～20代			30代～40代		
	AV	SD	t値	AV	SD	t値
見られます―見れます	0.296	0.914	2.916**	0.258	0.930	1.545
見られません―見れません	0.272	0.949	2.576*	0.194	0.873	1.235
来られます―来れます	0.543	0.975	5.013***	0.355	0.915	2.160*
来られません―来れません	0.247	0.902	2.464*	0.387	0.882	2.443*
寝られます―寝れます	0.284	0.965	2.649*	−0.323	1.045	−1.718
寝られません―寝れません	0.432	0.961	4.047***	−0.258	0.855	−1.680
起きられます―起きれます	0.259	0.997	2.340*	0.032	0.948	0.189
起きられません―起きれません	0.198	0.900	1.975	0.194	0.792	1.360
見られる―見れる	0.259	0.891	2.618*	−0.065	0.772	−0.465
見られない―見れない	0.481	0.963	4.499***	−0.194	0.749	−1.438
来られる―来れる	0.605	0.996	5.466***	0.194	0.749	1.438
来られない―来れない	0.543	0.936	5.223***	0.097	1.012	0.533
寝られる―寝れる	0.259	0.833	2.800**	0.097	0.831	0.649
寝られない―寝れない	0.457	0.775	5.302***	0.065	0.680	0.528
起きられる―起きれる	0.247	0.916	2.427*	0.097	0.651	0.828
起きられない―起きれない	0.358	0.899	3.585**	0.161	0.779	1.153

注：AV＝平均、SD＝標準偏差

次に、50代、60代の結果について述べる。50代、60代以上の世代においてラ抜き言葉を使った人に対してどう感じるかについての結果を表5に

表5　50代、60代以上の規範形とラ抜きの使用者に対する感じ方の比較

	50代			60代		
規範形―ラ抜き	AV	SD	t値	AV	SD	t値
見られます―見れます	-0.129	0.846	-0.849	-0.053	1.161	-0.279
見られません―見れません	-0.226	0.920	-1.366	-0.026	0.944	-0.172
来られます―来れます	-0.032	0.983	-0.183	-0.158	1.053	-0.924
来られません―来れません	-0.226	0.884	-1.423*	-0.026	0.822	-0.197
寝られます―寝れます	-0.323	1.045	-1.718	-0.132	1.119	-0.725
寝られません―寝れません	-0.258	0.855	-1.680	-0.132	0.991	-0.818
起きられます―起きれます	-0.097	0.944	-0.571	-0.342	0.994	-2.122
起きられません―起きれません	-0.548	0.723	-4.224***	-0.421	0.858	-3.024
見られる―見れる	-0.419	0.992	-2.353*	-0.211	0.935	-1.389
見られない―見れない	-0.129	0.846	-0.849	-0.316	0.904	-2.154*
来られる―来れる	-0.258	0.930	-1.545	-0.026	0.753	-0.215
来られない―来れない	-0.355	0.985	-2.006	-0.158	0.916	-1.062
寝られる―寝れる	-0.452	0.995	-2.528*	-0.368	0.970	-2.340*
寝られない―寝れない	0.032	0.795	0.226	-0.368	1.051	-2.162*
起きられる―起きれる	-0.097	0.978	-0.551	-0.132	0.935	-0.868
起きられない―起きれない	-0.452	1.091	-2.306*	-0.289	1.088	-1.640

注1：平均値は各表現の平均値の差である。
注2：*$p < .05$. **$p < .01$. ***$p < .001$.

　表5で示したように、50代において、ラ抜きの丁寧体及び規範形の丁寧体に有意な差が見られたのは「起きられません―起きれません」と「来られません―来れません」である。しかし、平均値の差がマイナス値となっているので、50代の人は「起きれません」、「来れません」より、「起きられません」、「来られません」を使った人に対して親しみを感じる傾向があると見られる。60代以上の人は、丁寧体のどの組にも有意差が見られなかった。しかし、表5のデータ全体を見ると、平均値がすべてマイナス値である。ラ

抜き言葉は規範形より聞き手が話し手に対して距離感を感じるほうに偏る傾向が見られる。まとめると、50代、60代以上の人は、若年層と違って、ラ抜き言葉を使用した人に対して親しみを感じることなく、距離感を感じるほうに偏る傾向があると見られる。

　ラ抜きの普通体と規範形の普通体の統計結果を見ると、丁寧体に対する統計の結果と一致した結果が得られた。第2章の先行研究で述べたように、普通体はくだけた会話、親しい間柄において使われるので、丁寧体より聞き手が親しみを感じると考えられる。表4と表5のラ抜きと規範形の普通体の結果を見ると、10代〜20代においてはすべて有意な差が見られた。すなわち、若い世代において、ラ抜き言葉のほうが規範形より聞き手が「親しみ」を感じる傾向が見られた。50代、60代以上の世代においては、有意差が見られたのは、50代においては3組で、60代においても3組であった。ただし、20代の若年層と違って、この6組はいずれも規範形のほうがラ抜きより聞き手が「親しみ」を感じる傾向が見られた。さらにラ抜き言葉の普通体と規範形の普通体の平均値を見ると、すべてマイナス値なので、ラ抜き言葉の普通体より規範形の普通体のほうが聞き手が「親しみ」を感じる傾向が見られた。

　上記の結果をまとめると、10代〜40代の世代においては、「見る」「来る」「寝る」「起きる」の4つの動詞のラ抜きと規範形の丁寧体において、ラ抜きの丁寧体が規範形の丁寧体より、聞き手が話し手に対して親しみを感じる傾向があると言える。これに対し、50代、60代以上の世代においては、規範形の丁寧体よりラ抜きの丁寧体に聞き手が距離を感じる傾向があると言える。

4. おわりに

　本稿では、20代〜60代以上の各世代の人がそれぞれラ抜き言葉を使用した人に対して、どう感じるかを明らかにした。40代以下の世代においては、ラ抜き言葉のほうが規範形より聞き手が親しみを感じる傾向が見られた。したがって、40代以下の世代、特に若年層においては、ラ抜き言葉は、親し

さを与える機能を持つと言える。たとえ相手に対して丁寧体を使わなければならないとしても、親しい関係であればラ抜き言葉を用いることによって親しさを表し、聞き手がそれを聞いて親しみを感じることができると考えられる。これに対し、50代、60代以上の世代においては、ラ抜き言葉より、規範的な可能形を使ったほうが聞き手が親しみを感じるという結果から、高年層の会話において、社会言語学的な言語運用の規範に則った言語使用、すなわち言語形式の丁寧さが重視されることが窺える。

　日本語教育の視点から見れば、今回の調査結果は、若年層にとって、ラ抜き言葉のような言語形式がコミュニケーション上、親しさを表す機能を持つと示唆される。これに対して、高年層にとっては、ラ抜き言葉を使用すると、聞き手が距離感を感じる傾向が見られる。自然な日常会話を習得し、円滑なコミュニケーションを行おうとするモチベーションを持つ日本語学習者にとって、ラ抜き言葉を使うことにより、誤解のないよりよい人間関係を築くことに役立つと考えられる。このラ抜き言葉を知ることは、日本社会における人間関係を観察し理解する手立てとなると思われる。

　今回は、アンケートの回答者の所属を見ると、学生が74人で全体の40%を占め、社会人が107人であり、60%を占めている。社会人の業種がかなり多いため、統計処理する際、ラ抜き言葉の使用者に対する意識が職業や身分によって違うかどうかを分析することができなかった故、今後、様々な職業の人を対象にラ抜き言葉に対する意識を調べることを課題としたい。また、調査対象となる動詞を今後さらに増やし、更なる精査を行いたい。

注

1　いわゆる「乱れている」、「規範と違う」、「間違っている」という意味を表す。
2　1995年11月の第20期国語審議会では、ラ抜き言葉を「言葉の"揺れ"として客観的に認識し、現時点での適切な言葉遣いを判断すべきだ」との意見を示している。加治木(1996)・中本(1985)・土井(1964)も、ラ抜き言葉を「ゆれ」の代表の一つとして取り上げている。

3 新方言の条件とは 1. 若い世代での使用者の割合が親の世代より多い、2. 使用者が、テレビの場面(テレビに出ることになったら使う)より家の場面で多い、3. 語形が標準語、全国共通語と一致しない、4. わかる限りの使用地域は国土全体でない、ということである。(井上・宇佐美 1997: 61)

4 「見れない、食べれない、来れない、数えれない、確かめれない」の5語。

5 「複数の土地に居住の歴がある場合、便宜的に5～15歳を「言語形成期」と考え、その時期の中で最も長期間過ごした土地を「出身地」とした」(吉田 1994: 70)

参考文献

井上文子(1991)「男女の違いから見たことばの世代差 "標準"意識が男女差をつくる」『月刊日本語』6 pp.14–18 アルク

井上史雄(1998)「ラ抜きことばの背景」『日本語ウォッチング』pp.2–31 岩波新書

井上史雄・宇佐美まゆみ(1997)「対談日本語の問題 日本語教育との接点 23「若者の言葉」新方言と若者語の共通点」『月刊日本語』6 pp.60–65

加治木美奈子(1996)「"日本語の乱れ"意識は止まらない～第10回現代人の言語環境調査から」『NHK放送研究と調査』46(9) pp.60–62 日本放送出版

真田信治・岸江信介(1990)『大阪市方言の動向―大阪市方言の動態データー』

真田信治(1983)『日本語のゆれ』pp.86–89 南雲堂

渋谷勝己(1993)「日本語可能表現の諸相と発展」『大阪大学文学部紀要』33(1) pp.185–199

鈴木睦(1997)「日本語教育における丁寧体世界と普通体世界」『視点と言語行動』くろしお出版

土井洋一(1964)「ことばの『ゆれ』」『講座現代語』6 pp.264–280 明治書院

土屋信一(1971)「東京都の語法のゆれ 児童生徒言語調査結果報告(2)」『文研月報』9 pp.35–37 日本放送出版協会

中本正智(1985)「東京語のゆれについての考察」『東京都立大学人文学会人文学報』173 pp.164–168

舛田弘子(1995)「「ら抜きことば」に対する意識と使用の実態 専門学校生を対象としたアンケートならびに授業を通じて」『読書科学』39(1) pp.25–35

松本哲洋(1990)「一段活用動詞の可能動詞化と日本語教育」『麗澤大学紀要』51 pp.89–101

山県浩(1999)「群馬県の大学生にみる〈ラ抜き言葉〉―10年の変化相を中心に」『群馬大学教育学部紀要　人文・社会科学編』48　pp.167–188
吉田健二(1996)「文法事象変化における語彙的拡散―女子短大生の『ら抜きことば』の調査から」『松蔭女子短期大学紀要』12　pp.63–93

＜付録＞　日本語母語話者を対象とするアンケート

　このアンケートは、皆様が普段日本語をどう使っているか知るために行うものです。アンケートの結果はデータを処理し、個人の論文の資料として使わせていただきます。それ以外の目的には決して使用いたしません。

　アンケートにお答えになる際、<u>あまり深く考えないで思ったとおりにお書きください。他の人とは相談しないでください</u>。なお、お名前を書く必要はありません。では、よろしくお願いいたします。

　あなたの出身地など、ことばに関わりのある情報を教えてください。

K1.　性別　　　　1.　男　　　2.　女
K2.　年齢　　1．20歳未満　2．20～29歳　3．30～39歳　4．40～49歳　5．50～59歳
　　　　　　6．60～69歳　7．70歳以上
K3.　出身地：＿＿＿＿＿都・道・府・県＿＿＿＿＿＿郡・市

　　これまで住んだ場所：（長く住んだ場所を二箇所ぐらい記入してください）

　　　　　　＿＿＿＿＿都・道・府・県＿＿＿＿＿＿郡・市（　　歳～　　歳）

　　　　　　＿＿＿＿＿都・道・府・県＿＿＿＿＿＿郡・市（　　歳～　　歳）

K4.　現在のあなたの身分の所に○を付けて下さい。

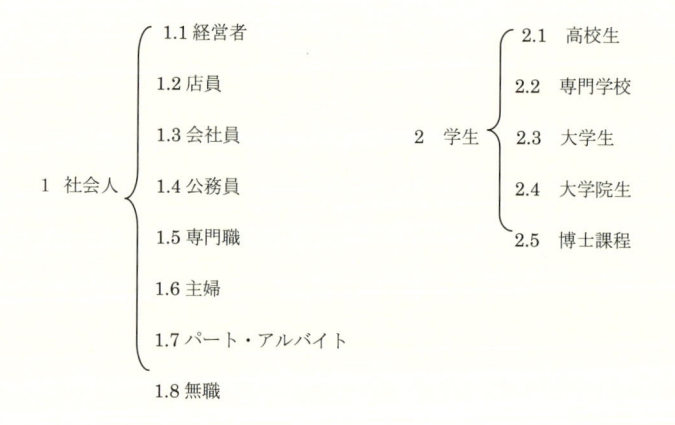

　　　　　　　　　┌ 1.1 経営者　　　　　　　　　　┌ 2.1 高校生
　　　　　　　　　│ 1.2 店員　　　　　　　　　　　│ 2.2 専門学校
　　　　　　　　　│ 1.3 会社員　　　　　　2　学生 ┤ 2.3 大学生
　　1　社会人　　 ┤ 1.4 公務員　　　　　　　　　　│ 2.4 大学院生
　　　　　　　　　│ 1.5 専門職　　　　　　　　　　└ 2.5 博士課程
　　　　　　　　　│ 1.6 主婦
　　　　　　　　　│ 1.7 パート・アルバイト
　　　　　　　　　└ 1.8 無職

以下の表現を使った人に対してどう感じるか、3つの選択肢から選んでください。

1 親しみを感じる　　2 特に何も感じない　　3 距離感を感じる

1　上野動物園へ行ったら、パンダが<u>見られます</u>。　　（　　）
2　時間が早すぎて、<u>起きれないよ</u>。　　（　　）
3　用事があって、明日3時に<u>来られません</u>。　　（　　）
4　ちょっとうるさいけど、<u>寝れる</u>？　　（　　）
5　上野動物園へ行ったら、パンダが<u>見れます</u>。　　（　　）
6　時間が早すぎて、<u>起きられないよ</u>。　　（　　）
7　用事があって、明日3時に<u>来れません</u>。　　（　　）
8　ちょっとうるさいけど、<u>寝られる</u>？　　（　　）
9　上野動物園へ行ったら、パンダが<u>見られるよ</u>。　　（　　）
10　時間が早すぎて、<u>起きれません</u>。　　（　　）
11　用事があって、明日3時に<u>来られないよ</u>。　　（　　）
12　ちょっとうるさいですけど、<u>寝れますか</u>。　　（　　）
13　上野動物園へ行ったら、パンダが<u>見れるよ</u>。　　（　　）
14　時間が早すぎて、<u>起きられません</u>。　　（　　）
15　用事があって、明日3時に<u>来れないよ</u>。　　（　　）
16　ちょっとうるさいですけど、<u>寝られますか</u>。　　（　　）
17　帰りが遅くなったら、生中継が<u>見られません</u>。　　（　　）
18　明日早いけど、<u>起きれる</u>？　　（　　）
19　ここは近いですから、いつでも<u>来られます</u>。　　（　　）
20　あそこ、うるさくて<u>寝れないよ</u>。　　（　　）
21　帰りが遅くなったら、生中継が<u>見れません</u>。　　（　　）
22　明日早いけど、<u>起きられる</u>？　　（　　）
23　ここは近いですから、いつでも<u>来れます</u>。　　（　　）
24　あそこ、うるさくて<u>寝られないよ</u>。　　（　　）
25　帰りが遅くなったら、生中継が<u>見られないよ</u>。　　（　　）
26　明日早いですけど、<u>起きれますか</u>。　　（　　）
27　ここは近いから、いつでも<u>来られる</u>。　　（　　）
28　あそこはうるさくて<u>寝れません</u>。　　（　　）
29　帰りが遅くなったら、生中継が<u>見れないよ</u>。　　（　　）
30　ここは近いから、いつでも<u>来れる</u>。　　（　　）
31　あそこはうるさくて<u>寝られません</u>。　　（　　）
32　明日早いですけど、<u>起きられますか</u>。　　（　　）

比較表現「AはBより〜」再考
―参照点(reference point)の観点から考える―

鈴木　智美

1. はじめに

　本稿は、日本語教育の立場から、比較表現「AはBより〜」について再考することを目的とする。「AはBより〜」は、日本語教育においては、その初級段階で取り上げられる文型[1]の1つである。しかし、この「AはBより〜」は、同じく二者間の比較の表現とされる「AのほうがBより〜」、あるいは「AとBとでは、Aのほうが〜」などとまとめて扱われる場合が多く、主要な初級日本語教科書を見ても、それらの表現との違いが、必ずしもわかりやすい形で示されているとは言えない。

　本稿では、この「AはBより〜」が、どのような時にどのようなことを述べようとする際に、その文型の文型たる意味をもっともよく発揮するのかについて考察したい。そして、この表現を日本語教育の現場で教える際には、どのような文脈・場面を設定すれば、その特徴をわかりやすく示すことができるかを具体的に考えていく。

　その際、分析の手がかりとするのは、「AはBより〜」における「B」が、「A」について述べる際の「参照点」(reference point)として機能していると考えられる点である。

2. 本稿の立場

　本稿では、たとえば「AはBより〜」という文型を「比較」を表すもの、あるいは「Vたことがある／ない」(V＝動詞)という文型を「経験」を表すもの等とするだけでは、それらの文型が、実際にどのような文脈において、どのようなことを述べる際に使われるのかということが十分に見えてこないと考える。

　「Vたことがある／ない」という「経験」の有無を表す表現ならば、たとえば経験のない人が、経験のある人から何らかの情報やアドバイスをもらいたい時、「Vたことがありますか」という質問文において、まず相手の経験の有無をたずねるという具体的な文脈・場面が想定できる。あるいは、経験がないために、あることについての知識や情報、理解などがないこと、あるいはそれを得たいと考えていることなどを述べたい時に、「Vたことがないから、〜ない（できない／わからない等）」「Vたことがないので、〜たい」などの形で用いることなどが、より具体的にその文型を用いる状況・文脈として考えられる[2]。

　本稿では、このように、ある文型・表現に対して「比較」「経験」などの「名付け」をするだけではなく、それが具体的にどのような文脈・場面において用いられるかを考えることが、その文型・表現をより的確におさえていくためには必須であると考える。これは、日本語教育においては、ある文型を授業で新しく「導入」する際に、的確な文脈・場面の設定をいかに行うかという観点から、長く現場の教員によって考えられ、工夫が重ねられてきた点であると言える。

　しかし、この観点から見ると、比較表現「AはBより〜」については、それが実際にどのような状況・文脈において、どのようなことを述べる際に用いられるのか、その具体的な用いられ方をおさえた上での授業での提示方法が、日本語教育に携わる者に共有の知見として、まだ十分に提示されているとは言えないと思われる。

3. 比較表現

日本語教育において、初級段階で扱われる二者間の「比較」の表現には、以下のようなものがある。

(1) 「AはBより〜」
　例）・北海道は九州より大きいです。
　　　・バスは地下鉄より便利です。
　　　・弟は私より速く走れます。
(2) 「AのほうがBより〜」（＝「BよりAのほうが〜」）
　例）・電車のほうがバスより速いです。
　　　・スーパーのほうがコンビニより便利です。
　　　・山田さんのほうが私より上手に中国語が話せます。
(3) 「AとB(と)では、どちら(のほう)が〜か」―「Aのほうが〜」
　例）・野球とサッカー(と)では、どちら(のほう)がおもしろいですか。
　　　　―サッカーのほうがおもしろいです。
　　　・数学と英語(と)では、どちら(のほう)が好きですか。
　　　　―数学のほうが好きです。
　　　・山田さんと佐藤さん(と)では、どちら(のほう)が速く走れますか。
　　　　―山田さんのほうが速く走れます。

教科書によっては、(1)および応答形式の(3)を扱い、(2)を独立した文型としては扱っていないものもある。あるいは逆に、(2)(3)のみを扱い、(1)を独立した文型として扱っていないものもある。また、(3)の答えの部分を(2)の文型をもって表し、(2)と(3)をまとめて1つの文型として扱うものもある。また、この他に「AはBと同じぐらい〜」(例：山田さんは佐藤さんと同じぐらい背が高いです)、「AはBほど〜ない」(例：この山は富士山ほど高くないです)などの表現が取り上げられる場合もある。

本稿で、その具体的な用いられ方を考えたいのは、(1)の「AはBより

〜」という表現である。この表現が、どのような状況・文脈でどのようなことを述べる際に、その文型の文型たる意味をもっともよく発揮することができるのかを、主として(2)の「AのほうがBより〜」との違いの観点から探っていく[3]。

4. 先行研究における分析

比較表現を扱った先行研究では、この「AはBより〜」のみを取り上げ、詳しく扱ったものは見られない。ただし、この表現の本質をとらえていると思われる記述は、既にいくつかの先行研究においてなされている。以下、安達(2001)、渡辺(1995)、松岡監修(2000)について見てみる。

安達(2001)は、比較構文の全体像を詳細に分析したものである。本稿で問題とする「AはBより〜」と「AのほうがBより〜」との違いについては、詳しく検討はされていない。そこでは、典型的な比較構文は、「XよりY(の方)がP」(P＝述語)という文型で表され、比較の対象Yが文中で主題化された場合には、「YはXよりP」になるとしている(安達2001: 2-3 下線は引用者)。すなわち、「AはBより〜」と「AのほうがBより〜」との違いは、「A」が「主題化」されるか否かにあり、基本的には、両者はいずれも典型的な比較構文ということで、同一の扱いとなっている。

ただし、安達(2001: 3)では、Yが主題化された「YはXより〜」は、Yを文の中心として、「より」で提示される基準Xとの関係において、その属性を記述するものであるとしている。これは、この文型についての的確な記述であると思われる。しかし、これが、具体的にはどのような表現意図をもって、どのような文脈において用いられるのかについては、踏み込んだ記述はなされていない。

渡辺(1995)は、「〜より」で示される比較の基準を分類・考察することを目的としたものである。同じく、本稿で問題とする「AはBより〜」と「AのほうがBより〜」との違いを求めることは、この論考の焦点ではない。

しかし、本稿の問題意識からすれば、以下のような点で有益な記述がなされている。渡辺(1995: 67-68)は、「コンパクトディスクは、シングル盤より

小さく、カセットテープより薄い」(下線は引用者)という文について、これが「コンパクトディスクについての説明」であるとし、「コンパクトディスクってどんなの?」と聞かれた時に、このように答えると分析している。コンパクトディスクの「大きさ」については「シングル盤」を引き合いに出し、次に「厚さ」については「カセットテープ」を引き合いに出すことで、その程度性を示そうとするものだとしている。

ここで、「AはBより〜」は、「Aはどのようなものか」を問われた時の答えであるとのわかりやすい位置付けが与えられており、さらに、これが「B」を引き合いに出して述べるものであるとの観察がなされている。

松岡監修(2000: 170–172)も、「AはBより〜」と「AのほうがBより〜」は、いずれもAとBの二者間の比較の表現であり、その違いは「A」の主題化にあるとする。ただし、問いに対する答えという観点から、両者の違いについては以下のようなポイントをおさえた記述もなされている。

すなわち、「太田さんは小林さんより速く走れる」(下線は引用者)は、「太田さん」が話題になっている場合に用いられるとし、これは「太田さんは速く走れますか」という質問に対応するものだとされる。一方、「太田さんのほうが小林さんより速く走れる」は、「太田さん」と「小林さん」を比べる場合に用いられるとし、これは「太田さんと小林さんとではどちらが速く走れますか」という質問に対応するものだとしている。言葉を変えて言うならば、「AのほうがBより〜」は、文字通り「AとBとを互いに比較して述べる」ものだが、「AはBより〜」は、むしろ「Aについて述べる」ものであるとの指摘がなされているものと考えられる。

「AはBより〜」という文型について、以上のような先行研究の記述からその重要な成果を抽出し、言葉を補いつつまとめると、以下の2点に集約されると思われる。

(4) 「AはBより〜」は、「A」について述べるものである。「Aはどのようなものか」という問いに対する答えを示すものと位置付けられる。

(5) 「AはBより〜」は、「A」について、「B」を引き合いに出して、それとの比較の観点から述べるものである。

これらの先行研究の成果については、まず、第一にそれを十分な形で日本語教育の現場へと還元することが必要だと思われる。しかし、さらにこの表現についての分析・記述を十分な形で行うためには、以下の2点について解決することが課題として残されている。

（6）「AはBより～」は、「A」について、どのような文脈で、どのようなことを述べようとする際に用いられるのか。さらに言えば、「Aはどのようなものか」という問いは、どのような状況・文脈において設定され得るのか。
（7）なぜ「B」を"引き合い"に出し、それとの比較の観点から「A」について述べるのか。

　上記の(6)(7)は、それぞれ(4)(5)に対するさらなる問いとなっている。
　まず、「Aについて述べる」あるいは「Aを主題とする」との分析だけでは、これは「Aは～」の形をとる表現であれば、すべてにあてはまることになってしまう。よって、この点については、あと一歩考察を進め、この「AはBより～」という表現が、主題である「A」について、どのような文脈で、どのようなことを述べる際に用いられるのかを明らかにする必要がある。このことは、「Aはどのようなものか」という問いが、どのような状況・文脈において設定され得るのかという点を考えることにもなる。
　また、この時、なぜ「B」を"引き合い"に出し、それとの比較の観点から「A」について述べるのかという点についても、合理的な記述を行う必要がある。このことも、「AはBより～」という表現の本質を探るために重要な観点となると思われる。

5. 日本語教科書および指導書等における扱い

　では、日本語教育において、この「AはBより～」という表現は、実際にどのように扱われているだろうか。違いを明確にすべきポイントとして、

「AはBより〜」と「AのほうがBより〜」の2つの文型・表現の扱い方に着目して見てみる。

　主要な初級日本語教科書、およびそれに付随する文法解説書、教師用指導書等を見てみると、その扱い方についてはおよそ以下のように分類できる[4]。

(8)　「AはBより〜」および「AのほうがBより〜」をいずれも「比較」の表現であるとし、その違いについて積極的には触れていないもの

(9)　「AはBより〜」は、「A」を主題化したもの、あるいは「A」について述べるものであるとしているもの

(10)　「Aのほうが(Bより)〜」を、「AとB(と)では、どちら(のほう)が〜か」という質問に対する答えであるとするもの

　(8)では、両者の違いは明確にはおさえられていない。(9)は、「AはBより〜」を「Aを主題とする」、あるいは「Aについて述べる」ものであるとする。(10)は、「Aのほうが(Bより)〜」を、ある特定の疑問文に対する答え方とし、「AはBより〜」との違いを示す。ただし、「AはBより〜」については、(9)の扱いと同様にとどまる。

　第4節で見た先行研究の分析と照らしてみると、「AはBより〜」が「A」について述べるものであるという点については、その成果がある程度取り入れられていると言えるだろう。しかし、これが、いわば「Aはどのようなものか」という問いに対する答えとして位置付けられるという点、またその際「Bが引き合いに出される」点については、研究の成果がまだ十分に反映されているとは言えない。また、第4節の(6)(7)で指摘したように、この表現自体の分析・記述にも、精緻化の余地が残されている。

　以下、5.1.〜5.4.にて、日本語教科書類における以上の扱いを順に確認していく。

5.1.　比較の表現としてまとめるもの

　寺田他(1998)は、日本語教師向けの指導書である。そこでは、「2つのも

のを比較する場合、『AはBより大きいです』『BよりAのほうが大きいです』と二通りの言い方ができる」(寺田他1998: 70)としており、いずれの文型も、「2つのものを比較する」表現として、基本的には同列に扱われていることになる。ただし、「AとBとどちら(のほう)が〜か」という質問に対する答えは、「Aのほうが〜」になるとしている。

「AはBより〜」の教え方の例としては、年間の月別平均気温を比べたり、それを学習者の国の気候と比較したり、人口・面積について述べることなどがヒントとして挙げられている。ただし、ある国とある国の気候・人口・面積などを比べる場合には、「どちらのほうが〜か」という概念操作をすることになると思われるため、この練習が、「AはBより〜」という表現の持つ固有性を際立たせるため最もよいものかという点については、再考の余地があると思われる。

この場合の問題点は、「AはBより〜」と「AのほうがBより〜」について、両者の違いを踏まえた、的確な指導法が提示されるに到っていない点ではないかと思われる。

5.2.「A」を主題化したものとするもの

名古屋大学日本語教育研究グループ編著(2002: 70–71)では、2つのものを比較する時、「XのほうがYより〜」というパターンが使われ、Xが文の主題(topic)である時は「XはYより〜」が使われるとしている。教科書のダイアローグの中では、明示的に「Xは」の部分は示されていないが、購入候補となるカメラが3種類ある中で、あるメーカーのカメラについて、他社のものより安いことを述べる文が示されている。

筑波ランゲージグループ(1992: 40–41)も、比較の表現として、まず2つの選択肢から1つを選ぶ「AのほうがBより〜」(あるいは「BよりAのほうが〜」)を示し、Aを文の主題(topic)とする時は、「Aのほうが」でなく「Aは」を用いるとしている。

上記はいずれも、「AはBより〜」を、比較表現「AのほうがBより〜」の「A」が、文の「主題」(topic)となったものとするものである。しかし、第4節の(6)でも指摘したように、「A」を主題として比較表現を用いて何か

を述べるということが、具体的にはどのような状況・文脈において生じるのか、それは「A」についてどのようなことを述べようとするものなのかという点について、踏み込んだ考察を行い、それを踏まえた、より特徴的な文脈・場面を示す余地があるのではないかと思われる。

5. 3. 「A」について述べるものであるとするもの

　文化外国語専門学校日本語課程編著(2000: 115)では、「A は〜より〜」を、「A について他のものと比較して述べる表現」とする。教科書本冊では、不動産屋で部屋探しをするという文脈の中で、「この部屋<u>は</u>三鷹の部屋<u>より</u>駅から近いです」という例が示されている(文化外国語専門学校編著 2000: 124-131 下線は引用者)。これは、3つの部屋が候補として挙がっている中で、その中の1つについて述べているものである。しかし、3つの部屋を互いに比較する中で、そのうちの2つを取り上げ「この部屋<u>のほうが</u>、三鷹の部屋より駅から近い」と言った場合と、この「A は B より〜」を用いた場合とがどのように違うのか、必ずしも明確にならない可能性も考えられる。

　ここでは、それ以外に挙げられている例文の方がむしろわかりやすい。たとえば、「私の国はマレーシアです。マレーシアはタイの南にあります。マレーシアは日本<u>より</u>少し小さくて、暑い国です」や、「弟さんはいらっしゃいますか」という質問に対し、「ええ、一人います。弟は私<u>より</u>3歳年下で、今、高校生です」などと答える例である(文化外国語専門学校編著 2000: 131 いずれも下線は引用者)。

　これら2つの例文では、聞き手に対し「マレーシア」あるいは「弟」について説明するという状況、およびその説明の手がかりとして、話し手と聞き手との間で知識を共有する「日本」あるいは「私」を引き合いに出すという点がわかりやすく、「A は B より〜」という表現の特徴をより的確に示しているのではないかと思われる。情報の少ないある対象について、聞き手との間に共通の理解のある別のものを引き合いに出し、それとの比較において述べるという文脈である。教師用指導手引き書には、このうち前者の例文を使って、自分の国を紹介する練習をするとよいという提案もされている(文

化外国語専門学校日本語課程編著 2000: 122)。

　市川(2005: 63)も、「東京は大阪より大きいです」は、「『東京』について『大阪』より大きいことを述べた文」とする(下線は引用者)。一方、「東京のほうが大阪より大きいです」は、「『東京』と『大阪』を比べて、『東京』がより大きいと選択した文」とする。このうち、「AのほうがBより〜」については、どのようなものを互いに比較すれば学習者の興味を引き出すことができるか、指導のヒントも述べられているが、「AはBより〜」は、それをどのような文脈において使うのかは特に示されていない。

　友松他(2000: 25-26)では、「N1はN2より」(N＝名詞)を、「話す人があるものを話題として取り上げ(N1は)、その状態を、ほかのものを基準にして(N2より)、比較して言いたいときの言い方」とする。一方、「N1よりN2のほうが」は、「2つのものを取り上げて比べ、一方が(N2のほうが)程度が上(下)であると言いたいときに使う」とされる。

　この説明は的確であると思われるが、今一歩踏み込めば、やはり「AはBより〜」は、話題となる「A」について、なぜそれを他の「B」を基準として、それとの比較において述べるのか、それはどのような状況において成り立つのかという点について、さらなる考察が必要ではないかと思われる。

5.4.　「Aのほうが(Bより)〜」を質問に対する答えとして区別するもの

　スリーエーネットワーク編著(2000: 140-142)では、「N1とN2とどちらが〈adj〉ですか」(N＝名詞、adj＝形容詞)は、「2つのものから1つを選択させる」質問であるとし、その答え方として、「N1／N2のほうが〈adj〉です」および「どちらも〈adj〉です」を示している。一方、「N1はN2より〈adj〉です」は「2つのものを比較する文型」とし、「N2を基準にしてN1の性質や状態を述べる」ものとしている。導入の例としては、2つの山あるいは国を取り上げ、その高さや大きさ、人口などについて述べる方法が提示されている。

　一方の文型を、質問に対する答えとしてわかりやすく区別してはいるものの、「2つのものから1つを選択する」ということは、当然のことながら、その2つのものを互いに「比較」した上で、いずれかを選択するというこ

とが意味される。他方、「AはBより〜」も「2つのものを比較する」ものとされており、両者の違いが必ずしも明確にされているとは言えない。

また、先行研究の成果を取り入れた解説がなされていると思われるが、今一歩踏み込めば、やはり第4節の(7)で指摘したように、なぜ「AはBより〜」は、「B」を基準として持ち出し、それとの比較の観点からAについて述べるのかという点について、さらに考察する必要があると思われる。また、2つの山や国を取り上げ比較する例は、むしろ「AとB(と)では、どちら(のほう)が〜か」という問いを設定する状況として一般的と思われ、「AはBより〜」を導入する際の例として、これが最もよいかについては、再考の余地があると思われる。

東京外国語大学留学生日本語教育センター編著(1994: 157)でも、「東京と北海道(と)ではどちらが人口が多いですか」に対し「東京の方がだいぶ人口が多いです」、あるいは「スーパーマーケットとデパート(と)ではどちらが安く買えますか」に対して「スーパーマーケットの方が安く買えます」などの例文を挙げている。

他方、「N1はN2より〜」は、文の主題(topic)であるN1について、N2と比較して述べるものとされており(東京外国語大学留学生日本語教育センター編著 2001: 88)、教科書本冊の「本文会話」の中では、ある病院について、それが別の病院より近いことを述べる文が示されている(東京外国語大学留学生日本語教育センター編著 1994: 151)。ただし、この会話では、聞き手はそれら2つの病院の名をいずれも初めて聞くようであり、「AはBより〜」が「B」を引き合いに出し、それとの比較の観点から「A」について述べるものであるということを考えると、聞き手が、引き合いに出された「B」について十分な情報を持たないという文脈が、この文型の意味を特徴的に示すものとして最適かどうか、再考の余地はあると思われる。

6. 本稿における提案

以上、第5節では各種の初級日本語教科書、およびそれに付随する文法解説書、教師用指導書等において、「AはBより〜」がどのように扱われて

いるかを見た。「AのほうがBより〜」については、「AとB(と)では、どちら(のほう)が〜か」という質問に対する答えとして、わかりやすい位置付けもなされていると思われる。しかし、他方、「AはBより〜」は、「A」を主題化したもの、あるいは「A」について述べるものであるとするにとどまり、これが実際にはどのような文脈において、どのようなことを述べる際に用いられるのかが明確に提示されているとは言えないことがわかった。

本稿では、「AはBより〜」は、「AのほうがBより〜」とは表現意図の明確に異なる文型であるとし、この文型が文型たる意味をもっともよく発揮できるよう、これを的確な文脈のもとに導入・提示するという方向を考えたい。

6.1. 「AのほうがBより〜」—AとBとの比較

まず、「AのほうがBより〜」については、多くの教科書・指導書類で既に扱われている通り、わかりやすく言えば、「AとB(と)では、どちら(のほう)が〜か」という問いに対する答えとして位置付けられる。すなわち、これは典型的には、「A」と「B」という2つのものを比べ、ある観点において、どちらがより程度性がまさっているということを述べるものであると考えられる。

この文型については、これまでにも指摘されている通り、工夫次第で、学習者の興味を引きつけるように、様々な興味深い比較を行うことができるだろう[5]。

(11) 「AのほうがBより〜」を導く問いの例
　　　—「AとB(と)では、どちらのほうが〜か」
　　夏と冬では、どちらのほうが好きか／暑い国と寒い国では、どちらのほうに住みたいか／国の料理と日本の料理では、どちらのほうが{おいしい／好き}か／都会と田舎では、どちらのほうに住みたいか／北海道と沖縄では、どちらのほうに旅行に行きたいか／ベートーヴェンの音楽とモーツァルトの音楽では、どちらのほうが好きか／料理を作るのと、料理を食べるのでは、どちらのほうが楽しいか／スポーツを

するのと、スポーツを見るのでは、どちらのほうがおもしろいか／長い小説と短い小説では、どちらのほうが好きか／日本語と××語（＝学習者の母語等）では、どちらのほうが（発音／文法）{難しい／やさしい} か／外国語を読んだり書いたりすることと、外国語を聞いたり話したりすることでは、どちらのほうが {難しい／好き} か／電話とメールでは、どちらのほうが {便利／使いやすい} か／速く走るのと、長く走るのでは、どちらのほうが難しいか／男の人と女の人では、どちらのほうが強いと思うか／子どもと大人では、どちらのほうが {自由／やりたいことができる} か／子どもをしかることと、子どもをほめることでは、どちらのほうが難しいか／小学校の先生と大学の先生では、どちらのほうが大変か／科学者と芸術家では、どちらのほうが社会に役に立つか／日本と××（＝学習者の国等）では、どちらのほうが雨が多いか／日本は、食料の輸出と食料の輸入では、どちらのほうが多いか／ガソリン自動車と電気自動車では、どちらのほうを買いたいか／レモン1個とイチゴ20個では、どちらのほうがビタミンCが多いか

気候、地理、産業等のデータをもとに事実を比較するものから、学習者それぞれの考え・意見を、その理由も含めて問うものまで、いろいろな例が考えられる。

6.2. 「AはBより〜」―Bを参照点としてAについて述べる

　一方、問題となる「AはBより〜」は、どのような時に、何を述べようとする時に使われるものなのだろうか。この表現の特徴をとらえるためには、「Bより〜」と「B」を引き合いに出して述べることに、どのような意味があるのかを考える必要がある。なぜ「A」について述べる際に、「B」が引き合いに出され、比較されるのだろうか。

　本稿では、この「AはBより〜」という表現において、「B」は「参照点」(reference point)として機能していると考える。「参照点」とは、我々が、ある対象をとらえようとする際に手がかりとして用いる、よりとらえやす

い、目標となる対象とは別の、認知的に際立った対象のことである[6]。

　日常的には、この「参照点」は、たとえば、ある建物の位置を説明しようとする際などに、我々が「その建物は郵便局のとなりです」というような表現をすることにも現れている。目標となる建物の位置を説明する際に、話し手にも聞き手にもとらえやすく、よりわかりやすい「郵便局」という目立つ建物を取り上げ、それをいわば「目印」として説明を行うわけである。この時、「郵便局」は、目標の建物にアクセスするにあたって、認知的な参照点として働いていることになる。

　すなわち、「A は B より〜」という表現の持つ特徴は、それが、「A」がどのようなものかを述べる際に、よりわかりやすい、認知的に際立った「B」を参照点として持ち出し、それを手がかりとして、目標となる「A」について述べることにあると考える。「A」が、あまりなじみのないものであったならば、それを把握するということは、先行研究でも指摘されているように、「A はどのようなものか」という問いを立て、それに答えを与えることを意味する。もちろん、この「問い」は、必ずしも具体的な「疑問文」という形で言語化される必要はない。

　以上のことを考えると、第4節の(6)(7)で示した問題点については、それぞれ以下の(12)(13)のように答えが与えられることになる。

(12) 「A は B より〜」は、典型的には、話し手が、聞き手にあまりよく知られてない「A」について、より詳しく述べようとする際に用いられる。「A はどのようなものか」という問いは、あまりなじみのない、あるいは十分な情報を持っていない「A」について、人が知識を得ようとする際に立てられる問いである。

(13) 「A は B より〜」は、話し手が、聞き手が十分な情報を持っていない「A」について、よりわかりやすい、あるいはよりなじみのある、認知的に際立った「B」を参照点として持ち出し、それとの比較の観点から目標となる「A」について述べるものである。

　このことは、日本語教育の現場では、実際にどのような文脈によって、そ

の特徴を示すことができるだろうか。たとえば、以下のような例を考えてみよう。

(14) 「AはBより～」が用いられる文脈の設定の1例
話題：日本での旅行、日本の歴史、日本の地理など
京都を知っているか、行ったことがあるかなど、まず日本国外においてよく知られていると思われる「京都」を話題として出す。次に「奈良」はどうかとたずねる。京都は有名でよく知られているが、その場の何人か（あるいは全員）には、奈良はあまりよく知られていないということを確認した上で、奈良について、たとえば以下のように説明する。
・奈良も古い町です。奈良には有名な大仏があります。外国から観光客もたくさん来ます。古くて、有名な寺や建物も多いです。奈良は、710年から784年まで、日本の首都でした。奈良は、京都より歴史が古いです。

これは、聞き手にあまりよく知られていない「奈良」について、よく知られている「京都」を参照点として引き合いに出し、奈良はそれよりも歴史の古い町であるとの説明を行う文脈を設定したものである。京都を知っている者にとっては、それとの比較によって、奈良という町の歴史の古さをとらえることを可能とする説明である。

以下、日本語教育の現場で使用する際は、それぞれ既習語彙を考慮する必要はあるが、同様の観点から「AはBより～」という文型が用いられる文脈を設定した例である。話題として取り上げられる「A」について、よりよく知られている、あるいはよりなじみのある「B」を参照点として用い、それとの比較の観点から述べることで、「A」についての理解が深まることを意図した文脈である。

(15) 「江戸」は、むかしの東京の名前だ。江戸は、今の東京より人口は少なかったが、今の東京と同じぐらいにぎやかだった。今の東京より緑

が多くて、犯罪も少なく、住みやすい町だったらしい。
(16) 絹は、「カイコ」という虫が出す糸から作る。絹で作った布は、きれいで、丈夫だ。絹の布は、木綿よりやわらかくて、ウールより軽い。
(17) パピルスは、「パピルス」という植物から作る。古代エジプトで、字を書く時に使っていたものだ。中国の紙より、ずっと前に生まれた。紙に似ているが、作り方が違う。古代エジプトでは、とても貴重なものだった。
(18) 電気自動車は、電池によって走る。排気ガスを出さないので、ガソリン自動車より環境にいい。電気自動車は、1台の値段がガソリン自動車より高い。しかし、1か月の燃料代が、ガソリン自動車より安い。
(19) イタリアと聞くと、暖かい国だと思うかもしれない。しかし、イタリアの首都ローマは、日本の青森より少し北にある。ローマの気温は、東京とだいたい同じぐらいだ。
(20) 「ハリモグラ」は、オーストラリアに住んでいる動物だ。アリやミミズを食べる。茶色で、体に固いとげ・針がある。小さいものは、アボカドより少し大きいぐらいだが、大きいものは30センチぐらいになる。
(21) 「キーウィ」はニュージーランドに住んでいる鳥だ。名前は同じだが、果物のキーウィよりずっと大きい。ニワトリと同じぐらいである。
(22) 小さい時、私と弟はよくけんかをした。私のほうが強かった。弟はいつもけんかに負けて泣いていた。でも、今、弟は私より背が高い。体も大きい。ごはんも、私よりたくさん食べる。今は、弟のほうがずっと強い。でも、けんかはもうしない。

　日本、あるいは学習者の出身国を含め、世界各地域の歴史、地理、気候、人物、生産物、珍しい動植物などについての説明、あるいはまだよく知られていない新しい機器や製品等の説明、あるいは互いに面識のない家族の紹介等の場面が設定可能である。
　実際に、このような文脈で用いられている「AはBより～」については、

以下のような実例を採取することができた[7]。

(23) ディーゼル車はガソリン車より燃費が良い。排ガスがきれいになり、導入が進めば、地球温暖化防止のためにも有効だ。

(24) 外国客が最も多く訪れるのはフランスで年間 7500 万人にのぼる。これは住んでいるフランス人の数より多い。

(25) 特に人気があるのが、白い玉ネギ。普通のものより小ぶりで甘いため、水にさらさなくても生で食べられるのが人気の理由という。

(26) 育児休業は「両親保険(フェレルドラ・フェシェークリング)法」で定められ、期間は 480 日間。[中略]税負担は重いが、育児・家族給付は手厚い。共働き子供 2 人世帯で月額約 10 万円と、日本(約 2 万 4000 円)より潤沢だ。

(27) これまでに観測された日本の最高気温は、1933 年 7 月 25 日の山形市の 40.8 度。体温より高い。

(28) 電話会見したブラウン准教授によると、太陽からの現在の距離は約 145 億キロ。冥王星の太陽からの平均距離より 2 倍以上遠い。(引用者注:冥王星の外側に発見された惑星状天体について)

(29) 縄文人が現代の日本人とどうつながるのかという問いがある。[中略]歯の大きさは、人類の進化と共に徐々に小さくなるというのが常識なのだが、縄文人の歯は現代人より小さい。

(30) プロ棋士になるのは東大合格より難しい。

(31) 旅行代理店の HIS は昨夏、50 歳以上限定で英語研修とホームステイを組み合わせた。[中略]「今のシニア層は向学心があり自己啓発を求める。一昔前のシニア像より行動力がある」と同社はみる。

(32) 「古代エジプトの時代からあったガラス工芸です。よく知られている吹きガラスより古いですよ」

(33) 今のタイプより大量の情報を記録できる DVD です。

(34) キングでは今後続々と「欧州恋愛映画」を発売する予定。韓流ドラマより手が込んでいて、次のアナ場かも。

(35) 同炭鉱には 02 年に開発した「レトパル」と名づけた戦略商品があ

る。［中略］標準的な家庭の年間使用額は 1000 ズロチ（約 3 万円）と天然ガスより 4 割安いのが売り物だ。

7. おわりに

　本稿では、比較表現「A は B より〜」について再考を行った。「A は B より〜」の「B」が、「A」について述べる際の「参照点」(reference point) として機能していると考えられることから、これがどのような時にどのようなことを述べようとする際に、その文型の文型たる意味をもっともよく発揮するのか、さらに、これを日本語教育の現場で教える際には、具体的にどのような文脈・場面を設定すれば、その特徴をわかりやすく示すことができるかを考えた。

　「A は B より〜」は、典型的には、話し手が、聞き手にあまりよく知られていない「A」を話題として取り上げ、それについてより詳しく述べようとする際に、その文型の文型たる意味をよく発揮すると思われる。話し手が、聞き手が十分な情報を持っていない「A」について、よりわかりやすい、あるいはよりなじみのある、認知的に際立った「B」を参照点として持ち出し、それとの比較の観点から述べるものであると考えられる。また、この観点から、実際に日本語教育の現場ではどのような文脈を設定することができるか、その具体的な文脈設定の例を提示し、実際に採取できた同様の実例も示した。

注

1 　本稿では、日本語教育における「文型」とは、文の構造・その枠組みをいわば「パターン」、「類型」としてとらえたものであると考える。たとえば、「北海道は九州より大きい」「地球は火星より太陽に近い」などの文からは、「A は B より〜」という「比較」の文型が抽出できる。また、「田中さんはアメリカに留学したことがある」「私はスキーをしたことがない」などの文からは、「V たことがある／ない」(V ＝動

詞)という「経験」の有無について述べる文型を抽出することができる。日本語教育における「文型」については、大石・南(1963)、奥津(1975, 1982)、川瀬(2002)等の論考に詳しい。

2　「経験」を表す文型が、実際にどのような文脈で用いられるかについては、東京外国語大学留学生日本語教育センター(以下、センター)初級総合教材開発グループにおいても、同様の点について議論した経緯がある。

3　本稿では、「AはBより〜」あるいは「AのほうがBより〜」の「B」には、いずれも名詞が立つものを考察の対象とする。「決まり通りやるのは、新しいやり方を考えるより楽だ」「富士山は自分で登るより遠くから眺めるほうがいい」「口で説明するよりやって見せたほうが早い」「試験は思ったより簡単だった」のような「V(動詞)より〜」タイプの表現は、通常初級の段階では扱わないため、ここでは考察の対象から除いておく。また「その時の気持ちは喜び(という)よりむしろ驚きだった」のような「〜はAよりBだ」も異なる文型と考え、ここでは考察の対象には含めない。

4　もちろん、日本語教育の現場で、教科書に書いてあることがただそのまま教えられているというわけではない。しかし、ある文型や表現が教科書や文法解説書、教師用指導書などでどのように取り上げられ、扱われているかということは、学習者や他の教師にも影響を与え得るという点で重要な意味を持つと考えられる。

5　ここに挙げた例のうちいくつかについても、センター初級総合教材開発グループにおいて、教材作成ミーティングの際に議論した経緯がある。

6　"reference point"(参照点)については Langacker(1993)で詳細に論じられている。

7　『CD−毎日新聞2005データ集』(日外アソシエーツ、2005年)を検索して得た結果の一部である。

参考文献

安達太郎(2001)「比較構文の全体像」『広島女子大学国際文化学部紀要』第9号　pp.1–19

大石初太郎・南不二男(1983)「〈参考〉これまでの文型研究」『話しことばの文型(2)―独話資料による研究』(国立国語研究所報告23)4版　pp.253–272(初版1963年)　国立国語研究所

奥津敬一郎(1975)「文型教育」『日本語と日本語教育(文法編)』(国語シリーズ　別冊2)pp.1–26　文化庁

奥津敬一郎(1982)「文型」日本語教育学会編『日本語教育事典　縮刷版』pp.162–165　大修

館書店

川瀬生郎(2002)「外国人のための日本語文法」飛田良文・佐藤武義編『現代日本語講座 第5巻 文法』pp.179-196　明治書院

松岡弘監修　庵功雄・高梨信乃・中西久実子・山田敏弘(2000)『初級を教える人のための日本語文法ハンドブック』スリーエーネットワーク

渡辺史央(1995)「日本語の比較表現についての一考察―比較の基準と程度性について」『さわらび』4号　pp.65-75　神戸市外国語大学　文法研究会

Langacker, Ronald W. (1993) Reference-point Constructions. *Cognitive Linguistics*.4(1): pp.1-38.

日本語教科書・教師用指導書類

市川保子(2005)『初級日本語文法と教え方のポイント』スリーエーネットワーク

スリーエーネットワーク編著(2000)『みんなの日本語　初級Ⅰ　教え方の手引き』スリーエーネットワーク

筑波ランゲージグループ(1992)『SITUATIONAL FUNCTIONAL JAPANESE VOLUME TWO:NOTES』凡人社

寺田和子・三上京子・山形美保子・和栗雅子(1998)『日本語の教え方ABC』　アルク

東京外国語大学留学生日本語教育センター編著(1994)『初級日本語』凡人社

東京外国語大学留学生日本語教育センター編著(2001)『初級日本語　文法解説〔英語版〕』凡人社

友松悦子・宮本淳・和栗雅子(2000)『どんなときどう使う 日本語表現文型200』アルク

名古屋大学日本語教育研究グループ編著(2002)『A COURSE IN MODERN JAPANESE [REVISED EDITION] VOUME TWO』名古屋大学出版会

文化外国語専門学校編著(2000)『新文化初級日本語Ⅰ』凡人社

文化外国語専門学校　日本語課程編著(2000)『新文化初級日本語Ⅰ　教師用指導手引き書』凡人社

実例検索

『CD-毎日新聞2005データ集』日外アソシエーツ　2005年

命令・依頼文の述語形式
―シナリオ資料による分析―

花薗 悟

1. はじめに

1.1. 問題

　動詞の命令形「～しろ」・禁止の形「～するな」は、話し言葉では極めて制限の多い形であるとされることがある。この動詞の命令形を述語にもつ文(「～しろ」「～しなさい」)について、たとえば、宮崎他(2002)、日本語記述文法研究会(2003)は以下のように述べる。

(1) a. 命令は、〈依頼〉と違って、行為の実行者である聞き手にその要求を受け入れるかどうかという判断の余地を与えない。行為要求の機能をもったさまざまな文のうちでもっとも強制力が強いので、話し手は聞き手に対して強制力を行使できる立場にあることが必要になる。この条件に反した命令文は、自分の立場をわきまえない、社会的に逸脱した発話と見なされることになる。…このように、「しろ」によって〈命令〉を行なえる話し手は非常に厳しく制限されている。実際、日常会話で「しろ」のような命令文は女性が使うことはほとんどないし、男性でも発話状況が整わなければ滅多に使えないと思われる[1]。…一方、「しなさい」は「しろ」に比べると使用頻度は高いだろう[2]。　　　　　　　　　　　　　(宮崎他 2002)
　　 b. 動詞の命令形「しろ」と「しなさい」は、もっとも直接的に聞き手

に行為を要求する形式である。特に「しろ」は強制力が強く、高圧的な印象を与えることが多い。　　　（日本語記述文法研究会 2003）

　ここでは「だまれ」「動くな。金を出せ」のような喧嘩や犯罪の例が想定されているのだろうか。「～しろ」「～するな」には強圧的な・脅迫的なイメージがあり、実際初級日本語教科書の中にはこの「～しろ」「～するな」の練習に強盗のシーンが用いられているものさえある[3]。しかし、実例を調べてみると「男性でも発話状況が整わなければ滅多に使えない」わけではないし、また常に「強制力が強く、高圧的な印象を与えることが多い」というのでもない。たとえば次のような例である。

（2）　実「オーッ、態度大きくなってまあ」／健一「(叩いて)心配してんだろ(それから実を押して)ちょっと向う行ってろ」／実「うん？」／健一「向う行ってろっていってんの」／実「なによ、急に」[4]

　命令文や依頼文についての研究は少なからずあるが、形式の使い分けの実態が詳細に分析されているものはそれほど多くない。実は宮崎他(2002)や日本語記述文法研究会(2003)に先行する村上(1993)において、「『～しろ』『～するな』の命令文を用いることのできる場面構造的な条件」として「①きき手にたいして絶対的に優位なたちばにあるもの②はなし手ときき手との人間関係が上下にこだわりのない仲間同士であること③はなし手ときき手との人間関係を考慮にいれる余裕のないほど緊迫した場面・状況であること」があげられ、いくつかの実例があげられている。ただし、村上(1993)は用例を小説の会話文からとっており、採取した作品も明治期から昭和にわたる。本稿はそれらとは異なるテレビドラマのシナリオに資料をとり、命令文と依頼文の文末形式がどのように使い分けられているかについて調べることにしたい。

1.2.　考察の範囲

　本稿は意味的・概念的に要求をあらわす表現のレベルでの要求表現全体[5]

ではなく、文の構造＝陳述的なタイプとしての命令文・依頼文をあつかう。これら「〜しろ」「〜しなさい」「〜してくれ」「〜して．」「〜してください」[6] は2人称主語で命令形(あるいはそれに相当するもの)を述語にもつ文の体系であり、上下関係、話し手利益か聞き手利益か中立的かという文の事柄の性質などによりさまざまに使い分けられている。これらを一括して「さそいかけ文」、「〈働きかけ〉の文」などとよぶことがあるが(奥田1985、仁田1991)、本稿では「〜しろ」「〜しなさい」の命令文、「〜してくれ」「〜して．」「〜してください」の依頼文をあわせて命令・依頼文と言及する。

以下、これらの形式がどのように使い分けられているかについて記述するのだが、話し手の性別、聞き手の性別、親密であるかそうでないかなどの要素が複雑に絡み、登場人物の限られた本稿の資料においてさえ考慮すべき変数は膨大である。よってまず親しい間柄(友人・家族)とそれ以外に分け、2で親しい間柄の場合について考察し、3で親しい間柄ではない場合について見る。それぞれを話し手が男性と女性の場合にわけ、聞き手の違いを問題にすることが必要なものについては聞き手を男女別に分けて考察する。

1.3. 資料

テレビドラマのシナリオである山田太一『ふぞろいの林檎たち』(1985年)から全例を採取し、資料として用いた。その他全用例を採取した作品もあるが、今回は限られた登場人物内でどのような使い分けがなされているかに注目したいため、上述の資料以外は補助的に参考にするにとどめた。シナリオを用いたのは、自然会話の文字起こしには命令・依頼文の使用が限られているためである。なお、資料の性格が記述にどのような影響を与えているかについては最後にふりかえることにする。

2. 親しい間柄の発話

2.1. 男性の男性に対する発話
2.1.1. 「〜しろ」「〜するな」

次のように、ごく親しい(あるいはがさつな)関係の男性の友人同士(『ふぞ

ろいの林檎たち』の健一・良雄・実[7]の会話においては、命令・依頼文の中で「〜しろ」「〜するな」が最も多く用いられている。

(3) a. 実「一人で、いい調子で結構なこったよ(と出て行こうとする)」／健一「ちょっと<u>待てよ</u>(と掴み)これから俺ンとこ来ねえかよ(良雄にも向って)ヘネシーのV・S・O・Pがあんだよ。昨日貰っちゃってよ」
b. 健一「実」／良雄「いいよ、<u>ほっとけよ</u>。頑張ってのし上った方がいいよ」／健一「のし上るってほどの(ことじゃ)」
c. 健一「食わねえか、これ(と畳に置かれたピーナッツをさす)」／実「おう、<u>食え食え</u>。この倍ぐらいあってよ、八百円だぞ」／健一「気持わるくなった」／実「食いすぎだよ。とまらねえんだから」
d. 実「(腕時計を見て)二時四十五分まで。あと二十七分しかつき合えねえからな」／良雄「何度も<u>いうな</u>」

これらの例では特に「強制力は強く」ないし「高圧的な印象」が感じられるわけでもない。むしろ村上(1993)のいうように「仲間としての平等さ・したしさ」が表現されていると見うる。後に見るように(3)の発話者の間では「〜してくれ」「〜して．」の使用が少ないが、これは逆にそれらの使用がよそよそしさを表現してしまうからだろう。注意すべきなのはこの「〜しろ」は発話は話し手が男性であると同時に聞き手がごく親しい同性に限られていることである。聞き手が女性であったり(→2.2.4)、男性であっても親しい関係ではない間柄における「〜しろ」「〜するな」の使用は強圧的な響きをもつことが多い(→3.1.1)。また、(3)のような「〜しろ」「〜するな」を普段用いる親しい間柄でも、これらが強圧的に響く場合もある。

(4) a. 実「ゴミも一緒に拾っちゃうだろ。ゴミみてェなもんなんだから」／良雄「<u>さがせ</u>(と名簿とノートをまとめる)」／実「<u>さがせ</u>？」／良雄「いま何処にいるか<u>さがせ</u>」／実「<u>なんでお前がでかい口きくの？</u>」

b. 健一「(つきはなし)よんで来い。あの子、呼んで来なきゃ半殺しだぞ、手前」／実「<u>当るな</u>、バカ。親に冷たくされたからって、俺に<u>当るなッ</u>！」

以上のように、男性の親しい間柄であることが「〜しろ」「〜するな」の使用を常に高圧的でなくするというわけではない。女性が用いる「〜して.」(「〜しないで.」)が柔らかい調子のものからきつい言い方までさまざまなものでありうるのと同様である。

上のような「〜しろ」「〜するな」(さらには命令・依頼文全体)がどのような感情的意味をもつかについて、状況・文脈はもちろん、おそらくイントネーションが大きな役割をはたすのだが、本稿では取り上げる準備ができていない[8]。また終助詞についても述べる必要があるのだが、これについても今回は触れることが出来なかった。

2.1.2. 「〜しなさい」

親しい仲間内では用いないものと思われる。実際、このシナリオでも男性の発話としては社会的に上の位置にあるものが下のものに用いている例が見られるのみである(→ 3.1.2)。

2.1.3. 「〜してくれ」

2.1.1. で見たように普段「〜しろ」を用いている男性の登場人物の間では以下のような「〜してくれ」の使用は「〜しろ」に比べてずっと少なかった。

(5)a. (良雄は自分たちのサークルで計画していたハイキングに行こうとしない実と健一を非難している)良雄「ここまで来て、行かねえっていうのは、ひどいよ」／実「そうだけどよう」／健一「バイト入って来てよ」／良雄「見えすいたこというなよ」／良雄「きたねえよ、そりやあ(健一に)きたねえよ、そんなの」／実「<u>行ってくれ</u>

よ。悪いけど、あの肥ったのと山登って一日つぶす気には、なれねえんだ」

b. 耕一[9]「これから、宿の清算してな、久し振りだし二人で外で夕飯食おうと思ってる」／良雄の声「(電話を通した声で)そりゃそうするといいよ」／耕一「ああ、で、それから帰るけど」／幸子「(ベッドで、横になって、目をあけて動かない)」／耕一「お母ちゃんに、事前に、<u>いっといてくれ</u>。不意だと、制御きかないからな。…」

2.1.4.「〜して.」

「〜して.」の形式は要求をあらわす形式として男女を問わず幅広く用いることのできるものであるが、この資料中では男性が親しい同性に対して用いている例はなく、さほど親しいとはいえない知人に向けられたものしか見られなかった(→ 3.1.4)。

2.1.5.「〜してください」

この形式も友人や家族などの親しい間柄では用いられていない。

2.2. 男性の女性に対する発話
2.2.1.「〜して.」

男性の親しい女性に対する命令・依頼の形式としては、次のようなやや丁寧に親しみをこめて言う場合の「〜して」が多く見られた。

(6) a. 良雄「学校まで二十分あれば行くから、三十分後に、ぼくの家に電話くれる？いたかいないか、いっとくし、君の方も<u>いっといて</u>」／陽子「分った」

b. 陽子[10]「そう」／●公衆電話ボックス／健一「これからも、<u>つき合ってよね</u>」

c. ●寮・電話室　陽子「じゃ」／●公衆電話ボックス　健一「<u>切って</u>」

d. 実「俺はね、一点、ただ一点でまいってる。俺、病院駄目、病人駄目、ああいうとこ行くと、悪いけど、病気になっちゃうような気がして、すっごく弱いわけ」／健一「だからな」／実「<u>聞いてよ</u>。俺のいうこと<u>聞いてよ</u>」

e. （弟から兄嫁）幸子「へえ」／良雄「へんな風に<u>言わないで</u>。兄ちゃんに」／幸子「言わない。でも、良雄さん、あの人好きでしょ？」

ただし友人や家族に対してでも、理不尽に威張っているような関係では「〜しろ」を使用している場合がある。（→ 2.2.4）

2.2.2. 「〜してください」

2.1.5 と同様、目上に対する場合が見られたのみであった（→ 3.2.2）。

2.2.3. 「〜してくれ」

2.2.1 で見たような「〜して．」を用いることの出来る関係の場合、「〜してくれ」が用いられると感情のこもった発話となる。

（7）a. …陽子「（間）心配して、一緒にいて、バカみたわ。帰るわ。（と立つ）」健一「待てよ」／陽子「──」／健一「一人に<u>しないでくれ</u>」／陽子「どういうこと？」／健一「一人に<u>しないでくれ</u>」

b. 綾子「ああ、私なんかといるの、見られたくないんだなあって」／実「あてこすり<u>いわないでくれよ</u>」

2.2.4. 「〜しろ」

2.2.1 で見たような普段「〜して．」を用いる親しい関係の女性に対して「〜しろ」「〜するな」が用いられている場合、多くは強い不満・不快、怒りをもって発話される場合である[11]。

（8）a. 夏恵「（まともには見ず、嘲笑的でもなく）歌舞伎町へ来たじゃない」／良雄「でも──そんなの嫌なんだ。そんなこと<u>いうなよ</u>！

(と玄関へ)バカにすんなよッ(と悲しい)」
    b. 陽子「かけて」／健一「命令するなよ(と、立って、窓をあける)」／陽子「命令って」／健一「大体俺は、ああしろこうしろっていう女は大嫌いなんだ」
    c. 愛子「親に、なにいうの」／耕一「親でも許せねえことがあるよ。俺を見ろ。何をいったんだ？あいつは何処へ行ったんだ？何故帰って来ないんだ、お母ちゃん！」

　ただし、(2.2.1で言及したように)相手を見下しているような関係では男性が普段から「〜しろ」を使用している場合があり、かなり尊大な印象を与える[12]。

（9）a. 知子[13]「仲手川さん、来てるの、知ってるわね？」／…実「そんなこと、早くいえよ、バカヤロ(と小さくいって、階段を上る)」
    b. 綾子「──」実「帰れよ。教室の外で待ってるなんて、焦ったよ。そんなことするなよ。みんなの、いい笑いもんじゃねえか。…」

2.3. 話し手が女性の場合
2.3.1. 「〜して」
　女性は男性に対しても女性に対しても基調として「〜して」の形式を用いている。(10)〜(12)は男性に対しての発話、(13)〜(14)は女性に対しての発話である。相手を気遣ってのもの(→(10))にも、高圧的な、あるいは感情を込めて発話しているもの(→(12)、(14))にも同じように「〜して」が使われている。

(10)　健一「ううん。少しは仮眠するから」／●寮・電話室　陽子「気をつけて」
(11)a. 晴江「ほんとは、すごいこと考えてたんでしょう？」／実「いやあ」／晴江「教えて」／実「え？」／晴江「どういうこと考えてるか、教えて」

b. 健一「(外出するための仕度。小銭入れをポケットに入れたりする)」／実「やめとけ。行くなよ」／陽子「よして。お願い」
   c. 綾子「あら」／実「こんなもんでよ。あいつの気なんかひくなよ(といいながら、どんどん道へこぼす)」／綾子「そんな──やめて(と拾おうとするが追いつかない)」
(12)a. 健一の声「おい」／陽子の声「(怒った大声で)おいなんて気安くいわないで(ガチャンと切る音)」
   b. [良雄は夏恵に修一と同棲している部屋に招かれている] 修一[14]「じゃあ、どういうこと？」／夏恵「教えてやってよ。この人に教えてやってよ。どうやったら、平気になれるか。どうやったら、女がなにしようと平気でいられるか、教えてやってよ！」
(13)a. 陽子「いいじゃない、もてて」／晴江「意地悪いわないでよ、自分はいい調子で」
   b. 晴江の声「内定とり消しになるようなこと、する気ないんだと思うな」／陽子「ケチばっかりつけないで」
(14)a. 晴江「ひとりでいたいわ。たまには一人で、じーっと、いろんなことを考えてみたいわ」／陽子「だったら、勝手にして(とメッセージの紙をほうってベッドにころがる)」
   b. 陽子「やきもちやいて、いいたいこといわないでよ！」／晴江「やきもちだって！やきもちだって！(と毛布をぶつけ、枕をぶつける)」

2.3.2.「〜してください」「〜してちょうだい」

 「〜してください」で女性が親しい相手に対して用いている例は見られなかったが、「〜してちょうだい」ではいくつか例が見られる。

(15) 良雄「だっていまは、東大の経済だよ。太田サイクルは、全然反対じゃない」／愛子「いいから、早く行って頂戴。新しい自転車の宣伝で、歌手が来たりして、大変なんだって」

2.3.3.「〜しなさい」

「〜しなさい」において男性では目上から目下への発話しか例がなかったが、女性では親密な関係でかつ立場的に対等の相手に対する次のような例が見られた。

(16) a. 陽子「そうよ。小さくたってやり甲斐のある仕事まかされた方がいいわ」／健一「そういうことは思わねえんだよ」／陽子「<u>かけてみなさい</u>よ。かけなきゃ分らないわ」
　　 b. 綾子「そんな、いじけちゃ駄目よ。私<u>みなさい</u>よ。私に夢中になる男性なんているわけないって、そう思う時の淋しさ、あなた、分る？」

これは村上(1993)のいう「相手を年下あつかいにしてお姉さんぶった言い方」のような発話であろうか。また村上は、「〜しなさい」が(男性同士の「〜しろ」と同じように)「社会的な地位とも、年齢や意識の上下とも無縁である」女性同士で見られるとしているが、そのような「若い女性同士の会話の例」は今回調査した資料には見られなかった。

2.3.4.「〜しろ」

これまで指摘されてきたように、女性の登場人物は「〜しろ」での発話をしていない。使用するとしても次のような引用されたもののみである。

(17) 陽子「無理は、よくないわ」／健一「土屋っていう、俺を入社させるっていってる部長が、昼飯にアメリカ人をよんだっていうんだ」／陽子「そこへ<u>来い</u>って？」／健一「ああ」

3. 親密な関係ではない場合

3.1. 男性の男性に対する発話
3.1.1.「〜しろ」「〜するな」

2.1.1で述べたように男性であっても親しい関係ではない間柄における「〜しろ」「〜するな」の使用は通常、強圧的な響きをもつ。

(佐竹は大学内で健一・良雄・実と対立しているグループのリーダー)
(18) a. 佐竹「へへ、ブス集めて、学校を笑いもんにするなよなッ」／健一「黙れ、この野郎！」
　　 b. 実「知らねえもん」佐竹「(胸ぐらをつかみ)よっく岩田にいっとけ、いつでも相手になってやるってな」
　　 c. 佐竹「(狂暴に)なんだと、この野郎(と胸ぐらつかんで、ドドッと壁かなにかに実を押しつけ)神聖なるキャンパスによ！こんなブス連れて来て、じゃれるなよ、こんなブス、笑わせるんじゃねえよ！」

目上から目下への発話(会社の上司に相当する人物)にも見られるが、会社の業務に関することや聞き手利益の行為である場合には強圧的なものではない(3.1.2、および3.1.3も参照)

(19) 土屋[15]「マン・ツー・マンを頼んである。毎晩七時から九時まで」／健一「はあ」／土屋「明日の七時に行け。行けば分る。EMSだ。(と行こうとする)」／健一「あ、明日からですか——」

3.1.2.「〜しなさい」
目上が目下のものに用いている以下のような例が見られた。

(20) (健一が警備の夜回りをしている時、尋常ではない様子の土屋を心配して土屋の部屋に居座っている)土屋「余計なことをしなくていい。行きなさい」／

健一「──」／土屋「行きなさい」／健一「いえ。お茶だけ、いれます。お湯まだ熱いようですから(とかまわず仕度)」／土屋「──(見ている)」／健一「──(仕度をしている)」／土屋「茶なんかいらん。出ていきなさい。出て行くんだ」／健一「──(かまわず仕度をしている)」

3.1.3. 「〜してくれ」

　3.1.1. で見たように「〜しろ」を用いることのできる親しい友人の間では「〜してくれ」の使用は「〜しろ」に比べてずっと少なかったが、親しい友人とはいえない知り合い程度の男性に対するものか(→(21))、あるいは同年代の初対面に対しての次のようなもの(→(22))が見られた。

(21)a. 修一「(ひっぱられて来て、手をはなされて立ち止り)なに？」／良雄「今夜、あの人呼んであるんだ」／修一「え？」／良雄「あんたのために呼んだんじゃない。あの人──見ちゃいられないからだ」／修一「──」／良雄「あんたが来るっていってある」／修一「──」／良雄「いてくれよ」

　b. 良雄「(強引に入ったのだが、靴を脱ぎ、上ったところで立って修一の動きを見ている)」／修一「全部やるっていってくれ(蒲団を隅へ)」／良雄「全部って──」

(22)［サークルの説明会の席上で初対面の男子学生に対する発話］健一「…(二人残っている学生に)あんたらもよ、嫌なら出てってくれよな。いるならガッチリ三千円貰うぞ。男は一人三千円だからな…」

　また、普段「〜しろ」「〜しなさい」を用いていた目上から目下への関係でも、言いにくいことを告げに行くシーンで「〜してくれ」に変化している場合があった(cf.3.1.1、3.1.2)。

(23)［無名大学の健一を強引に採用しようと奔走していた大企業の部長土屋がそれに失敗したことを言いに健一の下宿を訪ねて］土屋「なにもいらない」／健一

「ええ。トマトジュースなら、あるんですけど」土屋「こっちへ<u>来てくれ</u>」／健一「はあ」／土屋「<u>座ってくれ</u>」

3.1.4. 「～して．」
2.1.4でのべたように親密な関係では男性が同性に対して「～して．」用いている例は少なく、発話の総量ではかなり少ないはずの親しいとはいえない知人同士においての方がむしろ多かった。

(24) a. 良雄「そういうわけでもないけど」／修一「<u>あがってよ</u>」
  b. ［急に電話をしてきた修一に対しいらだって］良雄「呑気なこと<u>いって来ないでよ</u>。変えたきゃ、靴下でもシャツでも変えて下さいよ。助けが欲しいのは、こっちだよ！（と切る）」

3.1.5. 「～してください」
目上に対する場合や面接の席上やパーティの挨拶、招待状などあらたまって言う場合の例が見られた。

(25) ［健一の下宿を訪ねてきた大企業の部長土屋にけんかで殴られたことの言い訳をしょうとして］土屋「座ってくれ」／健一「（そのいい方に、ドキリとし）あの、事情を<u>聞いて下さい</u>。ただ、バカみたいに、殴り合ったわけじゃないんです。今後、こういうことは、絶対ないつもりですんで（一礼）」
(26) a. 健一「前にここでバイトやっててね、マスターに顔きくのよ。大丈夫、全部まかして。安心して、<u>のみ食いして下さい</u>（一礼）」
  b. 健一の声「仲屋酒店でひらきます。会費はいりません。夕食<u>食べないで来て下さい</u>」

3.2. 男性の女性に対する発話
3.2.1. 「～して．」
「～して．」は親しい関係でないと用いにくいものなのだが、年上から年下

に親しげに呼びかけているものがあった。ただし、これは親密な間柄に一歩ふみこんでいるものといえるかもしれない。

(27) [突然自分の店に来た自分の弟に好意を寄せている若い女性に対し] 耕一「いいのいいの、谷本さんだったね」/綾子「はい」/耕一「来たこといっときます。また、遊びに<u>おいでよ</u>」

3.2.2.「～してください」
　3.1.5 と同様、目上に対する場合や店員の客に対する会話などあらたまっていう場合に用いられている例が見られた。

(28) （友人の母である愛子に）実「そう。俺と仲手川とこいつなら、二百人や三百人の集会、オッケですよ」/健一「<u>やらして下さい</u>」
(29) 耕一「（ちょっと異様な印象を受けるが）あ、じゃ、ここへ<u>置いて下さい</u>（とレジの傍の台を指しながら、レジへ）すいませんね」

3.2.3.「～してくれ」「～しろ」
　例は見られなかった。

3.3. 話し手が女性の場合
3.3.1.「～して．」
　(30a)は初対面の客と従業員との関係における発話である。(30b)は看護婦と患者との会話だが実質的に"内の関係"になっているのだろうか。

(30)a. （マッサージパーラーでの従業員の夏恵と客の良雄）夏恵「（下半身をかくすようにしている良雄の手を握り）<u>横になって</u>」/良雄「ええ」/夏恵「<u>手をどかして</u>」
　　b. 年輩の看護婦「そういう時が一番怖いの」/幸子「<u>おどかさないで</u>」

3.3.2. 「～してください」「～してちょうだい」

3.1.5でみた「～してください」と同様、女性の用いる「～してください」も初対面や受付などの公的な発話においてのみ見られるものであった。また、ここでも「～してちょうだい」が見られた。

(31) ［寮の共用電話に電話してきた実に対し名前を明かさずに］晴江「<u>いってみて下さい</u>。どういうおつき合いですか」
(32) a. 邦子「（台所の方から）よろしいんですか？（と気持よく遠慮する）」
     愛子「ええ、<u>座って頂戴</u>、ここら」
   b. ［良雄は自分の家で経営する店で店員として中年の女性客に上の空で対応している］良雄「―――（思わず、その誰もいない店先を見て立ってしまう）」／中年の女性客「どうしたの？ちゃんと<u>商売して頂戴</u>」

3.3.3. 「～しなさい」

例はほとんど見られなかった[16]。

3.3.4. 「～してくれ」「～しろ」

親しい関係におけるものと同様、「～しろ」（「～するな」）の使用は見られない。

4. まとめ

4.1. 資料中にあらわれた数

資料中にあらわれた数を表で示すと以下のようになる。

4.1. 資料中にあらわれた数
資料中にあらわれた数を表で示すと以下のようになる。

			～しろ／～するな	～しなさい	～してくれ	～して	～してください	～してちょうだい
男性	親密な関係	男→男	140	0	6	4	0	0
		男→女	14	0	13	22	0	0
	親密でない関係	男→男	25	7	12	2	11	0
		男→女	0	0	0	6	3	0
女性	親密な関係		0	7	0	57	1	8
	親密でない関係		0	1	0	7	6	1

注：・引用されたものは含まない。
・聞き手が複数でありかつそれが男女を含む場合には主にどちらをめざしての発話であるかを考えてふりわけた。

上の表からも男性が親密な友人へなら「～しろ」を用いることには抵抗はない、女性へは「～して」が基調である、女性の命令・依頼の発話は「～して」が多様されていることなどがわかるだろう。

なお、男性の発話についてのみ聞き手を男性と女性とに分けたが、これは主に男性の発話では親しい関係では聞き手に応じて「～しろ」「～してくれ」「～して」が使い分けられているが、女性の発話では「～して」が中心で使い分けが男性に比べれば少ないからである。ここから男性は命令・依頼文の述語形式を使い分ける傾向がより多いということにもなるかもしれないが、分析したシナリオの登場人物の多くが男性であったこと、また分析を要求表現全体ではなく文タイプとしての命令・依頼文に限定したことが影響している可能性がある。女性がより多く登場する作品を資料に用いる、また「～してくれない？」など他の要求表現を視野に入れた上で最終的な結論を出すべきなのだろうと思われる。

4.2. 資料の性格

最後に資料の性格について考えたい。シナリオの一作品が現代日本語（東京方言）の実態をどこまで反映しているのか、という疑問も当然出てくるだ

ろう。ここにあらわれた命令・依頼文をそのまま現代日本語におけるそれらの使用の実態と見なしているわけではない。シナリオにおけるそれぞれの発話は作家によって造形された登場人物の"キャラクター"を反映しており、偏りをもつものだろう。実際、筆者自身は親しい男性の友人に対し「〜しろ」「〜するな」を用いはするが、この作品の登場人物ほどは使わない気がする。むしろ、このシナリオでは例の少なかった「〜して．」や、「〜してくれない？」など質問文による依頼の方を多用するのではないかという直観がある[17]。また、親友に対して丁寧語を普通に用いる人もいるだろう。

とはいえ、自分は使わないとしても、そのような話し手が存在することは予測できる程度の自然さはもっていると思われる。日常会話を採取したとしても、地域的・社会的な変異によって「自分でもいう」「こんなふうには自分はいわないが聞いたことはある」「明らかに特殊な言い方である」などのレベルの発話がさまざまにあるのではないだろうか。

以上のようなことを考慮すれば、キャラクターが誇張されている可能性があるとはいえ、本稿で分析した命令・依頼文をその使用のひとつのヴァリエーションであると考えることはできる。逆に本稿で試みたように作品を限定することによって、登場人物間の発話のダイナミックな移行の過程をある程度は浮き彫りにすることができたのではないかと思われる。すなわち、これを日本語の使用の実態そのままだと勘違いしなければ一作品のシナリオの分析にもそれなりの意味はあると考えられる。今後は本稿で使用したものとは異なった人間関係の登場人物があらわれるシナリオや自然会話コーパスなどさまざまなジャンルの資料から命令・依頼文の使用される実態を記述し、ここで分析した使用の実態が現代日本語のさまざまなヴァリエーションにおける命令・依頼文の使用の実態にどのように位置づけられるかを考えていかなければならない。

注

1　この部分の脚注において「終助詞『よ』が用いられると事情が変ってくる。この章の

3.3を参照のこと」と述べ、当該の節で「文の機能」に「微調整が加えられ」る実態について述べているが、そこにあげられている例(「電話ぐらいしろよ、遅れる時はな…」「出歩くときには注意しろよ。俺も気をつけておくが、蓮見さんたちを巻き込んじゃいけないからな」)は「よ」が付着しなくても可能であると思われ、終助詞「よ」が付着する説明とはなっていない。そこで議論されていることは文の事柄の示す事態が未実現か既実現かで命令文の意味が異なりイントネーションも変わってくるという問題であると思われる。

2 本稿のデータではむしろ「〜しろ」にくらべてかなり少ない。別の種類のテクスト(たとえば、親子間の発話が多いものなど)を集めれば数は多く集まってくるのだろうか。

3 スリーエーネットワーク編1998『みんなの日本語』本冊Ⅱ(33課)の練習1。

4 実例の引用について『ふぞろいの林檎たち』については特に記さず、その他の作品は原則として著者とともに示す。なお、スペースの都合上、改行を「／」で示す。

5 語用論の概説書などでしばしば指摘されるように、"行為要求"は命令文や依頼文だけでなされるのではない。話し手利益の行為を行うかどうかを問う(「来てくれる?」)、相手の能力を問う(「時間わかりますか?」)、話し手の願望をあらわす(「今日会いたいな」)、話し手がより満足のいく条件を示す(「君が来てくれると嬉しいんだけどなあ」)など間接的に要求をあらわすさまざまな表現が用いられる。これらは「要求表現」として一括することができるのだが、平叙文であったり質問文であったり、また条件的な複文であったりと形式的にさまざまであり、概念あるいは表現のレベルでのものであるといえる。

6 「〜するな」は否定の「〜しろ」に相当する形として扱い、それぞれの否定形式「〜しないでくれ」「〜しないで.」「〜しないでください」も「〜してくれ」「〜して.」「〜してください」と同様に扱う(「〜しなさい」の否定の形は見られなかった)。

7 健一(リーダー格の骨太な二枚目)・良雄(線の細い二枚目)・実(3人の中では道化的な三枚目)は大学名にコンプレックスを抱いている(学歴コンプレックスがこのドラマの主題である)学校の同級生という設定である。

8 村上三寿(1993)も注で「命令文のイントネーションについては、まだまだわからないことがおおく、とくに接辞「よ」のイントネーションと命令文のふくみ・意味あいのつくりだしのしくみについては、わからないことがおおい」としている。

9 耕一は良雄の兄で酒屋の長男。その妻(幸子)が病弱で子供が出来ないことに母(愛子)は強くいらだって、かなり陰湿にいじめている。

10 陽子・晴江・綾子は健一・良雄・実の恋人、あるいは恋人候補である。

11 あらわれた数量では男性の用いる「〜して.」よりも多くあらわれているのだが、このドラマでは女性相手にかなり激昂するシーンが多いからだろうか。
12 (9)で「〜しろ」の発話をしている登場人物(「実」)の他の発話を観察してみると、「実」は他の女性には「〜して.」を用いている。聞き手によって「〜しろ」「〜して.」を使い分けていることにより尊大な態度が表現されてしまうのだろうか。
13 知子は実の母親で実は暴君のようにふるまっている。また綾子は実の交際相手だが、他の好意を寄せている女性に相手にされないのでつきあっているという設定である。
14 修一は一流大学を卒業後、やや怪しげな研究所で高収入を得つつ、大学生の夏恵と生活費を折半しながら高級な部屋で同棲しているという設定であり、やや奇矯なエリートとして描かれている。良雄は夏恵に恋心を抱いている。
15 土屋は健一が夜警のアルバイトとして派遣されている一流会社の部長。夜警の見回りに来た健一を見込んで、一流とはいえない大学の健一を無理に自分の会社に入社させようとしている。
16 「〜てちょうだい」を基調としている関係で「〜しなさい」が用いられている例(邦子「でも、耕一さんは、奥さんを」愛子「大丈夫。これで、ひと月ぐらい女房がいないでいて御覧なさい。あなたが毎日来て、一緒に働いたり御飯食べたりしてりゃ、男なんてモロいもんよ。多少いまいましいけど、なんかの拍子にクルっとあなたの方を向いちまうに決ってるの」)があったが、これは(「一度行ってみろ、よくわかるぞ」のように)で仮定を表しているものである。
17 恩恵を表す形式の質問文による依頼もこの作品にはそれほどあらわれなかった。全体で「〜してくれる?」が5例(修一「(良雄へ)悪いけど、帰ってくれる?」など。「〜してくれるね」などの確認も含む)、「〜してくれない?」4例である。

資料

山田太一『ふぞろいの林檎たち』(1985年大和書房刊、資料には1988年新潮文庫版を使用)

参考文献

奥田靖雄(1985)『ことばの研究・序説』むぎ書房

工藤浩(2000)「副詞と文の陳述的なタイプ」『日本語の文法3　モダリティ』岩波書店
柏崎雅世(1993)『「日本語における行為指示型表現の機能』くろしお出版
佐藤里美(1992)「依頼文」言語学研究会編『ことばの科学5』むぎ書房
仁田義雄(1991)『日本語のモダリティと人称』ひつじ書房
日本語記述文法研究会(2003)『日本語記述文法4　モダリティ』くろしお出版
宮崎和人・安達太郎・野田春美・高梨信乃(2002)『モダリティ』くろしお出版
村上三寿(1993)「命令文」言語学研究会編『ことばの科学6』むぎ書房

［付記］　草稿段階でコメントをくださった宮城徹氏(センター准教授)、また原稿を読んで貴重なご意見をくださいました柏崎雅世先生に感謝いたします。

日本語母語話者・非母語話者によるターンの協同的構築にみる相互行為の身体性

池田　智子

1. はじめに

　人と人との相互行為が言語だけで成り立っているわけではないということは、現在、広く認識されるところとなっている。そこで重要な役割を果たす「ことば以外のもの」は、発話に伴う音声情報から視線・頭・手の動き、身体の位置、モノの配置や利用などにいたるまでさまざまであるが、これらのいわゆる「非言語」と言語を切り離して研究対象とすることの問題点は以前から指摘されてきた (Kendon 1972, Streeck and Knapp 1992)。この２つを分けて考え、どちらか一方を扱うだけでは、多面的な相互行為全体を理解することはできない。それは以下の例を見ても明らかだろう。

　(例1) は日本人大学生と留学生数人ずつの会話からの抜粋で、母語話者N1が「猿岩石」というタレントの話題を持ち出した直後に、いったんそれに対してあいづちを打った別の母語話者N2が、何の反応も示さない留学生R1とR2の間で視線を移動させながら説明しているところである。この直前、N2の視線はN1に向けられている。(トランスクリプトで使用されている記号については章末の記号一覧を参照のこと。発話以外の行は、その下の発話部分に対応している。)

(例1：猿岩石)

```
                    x---R1--        x--R2-- x---------------R1-----------------
01  N2：なんかさ –(...)  猿岩石ってあの：：  ヒ、ヒッチハイク
                    x---N2-----------
02  R1：ん：ん：ん：  ((■でうなずく))
                    x---R2---------------
03  N2：ヒッチハイクで：：  ((■でうなずく))
                    x---N2-----------------
04  R2：ああ：：：：は、はい  ((■で頭を上方向に動かす))
                    ---R2------x x----R1----x    xR2x-R1- x--R2----  x---R1------
05  N2：あの(..)ユーラシアたいりく(..)なん–横断？香港から：：：イギリスまで
              ↑a                    ↑b       ↑c
```

((■a：両手で空中に台形を描く))
((■b：人差し指を伸ばした右手／腕を肘を軸に左から右に振り切る))
((■c：右腕をさらに前方に伸ばす))

(Ikeda 2007: 190　翻訳は筆者)

このシークエンスの直前までは「猿岩石」の名前を持ち出した日本人学生N1のほうを見ていたN2が、うなずきやあいづちなどの反応を全く見せない留学生2人に視線を移動させ(1行目)、その後3行目、5行目まで視線を2人の間で行きつ戻りつさせながら様子をうかがっているのが見てとれる。このことは、N2がR1とR2のために言葉の説明を始めたのは、彼らの「外国人性」およびそれと結びついていると考えられる「背景知識の欠如」を前提としていたわけでも、母語話者によるそのような前提を分析者が自明のものとしてN2の行為を解釈しているわけでもないことを示している。つまり、実際の相互行為の非言語的側面から、「猿岩石」がR1とR2にとって未知のものであり、それを母語話者N2が認識しているということが読み取れるのである。

N2が1行目でR1を見ながら言った「ヒッチハイク」という外来語にR1

がうなずきとあいづち(2行目)で応じると、N2はR2に視線を移し(つまり新たな聞き手を指名し)、「ヒッチハイク」ということばをリサイクルして次に進む。N2のこの発話と共起する2回の頭の縦振りは、聞き手のあいづちやうなずきがさらに話し手のあいづちとうなずきを誘発するという現象(池田・池田1996、ザトラウスキー2000)だと思われる。つまり、3行目でN2は「ヒッチハイクで::」という「言語」を通してR2に、頭の縦振りという「非言語」を通してR1に、同時に語りかけているわけである[1]。さらに、5行目に見られる描写的ジェスチャー(depicting gesture, McNeill 1992)は共起する発話とともに留学生の理解を助けるべくデザインされていると言える。

1.1. 言語と「非言語」

相互行為への参加者は、さまざまなリソースを活用し、その場で起こっていることを分析・解釈している。ここで言う「リソース」とは、「相互行為の中でさまざまな行為や活動を成し遂げるために利用可能で、かつ相手にとって観察可能な」「言語的素材」、「発話に直接伴う非言語的素材」、「その他の身体的素材」(串田2006: 53)およびその場の物理的環境や、そこに存在するモノを指す。(例1)からもわかるように、さまざまなリソースが並行して用いられる相互行為場面の全体像を捉えるためには、言語的やりとりだけを分析の対象としていては不十分である。しかし、日本語の談話を扱った従来の研究は一部の例外[2]を除き、うなずきや視線などの「非言語的要素」の重要性に言及しつつも、それらを分析対象には含めないのが常であった。近年はエスノメソドロジー／会話分析の枠組みで日本語の相互行為の身体性を前面に押し出した研究が母語話者同士のやりとりに関しても(山崎・西阪1997, Hayashi, Mori, and Takagi 2002など)、母語話者と非母語話者の接触場面に関しても(Ikeda 2003、2005、Mori and Hayashi 2006)行われるようになってきてはいるが、その数はまだ少ないと言わざるをえない。

ここで、「非言語」という用語の使用について触れておきたい。従来、コミュニケーション場面における「ことば」以外の側面、すなわち視覚情報や発話の音声的特徴は「非言語(行動)」、「ノンバーバルコミュニケーション」

などと呼ばれてきた。相互行為はトータルに捉えるべきであるという筆者の立場からすると、言語と同じように、時には言語よりも大きな役割を果たすものに、言語「ではないもの」という消去法による名づけをするのは適切ではないのだが、本稿では視線、うなずきなど個々のリソースに言及する時以外で、先行研究との関連などの便宜上やむをえない時は、「非言語」という用語を用いることとする。

1.2. 目的

本稿は、相互行為における身体的行為は単に言語に付随する「エクストラ」なものではないという認識から出発し、それらが相互行為におけるリソースとしてどのように利用され、また、それ以降の相互行為の展開をどのように左右するかを、日本語母語話者と非母語話者のやりとりにおけるターンの協同的構築を通して検証する。ターンの協同的構築というプラクティスは母語話者同士のやりとりでも観察され、特に日本語の事例は多く論じられているが、本稿では非母語話者の始めたターンを母語話者が完結させるケースにかぎり、その協同作業の組織化に視線、ジェスチャー、頭の動きなどの身体的行為がどのような役割を果たしているかを考察する。

また、本稿はエスノメソドロジーから生まれた会話分析(conversation analysis: CA)の基本的な考えである以下のことを前提としている：(1)会話は話し手と聞き手(および、その場にいるほかの者)が相互に作りあげていくものである[3]。(2)参加者の行為は、時間的にそれに先立って起こったこととの関係において理解され、同時に、その後に展開することにとっての新たな文脈となる(Heritage 1984)。

2. データ

本稿で分析するデータは、東京のある大学の日本人学生と留学生の、日本語によるやりとりのビデオである。これらの学生は日本人学生と留学生がさまざまな共同作業を通し、日本語によるコミュニケーションおよび異文化間コミュニケーションについて考えることを目的とした選択科目を受講中で、

人数は日本人17名(うち男性9、女性8)、留学生11名(全員男性)であった。留学生の出身国は中国、韓国、オーストラリア、セネガルの4か国である。留学生の日本語能力に関して言えば、11名のうち10名がこの大学の正規の学部生で、日本の大学で学ぶための日本語力を備えていると判断され、入学した者たちである。残る一人は短期留学生で、受け入れに際して正規生と同じ日本語力は求められていないが、この学生は日本語で行われる授業を受講しても問題はないと判断され、この科目を履修していた。

　本研究のもととなるデータベースは、これらの学生が参加する授業中のディスカッション、グループごとの作業、教室外の会話など計14時間を授業担当者と学生の許可を得て録画したものから成っている。日本語母語話者・非母語話者の参加する教室内外の活動で非母語話者の参加がどのように促されるかを調査した研究(Ikeda 2007)のために収集したものだが、ここでは、複数の参加者によるターンの協同的構築、特にその身体的側面に焦点を当てる。収集したビデオデータを繰り返し視聴し、分析対象とする現象を抽出した後、発話部分およびその現象に関わりのある身体的行為を記述した。

3.　ターンの協同的構築

　進行中のターンをほかの参加者が引き取り、一つの発話が複数の人間によって協同的に産出されるという現象は、会話がまさに相互行為であることを示している。他者が開始したターンのある地点で、それに統語的に続く語句を産出して発話を継続または完了することは、そこまでの発話内容の理解を(それが正しいかどうかは別として)聞き手として示すと同時に、自らが話し手の立場にシフトし、参与の枠組みに変化を生じさせることをも意味する。

3.1.　先行研究

　この、協同行為の典型とも言える複数の話者によるターンの構築は、英語データについてはSacks(1992)をはじめ、多くの研究者によって記述されてきた(Ferrara 1992, Lerner 1987, 1991, 2004, Antaki, Diaz, and Collins 1996,

Lerner and Takagi 1999)。また、日本語の母語話者同士の会話データに関しても、この手続きの用いられる頻度(Ono and Yoshida 1996, Hayashi and Mori 1998)、構造的特徴とそれを通して達成されること(Hayashi 1999, 2002, Hayashi and Mori 1998, 堀口 1997, Lerner and Takagi 1999, 串田 2006)、共同発話における参加者の立場と非言語行動(ザトラウスキー 2000)、参加の再組織化(串田 2006)などの観点から一定の研究成果が挙がっている。しかし、日本語母語話者と非母語話者の接触場面を対象とし、このプラクティスを扱った研究はまだ非常に少ない。

3.2. 本研究のデータに見られるターンの協同的構築と、それを可能にするリソース

上で述べたような、複数の参加者によるターンの協同産出は、日本語母語話者・非母語話者のやりとりを対象とした本研究でも見られ、全14時間のビデオで84の事例が観察された[4]。

ターンの進行中に現在の話し手以外の参加者が発話を先取りするためには、少なくとも2種類のリソースが必要となる。すなわち、(1)進行中のターンに参入する機会があることを示すリソース、(2)進行中のターンがどういう方向に展開しつつあるのか、具体的には現在の話し手が次に産出するアイテムの形式と意味内容についての予測を可能にするリソースである。これら2種類のリソースは必ずしも互いに相容れないものではない。例えば、現在の話し手が「(もし)～たら」のような条件節を発話した瞬間、それは(1)と(2)の両方の性格を備えたリソースとなったと言える。

先行研究と同様、文法構造は本データにおけるターンの協同構築でも重要なリソースとなっていたが、本研究では発話中の話し手がターンのスムーズな産出に苦労していることを示す「乱れ」、または非流暢さが聞き手にとって参入の機会のシグナルとなっていると思われる例も目立った。ここで言う「乱れ」とは、ことば探しのアクティビティーが進行中であることを示す「perturbations」としてM. H. Goodwinが挙げた、音の引き延ばし、言い淀み、間隙、音声の中断(1983: 129)に言い直し、「何て言うの」などのメタ言語、グループ作業で話し手が書記をつとめている時の手の動きの中断も加え

たものであるが、先行発話にこれらの特徴が現れた時に聞き手が参入するという傾向は、非母語話者のターン進行中に特に顕著であった。また、話し手の手の動きと視線の動きがリソースとして重要な役割を果たすことも観察された。以下で、それらのリソースがどのように利用されるのかを詳細に見ていく。

4. ターンの協同的構築と身体的行為

相互行為における視線の重要性は多くの研究者によって指摘され、記述されてきた (Kendon 1967, 1990, C. Goodwin 1980, 1981, M. H. Goodwin and C. Goodwin 1986, Heath 1984, Streeck 1994, Kidwell 2003)。参加者は、ある時点での話し手および聞き手の視線がどこに向けられているか、また、そういった視線の向きまたは動きにほかの参加者が注意を払っているかどうかという情報に基づいて相互行為における活動への参加の仕方を調整している。視線は、個々の参加者の注意がどこに向けられているかを他者に観察可能な形で示すことから、話者交替には特に深く関係している。本データにおけるターンの協同的構築でも、いつ、だれが次の話し手になるかは視線の移動によって説明がつくことが多い。

ジェスチャーもまた、発話の協同的産出の達成に中心的な役割を果たすことが報告されている (Bolden 2003, Hayashi 2002)。本データでも、話し手のジェスチャーが、ほかの種類のリソースからは得られない情報を聞き手に提供している事例が多く見られた。

では、先行発話の話し手のジェスチャーが聞き手の参入を誘発したと思われる例を見てみよう。参加者たちは、日本にいるさまざまな外国人の出身国を外見だけで当てられるかどうかについて話しており、以下の抜粋は、オーストラリアからの留学生 R2 がオーストラリア人とアメリカ人の区別がつくかどうか皆に聞いた直後のやりとりである。

(例2　R：日本人と中国人は　→　N：ちょっと全然違う)

```
              --R2------------------------------------
01  N2：日本人と：韓国人とか：中国人見分けられます？
         ((↓鼻の下を指先で掻く))      x--N2----------------
02  R2：あえ：[：っと。日本人と韓国人は(-)すごく似てるんだけど(-)時々
03  N2：    [hhh((笑))
         ((↓指を開いた左手を見ながら左腕を前に伸ばす))
04  R2：あの：
         x-- 左手 ---xN2----  (((「日本人」で左手を見ながら伸ばした左手を置き直す))
→05  R2：日本人と中国人は　 (((「中国人」で右腕を右前方に伸ばす))
                ---N2----------------------------
→06  R2：((左右の手を身体の正面で合わせる))
          --R2--------------　((小刻みにうなずきながら))
→07  N2：[ちょっと全然違う。=
          --N2-----
08  R2：[あの　((合わせた両手を外側に広げ始める))
09  N3：=あ[[あ
              ---N2-----------
10  R2：    [[ちょっと違う。((二度小さくうなずく))
```

　ここでまず注目したいのは、N2の質問に続くR2の発話に見られる「あえ：：っと」(2行目)と「あの：」(4行目)というフィラーおよび2行目の2回のギャップである。これらのことから、R2は適切なことばを探しているように見える。(3.2.)でも述べた通り、これは、それまで聞き手だった者が話し手として参入する機会だと認識することの多い環境である。
　さらにこのシークエンスを特徴づけているのは、R2の手の動きである。日本人と韓国人は外見が似ているということを2行目で述べた後、R2は4行目の「あの：」と同時に左腕を前に伸ばす。それまでは視線をN2に向けていたが、左腕を前方に差し出す時は、自分の左手に目をやっている。発話

の展開上重要な意味を持つジェスチャーをする際に話し手が自らの手に視線を向けるという現象は Streeck(1993) によって報告されているが、ここでも R2 が左手に重要な意味を付与しようとしていることはすぐに明らかになる。5 行目で今度は中国人との対比において「日本人」という名詞を産出する時に、R2 は前方に伸ばした左手を軽く持ち上げて、それを空中に置き直す動作をし、その直後に「中国人」と言いながら、右腕を前方に伸ばし、左腕から離れたところで止める。ここで、R2 の左手と右手は、それぞれ日本人と中国人を表すものとして、R2 の身体の前の空間に確立されたことになる。

図1　R2:「日本人と中国人は」(5 行目)
↓

再び言語面を見てみると、日本人と韓国人が似ているという R2 の観察(2 行目)は、「けど」という逆接の接続詞と共に紹介されており、5 行目の「日本人と中国人」は、「は」でマークされている。この助詞はいわゆる「対比の『は』」と解釈されうるものであり、この時点で、R2 の発話がどう続くか予測可能になったと言える。N2 が R2 の発話を引き継ぎ、「ちょっと全然違う」と完了させるのは、この直後である。

ここで、進行中の R2 のターンに N2 が参入するにいたるまでの R2 の身体行為をさらに詳しく見てみよう。5 行目の「日本人と中国人は」の発話に続き、左右前方に伸ばしていた両腕を身体の正面で合わせた R2 は、両手が触れたところでその動きを止めることなく再び外側に向けて広げ始める。この瞬間、N2 が R2 の発話を完了する。発話を伴わないこのジェスチャーは、R2 が日本人と中国人の「距離」を言語で表すことの困難さを示すものと N2 によって解釈されたようである。つまり、R2 の手の動きは日本人と中国人の対比という概念だけではなく、先取り完了の機会をも視覚的に提示したと言える。

また、R2 の視線の動きにも注目する必要がある。「日本人」を表す左手を前に差し出す際、R2 の視線は自らの左手に向けられているが、次に「中国人」の「ちゅ」を発音し終わったところで、R2 は視線を自分の正面にいる N2 に戻す。R2 に視線を向けていた N2 はこの視線移動に気づいている。つまり、R2 の開始したターンがどのような展開を見せるか予測可能になった段階で、N2 は自分が次の話者となる候補の筆頭であることを認識していたわけである。ここでも話者交替において視線が果たしうる機能(C. Goodwin 1981)が確認されたと言える。

次に、ターンの協同的構築において、上記の例にも増してジェスチャーが中心的な役割を果たす例を見てみよう。ここでは、参加者の手とその空間的配置が、1 つの発話を協同で産出する参加者たちにとって共通の参照枠となっている。また、2 人の参加者が異なるモードを通してターンの協同的構築をしていることにも注目したい。

以下は、日本人大学生 2 人と中国人留学生 1 人、セネガル人留学生 1 人の計 4 人の会話からの抜粋である。最近の子どもの「しつけの悪さ」に関して日本人学生 2 人(N1、N2)と中国からの留学生 R1 の意見が一致し、N1 が中国政府の一人っ子政策に言及した直後のやりとりである。

(例3　R：お母さんとお父さん、母方の→N：おじいちゃんおばあちゃん)

01　R1：あの：両親の教育しかたが間違って(.)学校に送っても(.)(その)
02　R1：学校生活に(.)慣れないし
03　N1：うん
04　R1：ま一番い－　いつも自分が一番ですから
　　　　　((↓両手で球形))　((球をバウンド))　((右手伸ばし))　((左手伸ばし))　((両手を下に))
05　N2：あ、いえにいたときは：一人で：そのお母さんとお父さんでかわいが［る？
06　R1：　　　　　　　　　　　　　　　　　　　　　　　　　　　　　　　　［ん
07　R1：い－　いや：　お－　お母さんとお－　お父さんだ－　だけじゃなくて
　　　　　　((↓右手伸ばし))((左手伸ばし))　　x--N1-----x--N2--((「母方の」で左手を右側に移動))
→08　R1：あ、お母さんとお父さん、ははかたの
09　R1：［(((右手を右側に放る))　((左手を右側に放る))
→10　N2：［おじいちゃんおばあちゃ［［ん
11　R1：　　　　　　　　　　　　　［［そうそうそうそう
12　N1：　　　　　　　　　　　　　［［ああそうっかあ：：
13　R1：ま：一番多いとき6人でかわい(..)がっているんですよ。

　N2は、R1の発言内容に対する自分の理解を確認しようと試みる中で、5つのジェスチャーをする(5行目)。まず、「いたときは」と言いながら、両手でボールのようなものを形づくる。そして、そのボール状のものを「一人で」で空中でバウンドさせる。この二つのジェスチャーは家にいる子どもを表していると思われる。次にN2は右手を頭の高さまで持ち上げてから前方に伸ばし、その空間に何かを置くような動きをして、そこで手を止める。この一続きの動きは「お母さん」と共起している。続けて「お父さん」という発話部分で、左手をこれと同じように動かし、最後に「かわいがる」の前半部分で、両手を下におろす。

　N2の発話に「ん」と反応したR1(6行目)は即座に、子どもを甘やかしているのは両親だけではないと補足し始める(7行目)。ここで注目したいのは、R1の「あ、お母さんとお父さん、母方の」という発話(8行目)と共起

するジェスチャーと、N2が5行目で父母に言及した時のジェスチャーとの類似である。R1は「お母さん」という名詞を産出する際、右手をやや伸ばして右胸の前の空間に置く。「お父さん」では、左手で同様の動きをする。これらの動きは、左右の手のどちらを父母のどちらに割り当てるかということまで含め、N2が5行目で用いた身体的表象と一致している。まさに、相互行為への参加者が言語面のみならず、身体面でも時間的に先だって行われたことをリソースとして利用している様子がうかがえる。

図2　R1：「あ、お母さんとお父さん」(8行目)
↓

R1

R1は7行目の発話の直後に視線をいったん下に向けるが、8行目の「母方の」の途中で顔を上げ、まずN1を見てから即座に視線をN2に移動させる。この後、R1の視線の受け手となったN2がR1のターンを引き取り、「おじいちゃんおばあちゃん」と続けることになる[5]。「母方の」まで産出されたR1のターンをどのように続けることができるかについては、子どもの父母「だけじゃなくて」(7行目)と「母方の」(8行目)により選択肢の可能性がかなり絞られると言ってよいが、進行中のターンに参入する機会があるかどうか、また、誰が次の話者となれるかについてのリソースはどうだろうか。まず、祖父母を表すことばの出現が最も適切であると思われるターン(8

行目)でR1が「お母さん」と「お父さん」ということばを繰り返していることが、R1による言葉探しを示唆していると受け止められる可能性は高い。また、R1の視線がN2に向けられた直後にN2が参入していることからも、(例2)と同様、話者の視線は次の話者の(自己)選択の際に強力なリソースとなると言える。

さらにこのターン構築の協同性に関して注目すべきことは、R1の開始したターンを引き取って完了させるN2の「発話」とR1の「ジェスチャー」が共起していることである。N2とR1が、右手と自分の身体の右側のスペースを「母」を表すものとして確保したのは上でも述べた通りだが、8行目では、その空間の持つ意味範囲はさらに「母方」まで含むものに広がっている。この8行目の発話に続き、R1は無言でまず自分の身体の右前方の空間で若干持ち上げた右手を振り下ろし、次に同様の軌跡で左手を振り下ろす。それぞれが祖父・祖母を表していると見られる手のこれらの動きは、N2による「おじいちゃん」、「おばあちゃん」という発話と重なっている[6]。つまり、ここで協同構築されているターンの後半部分は、ターン開始者の「身体的行為」と、それまで聞き手だった参加者の「発話」による協同の産物となっているわけである。見方を変えると、これはOlsher(2004)の記述した"embodied completion"(進行中のターンを自らジェスチャーで引き継ぎ、完了に持ち込むプラクティス)の後半部分に、ターン終了前に参入した他者の発話がオーヴァーラップしているとも考えられる。Jarmon(1996)は発話だけではなく身体的行為もターンまたはターンの一部を構成するものとして扱っているが、(例3)に見られるハイブリッドな「ターン」は、何がターンの構成要素となりうるかについての再考を促すのに十分である。

5. まとめ

以上、刻々と変化する相互行為の文脈の中で、参加者が言語のみならず、互いの身体行為から得られる視覚情報をもリソースとして活用し、行為・活動を行う過程を見てきた。まず、ある時点で起こっていることに対する個々の参加者の関心や理解度について視線が有力な情報を提供することを示し、

その強力なリソースが互いをモニターする参加者にどのように利用されうるかを記述した。また、言語と身体的行為という異なるタイプのリソースを用いることにより、参加者は同時に複数の相手に違う働きかけを行うことが可能であることも示した。次に、他者の開始したターンを引き取って続けるという現象の記述・分析を通し、協同的な相互行為がいかにトータルな身体的活動であるかを明らかにした。具体的には、ジェスチャーのタイミング、発話と共起しているか否か、ジェスチャーを行う手の配置、スペースの利用、視線の動きとそのタイミング、語彙・文法、発話の音声的特徴などが絡み合って相互行為の展開を方向づけている様子を詳述した。

これらのことから、相互行為における身体的行為は偶発的なものではなく、参加者にとっても相互行為の外にいる分析者にとってもシステマティックに利用できるリソースであるということが見えてきた。視線が話者交代、特に次の話者の選定を左右することや、進行中のターンを産出している者のジェスチャーが聞き手に参入の機会を与えて先取り完了を促すことは、本稿で報告した事例以外にも本研究のデータで多く観察されたが、これらの例は参加者が言語のみならず互いの身体行為にも注意を払い、相互行為に参加していることを物語っている。

また、ターンの開始者による無言のジェスチャーと同時に、そのジェスチャーが表すと思われる内容と一致する発話をそれまで聞き手だった者が産出するという現象(例3)が見られたが、このように同一の人間が自分の開始した発話を身体行為で引き継ぐ、複数の参加者がリソースのタイプを超えてオーヴァーラップするなどの例をみると、従来のターンの構成単位(turn constructional unit: TCU)の概念を再考する必要があるのではないかと思われる。通常の語・句・節・文だけではなく、身体行為もターンの構成単位として考えるのが現実の相互行為に合っているのではないだろうか。さらに、本稿で扱った事例は、話し手・聞き手という二項対立的な概念の限界(Goodwin and Goodwin 2004, 串田 2006)を実証するものでもあった。固定化された参加者の役割概念から離れ、また、身体行為を言語に従属するものではなく言語と同様に重要なものとして分析対象に含めてこそ、刻々と進行する相互行為における参与の枠組みは見えてくるものである。

本稿では主にターンの協同的構築の身体性を論じたが、紙幅の関係で、このプラクティスを通して何が達成されているのかについて考察することはできなかった。母語話者同士の間でも見られる現象を、母語話者と非母語話者の相互行為におけるものとして提示したのは、今回報告することのできなかった多くの事例の分析から、機能の面で母語話者間のものとは異なる点があるとわかったからである。これについては別の機会に、日本語母語話者の「対非母語話者行動」、ひいては異文化間コミュニケーション能力という観点から論じたいと考えている。

トランスクリプトで用いた記号

録画データの表記は Gail Jefferson が開発し、会話分析の分野で広く用いられている基本的な記号をベースとし、視線に関しては Goodwin(1980)を参考に本稿の目的に応じて筆者が変更を加えたものとなっている。以下に記号の説明を記す：

x	話者の視線が大文字のアルファベットで示される参加者に向けられた開始点を表す。
---	視線が同じ対象に向けられている長さを表す。対象は参加者の記号で示す。
((注釈))	その中に書かれていることが分析者による注釈であることを表す。
▓	(網かけ)発話中で、その上の(( ))に書かれた内容が該当する部分を示す。
:	コロンの直前の音声の引き伸ばしを示す。コロンの数は長さを表す。
?	直前の部分が上昇イントネーションであることを示す。
‒	ハイフンは、ある語が中断されたことを示す
(.)	わずかな間隙を表す。(.) は 0.1 秒程度。(...)はその 3 倍の長さ。
[	縦に並んでいる複数の行の重なり部分の開始を示す。
[[	その 1 行上に既に [記号が用いられている場合、どの発話が重

なっているかについての混乱を避けるため、重なり合った部分の開始点を [[で記す。

(文字)　音声の不明瞭さにより、聞き取ったことに確信が持てないことを表す。

注

1　3行目の発話と共起するうなずきが、直前にN2にうなずきとあいづちを送ったR1に対してのみ向けられているとは言い切れないが、R1の反応によって引き起こされたものであることは間違いがなさそうである。

2　国立国語研究所(1987)の先駆的な調査、池田・池田(1995、1996)、ザトラウスキー(1998、2001)、池田・池田(1999a、1999b)、山田(1992)、橋本・小田切・是永・岡野・見城・松田・福田(1993)、Ikeda(2003)など。

3　話し手であるということがいかに聞き手によって支えられているかについては、Charles Goodwin(1981)などを参照のこと。

4　84例のうち、母語話者が開始したターンを別の母語話者が引き取るもの、非母語話者が開始したターンを母語話者が引き取るものがそれぞれ4割ずつであった。母語話者が始めたターンを非母語話者が引き取るケースは全体の18%あったが、非母語話者同士の共同構築は約2%にすぎなかった。

5　7行目のR1の発話(「お、お母さんとお、お父さんだ、だけじゃなくて」)からは、8行目には祖母と祖父を表す語がくるものと予想されるが、実際は母と父を表す語を繰り返し、「お母さんとお父さん、母方の」となっている。このターンは祖父母を表す語彙を思い出せないR1がとりあえずスロットを埋めるために「お母さん」、「お父さん」と繰り返し、「母方の」の後に適切な語を産出しようとしたができずに中断したという可能性と、この部分は倒置になっており、本来「母方のお母さんとお父さん」となるはずであったという可能性の二通りの解釈ができる。前者なら9行目のN2の発話は先取り完了、後者ならR1の発話に対する「他者による修復（other repair)」(Schegloff, Jefferson & Sacks 1977)となる。いずれにせよ、相互行為の中で観察されるのは、R1の始めたターンに統語的にマッチしたアイテムをN2が産出し完了させているという事象であり、複数の参加者によるターンの協同的構築という現象であることに変わりはない。

6 先の 2 例を見ると、右手の動きと重なるのは「おばあちゃん」で、左手の動きと重なるのは「おじいちゃん」のはずではないかと思われるが、対応関係が逆になっている。これは、R1 がこのシークエンス中で今まで使われていた「お母さん」そして「お父さん」という順序を踏襲したのに対し、祖父と祖母に同時に言及する際に一般的に使われている「おじいちゃん、おばあちゃん」という語順を N1 が踏襲したからとも言えそうである。

参考文献

池田裕・池田智子(1995)「日本語学習者の非言語行動の縦断的観察―視線・うなずきを中心にして」『Proceedings of the JALT International Conference on Language Teaching/Learning』pp.129–132　全国語学教育学会(JALT)

池田裕・池田智子(1996)「日本人の対話構造」『月刊言語』25(1)　pp.48–55　大修館書店

池田裕・池田智子(1999a)『非言語の視点を取り入れた異文化間コミュニケーションにおける総合的会話分析：平成 8〜9 年度文部省科学研究費基盤(C)(2)研究成果報告書』(課題番号 08837007)

池田裕・池田智子(1999b)『異文化間コミュニケーションにおける非言語伝達行動の習得に関する基礎的研究：平成 6 年度〜8 年度文部省科学研究費一般研究(C)研究成果報告書』(課題番号 06680278)

串田秀也(2006)『相互行為秩序と会話分析―「話し手」と「共一成員性」をめぐる参加の組織化』世界思想社

国立国語研究所(1987)『国立国語研究所研究報告 92 ―談話行動の諸相：座談資料の分析』三省堂

ザトラウスキー，ポリー(1998)「初対面の会話における話題を作り上げる言語・非言語行動の分析」『社会言語科学会第 2 回研究発表大会予稿集』pp.23–28　社会言語科学会

ザトラウスキー，ポリー(2000)．「共同発話おける参加者の立場と言語／非言語行動の関連について」『日本語科学』7 号　pp.44–69　国立国語研究所

ザトラウスキー，ポリー(2001)「相互作用における非言語行動と日本語教育」『日本語教育』110 号　pp.7–21　日本語教育学会

橋元良明・小田切由香子・是永論・岡野一郎・見城武秀・松田美佐・福田充(1993)「異文化接触状況の非日常性―まなざしの予期的過剰調整としぐさのエスノグラ

フィー」『東京大学社会情報研究所調査紀要』3号　pp.181–251

堀口純子(1997).『日本語教育と会話分析』くろしお出版

山崎敬一・西坂仰編(1997)『語る身体・見る身体』ハーベスト社

山田美樹(1992)「談話における非言語行動の一側面―首振り動作・視線と談話との関係について」『阪大日本語研究』4　pp.33–58

Antaki, C., Diaz, F., & Collins, A. F. (1996) Keeping Your Footing: Conversational Completion in Three-Part Sequences. *Journal of Pragmatics* 25: pp. 151–171. Elsevier.

Bolden, G. B. (2003) Multiple Modalities in Collaborative Turn Sequences. *Gesture* 3 (2): pp. 187–212. International Society for Gesture Studies.

Ferrara, K. (1992) The Interactive Achievement of a Sentence: Joint Productions in Therapeutic Discourse. *Discourse Processes* 15: pp. 207–228. Taylor & Francis.

Goodwin, C. (1980) Restarts, Pauses, and the Achievement of a State of Mutual Gaze at Turn-Beginning. *Sociological Inquiry* 50 (3/4): pp. 272–302. Blackwell.

Goodwin, C. (1981) *Conversational Organization: Interaction between Speakers and Hearers*. NY: Academic Press.

Goodwin, C., & Goodwin, M. H. (2004) Participation. In A. Duranti (ed.), *A Companion to Linguistic Anthropology*, pp. 222–244. Malden, MA: Blackwell.

Goodwin, M. H. (1983) Searching for a Word as an Interactive Activity. In J. N. Deely, & M. D. Lenhart (eds.), *Semiotics* 1981: pp. 129–137. New York: Plenum Press.

Goodwin, M. H., & Goodwin, C. (1986) Gesture and Coparticipation in the Activity of Searching for a Word. *Semiotica* 62: pp. 51–75.

Hayashi, M. (1999) Where Grammar and Interaction Meet: A Study of Co-Participant Completion in Japanese Conversation. *Human Studies* 22: pp. 475–499.

Hayashi, M. (2002) *Joint Utterance Construction in Japanese Conversation*. Philadelphia: John Benjamins.

Hayashi, M. & Mori, J. (1998) Co-Construction in Japanese Revisited: We Do "Finish Each Other's Sentences." In N. Akatsuka, H. Hoji, S. Iwasaki, & S. Strauss (eds.), *Japanese/Korean linguistics, Vol. 7*, pp. 77–93. Stanford, CA: CSLI.

Hayashi, M., Mori, J., & Takagi, T. (2002) Contingent Achievement of Co-Tellership in a Japanese Conversation. In C. E. Ford, B. A. Fox, & S. A. Thompson (eds.), *The Language of Turn and Sequence*, pp. 81–122. NY: Oxford University Press.

Heath, C. (1984) Talk and Recipiency: Sequential Organization in Speech and Body Movement. In J. M. Atkinson, & J. Heritage (eds.), *Structures of Social Action: Studies in*

Conversation Analysis, pp. 247–265. Cambridge: Cambridge University Press.

Heritage, J. (1984) *Garfinkel and Ethnomethodology.* Cambridge: Polity Press.

Ikeda, T. (2003) Word Searches in Native/Nonnative Conversation in Japanese. Paper presented at the meeting of the National Communication Association, Miami Beach, FL.

Ikeda, T. (2005) The Interactional Achievement of Being "Native" and "Nonnative" Speakers: An Analysis of Multiparty Interactions between Japanese and International Students. *Crossroads of Language, Interaction, and Culture* 6: pp. 60–79. Regents of the University of California.

Ikeda, T. (2007) *Facilitating Participation: Communicative Practices in Interaction Between Native and Nonnative Speakers of Japanese.* Unpublished doctoral dissertation, The University of Texas at Austin.

Jarmon, L. H. (1996) *An Ecology of Embodied Interaction: Turn–Taking and Interactional Syntax in Face-to-Face Encounters.* Unpublished doctoral dissertation, The University of Texas at Austin.

Kendon, A. (1967) Some Functions of Gaze Direction in Two-Person Conversation. *Acta Psychologica* 26: pp. 22–63. Elsevier.

Kendon, A. (1972) Review of the Book *Kinesics and Context* by Ray Birdwhistell. *American Journal of Psychology* 85: pp. 441–455. University of Illinois Press.

Kendon, A. (1990) *Conducting Iinteraction: Patterns of Behavior in Focused Encounters.* Cambridge: Cambridge University Press.

Kidwell, M. J. (2003) *Looking to See If Someone is Looking at You: Gaze and the Organization of Observability in Very Young Children's Harassing Acts toward a Peer.* Unpublished doctoral dissertation, University of California Santa Barbara.

Lerner, G. H. (1987) *Collaborative Turn Sequences: Sentence Construction and Social Action.* Unpublished doctoral dissertation, University of California, Irvine.

Lerner, G. H. (1991) On the Syntax of Sentences-in-Progress. *Language in Society* 20: pp. 441–458. Cambridge University Press.

Lerner, G. H. (2004) Collaborative Turn Sequences. In G. H. Lerner (ed.), *Conversation Analysis: Studies from First Generation*, pp. 225–256. Philadelphia: John Benjamins.

Lerner, G., & Takagi, T. (1999) On the Place of Linguistic Resources in the Organization of Talk-in-Interaction: A Co-Investigation of English and Japanese Grammatical Practices. *Journal of Pragmatics* 31: pp. 49–75. Elsevier.

McNeill, D. (1992) *Hand and Mind.* Chicago: University of Chicago Press.

Mori, J., & Hayashi, M. (2006) The Achievement of Intersubjectivity through Embodied Completions: A Study of Interactions between First and Second Language Speakers. *Applied Linguistics* 27 (2): pp. 195–219. Oxford University Press.

Olsher, D. (2004) Talk and Gesture: The Embodied Completion of Sequential Actions in Spoken Interaction. In R. Gardner, & J. Wagner (eds.), *Second Language Conversations*, pp. 221–245. NY: Continuum.

Ono, T. & Yoshida, E. (1996) A Study of Co–Construction in Japanese: We Don't Finish Each Other's Sentences. In N. Akatsuka, S. Iwasaki, & S. Strauss (eds.), *Japanese/Korean Linguistics Vol. 5*, pp. 115–129. Stanford, CA: CSLI.

Sacks, H. (1992) *Lectures on Conversation.* Oxford: Blackwell.

Schegloff, E. A., Jefferson, G., & Sacks, H. (1977) The Preference for Self–Correction in the Organization of Repair in Conversation. *Language* 53 (2): pp.361–382. Linguistic Society of America.

Streeck, J. (1993) Gesture as Communication I: Its Coordination with Gaze and Speech. *Communication Monographs* 60: pp. 275–299. National Communication Association.

Streeck, J. (1994) Gesture as Communication II: The Audience as Co–Author. *Research on Language and Social Interaction* 27 (3): pp. 239–267. Routledge.

Streeck, J., & Knapp, M. (1992) The Interaction of Visual and Verbal Features in Human Communication. In F. Poyatos (ed.), *Advances in Nonverbal Communication*, pp.3–23. Amsterdam: John Benjamins.

改善要求談話にみられる
日本語学習者の発話連鎖パターンの考察

郭　碧蘭

1. はじめに

　近年、コミュニケーション能力の重要性が唱えられている中、学習者に焦点を当てた言語行為についての研究が進んできている。しかしながら、日本語教育においての研究の多くは、「依頼」や「断り」、「誘い」や「ほめ」などに関するものが多く、「不満表明」[1]のような、人間関係を壊す危険性の高い言語行為についての研究は、管見の限りまだ少ないのが現状である（初鹿野他1996、藤森他2000、朴2000、李2004、2006、郭2007）。不満表明は、日本語母語話者にとっても相手との人間関係を脅かしかねない難しい行為であり、まして社会言語文化規範の異なる場合はなおさらであろう。
　不満表明は相手のフェイスを脅かす度合いが高いだけに、話し手が聞き手に対して何を、どのように、言うのかには様々なストラテジーがとられると考えられる。学習者が不満表明をどのように行い、改善要求をどのように行うのかという過程を把握することによって、談話レベルの日本語教育へ有用な示唆を示すことができると期待されよう。また、これまでの「不満表明」の研究に関しては、質問紙調査によるものが主であり、実際の発話によるものは極めて少ないため、談話レベルからの考察という点では決して十分とは言えない。不満表明行為も他の言語行為と同様、一方的に行う言語行為ではなく、話し手と聞き手の相互行為によってなされるものだと考えられるからである。そこで、本稿では、学習者と教師のインターアクションを通して、

特に不満表明ストラテジーの中でも使用頻度の高かった改善要求ストラテジー[2]の使用に焦点を当て、学習者の習得段階にある特徴や傾向を談話レベルにより質的に分析・考察していくことを目的とする。

2. 研究方法

2.1. 調査概要

今回のデータは以下のように収集した。
（1） 調査時期：2006 年 11 月〜 2007 年 7 月
（2） 調査場所：日本国内にある私立大学
（3） 調査方法：ロールプレイ及びフォローアップインタビュー

2.1.1. 手続き・内容

調査協力者に緊張感を与えないように、彼らにとってなじみのある場所を選び、日頃から使用している教室で、会話授業前後の時間を使い、一人ずつ個別に行った。実験の手順は、

① まず、控え室でロールプレイカード[3]を渡し、会話調査の目的、方法を簡単に説明する。
② 準備が終わりしだい、控え室の隣にある教室に入り、会話の授業の教師に話してもらう。
③ 教師との話が終わりしだい、退室し、もう一度控え室に戻り、フェイスシート及びフォローアップアンケートに記入し、感想を話してもらう。

このように、学習者には、教師とのインターアクションの中で、どうすれば自分の望み通りに改善してもらえるかを考えるように促し、タスクの成否は特に問題にしないようにした。教師には学習者の与えられたタスクの内容を事前に知らせずに、その場で双方の交渉しだいで、結論が決められていくようにする。

【タスク1】と【タスク2】の違いについては、まず前者のほうは、改善要求する学習者自身の言語運用能力と授業のレベルが合っていないため、クラス変更を希望するというタスクであるため、相手である教師へのフェイス

侵害度は、後者より低いといえる。【タスク2】は、先生の説明がわかりにくく、授業改善を要求する、という教師に対して、その教授能力や技能について言及することになるため、相手へのフェイス侵害度は高くなる。

2.1.2. 協力者

日本語教師役は調査対象者の会話クラスを担当している教師に協力してもらった。担当教師は千葉県の出身40代前半の女性で、日本語教授歴は約12年である。

2.1.3. 調査対象者

調査対象者は日本語を専門とする台湾人大学生である。短期交換留学生として来日中である。年齢は20〜29歳、平均は22.53歳（標準偏差2.64）である。大学在籍年次は、2年生2名・3年生10名・4年生3名であり、男性6名・女性9名の合計15名である。日本語能力レベルは、2〜3級で、日本滞在歴は2ヶ月〜1年9ヶ月である。

2.2. 分析方法
2.2.1. 使用する資料

使用資料は表1の通り、以下の4点を用いて、分析・考察を行う。

表1　収集データ一覧

	使用資料	分析データ	実験参加者	時間・部数	内容
①	音声資料	ロールプレイによる会話を文字起こしした資料	教師1名 被験者15名	約2時間50分	タスク1と2の合計30回分の会話である。平均1会話が約5.7分間で、学習者一人当たりと教師の発話時間数は11.4分間である。
②	映像資料	録画したビデオ	教師1名 被験者15名	約3時間	タスク1と2の被験者が入室してから退室までの間である。
③	フォローアップ・インタビュー	フォローアップ・インタビューを文字化したもの	教師1名 被験者3名 筆者1名	約1時間	会話実験の後、テープレコーダーとカメラを回しながら、雑談のように自由に感想などを言ってもらったもの、或いは被験者が筆者から事前に用意した特定の質問に対する返答などである。
④	フォローアップ・アンケート	フォローアップ・アンケート	被験者15名 各1部ずつ	計15部	被験者が教師と話した後、控え室に戻り、実験中録音・録画することが気になったか否か、当該教師と自然に話せたか否か、また自分の性格や先生への印象などを7段階評価及び自由記述方式で記入したものである。

2.2.2. コーディング

　本稿では、表1のデータのうち、①の音声資料を分析しコーディングを行う。文字化については、宇佐美(2003)『基本的文字化の原則』(Basic Transcription System for Japanese: BTSJ)[4]を参考に行う。次に、学習者の発話を【タスク1】【タスク2】における改善要求ストラテジーとして、談話上の機能を中心に発話文を①前置き、②話題提示、③事実説明、④欲求・願望、⑤意見・代案、⑥現状確認、⑦相手の許可、⑧相手の意見、⑨賛同・ほ

め、の9種類にわけて考察する[5]。

以下はコーディングの具体例である。

ライン番号	発話文番号	発話文終了	話者	発話内容	
1	1	*	F01	あのー、先生、あのー、ちょっとお願いがあるんですが。	…【前置き】
2	2	*	T	はい、どうぞ。	
3	3	*	F01	ウフフ(笑い)。	
4	4	*	T	座ってください。	
5	5	*	T	どうしました？。	
6	6	*	F01	あのー、私は、留学生として、日本へ来てBクラスに入って、(うん)でも、Bクラスの会話の授業は難しくなかったと思います。	…【事実説明】
7	7	*	T	あー、そうですか？。	
8	8	*	F01	はい、でも、日本に来たら(うん)やっぱりもっと日本語が学びたいと思いますから、(うーん)あのー、ちょっと、Cクラス、Bクラスに行ってやってほしいです。	…【欲求・願望】
9	9	*	F01	チェンジしてもいいですか？。	…【相手の許可】

| 33 | 33 | * | F02 | うん、じゃ、〈笑いながら〉先生はどう思います？。(〈2人で笑い〉) | …【相手の意見】 |

| 8 | 8 | * | F05 | んー、先生の授業は(うん)楽しいですけど(うん)。 | …【賛同・ほめ】 |

| 9 | 8 | * | F11 | あのー、(うん)会話の授業のことなんですけど。 | …【話題提示】 |

| 11 | 10 | * | F01 | あのー、そして、あの、先生は文法ずっとやって教えて、(うん)あ、だから、私たちは、(うんうん)これは、会話のクラスですよね。[↓] | …【現状確認】 |

| 30 | 30 | * | M15 | や、じゃ、もしCクラスに変えたら(うん)今のクラスに比べて(うん)もしあの、もし、あの(うん)、できないなら、また今のBクラスに。 | …【意見・代案】 |

3. 改善要求談話における発話連鎖の特徴

3.1. 発話の使用傾向

3.1.1. 全体的使用傾向

学習者の改善要求の音声資料を分析した結果は表2の通りである。

表2　改善要求ストラテジーの使用頻度

被験者 タスク1	No1 前	No1 後	No2 前	No2 後	No3 前	No3 後	No4 前	No4 後	No5 前	No5 後	No6 前	No6 後	No7 前	No7 後	No8 前	No8 後	No9 前	No9 後	No10 前	No10 後	No11 前	No11 後	No12 前	No12 後	No13 前	No13 後	No14 前	No14 後	No15 前	No15 後	合計
前置き	1		1				1		1		1		1		1				1		1		1		1		1		1		13
話題提示																											1		1		2
事実説明	2	2	2	1	3	1	2	1	1		2	1	2	3	1	2	1		1	2	2		1	2	2	1	1	3	3	2	45
欲求・願望	4	1	2	2	4		3	4	1	2	3	1	2	1	2				4	1	1	2	1	2	1	1	1	3	3	2	51
意見・代案		3			1		1					3				2			3		2				3		1		1		20
現状確認													1																		1
相手の許可	1		1						1	2		1		1		1			2	1			1	1			1	1	1	1	18
相手の意見		1		1	1													1				1			1						6
賛同・ほめ		1							1								1														3
合計①	8	8	6	4	9	2	6	7	3	3	6	7	5	6	3	7	3	1	3	7	8	3	4	5	5	7	5	4	8	6	159
タスク2																															
前置き	1		1		1		1				1		1				1		1		1		1		1						13
話題提示		1	1		1						1				1				1		1		1		1		1		1		10
事実説明	2	1	1	1	2	2	2	2	1	3		3	2	3	2	2	2	1	4	1	1	3	2	1	2	1	2		2	1	52
欲求・願望	2	1	2			1	1	2	2		3	1		1	4		1		1	1	1	2			2	1	2			1	32
意見・代案	1	2		2		2			5			3		3		2		3	2	3		4	1				2		3		39
現状確認	2	1					1			1																					5
相手の許可	1	1					1		1				4		1	1	1												1		12
相手の意見			2																												2
賛同・ほめ	1	3				1			1			1			3		1		3								1	1			16
合計②	10	9	7	3	5	6	6	10	4	7	4	7	4	7	8	10	5	9	4	10	5	4	12	4	2	6	3	6	2	4	5	181
合計(①+②)	18	17	13	7	14	8	12	17	7	10	10	14	13	16	8	16	7	5	13	12	12	15	8	7	11	10	11	6	12	11	340
平均	9	9	7	4	7	4	6	9	4	5	5	7	7	8	4	8	4	3	7	6	6	8	4	4	5	6	3	6	6		170

*　数字は出現頻度を表す。
**　前は学習者が最初に教師に用件を持ち出す発話の部分である。
***　後は学習者が教師に断られたあと、2回目以降の発話である。

改善要求ストラテジーの使用頻度をみると、【タスク1】は合計159回の

中で、前置き(13回)、話題提示(2回)、事実説明(45回)、欲求・願望(51回)、意見・代案(20回)、現状確認(1回)、相手の許可(18回)、相手の意見(6回)、賛同・ほめ(3回)であり、【タスク2】は合計181回の中で、前置き(13回)、話題提示(10回)、事実説明(52回)、欲求・願望(32回)、意見・代案(39回)、現状確認(5回)、相手の許可(12回)、相手の意見(2回)、賛同・ほめ(16回)であることがわかる。この傾向から、改善要求ストラテジーの種類と使用頻度は何らかの関連があると考えられる。この点について、次節でさらに統計処理を行い、考察していく。

3.1.2. タスク別使用傾向

次は、種類別にみる全体の使用頻度(タスク1と2の合計)について、頻度の最も少ないものから多いものへと配列したグラフである。

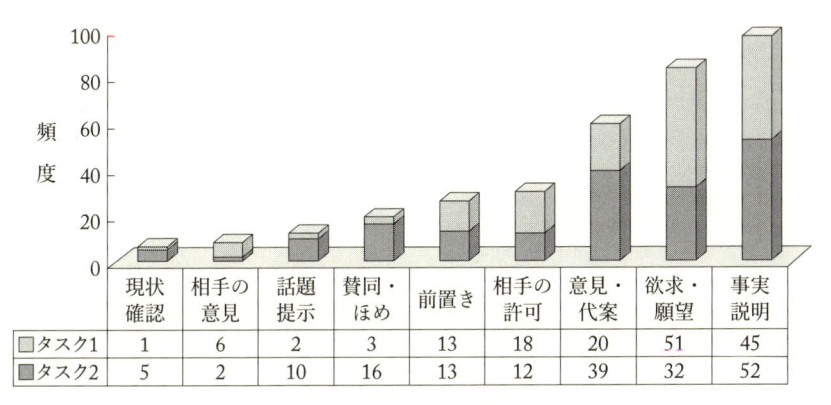

頻度	現状確認	相手の意見	話題提示	賛同・ほめ	前置き	相手の許可	意見・代案	欲求・願望	事実説明
タスク1	1	6	2	3	13	18	20	51	45
タスク2	5	2	10	16	13	12	39	32	52

図1 タスク1と2の比較

図1に示したように、使用頻度は少ない方から、現状確認(6回)、相手の意見(8回)、話題提示(12回)、賛同・ほめ(19回)、前置き(26回)、相手の許可(30回)、意見・代案(59回)、欲求・願望(83回)、事実説明(97回)、の順となっている。この結果から、タスク(改善要求)の内容とは別に、改善要求ストラテジーの使用に関して、より多く使われる種類がいくつかのものに集中していることが窺える。そこで、改善要求ストラテジーの中で、タス

クによって、ストラテジー総数に差があるか否かに関して、t検定を行った結果($t_{(16)} = -.291$, n. s)有意差は認められなかった。よって、タスク別のストラテジー使用数に差がないと言える。

一方、【タスク1】のストラテジー使用総数は159個で、【タスク2】は181個であることから、【タスク1】と【タスク2】の改善要求の強さと相手へのフェイス侵害度の大きさと関係があるのではないかと考えられる。言い換えれば、話し手が聞き手のフェイスを保とうとするため、より多くのストラテジーを使っていたのではないかとも考えられる。この点について、【タスク1】と【タスク2】の種類別の使用状況を図2で示し検討したい。

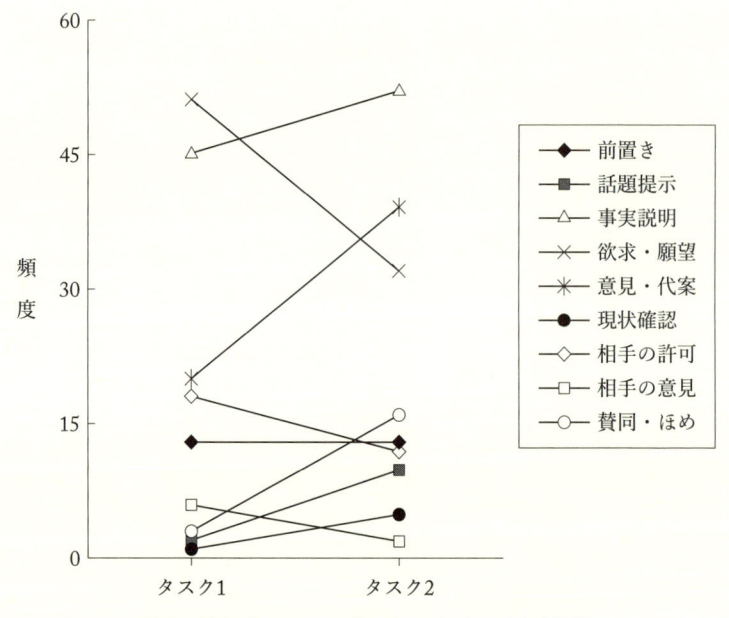

図2 タスク1と2の各ストラテジーの増減傾向

まず、タスク1と2の間のストラテジー数の増減傾向をみると、図2に示されるように、9種類のうち、【タスク1】から【タスク2】へと上昇するものが多く、下降するものが少ないことがわかる。全体のストラテジー数は【タスク1】(159個)から【タスク2】(181個)へと増える中で、「欲求・願

望」、「相手の許可」、「相手の意見」の3種類が減る傾向にあるのが目立つ。これは【タスク2】の内容によるものでなないかと考えられよう。【タスク2】は目上の教師の行われる授業内容についての批判となりうるものであり、相手のフェイスを侵害する度合いが高いとみられるからである。

さらに、ノンパラメトリック検定を行い、タスク内の各種類の使用頻度に差があるか否かについて検討したところ(【タスク1】χ^2 = 155, df = 7, $p < .01$、【タスク2】χ^2 = 164, df = 7, $p < .01$)、2つのタスクはいずれも有意差が認められた。この結果により、改善要求ストラテジーは種類によって使用頻度に差があることがさらに裏付けられた。

次に、改善要求ストラテジー種類別の平均使用頻度を算出し、図3のように示す。

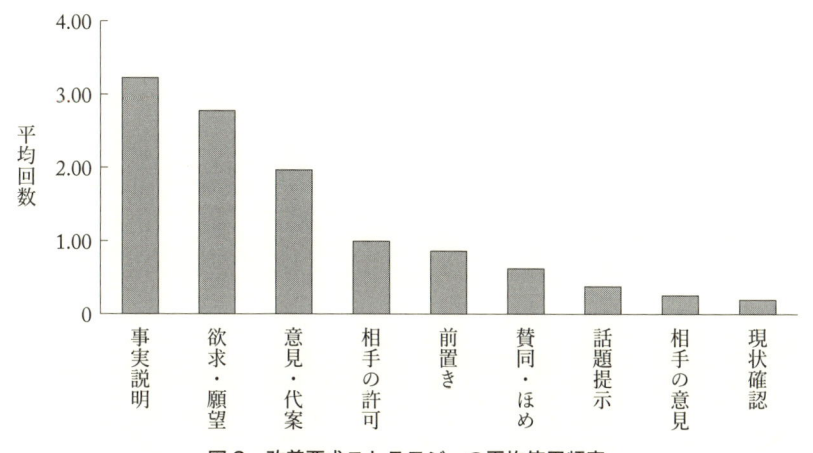

図3 改善要求ストラテジーの平均使用頻度

平均回数に着目してみると、30回の会話のうち、1会話中最少でも1回ぐらいの頻度で使われるものとして、「事実説明」、「欲求・願望」、「意見・代案」、「相手の許可」の4つが挙げられる。1回未満のものとして、「前置き」、「賛同・ほめ」、「話題提示」、「相手の意見」、「現状確認」の5つが挙げられる。この傾向は、おそらく当該場面の情況に関連があると考えられる。不満表明場面について藤森(1997)は「修復可能」、「修復不可能」、「交

渉により修復可能」の3つがあると述べている。本研究の場面設定は、いわゆる「交渉により修復可能」の場面である。そのため、「事実説明」、「欲求・願望」、「意見・代案」、「相手の許可」などのストラテジーの使用頻度がより高いという結果になるのも当然の帰結であろう。

3.2. ポライトネスの視点からみた発話連鎖の特徴

学習者が目上の教師に対し、改善要求をする際、相手への配慮が受諾の成否に関わるだろうと考えている場合、如何にポライトネス・ストラテジーをとるか。以下にポライトネスの視点から発話連鎖の特徴を検討する。

3.2.1. ポジティブ・ポライトネス・ストラテジーとしての使用

学習者が如何にポジティブ・ポライトネス・ストラテジーを使って改善要求を行うかについて、まず「賛同・ほめ」のストラテジーを例に取り上げ説明する。次の例は学習者が入室してから先生との談話である。

【タスク2：No5・女性】

ライン番号	発話文番号	発話文終了	話者	発話内容
1	1	*	T	はーい。
2	2	*	F05	失礼します。
3	3	*	T	はい、どうぞ。
4	4	*	F05	先生。
5	5	*	T	はい、どうしました？。
6	6	*	F05	あのーちょっと、お願いがあるんですけど。
7	7	*	T	はい。どうしました？
8	8	*	F05	んー、先生の授業は(うん)楽しいですけど(うん)。
9	9-1		F05	うーんー、実は、(はい)うーん、授業の内容は、ちょっと、うーん、とー、んー、進み方'ほう'が早いし、それで、んー、授業の、直接関係ない話も多いし,,
10	10	*	T	フフフ(笑い)
11	11	*	F05	んー、んー、他の内容がチェンジできますか？。

上記の発話連鎖では、学習者はライン9で、教師の授業内容について「事実説明」として授業に対する不満を述べている。その前に、「先生の授業は楽しいですけど」と「賛同・ほめ」(ライン番号：8)のストラテジーを用いて、「事実説明」の発話の力を緩和するようにしていることが推察できる。ポライトネスの観点から「賛同・ほめ」の使用状況についてみると、この種類の発話は基本的に相手のポジティブ・フェイス[6](人から賞賛されたい、あるいは認められたいという欲求)に訴えるものとして機能していると考えられる。

次に、ライン11「他の内容がチェンジできますか」の発話は、授業内容について、他の内容に変更することが可能であるかという発話で自分の要求を通してもらえるように、「相手の許可」(ライン番号：11)を問う形で、用件を切り出したのだと考えられる。これは恐らく相手のフェイスを侵害する行為に対し、補償するものとして、ポジティブ・ポライトネス・ストラテジーを用いたのであろう。

3. 2. 2. ネガティブ・ポライトネス・ストラテジーとしての使用

ネガティブ・ポライトネス・ストラテジーとして、改善要求ストラテジーの中で、使用回数上位の、前置き(26回)、相手の許可(30回)、意見・代案(59回)、欲求・願望(83回)、事実説明(回97)などがあげられる。これらのストラテジーはいずれも相手のネガティブなフェイスへの配慮として多く使われることが伺えた。次はその一例である。

【タスク1：No4・男性】

ライン番号	発話文番号	発話文終了	話者	発話内容
4	4-1		M04	先生,,
5	5	*	T	はい。
6	4-2		M04	えっと、ちょっと,,
7	6	*	T	はい。
8	4-3	*	M04	ちょっと、質問があります。
9	7	*	T	はい。
10	8	*	M04	えっと、（うん）今私、私は、（ううん）短期留学生、だから、（うん）今の、会話クラスはちょっと簡単すぎると思います。
11	9	*	T	あー、そうですか。
12	10		M04	ですから、えっと、（ううん）上のBクラスとCクラスに（うん）変えてほしい…。
13	11	*	T	はあ、今のBクラス簡単すぎますか？。
14	12	*	M04	そうね。えー、例えば、（うん）いつも発音の練習（ううん）すること、うーん、これは全部以前台湾では勉強しました。
15	13	*	M04	ですから、他のちかっ、ちかっ、ちかうのことは、勉強したい
16	14		T	はあはあ。［納得した口調→］
17	15	*	M04	ですから、先生に（笑い）頼む、頼みます。

　この談話のように、学習者は前置き（ライン番号：4,6,8）の後、事実説明（ライン番号：10）と欲求・願望（ライン番号：12）を経て、更にもう一度繰り返して、事実説明（ライン番号：14）と欲求・願望（ライン番号：15）を用いて、ネガティブ・ポライトネスを表そうとする傾向がみられる。学習者全体の発話の中で、このようなネガティブ・ポライトネス・ストラテジーが多く使われることが窺えた。

3.3. 改善要求の成否からみた発話連鎖の特徴

　学習者がどのように発話をするか、またその発話の連鎖にはどのような種

類のストラテジーがみられるかについて、談話の切り出しからみていくことにする。なお、トピックの内容や種類の多さといった要因による影響を排除するため、発話の連鎖についての考察は、【タスク1】の「クラス替え」に限る。

学習者の発話連鎖の型をまとめたものは表3である。1つの談話の中での各種類の出現順序は、①→②→③→④…のように示す。

表3　学習者の発話連鎖の型

学習者	No3	No1	No2	No7	No14	No6	No12	No4	No10	No11	No5	No9	No13	No15	No8
Str種類　[Str数]	[6]	[5]	[5]	[5]	[4]	[4]	[4]	[3]	[3]	[3]	[3]	[3]	[3]	[3]	[3]
前置き	①	①	①	①	①	①	①	①	①	①	①	①	①		
話題提示					②									①	
事実説明	②③	②	②③	②③		②		②	②	②	②	②	②		①
欲求・願望	④⑤	③⑤	④	④	③	③	④	③	③	③					②
意見・代案															
現状確認															
相手の許可		④	⑤		④		④				③	③	③		
相手の意見	⑥						②								
賛同・ほめ															

■タスク成功の場合を表す

表3（[Str数]の欄）をみると、発話の連鎖の長さ[7]について、最大は6つであり、最小は3つであることがわかる。調査対象者のうち、ストラテジー数の使用は、6つが1名、5つが3名、4つが3名、3つが8名という結果から、全体使用の割合は、6つが7％、5つが20％、4つが20％、3つが53％であることがわかる。この使用率から、調査対象者15名のうち、3つの種類を使って改善要求を行っているのが最も多く、特徴的であると言える。この発話の連鎖の長さと改善要求の成否とは関連があるだろうか。まず、学習者の各々のタスクの成否の結果をみると、成功者はNo3、2、7、6、12、4、11、8 失敗者はNo1、14、10、5、9、13、15であることから、ストラテジー使用数を定められず一点集中していないということがわかる。つまり、タスクの成否はストラテジー数とは必然的な関係にないと言える。

一方、談話の最初(表3の欄内①を表示するところ)に用件を切り出すためのストラテジーとして、いくつかのものに集中していることが明らかである。たとえば、①のストラテジーと②のストラテジーが殆ど「前置き」と「話題提示」と「事実説明」に集中している。ストラテジーを種類別にみれば、数回使用されるものもあれば(たとえば、「事実説明」、「前置き」、「欲求・願望」、「相手の許可」)、1回も使用されてないものもある(たとえば、「意見・代案」、「現状確認」、「賛同・ほめ」)ことがわかる。そして、1例(No14)を除いて、ストラテジー9種類のうち必ず1回程度機能しているものとして、「事実説明」が挙げられる。「事実説明」の使用について、例を挙げてみてみよう。次の例は「事実説明」(ライン番号：9、11)が繰り返しに使われ、改善要求に成功した場合である。

【タスク１：No2・女性】

ライン番号	発話文番号	発話文終了	話者	発話内容
1	1	*	T	はい、こんにちは。
2	2	*	T	はい、どうぞ。
3	3	*	F02	はい、すみません〈笑いながら〉。
4	4	*	T	はい。
5	5	*	F02	あのー、せん、先生。
6	6	*	T	はい。
7	7	*	F02	あのー、お願いがあるんですが…。
8	8	*	T	はい。
9	9	*	F02	あのー、今は短期留学の学生、ですから。
10	10	*	T	うん。
11	11	*	F02	あのー、うーん、今の授業は私にとって(うん)ちょっと簡単すぎると思うけど。
12	12	*	T	うん。
13	13	*	F02	あのー、うーん、自分の、日本語の能力は、(うん)上のレベルをあがっ、あがりたい(うん)のですが。
14	14	*	F02	じゃ、上の、レベルの、上のレベルのクラスを変えることができるかどうか、(うん)うーん、教えてください。
15	15	*	T	そうですね…。

　一方、改善要求談話の「前置きー話題提示ー事実説明ー欲求・願望ー相手の許可」という連鎖の中で、使用頻度の最も高い「事実説明」の省略が可能であろうか。もし「事実説明」が省略される場合、談話上どのような問題が起きるかについて次の例文を取り上げ検討する。
　この会話例は「事実説明」が省略される場合である。

【タスク1：N014・女性】

ライン番号	発話文番号	発話文終了	話者	発話内容
1	1	*	T	（ノック）はい、どうぞ。
2	2	*	F14	先生。
3	3	*	T	はい。
4	4	*	F14	すみません。
5	5	*	T	はい、はい。
6	6	*	F14	あの、私授業の内容について、（うん）あの、言いたいことがあります。
7	7	*	T	はい。
8	8-1	*	F14	あの、私は、Cクラスへ行きたい､､
9	9	*	T	はあ？？うーん。
10	8-2	*	F14	です。
11	10	*	F14	いいですか？
12	11	*	T	どっ、どうしてCクラスへ行きたいですか？
13	12	*	F14	今の授業は私にとっても（うん）ちょっと簡単すぎる（うん）と思いますから。
14	13	*	F14	（うんうん）Cクラスに行きたいです。

　談話レベルからこの発話をみると、「前置き―話題提示―欲求・願望―相手の許可」の連鎖がなされていることがわかる。しかし、談話上の問題として、まず、「話題提示」までの会話はスムーズに運ぶとみられるが、学習者が「事実説明」なしで、いきなり「欲求・願望」（ライン番号：8「私は、Cクラスへ行きたい」）の発話をしたため、相手の教師を困惑させてしまうことになった（ライン番号：9「はあ？？うーん。」）。教師が学習者の発話文がまだ途中にもかかわらず、その驚きの表現として、「はあ？？」のあと「どっ、どうしてCクラスへ行きたいですか？」（ライン番号：12）という発話をしたのだと考えられる。学習者が教師からその質問を受け、「事実説明」（ライン番号：13）をした。そして、また「Cクラスへ行きたいです。」（ライン番号：14）を言い出して、再び「欲求・願望」を使ったのである。

以上、本題の「クラス替え」の出現段階までの発話の連鎖において、「事実説明」が省略された場合、聞き手に不満な状況を改善してもらうにはストラテジーとして十分な意思伝達をすることができなくなる可能性が大きいと考えられる。上記の例文からもわかるように、学習者が一連の発話の中で、「事実説明」を省略し、改善要求ストラテジーを行使していたのだが、説明が不十分のため、相手の教師から理由を聞かれ、「事実説明」を補ってはじめて教師に理解してもらうことに成功した。この現象から、改善要求ストラテジーにおいて、「事実説明」の発話を省略するのが難しいだろうと結論付けられる。この点について、藤森(1997)は、不満表明に関しては、日本語母語話者が好ましくない場面を状態という観点から捉え、その状態を同定するというストラテジーを多用する、と指摘している。この観点から母語話者は「事実説明」を多用するために、不満表明の際、それが慣習化となっているため、学習者がそれを不使用の場合、意思疎通に支障を来たすと考えられよう。また、本研究での「事実説明」は不満な状態を同定するという意味で使われるため、学習者の不使用は日本語母語話者の教師にとって談話上適切性に欠けるため、結局困惑してしまうのではないかと予測できる。従って、改善要求を行う際、「事実説明」は省略してはならないということを示唆していると考えられる。

　以上の考察から、学習者の発話連鎖は出現頻度の最も高い、「前置き―事実説明―欲求・願望」というパターンであることがわかった。また、この発話連鎖はタスクの成功にも繋がることから、改善要求ストラテジーとして有効だと推測できよう。但し、この傾向は本研究の調査結果に限るものであり、一般化するのは危険である。

4. おわりに

　本稿では、不満表明という言語行為を取り上げ、改善要求談話にみられる台湾人日本語学習者の発話の特徴及び傾向を分析し考察した。その結果は以下のようにまとめられる。
　（1）改善要求談話におけるストラテジーは種類によって、その使用傾向

が異なり、また最も使われる種類がいくつかのものに集中しているという示唆を得た。
（2）　学習者が目上の教師の行われる授業内容についての批判は、相手のフェイスへの侵害度がより高いだろうと思っている場合、「欲求・願望」、「相手の許可」、「相手の意見」のストラテジーの使用は減る傾向がある。
（3）　学習者は目上の教師に対し、基本的にネガティブ・ポライトネス・ストラテジーの使用が多いものの、「賛同・ほめ」のようなポジティブ・ポライトネス・ストラテジーをも使っている。
（4）　改善要求ストラテジーの総数とタスクの成否には必然的な関連性がみられない。
（5）　発話の連鎖は複数の種類によって組み合わされる場合、「事実説明」という要素が不可欠で重要である。

　以上のように、ここで得られた結果を一般化するため、更に調査対象を増やし、学習者の傾向を検証していくと同時に、母語話者との比較をも視野に入れ、学習者の特徴を明らかにしていくことを今後の課題としたい。

注
1　不満表明という言語行為の定義についてはまだ統一されてない部分が多いが、本研究では、初鹿野他（1996）に従い、ある行動期待に反する相手の行為への反応として、表出する行為を「不満表明行為」と定義し、本論を進めていく。
2　改善要求ストラテジーとは、話し手が目前に置かれた不利な状況から抜け出そうと考えており、改めて聞き手に改善要求を行うという、一連の発話をさすものである。
3　学習者に渡すロールプレイカードの詳細は資料1を参照されたい。
4　『基本的文字化の原則』（Basic Transcription System for Japanese:BTSJ）は、録音した会話を比較的に忠実に文字化できるように、開発されたシステムである。詳しくは宇佐美（2003）を参照されたい。
5　これらの類型の中で、③事実説明は、話し手が今自分自身の置かれた状況ないし遭遇

した場面を聞き手に伝えることであり、⑥現状確認は、話し手が聞き手に事柄について確認を求めることである。⑤意見・代案については、話し手が自ら提案するようなストラテジーを取る場合を指す。

6 Brown & Levinson(1987)では、相手のフェイスを脅かす可能性のある行為を「フェイス侵害行為」(Face Threatening Act:FTA)と呼び、彼らは、「基本的欲求としてのネガティブなフェイスとポジティブなフェイスという2種類のフェイスを脅かさないように配慮すること」が「ポライトネス」であると捉え、それぞれ、ネガティブなフェイスに配慮するストラテジーをネガティブ・ポライトネス、ポジティブなフェイスに訴えかけるストラテジーをポジティブ・ポライトネスと呼んでいる。

7 発話の連鎖の長さは文レベルの長さをさすものではなく、ストラテジーの数の多さ(使用頻度)をさすものである。

参考文献

宇佐美まゆみ(2003)「改訂版：基本的文字化の原則(Basic Transcription System for Japanese: BTSJ)」『多文化共生社会における異文化コミュニケーション教育のための基礎的研究』課題番号 13680351 平成13－14年度科学研究費補助金基盤研究C(2)研究成果報告書　pp.4-21　東京外国語大学

郭碧蘭(2007)「台湾人日本語学習者の「不満表明」について」『2007年日語教學國際會議論文集』pp.223-234　東呉大學日本語文學系

川成美香(1991)「要求表現の丁寧度に関する談話語用論的分析」『日本女子大学紀要』40　pp.37-50　日本女子大学紀要文学部

初鹿野阿れ・熊取谷哲夫・藤森弘子(1996)「不満表明ストラテジーの使用傾向―日本語母語話者と日本語学習者の比較」『日本語教育』88　pp.128-139　日本語教育学会

藤森弘子(1997)「不満表明ストラテジーの日英比較―談話完成テスト法の調査結果をもとに」『言語と文化の対話』pp.243-257　英宝社

藤森弘子・初鹿野阿れ(2000)「改善要求ストラテジーにみられる言語形式のバラエティー―日本語母語話者と日本語非母語話者の比較」日本語教育学会秋会大会予稿集　pp.220-225　日本語教育学会

朴承圓(2000)「「不満表明表現」使用に関する研究―日本語母語話者・韓国人日本語学習者・韓国語母語話者の比較」『言語科学論集』4　pp.51-62　東北大学

李善姫(2004)「韓国人日本語学習者の『不満表明』について」『日本語教育』123　pp.27-

36　日本語教育学会

李善姫(2006)「日韓の「不満表明」に関する一考察―日本人学生と韓国人学生の比較を通して」『社会言語科学』第8巻第2号　pp.53-64　社会言語科学会

Brown, P & Levinson. SC. (1987) *Politeness: Some universals in language usage.* Cambridge University Press.

Jenny Thomas. (1995) *Meaning in Interaction: an Introduction to Pragmatic.* Longman.

資料1

次は、実験の際、学習者に渡すロールプレイカードである。

【タスク1】
あなたは短期留学で来日した留学生である。今の会話クラスは簡単すぎて、自分のレベルに合っていないような気がする。このままでは、自分の会話力があまり伸びないのではないかと心配だ。担任のB先生に今のクラスに対する不満を言って、できれば、上のレベルのクラスに変えてほしいという自分の気持ちを伝えてください。

【タスク2】
会話のクラスを担当するA先生は授業の進み方が早いし、また、授業中、授業と直接関係ない話も多い。そして、会話の授業なのに、文法ばかり教えて、あまり話す機会が得られない。その上、A先生の説明の仕方では、理解できないこともとても多いと感じている。クラスメートの何人かもあなたと同じように感じている。A先生に授業の改善要求をしてみて下さい。

接触場面における話題選択及び話題開始の傾向

金　銀美

1. はじめに

　近年多くの談話分析で依頼、断りなどある特定の発話行為についての研究が盛んになされているが、実際の会話で話者同士は何を、どのように話すかについて調べた研究は数少ない。特に他の言語や文化のメンバーとコミュニケーションを行う「接触場面(contact situation)」(ネウストプニー 1995)における研究では、主に意味や理解に関わる意味交渉や調整を研究対象としていることが多い(Gass and Varonis 1985、Swain 1985、Pica 1991)。

　コミュニケーションを円滑に行うためには、コミュニケーションに問題が生じた時のみならずどのような話題を選択するかというような談話管理の側面も視野に入れ接触場面のコミュニケーションを考える必要があると考え、本研究では Ellis(1994)のいう相互行為的調整の中の談話管理の面から話題選択や話題開始に焦点を当て考察を行う。

　また本稿では接触場面の中でも「初対面」を扱う。初対面の会話では相手についての情報がないため、より意識的に話題を選択すると考えたためである。その時、相手のフェイスを保持しながら人間関係を維持し円滑なコミュニケーションのためのストラテジーが使われると考える。そこで、本研究は接触場面における話題選択及び話題開始に焦点を絞り Brown and Levinson(1987)のポライトネスの観点から分析及び考察を試みる。

2. 先行研究及び本研究の位置づけ

2.1. 先行研究
2.1.1. 調整(adjustment/modification)における話題に関する研究

　Larsen-Freeman and Long(1991: 125-126)では、調整(adjustment/modification)を音声面、語彙・統語面、意味面を含む「言語的調整」と内容面と相互行為的構造面の「会話的調整」に分類している。Ellis(1994: 258)はLarsen-Freeman and Long(1991)の「会話的調整」をさらに発展させた形で、「相互行為的調整(interactional modifications)」という概念を提唱している。「相互行為的調整」は、選択する話題の種類や性質および話題展開なども含み、コミュニケーション問題を事前に防ぐためのものである「談話管理(discourse management)」と、コミュニケーションの問題を解決するためのストラテジーである修復と学習者のエラーの訂正を含む「談話修復(discourse repair)」の2つに分かれる。このように第二言語習得研究における調整に関する研究では、会話的調整と談話管理面で話題についてとりあげられていることがわかる。

2.1.2. 日本語教育研究における話題に関する研究

　日本語教育研究の分野では話題に関するいくつかの研究がなされている。まず三牧(1999a、1999b)は、日本語母語話者の大学生同性同士の初対面会話における話題選択スキーマと共通点の強調、相違点に対する関心を表明するストラテジーなどについて男女別にポライトネスの観点から考察している。

　また宇佐美・嶺田(1995)は日本語母語話者同士の自己紹介の際に話題導入の最も多い形式は質問形式であり、目上対目下の会話には「質問-応答型」が多く同性同等の会話では「相互話題導入型」が多いという結果を示している。日韓対照研究としては、奥山(1997、2004、2005)の一連の研究がある。奥山(2004、2005)では、日韓の大学生の初対面会話を分析し話題の種類、話題導入、ポライトネス・ストラテジーの使用について比較分析している。奥山(1997)は、日本語を習っている韓国人と韓国人に会ったことのない日本人に、親疎関係による話題の選択について自由記述式のアンケート

調査を行った結果、韓国人は日本人より早い段階で自己表明化し相手にも多様な話題で積極的に質問を行う反面、日本人は自己表明化を早い段階で行うものの宗教や政治的な話は控える傾向があるとしている。

2.2. 本研究の位置づけ

　奥山(2004、2005)の日韓対照研究は実際の会話を分析対象にしているが、奥山(1997)の韓国語を母語とする日本語学習者と日本人母語話者による接触場面の調査は実際の会話を扱っておらず、アンケート調査によるものである。そこで、本研究では、対人コミュニケーションを円滑に行う知見を得るには、自然会話における人間の相互作用を研究し日本語教育においてもその知見を取り入れることが必要である（宇佐美他 2006）と考えるため、日本語母語話者（以下、NS）と韓国人日本語学習者（以下、NNS）の自然会話を取り上げる。さらに、従来の接触場面の研究は日本に在住する日本語学習者と日本語母語話者の会話に限られているものが多いが、本研究では日本国内での接触場面のみならず、韓国に在住する韓国人日本語学習者と日本語母語話者の会話も分析の対象に入れ、在住地別の共通点及び相違点の分析を試みる。

　さらに、初対面で話題を選択し相手に情報要求したり自分の情報を提供することは、相手のフェイスを侵す可能性があると考えるため、Brown and Levinson(1987)のポライトネス理論（4.3.節で詳述）の枠組みで考察していく。

3. 研究方法

3.1. 会話データについて

　会話データについては以下の表1に示す。会話協力者の関係を初対面同士の同年代、同性になるように設定したのは、協力者の条件を極力一定にするためである。会話終了後、フェイスシート、フォローアップ・アンケートからも回答を得た。会話収録時は特別な話題は与えず、なるべく自然に会話が流れるようにし、最低15分の会話をするように設定した。会話の終了は会話参加者が自然に終わるようにした。録音された16会話は、最初から最

後までのデータ(総 431 分間／1 会話平均 26.9 分)を宇佐美(2003)の「改訂版：基本的な文字化の原則(Basic Transcription System For Japanese:BTSJ)に従い文字化した。

表 1　会話データの詳細

データの詳細	接触場面 16 会話(日本語会話)			
収集場所／時期	韓国／03 年 3 月		日本／03 年 6 月～7 月	
会話協力者	NSM[1]1–3	NNSM[3]1–3	NSM4–8	NNSM4–8
	NSF[2]1–4	NNSF[4]1–4	NSF5–8	NNSF5–8
母語	日本語	韓国語	日本語	韓国語
職業	大学生・大学院生		大学生・大学院生／日本語学校の学生	
年齢	20 代		20 代	
NNS の日本語学習暦(レベル)	韓国で 3 年程度(中級)		日本で 1 年半程度(中級)	
場面	初対面同性同士		初対面同性同士	
会話数	7 会話		9 会話	
総会話時間／1 会話平均時間	182 分／約 26 分		249 分／約 27.6 分	

3.2.　「話題」の定義

　Brown and Yule(1983)及び三牧(1999b)の話題についての定義と話題の区切り方を参考にし、さらに話者交替、関連性などを考慮に入れ、本研究では「話題とは、あるテーマについて会話が開始され内容的に関連性を持った事柄のまとまりである」と定義する。

3.3.　研究設問

　本研究における研究設問は以下の 3 つである。
1) 接触場面の初対面会話では、どのような話題が選択されるか。又、会話参加者の在住地によってどのような共通点及び相違点がみられるのか。

2) NSとNNSにおける話題開始は会話参加者の在住地によってどのような共通点及び相違点がみられるか。
3) 話題選択と話題開始の傾向についてポライトネスの観点からどのように解釈できるのか。

3.4. 分析項目

本稿では、どんな話題が取り上げられているか、誰がその話題を開始したかという「話題カテゴリー」と「話題開始」を分析項目として取り上げる。さらに、話題選択と話題開始の傾向についてポライトネスの観点からどのように解釈できるかを考察する。

3.4.1. 話題カテゴリー

三牧(1999b)を参考にして具体的な話題項目別に「話題カテゴリー」を10項目立てた。表2の話題カテゴリーのうち、①、⑧、⑨、⑩は本会話データで新たに追加した項目である。

表2 話題カテゴリーと話題項目

	話題カテゴリー	話題項目
①	挨拶	自己紹介を伴う挨拶、会話終了を示す挨拶
②	学校生活	授業、試験、単位、キャンパス、アルバイト、友人、遊び、留学経験
③	所属	学部(大学院)、日本語学校、学科、学年、サークル
④	専門	専攻、研究テーマ・卒論/修論、仕事
⑤	出身	国籍、出身地、出身校
⑥	住居	住居形態、通学(交通手段)、現住地
⑦	進路	進学、就職
⑧	日韓関連	観光地(旅行経験)、日韓の共通点及び相違点(両言語、文化、食べ物)、在住の感想、軍隊 など
⑨	プライバシー	年齢、恋人(結婚)、家族、宗教、性格、趣味
⑩	その他	録音(録音に参加した経緯、録音場所、一緒に録音に参加した人など)について

3.4.2. 話題開始

「話題」の定義に従い、話題カテゴリーを分類する。さらに、話題を始めるとき、その話題開始がNSによるものか、NNSによるものかについて分類する。

上記の分析項目についてのコーディングの例を以下の表3に示す。

表3　コーディング例

ライン番号	発話文番号	発話文終了	話者	発話内容	話題カテゴリー	話題項目	話題開始
262	243	*	NNSF05	今、そしたら何年〈生？〉{<}。	③所属	学年	NNS
263	244	*	NSF05	〈修士〉{>} 2年生、ですね。			
264	245	*	NNSF05	あー。			
265	246	*	NSF05	今年論文、修士論文書きます。			
266	247	*	NNSF05	うんー。			
267	248	*	NNSF05	2000にこのなんか、学校ができたって聞いたんですが。	⑩その他	収録場所	NNS
268	249	*	NSF05	うんうんうん、そうですね。			

4. 分析結果及び考察

接触場面の初対面16会話における「話題カテゴリー」と「話題開始」の結果を示し、その結果をポライトネスの観点から考察していく。分析項目についてはセカンドコーダーにセカンドチェックを依頼した。セカンドコーダーには分類項目を説明し、会話データ全体(431分)の10分の1にあたる発話(43分間)のコーディングを頼んだ。その一致度は *Cohen's Kappa*(κ)を用いて確認したが、$\kappa = 0.852$ という数字が得られ、信頼できる分類項目であることが確認できた[5]。

4.1. 話題選択の傾向

会話全体における話題選択の傾向は以下の表4の通りである。

表4 会話全体における話題選択の傾向

話題カテゴリー	①挨拶	②学校生活	③所属	④専門	⑤出身	⑥住居	⑦進路	⑧日韓関連	⑨プライバシー	⑩その他	合計
NS	15	20	18	4	8	11	12	69	16	11	184
NNS	5	17	11	10	7	8	4	58	15	11	146
合計	20	37	29	14	15	19	16	127	31	22	330
(割合)	6%	11%	9%	4%	5%	6%	5%	38%	9%	7%	100%

最も話題として多く取り上げられたのは、⑧日韓関連(38%)の話題であり、次いで②学校生活が11%で、③所属(9%)と⑨プライバシー(9%)と続く。

会話協力者の在住地による結果は以下の表5の通りである。

表5 在住地別による話題選択の傾向

話題カテゴリー		①挨拶	②学校生活	③所属	④専門	⑤出身	⑥住居	⑦進路	⑧日韓関連	⑨プライバシー	⑩その他	合計
韓国		9	11	11	9	8	6	2	57	16	10	139
		6%	8%	8%	6%	6%	4%	1%	41%	12%	7%	100%
日本		11	26	18	5	7	13	14	70	15	12	191
		6%	14%	9%	3%	4%	7%	7%	37%	8%	6%	100%

韓国在住のNSとNNSの話題は最も多い順から⑧日韓関連(41%)、⑨プライバシー(12%)、②学校生活(8%)・③所属(8%)であり、日本在住のNSとNNSの話題は⑧日韓関連(37%)、②学校生活(14%)、③所属(9%)、⑨プライバシー(8%)となっている。順番は多少変わっても話題選択の在住地による違いは殆ど見られず類似した傾向を示している。

三牧(1999b)はNS同士の日本語会話において最も多く取り上げる話題は共通の知人、所属、大学生活、専門、住居であり、危険な話題として回避される話題は、プライバシー(親の職業、受験失敗経験)、政治的宗教的立場と

意見に関する話題であると述べている。

奥山(2004)は、韓日の初対面会話のスキーマとして韓国人話者(韓国語会話)の回避スキーマは進路や就職、日本人話者(日本語会話)の回避スキーマは恋人に関する話題であるとしている。そして、韓日共通の回避スキーマは政治、宗教、家族の話題であると述べている。

本研究の会話データである接触場面の会話では、先行研究の結果から著しく異なる点として、最も多く取り上げている話題が⑧日韓関連の話題と⑨プライバシーに関する話題であることがわかる。具体例は 4.3 でポライトネス観点からの考察と一緒に提示する。

4.2. 話題開始の傾向

会話全体における NS と NNS 別の話題開始の割合は、NS が 55％(181回)、NNS が 45％(146 回)で、若干 NS の方からの話題開始が多いことがわかった。

そして、在住地による話題開始の割合は次の図1の通りである。

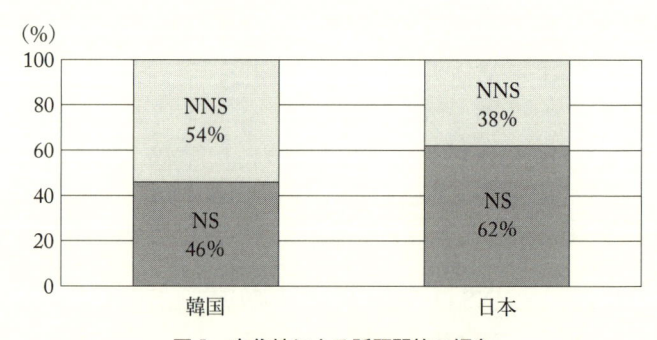

図1　在住地による話題開始の傾向

図1の在住地別の結果をみると、韓国に在住している NS と NNS の会話においては NS からの開始が 46％(64 回)で、NNS からの話題開始は 54％(75 回)で、NNS からの話題開始が若干多かった。日本在住の場合は NS からの話題開始が 62％(117 回)で、NNS からの話題開始が 38％(71 回)で、NS からの話題開始が多かった。このことから在住地が韓国の場合、NNS

からの話題開始が多く、在住地が日本の場合は、NS からの話題開始が多くなるといえる。具体例は 4.3 でポライトネス観点からの考察と一緒に提示する。

4.3. ポライトネスの観点からみた話題選択および話題開始の傾向

4.1. と 4.2 の結果を Brown and Levinson(1987)のポライトネス理論の枠組みで考察する。ポライトネス理論は、人間の行動は普遍的なルールに基づいて行われるとし、そのルールをポライトネスであるとしている。すべての人が共有している基本的欲求である「フェイス」の概念を仮定、他人から行動を邪魔されたくない、立ち入られたくないという欲求の「ネガティブ・フェイス」と他人に理解されたい、好かれたい、賞賛されたいという欲求の「ポジティブ・フェイス」の 2 つに分類している。この「フェイス」を侵す行為を「フェイス侵害行為(Face Threatening Acts：以下、FTA とする)」とし、話し手が FT 度を見積もる基準を公式化している。さらに、FTA を行う際、話し手が見積もった FT 度の大小に応じてポライトネス・ストラテジーの中からどれかが選択されるとしている。具体的な公式とストラテジーは Brown & Levinson(1987)を参照されたい。

4.3.1. 共通点及び相違点についての話題

まずは、話題選択の傾向の結果(表 4、表 5)からわかるように、話題としてもっと多く取り上げられたのは「⑧日韓関連」である。これらはポジティブ・ポライトネスの「共通の基盤を求めよ(Claim common ground)」に該当するものであろう。具体的なストラテジーとしては、NS と NNS は一致点を探す(Seek agreement)ために無難な話題(safe topics)で会話を進めていると考えられる。「②学校生活」と「③所属」に関しても NS と NNS が学生であることを共通点として取り入れられていると考えられる。また、共通点のみならず、互いの文化の相違点にも大いに関心を示す場合が多かった。

たとえば、韓国在住の会話(会話例 1)では、日本に兵役制度がないため、NSM は韓国の軍隊について NNSM に質問し、詳しく聞いている。

以下の会話例の下線と矢印は、当該の会話の中心になる話題を持ち出した

り、展開したりする発話内容である。さらに、分析項目である話題カテゴリー／話題項目／話題開始(NS か NNS か)については、太字で示す。

【会話例1[6]：(韓国在住)韓国の軍隊について】

361	NSM03	うん、けど韓国の、特に、男性は大学で勉強もしなくちゃいけないし、途中で軍隊にもい(＜笑い＞)、行かないとだめですよね。　**→⑧日韓関連／韓国の軍隊／NS**
362	NNSM04	そうですね。
363	NSM03	僕の知ってる韓国の友達とかもやっぱりみんな軍隊行くと言ったら、すごい、やっぱり"いやだ"って言うんですけど、どうー、どうですか？、軍隊。　←
364	NNSM03	＜少し笑いながら＞軍隊っていうか=。
365	NSM03	=やっぱりいやなもんですかね？、これは。　←
366	NNSM03	今一番軍隊がいやだなと思う時期は、(はい)多分軍隊の中の時期だと思います。

　会話例2は日本在住の NS と NNS の会話であるが、キムチについて日韓での違いを話題として取り上げている。

【会話例2：(日本在住)日本で売っているキムチについて】

325	NNSM08	キムチはありますよね？。　**→⑧日韓関連／キムチ／NNS**
326	NSM08	キムチはもう、めちゃめちゃ、###(＜笑い＞)、いろんなキムチ、でもあんまり美味しくないんですよね=。
327	NSM08	=韓国の方'ほう'が美味しい。
328	NNSM08	韓国式って書いてあるんですけど(うん)、あんまり…(うん)。
329	NSM08	日本式と(＜笑い＞)、また…。
330	NNSM08	＜笑いながら＞味が違う。
331	NSM08	味違うんですね、＜あれね＞{＜}。
332	NNSM08	＜笑いながら＞＜ちょっと＞{＞}、甘くて(うんうんうん)、はい。
333	NSM08	向こうに行ったときも、焼肉を食べに連れていってもらっ

たりしたけども(はい)、そのときに食べたキムチ、すごく美味しくて。

4.3.2. プライバシーに関する話題

　三牧(1999b)と奥山(2004)の先行研究では、危険な話題として回避される話題は、日本語母語話者同士の日本語会話では、家族、宗教、政治、恋人に関するものであるとしている。そして韓国人母語話者同士の韓国語会話では、家族、宗教、政治、進路や就職であると述べている。

　しかし、本研究の接触場面においてプライバシーに関する話題(9%)は3番目に多い話題である(表4)。さらにプライバシーに関する話題は、韓国在住のNSとNNSの会話では12%の割合で2番目に多い話題であり、日本在住のNSとNNSの会話でも8%の割合で4番目に多い話題であった(表5参照)。

　プライバシーに関わる話題は主に恋人や年齢に関するものが多かったが、韓国に留学中の日本語母語話者は韓国では恋人や年齢などプライバシーに関する話題を初対面での相手にも気軽に聞くことができるということが話題スキーマとして定着していると考えられる。以下の会話例3は、韓国在住の会話協力者の会話である。

【会話例3：(韓国在住)彼氏に関する話題】

312	NSF04	彼氏はいるんですか？。　→⑨プライバシー／恋人／NS
313	NNSF04	あ、あ、はい、はい、います。
314	NSF04	あ、そっか、何、何してる人ですか？。　←
315	NNSF04	あ、学生ですが…。
316	NSF04	あ、学生。
317	NNSF04	プサンにいます、今。
318	NSF04	じゃ、遠距離恋愛なんだ。
319	NNSF04	はい＜笑い＞。
320	NSF04	＜笑い＞悲しい。
321	NNSF04	「NSF04の姓」さんはどうですか？。　←
322	NSF04	いますよ。

日本在住の会話協力者の会話でもNSがNNSに恋人について尋ねる場面があった。以下の会話例4はNSがNNSに彼女がいるかどうかについて質問するものである。

【会話例4：(日本在住)彼女に関する話題】

099	NSM08	<u>／沈黙　6秒／今じゃ、ちょっと変なこと聞くんですけど(はい)、日本語学校で彼女とかいるんですか？。</u>　→⑨プライバシー／恋人/NS
100	NNSM08	彼女います。
101	NSM08	はっ。
102	NNSM08	はい。
103	NSM08	<u>え、どこに？、日本にいますか？。</u>　←
104	NNSM08	日本にいます(あー)。

　日本語母語話者による話題の関する従来の研究(三牧1999b、奥山2004)では、プライバシーに関わる話題は回避されるものであり、三牧(1999b)はこの回避をポライトネス観点から捉えるとFTA回避にあたるとしている。しかし、本研究の接触場面のデータでは、異文化間でより積極的に相手への関心を強化し距離を近づけようとするポジティブ・ポライトネスとしてプライバシーに関する話題をとりあげていると考えられる。

　さらに、母語場面で回避されるプライバシーに関する話題が接触場面では取り上げられることについては、協働的構築(co-construction: Jacoby and Ochs1995)の観点からも説明できる。協働的構築は、相互行為が始まる前から固定的に存在する規則や社会的アイデンティティではなく、相互行為の中で言語の意味や参加者のアイデンティティや関係性、さらには社会や文化そのものが構成されていく過程に焦点を当てている。つまり、日本語の初対面の会話では話題としてあまり取り上げられない年齢や恋人の話は接触場面では新たな話題のカテゴリーとして構築されているのではないだろうか。しかし、これについては今後より多くの会話データからの検証が必要であると考える。

4.3.3. 話題開始に関するポライトネス・ストラテジー

　会話全体のNSとNNSにおける話題開始の割合は、NSが55%、NNSが45%で、NSからの話題開始が若干高い傾向である。しかし、在住地別の結果(図1)をみると韓国在住の場合、NNSからの話題開始(54%)が若干多く、日本在住の場合はNSからの話題開始(62%)が多かった。

　大平(2001)は、従来NSとNNSの関係において「NS＝標準」、「NNS＝逸脱」という一般的な固定概念が強化される側面は否めないが、NSとNNSは当該の相互行為に参加する中で、NSとNNSというアイデンティティを互いに構築していく存在として見なすべきであると主張している。本研究の在住地における話題開始の結果からも、単純にNSとNNSの役割が固定されているものというよりは会話参加者が置かれた状況によってその役割が変わるものであるといえるだろう。

　会話例5は韓国に留学に来ているNSにNNSが韓国での生活について質問し話題を開始しているものである。

【会話例5：NSFの韓国での生活についての話題】

064	NNSF03	なんか、今住んでいるところは、###ですか？。
		→⑥住居／お住まい／NNS
065	NSF03	えーと、往十里というところなんですよ。
066	NNSF03	あ、あんまり遠くないですね。
067	NSF03	そうですね、あんまり遠くだと動かなくなっちゃうので＜笑い＞。
068	NNSF03	一緒に住んでる人いますか？。
069	NSF03	いえ、1人で。
070	NNSF03	1人で。
071	NSF03	うん。
072	NNSF03	韓国で、不便なことないんですか？。
		→⑧日韓関連／韓国での生活／NNS
073	NSF03	不便なことですか、うんー。
074	NSF03	やっぱ、なんか、困ったときとかに、ちょっとことば、しゃべれない単語とかあったり(あー)、やっぱ、ことばが

通じきらないので。

　日本在住のNSとNNSの会話でも同じように日本に留学中のNNSにNSが話題を開始することが多かった(図1)。つまり、会話の主導権を握り話題を開始をすることについてのNSとNNSの役割は、最初から決まっているものではなく、会話協力者が置かれている状況によって変わるものである。さらに相手への配慮はNSとNNSのどちらかの片方に存在するものではなく共通する心理的なものであり、相手に興味を示すポジティブ・ポライトネスとして働いているといえよう。

5. おわりに

　本研究は、日韓の接触場面(日本語会話)における相互行為的調整の中で、談話管理の側面での話題選択と話題開始の傾向に焦点を絞り調査を行った。さらに、より幅広い接触場面の調査を行うため、韓国で日本語を学習しているNNSと日本で日本語を学習しているNNSに分け学習環境による違いを調べた。

　話題選択については、会話全体と在住地別の結果はほぼ同じ傾向を示したが、先行研究の日本語母語話者同士の会話と比べて、「日韓関連」「プライバシー」に関する話題が接触場面の新たな話題として取り上げられていることがわかった。又、先行研究の結果と同様「学校生活」や「所属」など学生同士の共通話題も多く取り上げていることがわかった。

　話題開始に関しては、会話全体はNSの方が若干高かったが、在住地別の結果は韓国在住の場合はNNSが高く、日本在住の場合はNSの方が高かった。

　これらの結果をポライトネス観点から考えると、話題選択については、ポジティブ・ポライトネスが使われていることが分かった。具体的には共通の基盤を求める(Claim common ground)ためにNSとNNSが一致点を探している(Seek agreement)行動がみられた。そして、一致点のみならず日本と韓国の相違点についても大いに興味を示していることもわかった。先行研究では見られなかった「プライバシー」に関する話題は接触場面では回避するも

のではなく、相手に近づき距離を縮めるための話題として捉えることができると考える。

　話題開始の結果については、NS と NNS の役割は固定されているものではなく状況によって変わるものであるといえよう。そして、会話参加者は、NS として NNS としてではなく、自分の国(韓国または日本)に留学に来ている相手(NS または NNS)に、主に生活や学校生活について聞き、相手への配慮と興味を示していることがわかった。

　日本語教育では異文化間のコミュニケーションの摩擦を防ぐために、各文化における回避される話題についての情報が必要であると考えられている。しかし、本研究では従来日本語会話では回避されると思われていたプライバシーに関する話題が、接触場面においてはむしろ会話を盛り上げるものであることがわかった。今後、日本語学習者が置かれた様々な場面と状況に注目した更なる調査が期待される。

　本研究は異文化間の円滑なコミュニケーションを行うための基礎研究として日本語教育に役に立てれば幸いである。さらに、日本語母語場面と接触場面の比較及び話題展開を含め、談話レベルでの調査を今後の課題にしたい。

注

1　NSM：男性日本語母語話者
2　NSF：女性日本語母語話者
3　NNSM：男性韓国人日本語学習者
4　NNSF：女性韓国人日本語学習者
5　Cohen's kappa はコード化の基準、定義を決めた上で、二人のコード者が別個にデータの 5 〜 20％にあたる量のコーディングを行い、その一致度から、偶然一致した確率を差し引いたもの。この値が 0.7 未満であれば、コード化の基準や定義に問題があると捉えて、再検討したほうがよいとされている。また、0.75 以上であれば、大変信頼性が高いとみなしてよいとされている(詳しくは、Bakeman & Gottman(2nd ed.)を参照のこと)。(宇佐美 1997: 3)
6　本稿の会話例は宇佐美(2003)を修正して掲載したものである。なお会話例の記号につ

いては宇佐美(同書)を参照されたい。

引用文献

宇佐美まゆみ(1997)「会話分析への言語社会心理学的アプローチ―方法論(データの収集法, 文字化の仕方)を中心に」pp.1–7　JFCET 談話行動研究会

宇佐美まゆみ(2003)「改訂版：基本的な文字化の原則(Basic Transcription System for Japanese：BTSJ)」『多文化共生社会における異文化コミュニケーション教育のための基礎的研究』平成 13–14 年度科学研究費補助金基盤研究 C (2)（研究代表者：宇佐美まゆみ)研究成果報告書　pp.4–21

宇佐美まゆみ・木林理恵・木山幸子・金銀美(2006)　「基本的な文字化の原則(Basic Transcription System for Japanese: BTSJ)」の開発と『BTS による多言語話し言葉コーパス』の構築」『自然会話分析への言語社会心理学的アプローチ』研究情報学研究報告 13　宇佐美まゆみ（編）　21 世紀 COE プログラム「言語運営を基盤とする言語情報学拠点」東京外国語大学(TUFS)大学院地域文化研究科　pp.245–261

宇佐美まゆみ・嶺田明美（1995)「対話相手に応じた話題導入の仕方とその展開パターン―初対面二者間の会話分析より」名古屋学院大学日本語教育・日本語教育論集第 2 号　pp.130–145

大平未央子(2001)「ネイティィブスピーカー再考」野呂香代子・山下仁編著『正しさへの問い―批判的社会言語学の試み』pp.85–110　三元社

奥山洋子(1997)「일본어를 배우는 한국인과 한국인을 만난 경험이 없는 일본 첫 대면 커뮤니케이션에서 다루어지는 화제내용과 그 시간 배분 에관한 고찰」『한국커뮤니케이션학』제 5 집 한국커뮤니케이션학회

奥山洋子(2004)『이렇게 다르다! 한국인과 일본인의 첫 만남의 대화(こんなに違う！韓国人と日本人の初対面の会話)』보고사

奥山洋子(2005)「話題導入における日韓のポライトネス・ストラテジー比較―日本と韓国の大学生初対面会話資料を中心に」『社会言語科学』第 8 巻第 1 号　pp.69–81

ネウストプニー, J. V. (1995)『新しい日本語教育のために』大修館書店

三牧陽子(1999a)「初対面インターアクションにみる情報交換の対称性と非対称性―異学年大学生間の会話の分析」『日本語の地平線』くろしお出版

三牧陽子(1999b)「初対面会話における話題選択スキーマとストラテジー―大学生会話の分析」『日本語教育』103 号　pp.49–58

Brown, P. and Levinson, S. C. (1987) *Politeness: Some universals in language usage.* Cambridge [Cambridgeshire] ; New York: Cambridge University Press.

Brown, G. and Yule, G. (1983) *Discourse Analysis.* Cambridge University Press.

Ellis, R. (1994) *The study of Second Language Acquisition.* Oxford: Oxford University Press. pp.243–291.

Gass, S. and E. Varonis. (1985) Non-native / non-native conversations: A model for negotiation of meaning. *Applied Linguistics*, 6, pp.71–90.

Jacoby, S. and E, Ochs. (1995) Co-costruction: An Introduction. *Research on Language and Social Interaction*, 28, 3. pp.171–183

Larsen-Freeman, D and Long M, H. (1991) *An Introduction to Second Language Acquisition Research.* London and New York: Longman. pp.114–152.

Pica, T. (1991) Do second language learners need negotiation?, *Penn Working Papers.* Vol.7, no.21, pp.1–35.

Swain, M. (1985) Communicative competence: some roles of comprehensible input and comprehensible output in its development. In S. Gass and C. Madden. (eds.). *Input in Second language Acquisition.* Rowley. Mass: Newbury House, pp.235–253.

友人間会話における有標スピーチレベル使用についての一考察
―敬体とぞんざいな表現の使用に着目して―

宮武　かおり

1. はじめに

　日本語は敬語体系を持つ言語であり、その使用不使用に代表されるスピーチレベルの操作は、日本語学習者にとって習得が難しい事項の1つといえる。留学生から「常体中心の会話がうまくできず日本人の友人となかなか親しくなれない」、「敬体／常体の選択基準がわからず、相手がどう話すかにとりあえず合わせている」など、スピーチレベル選択に関する悩みを聞くことは少なくない。谷口(2004)は、日本語教材におけるスピーチレベルの扱い方の調査で、丁寧体と普通体が混用される会話を扱う教材が極めて少なく、扱われていても説明が不十分であることを指摘している。

　本稿は、スピーチレベルを「言語形式から判断される発話の丁寧度」と定義し、日本語母語話者の友人間会話におけるスピーチレベルの変化について扱い、その実態と機能を解明することを目的とする。また、友人間の会話では、敬体・常体のほかに、「すげえ(すごい)」などのぞんざいな印象を与える表現が用いられることがある。林・野村(1969)は軽卑語を「反敬語表現」「下品なことば」として、星野(1989)は軽卑語・罵語・悪口を「マイナス敬語」として、マイナスの待遇を示すものとして扱っている。そこで本稿は、このような軽卑語・罵語・悪口(以下、ぞんざいな表現とする)も、スピーチレベルの一種として捉えることを試みる。

2. 研究背景
2.1. 会話におけるスピーチレベルを扱った先行研究

日本語会話をデータとして、その中に見られるスピーチレベルの選択やスピーチレベル・シフトについて解明する研究によって、スピーチレベルの選択には、話者間の力関係による影響が見られること(宇佐美2001、Usami 2002)、会話中には2者間の相互交渉が行われていること(三牧2002、伊集院2004)が示され、スピーチレベルの変化が起きやすい場面(陳2003)、母語話者と学習者との差異(林2005)なども明らかにされてきた。

しかし、ここに挙げた先行研究でデータとされているのは、すべて初対面の会話である。そのため、敬体基調の会話が分析されることが多く、その中で有標と見なされる常体使用が中心に分析されている。一方、主に常体が使用される会話をデータとしたスピーチレベル研究は管見の限りまだない。ぞんざいな表現をスピーチレベルの一種として扱った研究もまだ見られない。

2.2. 理論的枠組み

本稿は、宇佐美(2001、2002)の提唱する「ディスコース・ポライトネス理論(以下、DP理論)」の概念を用いてスピーチレベルについて捉えることを試みる。DP理論は、Brown and Levinson(1987)のポライトネス理論を基にして、新たに「相対的ポライトネス」という考え方を導入した理論である。「相対的ポライトネス」とは、Brown and Levinson(1987)が1文レベルからポライトネスを捉えるのに対し、その前後のやり取りや周辺情報も観点に含めて、発話の相対的な効果を捉えようとするものである。使用されるスピーチレベルの変化を扱う本研究において、この理論の動的・相対的な観点が有用だと考えられる。表1でDP理論の重要概念について説明する[1]。

表 1　DP 理論(宇佐美 2001, 2002)の重要概念

有標ポライトネス	Brown & Levinson(1987)で中心的に扱われてきたポライトネス。相手のフェイスを侵害してしまう際にそれを軽減するためにとられる。依頼や断りの場面で、いつもより多く前置きをするなどのストラテジーが例として挙げられる。
無標ポライトネス	相手のフェイスを侵害してしまう場面でとられる有標ポライトネスに対して、とくにフェイスの侵害がない場面においてとられる、「『守られていて当たり前な、失礼のない状態』としての『談話』の総体」(宇佐美 2002：連載第 9 回 p.99)としてのポライトネス。目上に対して敬体を使う、友人に対して常体を使うなどの行動がこれに当てはまる。その行動自体がとくに丁寧ということはないが、それを維持することによって失礼ではない状態を形成している。
基本状態	「無標ポライトネス」維持のための諸要素となる、その談話における典型的な状態。その談話における平均的な相づちの頻度、通常使用されるスピーチレベルなど、具体的に無標ポライトネスの要素となっている状態のことを指す。
有標行動	「基本状態から離脱した言語行動」(宇佐美 2002：連載第 9 回 p.102)のことで、相づちの頻度を増減させる行動や、敬体を使って話している相手に常体で話しかける行動などがそれにあたる。DP 理論では、無標ポライトネスからの離脱である有標行動は、何らかの効果を生むとされている。

2.3. 研究設問

本稿の研究設問は、以下の 2 つである。
1) 友人間の会話において、どのような発話が有標スピーチレベルにあたるか。
2) 友人間の会話における有標スピーチレベルはどのような条件下で使用され、どのような機能を持つか。

3. 方法

3.1. 会話データ

本研究は、話者の性別・2 者間の関係・話題について条件統制を行い録音した会話を文字化し、データとした。会話データの詳細は表 2 のようにな

る。

表2 本研究における会話データの組み合わせ[2]

ベース話者	対話者	会話		
女性ベース話者 6人 (BF01–06)	女性対話者 6人 (F01–03, F07–09)	女性ベース	同性間	雑談(6会話)
		女性ベース	同性間	討論(6会話)
	男性対話者 6人 (M01–03, M07–09)	女性ベース	異性間	雑談(6会話)
		女性ベース	異性間	討論(6会話)
男性ベース話者 6人 (BM01–06)	女性対話者 6人 (F04–06, F10–12)	男性ベース	異性間	雑談(6会話)
		男性ベース	異性間	討論(6会話)
	男性対話者 6人 (M04–06, M10–12)	男性ベース	同性間	雑談(6会話)
		男性ベース	同性間	討論(6会話)
計 12人	計 24人	計 48会話		

被験者は全員都内の大学に在籍中の日本語母語話者で、録音時間は1会話15分程度とした。会話をする2者の関係は、同年齢または同学年、普段は敬語を使わない、お互いに上下関係を感じない関係を条件として、ベース話者に対話者の紹介を依頼した。討論場面は、二者択一の討論テーマ候補15個について被験者の立場を事前アンケートで調査し、話者同士の立場が異なるものをテーマに選んだ。以上の実験計画に従い、2003年から2004年に計48会話を録音した。録音した音声は、会話開始から終了までのすべての発話を、宇佐美(2003)「改訂版：基本的な文字化の原則(Basic Transcription System for Japanese: BTSJ)」に従って文字化した(総録音時間783分34秒、総発話文数14010。1会話あたりの平均録音時間16分9秒、発話文数291.88)。

3.2. 分析方法
3.2.1. 敬語体系を基にした分類
　文字化した全発話文について、宇佐美(2005)を参考に、敬語体系を基にした敬体・常体・マーカーなしの3分類によるスピーチレベルの分類を行っ

た。本研究は常体が基調の会話を対象としており、宇佐美(2005)で扱われていない発話もデータに出現したため、コーディング基準を研究目的に合わせ若干変更した。コーディング基準を簡潔に示すと、表3のようである。なお、コーディング基準については、筆者とセカンドコーダーの2人がデータの一部についてコーディングを行い、一致率を測定して信頼性を確認した[3]。

表3 敬語体系を基にした分類 コーディング基準

敬体 (Polite form: P)	文末がデス・マス体の発話。促音化した「そうっすね」のような発話も含む。「はじめまして」「こんにちは」などの挨拶部分も敬体(P)とする。
常体 (Non-polite form: N)	文末がダ体の発話。デス・マスの活用形を含まず、用言・助動詞・終助詞で終わる発話。「そうだ(よ)」「行く?」「まあね」などの発話。「でしょう」を含む発話は、敬体とは考えにくい用例(「でしょでしょでしょ?」など)もあるため、実際の音声を聞いてPかNかを判断することにした。
マーカーなし (No Marker: NM)	文末に敬体・常体のどちらのマーカーもなく、スピーチレベルの判断ができない発話。名詞一語文や中途終了型発話などが含まれる。「今日。」「それは…?」などの発話。

3.2.2. ぞんざいな表現

　スピーチレベルの一種を形成することを仮定して、ぞんざいな表現を含む発話文のコーディングを行った。ここでいう「ぞんざい」さは、意味や効果ではなく、言語形式に基づいて判断した。ぞんざいな表現に近い現象を扱う先行研究として、悪態(星野1974)や軽卑語(林・野村1969、星野1989)の研究があるが、これらの研究は「馬鹿」「死ね」など語彙の意味自体が相手を侮辱するものも軽卑語として扱っている。このような表現は「言語形式の丁寧度」と定義したスピーチレベルには当てはまらない。そこで、これらの先行研究の中で挙げられたぞんざいな表現の中で、言語形式から判断可能で、データ内で観察可能だった表現2つを「ぞんざいな表現」としてコーディングした[4]。コーディング基準を表4に示す。

表4 ぞんざいな表現 コーディング基準

分類1： 「連続する母音の長母音化」	「うるさい」→「うるせえ」などの変化。音韻変化の規則は、「ai・oi・au・ae」→「e:」、「ui」→「i:」となる。 林・野村(1969)、星野(1974)で東京の下町ことばの連母音の長音化・促音化などが軽卑語の性質を持つことが指摘されている。縮約形は「という」から「っつー」への縮約など様々なものがあるが、ここではぞんざいな印象の強い長母音化に対象を絞る。
分類2： 「二人称代名詞による呼びかけ」	相手に対する「あんた」、「お前」などの呼びかけ。 日本語では通常2人称代名詞を使って相手を呼ぶことは稀であり、失礼な印象を与える。また、比嘉(1976)は誰が誰を何と呼ぶかには制約があると指摘している。

4. 結果と考察

4.1. コーディングの集計結果

コーディング結果を集計し、敬語体系を基にした3分類とぞんざいな表現を含む発話文について、話者の当該会話中の全発話文に占める割合を算出した[5]。

4.1.1. 敬語体系を基にした分類のコーディング結果

表5は、敬語体系を基にした敬体(P)・常体(N)・マーカーなし(NM)の3分類コーディングの集計結果である[6]。

常体(N)の発話が全発話の約70%を占めた。一方、敬体(P)の使用は約2%に留まった。この結果から、本稿でデータとした会話において、通常使用されるスピーチレベル、基本状態となるスピーチレベルは常体であり、有標スピーチレベルと見なされるスピーチレベルは敬体であることが確認された。なお、頻度の差はあるが、全被験者36人のうち約86%にあたる31人が録音中に敬体(P)を使用した。

表5　敬体(P)・常体(N)・マーカーなし(NM)の使用割合

	ベース話者			対話者		
	P	N	NM	P	N	NM
発話文数(％)	145(2.14)	4890(70.90)	1808(26.97)	117(2.24)	4464(68.77)	1948(29.00)
標準偏差	3.49	9.21	9.17	4.58	8.46	8.51

4.1.2. ぞんざいな表現を含む発話文のコーディング結果

　ぞんざいな表現を含む発話文が同一会話・話者の全発話文に占める割合を算出した。ぞんざいな表現を1度も使用しなかった被験者は、女性被験者で9人(50%)、男性被験者で3人(18%)だった。また、使用した頻度の最大値も、女性被験者は分類1で2.76%、分類2で2.26%なのに対し、男性被験者は分類1で10.60%、分類2で7.34%だった。使用する被験者の割合や使用頻度を比較すると、ぞんざいな表現の使用傾向は男女差が大きい。そこで、ぞんざいな表現のコーディング結果は男女別にし、表6に示す。

表6　ぞんざいな表現を含む発話文の使用

	女性ベース話者		男性ベース話者		女性対話者		男性対話者	
	分類1	分類2	分類1	分類2	分類1	分類2	分類1	分類2
平均(％)	0.37	0.37	2.62	0.80	0.26	0.15	4.05	0.88
標準偏差	0.65	0.65	2.41	1.73	0.63	0.37	3.94	1.60

　比嘉(1976)は、日本語における上下関係や性別による社会的制約について論じ、いわゆる女性語は男性語に比べて制約が多く、ぞんざいな言葉の使用が許されないことを指摘している。現在の女性の言葉遣いに対する社会的制約は、様々な価値観の変化があることも考えられるが、女性が男性よりもぞんざいな表現を使いにくいという意識は今でも存在していることが考えられる。「ぞんざいな表現」の使用傾向の結果もそれに一致するものである。

　ぞんざいな表現の使用傾向は男女差や個人差が大きいため「ぞんざいな表現使用＝有標行動」と一概には言えない。4.2節以下では、まず有標か無標

かに言及した上で、ぞんざいな表現使用の機能を考察していくことにする。

4.2. 有標スピーチレベル使用の効果の考察
4.2.1. 敬体使用の機能に関する考察

ここで、常体が基本状態である会話における有標スピーチレベルとなる敬体がどのような条件で使用されるのかについて考察する。

メイナード(2004: 109)は、常体から敬体へのシフトについて、「基調のスタイルとギャップがあるスタイルにシフトすることがレトリックの技法となって(メイナード 2004: 109)」いると述べ、シフトがとくにアイロニーとして機能していることを指摘した。宇佐美(1995)は、敬語使用を基調とした会話におけるスピーチレベル・シフトの条件と機能についての分析で、常体から敬体へのシフトの条件として、「新しい話題を導入する時」、「新しい話題を導入する質問に答える時」を挙げている。また、宇佐美(1995)は、「相手のスピーチレベルに合わせる」こともシフトの条件として挙げている。

メイナード(2004)と宇佐美(1995)を参考に、データで観察された敬体使用の条件について分類を行った。分類の結果を、それぞれの出現数も合わせて表7に示す。

表7 敬体が使用される条件と頻度

シフトの条件	当該発話の内容	出現数	
ⅰ.レトリックの技法	① 会話相手に関するもの(非難、褒め)	45	140
	② 自分に関するもの(自慢、不利な情報、失敗談、真面目な話題)	53	
	③ 両者で共有した情報に関するもの(愚痴、批判、困惑)	26	
	④ 録音に関するもの(残り時間についての発言、聴者を意識した発言)	16	
ⅱ.会話の区切り	⑤ 新しい話題を導入するもの	35	47
	⑥ 相手から新しい話題を引き出すもの	12	
ⅲ.前出する敬体使用からの影響	⑦ 自分の敬体使用に続くもの	47	75
	⑧ 相手の敬体使用に続くもの	28	

また、表7で示した各分類について、実際の会話例[7]を挙げながら説明する。

i. レトリックの技法

レトリックの技法として使用されていると考えられる敬語使用が観察された。その使用の効果は、メイナード(2004)の指摘するアイロニーが代表的なものだと考えられる。

① 会話相手に関するもの(非難、褒め)

【会話例1】相手を非難する発言で敬体が使用される例
BF02-F02「大学は入学が難しいほうがいいか卒業が難しいほうがいいか」の討論。「入学が難しいほうがよい」の立場をとるBF02はアメリカの大学は卒業が難しいことの例を挙げるが、その意図がよくわからないF02が責めるような発言をする。

BF02：　だって、アメリカとか大学、誰でも入れんじゃん、〈卒業難しい〉{<}【。

F02：　　】〈うん、でもアメリカは〉{>} 卒業難しい。

BF02：　難しいじゃん？(うん)、で、「芸能人名」とかは卒業できなかったんじゃん。

F02：　　うん。

BF02：　／沈黙3秒／ねえ。

F02：　　だから何なん〈笑いながら〉(〈笑い〉)、<u>何なんですか？</u>。

＊敬体使用によって嫌味が更に強められ、挑戦的な印象を与えている。

【会話例2】相手を褒める発言で敬体が使用される例
BM06-M12雑談。BM06は2人に共通の友人(「あいつ」)の特技が多いことを褒め、「自分は何にもできない」と自分を卑下する発言をするが、M12はBM06宅の家具(BM06の手作り)を指し、BM06の特技を褒める。

BM06：　俺何にもできないからちゃんとできるあいつのほうが俺は〈###〉{<}。

M12：　　〈いやいや〉{>} いやいや〈軽く笑い〉。

M12：　　この家具たちを見ろよ。

BM06：　だってこんなん自己満‘じこまん’やん〈笑い〉。
M12：　　いやいやいや、自己満、まっとうしてるじゃないですか。
BM06：　自己満やん。
＊相手を褒める場面での敬体使用で、ひやかすような印象を加えている。
② 自分に関するもの（失敗談、不利な情報、自慢、真面目な話）
【会話例3】自分にとって良くない話題において敬体が使用される例
BF06-M09雑談。BF06が友人の集まりに連続で来られなかったため、M09が「（友人のグループから）除名だ」と言う。BF06は敬体を連続して使って謝罪する。

M09：　　あー、なんだ、また「BF04名」来ねえのかー。
M09：　　除名だなーみたいな感じだったんだけどー。
BF06：　すいません（〈笑い〉）。
BF06：　申し訳なかったです。
M09：　　そう。
BF06：　除名は勘弁してください（〈笑い〉）、あのー〈笑い〉。
＊敬体使用が自嘲的な印象を与えている。「申し訳なかったです」「勘弁してください」の敬体は⑦にあたる。

【会話例4】通常より真面目な内容を発言する際に敬体が使用される例
BM04-F07「学生は実家暮らしと1人暮らしのどちらがいいか」の討論。BM04は「実家暮らしがいい」の立場をとっているが、ここでは1人暮らしの良さについて話し、「自由には責任が伴う」という発言をしている。

BM04：　うん、1人暮らし、いいよねー。
BM04：　やっぱ自由になる、じゃない？。［→］
BM04：　で、自由になるってことはその自由の反対側の言葉ですよ、責任てものがあるわけですよ（そうそうそう）。
＊敬体使用で自分の発言を茶化し、おどけた印象を与えている。
③ 両者で共有した情報に関するもの（愚痴、批判、困惑）
【会話例5】第3者（共通の友人）を批判する際に敬体が使用される例
BF06-M09雑談。M09が両者共通の友人2人が口論になった経緯について話す。「人名1」の言動が口論の原因になっているというのが2人の見解で、

BF06は「人名1」を「トラブルメーカー」だと言い、自分にも似たような体験があることを話している。

BF06：　／沈黙　3秒／えー〈笑い〉。
M09：　　##しい、ややヒビ入るよな。
BF06：　トラブルメーカー「人名1」、<u>本領発揮じゃないですかー</u>〈笑い〉。
M09：　　あー、あ、けどあー、「人名1姓」だからしょうがねえなってのは俺はわかるけどー、／少し間／ひでーはひでーよ。
BF06：　まあでもよくあることだよね（うん）、私もー、あるある、全然あった〈笑い〉、そういうの。

＊敬体が第3者への批判や困惑を表し、悪口や愚痴のような意味も感じられる。

④　録音に関するもの（録音時間についての発言、聴者を意識した発言）
【会話例6】録音している状況を意識した発言で使用される例
BF05-F08 討論。BF05が個人的な話題（自身の恋愛について）を持ち出したので、F08が録音を意識した発言をする。

F08：　　そんな私情を<u>話しちゃっていいんですか？</u>〈笑い〉。
BF05：　いいんじゃない？〈笑い〉。

＊敬体使用がそれまでの会話とは離れた視点から話しているような印象を与えている。聴者を意識してのポーズとも捉えられる。この他にも「～分経ちました。」や「時間はまだでしょうか。」のような録音時間を意識した発言も見られた。

「i. レトリックの技法」としての敬体使用は、誰かを攻撃する場面や、自嘲・困惑・緊張などを表現する場面、発言の内容について茶化す場面などで見られ、メイナード（2004）のいうアイロニーとしての効果を持つものが多い。また、これらのレトリカルな敬体使用は、発話の前後に〈笑い〉が現れる場合が多い。そのため、単なるアイロニーの表現と言うよりは、冗談として会話を盛り上げる機能を果たしていると考えられる。

ii. 会話の区切り

⑤　新しい話題を導入するもの

【会話例6】新しい話題を導入する際に敬体が使用される例

BM04-F10 雑談。話題が途切れた沈黙の後、BM04が「追いコン」(サークルで行う上級生の卒業を祝う会。「追い出しコンパ」)を新しい話題として導入する。

BM04：　／沈黙　2秒／そうだねー。
BM04：　あ、追いコンも無事<u>終わりましたね</u>。
F10：　　<u>そうですねー</u>。
BM04：　成功したんじゃないのかな。
F10：　　うん、なんか、(うん)良かったね。

＊F10の「そうですねー」は⑧にあたる。

⑥　相手から新しい話題を引き出すもの

【会話例7】相手から話題を引き出そうとする際に敬体が使用される例

BM01-F04 雑談。F04の過去の「マイブーム」である「チョコレート菓子名」についてBM01が質問し、その後「チョコレート菓子名」についての話題になる。

F04：　　「チョコレート菓子名」の、「チョコレート菓子名」中毒症にかかった時期があって、高校ん時。
BM01：　はい、<u>質問です</u>、(〈軽く笑い〉)「チョコレート菓子名」って<u>何ですか？</u>。
F04：　　知らないの？。

　「ii. 会話の区切り」は、会話例6、7ともに、敬体使用がそれまでと異なる、改まった雰囲気を作り、区切りの合図として機能していると考えられる。宇佐美(1995)で「会話の区切り」における敬体使用は、談話標識として機能することが指摘されている。

iii. 前出する敬体使用からの影響

⑦　自分の敬体使用に続くもの(1話者による連続した敬体使用)

　本稿【会話例3】における「すいません」に続く「申し訳なかったで

す」、「勘弁してください」の敬体使用がこの例にあたる。自分の敬体に続ける敬体使用は、その一連の発話を1つのシフトと捉えることができる。

⑧ 相手の敬体使用に続くもの(相手の敬体使用に合わせた敬体使用)

本稿【会話例6】のBM04の発話「あ、追いコンも無事終わりましたね。」に続くF10の敬体使用「そうですねー。」がこの例に当たる。相手の敬体使用に続く敬体使用は、相手に同調し、会話を更に盛り上げる意味を持つと考えられる。

「ⅲ. 前出する敬体使用からの影響」は、ⅰ、ⅱの機能を持つ敬体使用に影響を受けて使用されるものである。⑦⑧とも前出の敬体使用と一連のシフトを形成しており、これ自体の機能は独立したものではないと考えられる。

4.2.2. ぞんざいな表現使用についての考察

メイナード(2004: 109)は、スタイルの選択について、「社会の慣例に違反することによって効果を生み出す場合も」あると述べている。この「社会の慣例に違反する」というのは、宇佐美(2002)における「有標行動」が何らかの効果を生む、という考え方と類似するものである。ここで、ぞんざいな表現についていうと、ぞんざいな表現使用も、話者・場面によっては「社会の慣例に違反する」意味を持つ。そこで、ぞんざいな表現使用が稀な会話におけるぞんざいな表現を観察し、その機能を考察した。

【会話例8】有標性の高い場面でぞんざいな表現分類1が使用される例

BF05-F08 雑談。BF05とF08の共通の友人「人名5」、「人名6」の交際について話している。BF05, F08は、2人の行動が仲間内で非常に目立つものであることについて非難する発言をする。*F08のぞんざいな表現1の使用は、会話全体を通してこの発話を入れて2発話のみ。

BF05: 「人名5」と「人名6」なんかあれだよ、ホームページのさあ、その、ライブの、「人名7」の板'ばん'[掲示板]のホームページにー、あれだもん、ハンドルネーム妻、夫とかだもん。

BF05: 〈笑いながら〉意味がわからない。

F08: うぜー[うざい]〈笑い〉。

＊共通の友人についての批判的発言でぞんざいな表現が使われ、共通の友人を強く批判している印象が加わっている。

【会話例9】有標性が高い場面でぞんざいな表現分類2が使用される例
BF04-M07「職業を選択する際、職場環境と給料のどちらを重視するか」の討論。M07は自身のアルバイト先への貢献について「俺がいれば店回ってる」と発言する。BF04はM07の発言を非難する。＊BF04の「お前」という呼びかけは同一会話中でこの発話のみ。

M07：　　え、っていうかー、調子こくわけじゃねえけどー（うん）、俺いれば店回ってるぜ、今。
BF04：　　あら、お前調子こきすぎ〈笑い〉。
M07：　　〈笑い〉違う、まじまじ。

＊会話相手について非難する発言でぞんざいな表現が使われ、非難の意味が強められている。

　会話例8、9は、敬体使用の「i. レトリックの技法」と類似した場面においてぞんざいな表現が使用されており、通常よりも極端にぞんざいな表現を使うことが、アイロニー、また、それを使った冗談としての効果を持つと考えられる。ぞんざいな表現が「レトリックの技法」として使用される例である。

　しかし、ぞんざいな表現が「レトリックの技法」かどうかは、その会話におけるぞんざいな表現の有標性に大きく関わっている。以下の例は、ぞんざいな表現が多く使用される、つまりぞんざいな表現の有標性が低い会話における例である。

【会話例10】有標性が低い場面でぞんざいな表現分類1が使用される例
BF04-M07雑談。2人は、帰省の方法について話している。M07は「バス便名」のチケットが取れないことを話している。＊M07によるぞんざいな表現1の使用は同一会話中に12例ある。

BF04：　　うん、バスで帰るよ、「バス便名」。
M07：　　「バス便名」もう無理だよ、ねえ［無い］べ。
BF04：　　え、あるよ。
M07：　　ねえ［無い］よ。

BF04：　だから私、「バス便名」で帰るんだってば。

【会話例11】有標性が低い場面でぞんざいな表現分類2が使用される例
BM06-M12「大学の成績評価は試験とレポートどちらがいいか」の討論。
*BM02による「お前」という呼びかけは同一会話中に7回使用されている。
BM06：　でもあれかもね、<u>お前</u>らさー、普段の授業レポートある？。
M12：　あるーのもある。

　会話例10、11におけるぞんざいな表現は、レトリカルな機能を持っているとは考えにくい。「レトリックの技法」を示す敬体・ぞんざいな表現の発話のように、周囲で〈笑い〉も観察されない。

　有標性が低い会話でのぞんざいな表現使用は、「レトリックの技法」の機能を持たず、有標性が高い会話では「レトリックの技法」の意味を持つものが観察された。これは、宇佐美（2002）のDP理論の「有標行動が何らかの効果を生む」という考えと一致するものである。有標性の高いぞんざいな表現は、レトリックとしての特別な意味を持って使用されていると考えられる。

　レトリカルな言語使用に関しては敬体と有標度の高いぞんざいな表現の機能が類似していることが確認されたが、「会話の区切り」部分でのぞんざいな表現使用は本稿データでは観察されなかった。「会話の区切り」における敬体使用は、改まった表現の使用で区切りを示していることが考えられるが、ぞんざいな表現にはそのような「改まり」を表す効果がないからではないか。また、前出するぞんざいな表現に影響を受けて使用された例も本稿のデータでは観察されなかった。ぞんざいな表現に関しては、話者間でその使用の有標度が異なるため、相手に同調するかたちでの使用はあまりされない可能性が考えられる。

5.　おわりに

　本稿は、常体が基調となる友人間の会話における有標スピーチレベル使用を分析し、その機能について考察を行った。敬体と、ぞんざいな表現の一部が友人間会話において有標スピーチレベルとして使用されていることがわ

かった。敬体使用は、アイロニーや冗談の表現といったレトリカルな機能と、会話の区切りを示す機能を持つことがわかった。また、レトリックの技法としての機能は、敬体使用のみではなく、有標なぞんざいな表現使用にも見られた。丁寧度よりも、普段と異なる話し方、つまり有標行動がレトリックとして機能し、会話を盛り上げる目的で使用されていると考察される。友人間の会話は、レトリックとしてのスピーチレベル・シフトが上下両方向に起こる変化に富んだ会話である。また、自由にスピーチレベル・シフトが行われることが、話者間の親しさを指標しており、連帯感を強める役割を担っているとも捉えることができる。

　日本語教育場面において紹介されるスピーチレベルの選択は、社会的規範などの「適切な使用」に注目している場合が多い。しかし、本稿で論じた有標スピーチレベルへのシフトは、何が適切かということよりも、話者自身の創造的な言語使用の側面を示しており、会話を盛り上げ、楽しむ効果を持つものである。本稿で示したスピーチレベル・シフトは、学習者に何らかの指針を示すものではないが、スピーチレベルの別の側面を示すものである。スピーチレベル選択のレトリカルな機能は、学習者にとっても興味深い現象であると考えられる。このような視点を得た学習者が、友人間の会話などの場面でレトリカルなスピーチレベル・シフトを使用できる可能性もある。

　本稿は、ぞんざいな表現をスピーチレベルの一種として捉えることを試み、その可能性を示したが、ぞんざいな表現として、一部の現象しか取り上げていないため、有標性を数量的に判断することができなかった。ぞんざいな表現を敬体・常体と並ぶ1つのスピーチレベルとして見ていくには、他の縮約形や語彙選択など、より多くの現象を対象に分析し、分類を精緻化していく必要がある。また、敬体が使用される条件として挙げた「前出する敬体使用からの影響」のようなひとつながりになった有標スピーチレベルの使用は、宇佐美(1995、2001)で用いられている「スピーチレベル・シフト」という分析単位で、より明確に捉えることができる現象であるため、本稿のデータもこの分析を試みる価値があるだろう。これらのことを今後の課題としたい。

注

1. ここで説明する概念は、DP理論全体を網羅する内容ではない。DP理論についての詳細は宇佐美(2002)を参照されたい。
2. 括弧内の記号(BF01,F01など)は、データ分析の際話者につけた記号である。B：ベース話者(Base)、F：女性(Female)、M：男性(Male)を示す。本稿4.2節以下で挙げる会話例では表1で示した話者記号を使用して話者を示す。
3. 全データ48会話の約10％にあたる5会話(1351発話文)について、西郡(2002)を参考に、信頼性係数 Cohen's Kappa を算出し、基準値も西郡(2002)に従い、$\kappa > 0.8$ を採用した。$\kappa = 0.8767 (> 0.80)$ で信頼性が確認された。
4. 林・野村(1969)、星野(1974, 1989)で軽卑語として挙げられたものの中で接頭辞「ひん(曲がる)」「おっ(始める)」、接尾辞「〜やがる」「〜ちまう」などがあり、これらは形式からの判断が可能なためコーディング対象としたが、実際には全データで1例しか観察されなかったため、一般的に使用されるものとして観察するのは不可能と判断した。
5. ここで得られた数値的結果については統計検定も行っており、①男女差の t 検定、②同性間／異性間、雑談／討論を2要因とした2要因分散分析(ANOVA)を実施した。紙幅の関係上、統計検定結果の詳しい情報は、本稿では省略する。詳しくは、宮武(2007a, 2007b)を参照されたい。
6. 3分類のコーディングは、全発話文を対象にして行ったが、割り込みによって発話が終了していて文末がない、聞き取り不能のためにコーディング不能の発話が、ベース話者275発話文(全発話文の3.9％)、対話者237発話文(全発話文の3.8％)あった。ここでは、コーディング不能の発話文を除外した集計結果を示す。
7. 会話例は、宇佐美(2003)に従った記号を使用して示す。

引用文献

伊集院郁子(2004)「母語話者による場面に応じたスピーチスタイルの使い分け―母語場面と接触場面の相違」『社会言語科学』6(2)　pp.12-26　社会言語科学会

宇佐美まゆみ(1995)「談話レベルから見た敬語使用―スピーチレベルシフト生起の条件と機能」『学苑』662号　pp.27-42　昭和女子大学近代文化研究所

宇佐美まゆみ(2001)「「ディスコース・ポライトネス」という観点からみた敬語使用の機能―敬語使用の新しい捉え方がポライトネスの談話理論に示唆する事」『語学研究

所論集』第 6 号　pp.1-29　東京外国語大学語学研究所

宇佐美まゆみ(2002)「ポライトネス理論の展開」『言語』第 31 巻第 1 号 – 第 5 号，第 7 号 – 第 13 号連載　総頁 72 頁　大修館書店

宇佐美まゆみ(2003)「改訂版：基本的な文字化の原則(Basic Transcription System for Japanese: BTSJ)の開発について」『多文化共生社会における異文化コミュニケーション教育のための基礎的研究』平成 13-14 年度科学研究費補助金基盤研究 C(2)（研究代表者：宇佐美まゆみ)研究成果報告書　pp.4-21

宇佐美まゆみ(2005)「スピーチレベルのコーディング」私家版

谷口まや(2004)「日本語教材におけるスピーチ・レベル・シフトの取扱いについて」『AJALT 日本語研究誌』(2)　pp.35-51　社団法人国際日本語普及協会

陳文敏(2003)「同年代の初対面同士による会話に見られる「ダ体発話」へのシフトー生起しやすい状況とその頻度をめぐって」『日本語科学』14 号　pp.7-28　国立国語研究所

西郡仁朗(2002)「自然会話データ「偶然の初対面の会話」―その方法論について」『人文学報』330 号　pp.1-18　東京都立大学人文学会

林四郎・野村雅昭(1969)「第三章　きわどいところにある敬語表現」堀川直義・林四郎編著『敬語(用例中心)ガイド』明治書院

比嘉正憲(1976)「日本語と日本人社会」『岩波講座日本語 1 日本語と国語学』pp.99-138　岩波書店

星野命(1974)「あくたいもくたい考―悪態の諸相と機能」『現代のエスプリ』85 号　pp.198-219　至文堂　(1971)『季刊人類学』2 巻 3 号　社会思想社の採録

星野命(1989)「マイナス敬語としての軽卑語・罵語・悪口」『日本語教育』69 号　pp.110-120　日本語教育学会

三牧陽子(2002)「待遇レベル管理から見た日本語母語話者間のポライトネス表示―初対面会話における「社会的規範」と「個人のストラテジー」を中心に」『社会言語科学』5(1)　pp.56-74　社会言語科学会

宮武かおり(2007a)「日本人友人間の会話におけるポライトネス・ストラテジー―スピーチレベルに着目して」東京外国語大学大学院地域文化研究科平成 18 年度修士論文

宮武かおり(2007b)「日本人友人間の会話におけるスピーチレベルの使用実態」『TUFS 言語教育学論集』2　東京外国語大学大学院地域文化研究科言語教育学講座　pp.19-31

メイナード，泉子・K(2004)『談話言語学　日本語のディスコースを創造する構成・レトリック・ストラテジーの研究』くろしお出版

林君玲(2005)「台湾人学習者の初対面日本語会話におけるスピーチレベルの使用実態」宇佐美まゆみ編『自然会話分析と会話教育－統合的モジュール作成への模索』言語情報学研究報告6　東京外国語大学大学院地域文化研究科21世紀COEプログラム「言語運用を基盤とする言語情報学拠点」pp.261-280

Brown, P. and Levinson, S. (1987) *Politeness: Some universals in language usage.* Cambridge: Cambridge University Press.

Usami, M. (2002) *Discourse Politeness in Japanese Conversation: Some Implications for a universal Theory of Politeness.* Hituzi Syobo.

ディスカッション場面の相互行為分析
―中級口頭表現クラスの観察を通して―

藤森　弘子

1. はじめに

　長年、日本語教師をしていると、学習者の発話を聞いていて、一文一文では、誤用・逸脱がみられるが、全体として発話の意図が伝わっていると感じることが多々ある。特に本稿執筆のきっかけとなったのは筆者自身が担当する口頭表現授業[1]において、「スピーチ→ディスカッション」という流れの中で、相手の発話を何とか理解しようとし、自らの発話を何とか理解してもらおうとする学生同士のやりとりを聞いているうちに、従来のコミュニケーション能力のモデル[2]では説明がつかないものを感じたことにある。つまり、日本語学習者の個々のコミュニケーション能力の問題ではなく、会話というものは参加者相互の協働を通して構築されるものであり、このような活動を達成する過程自体が習得に何らかの影響を及ぼしているのではないかと考えたのである。さらに、筆者自身ディスカッションの渦中にいる間、教師であることを忘れてしまい、会話に没頭している自己を感じたことも研究の動機となっている。
　第二言語習得研究の分野では、母語話者が標準で、非母語話者は言語能力が不十分なためにコミュニケーション問題を生じるとした接触場面の研究（尾崎 2003 など）もあるが、森（2004: 196）は、会話分析[3]の観点からみると、学習者特有の行動であるかのようにみなされてきたものの中には、母語話者であってもコミュニケーション上の問題が生じた際に取りうる行動であるも

のが多いと指摘している。

　そこで本稿では、日本語の中級口頭表現クラスの会話データを用い、教室内の学生・教師を「会話参加者」という視点で捉え、参加者同士が会話の構築にどのように貢献し、実現しているかを示すことによって、ディスカッションという教室活動が、第二言語教育において意義のある活動であることを示すことを目的とする。

2. 研究の背景

2.1. 第二言語習得における2つの運用能力

　チョムスキー派による言語知識(competence)と言語運用(performance)とは異なるといった提唱に対して、Hymes(1974)は言葉の民俗誌(ethnography of communication)的考察から、言語運用に関わる能力の重要性を唱え、コミュニケーション能力(communicative competence)という概念を提唱した。その後、言語教育にもその概念が応用され、Canale and Swain(1980)らに代表されるような第二言語学習者の言語学習・習得に関するモデルが提示された。当該モデルでの「コミュニケーション能力」は、文法能力、社会言語能力、方略能力といったいくつかの構成要素からなるとしている。さらに、Canale(1983: 5)では、「コミュニケーション能力[4]」は実際のコミュニケーション(actual communication)で実現化してはじめて、知識と運用能力が関連付けられるのだと述べている。

　一方、Young(1999)、義永(2007、2008)らは、「相互行為能力(interactional competence)」という第二言語習得における新たな能力観を提唱している。Canaleらの言うコミュニケーション能力は、個人の練習でも獲得できるもので、あくまでも個人の特性として位置づけられているのに対して、相互行為能力ではすべての参加者によって協働的(co-constructed)に構築されるものだとしている。さらに、義永(2008: 150)は、相互行為能力での知識やスキルはローカルなもので、具体的な相互行為的実践の場において、参加者間で協働的に構築されるものであり、実践の個別性・具体性が重視される能力観だと指摘している。

2.2. 教室活動としてのディスカッション

　ここでは、教室活動としてのディスカッションの特徴を概観する。第二言語教育において、コミュニケーション能力の必要性が叫ばれるようになり、日本語教育においても80年代以降コミュニケーション能力を高めるような指導法や教材[5]が普及してきた。

　田中(1993: 97)は「コミュニケーション能力をつけるためには実際のコミュニケーションの経験を積み重ねるほかない」と述べている。実際、現実のコミュニケーションでは練習や反復模倣段階というものはない。その観点から考えると、会話の授業でよく行われる「モデル会話提示→模倣／応用練習」といった練習方法は重要ではあるが、田中が述べているような実際のコミュニケーション練習までには至らない。

　一方、スピーチ→ディスカッションのような教室活動の場合は、その場で、話し手の説明や意見を聞き、質疑応答するという過程があり、その部分では即興的・無意識的に第二言語が使用され、実際のコミュニケーションにより近いと言えよう。

　ディスカッションが教室活動として有効かどうかについては、藤森(2008)が、海外の中等教育及び予備教育機関に対して実態調査を行っている。その結果、中級授業担当者のうちの2割が「ディスカッション」を教室活動として採用したことがあると回答しており、そのうちの8割が「効果があった」と評価している。

　また、ディスカッションの過程で観察される産出発話の形式や内容は、ディスカッションの前後の活動や課題達成内容との関係性によって異なってくると思われる。以下にその特徴を示す。

2.2.1. ディスカッションの前の活動との関係性

　日本語授業で行う、いわゆるディスカッションは、大きく2つのタイプに分けられる。1つは、「聴解／読解→ディスカッション」タイプのもので、聴解や読解活動の後、各々のトピック内容に応じてディスカッションをするというものである。中級以上の授業では、このタイプが多いのではないかと思われる。このような授業の場合、聞いて理解する、読んで理解するといっ

た等質の理解を目的とした活動が教室で行われた後に、内容についての意見表明の発話が求められるのではないかと予測される。

2つ目は、本稿でとりあげる「スピーチ→ディスカッション[6]」タイプである。スピーチの内容は各学生が「自国の文化紹介」「自国の人口／環境問題」のようなテーマで個人各々の場合について述べるため、話し手側と聞き手側とには情報のギャップが生じる。スピーチ後のディスカッションでは、その情報のギャップを埋めるための質疑応答や確認・明確化要求表現などが多く産出されるのではないかと考える。

実際のコミュニケーション場面では、話し手と聞き手間に情報の量や質に差がある「インフォーメーションギャップ型」のやりとりが多いため、2つ目のタイプのほうがより現実のコミュニケーションに近似しているといえる。

2.2.2. ディスカッションの課題達成内容との関係性

第二言語学習における課題達成いわゆるタスク(Task)とは、目標言語を用いて、1つの目標に向かう学習活動のことである。単純な言葉のやりとりではなく、ディスカッションのような内容重視の活動では、「意見交換型」或いは「問題解決型」のような異なる談話展開が考えられる。前者の場合は、「男がいいか女がいいか」「一番大切なもの」[7]といった問題解決を必須としないようなテーマで、自己の意見を自由に述べ合うだけでよいため、「〜と思います」や「〜が好きです」のような意見陳述文が多くなるであろう。後者の場合は「どうすればこの問題を解決できるか」というタスクになるため、「〜したらどうでしょうか」「〜すればよくなるのではないでしょうか」といった問題解決のための提案表現なども多くなると思われる。

2.3. 相互行為による習得の促進

Long(1985)は、母語話者と非母語話者間の会話では、相互交渉(interaction)がおこり、母語話者が発話の修正(Speech Modification)を行うことにより、理解可能なインプットが増え、習得が促進されるという見解を示した。これは「インターアクション仮説」と呼ばれている。この説では、

母語話者が非母語話者に対して、理解確認や明確化要求をする過程を「意味交渉(Negotiation of Meaning)」と呼び、発話の修正が習得の重要な役割を担っているとした。この仮説では、学習者が得た言語知識を利用して言語形式を正しく認識・産出できることが重要だという形式の習得に焦点を当てている。

それに対して、2.1で述べた「相互行為能力」は、第二言語学習者が現実社会で生活する相互実践の中で他者とともに協働するために必要な能力であるといえる(Young 1999: 119)。この能力観によれば、「ディスカッション」のような個別的な会話実践の中で、協働的に作り上げることが習得に寄与することを示唆しているともいえよう。

3. 研究方法

東京外国語大学留学生日本語教育センターにおける「国費学部進学留学生の集中予備教育コース」(以下、「1年コース」)」で行われている日本語中級「口頭表現」授業の音声録音をデータとして使用する。以下詳細を示す。

① 使用音声データ：2007年秋学期(9月〜12月)中級口頭表現(週1回全9回)の授業のうち、「自国の文化紹介」について、クラスの学生各々3－5分程度発表の後、質疑応答や意見を述べる「ディスカッション」(10分)の部分をICレコーダーを用いて録音した。
② 教室内の媒介言語：使用しない
③ 会話参加者及び出身地域：
・教師T(日本語母語話者)1名
・日本語学習者[8]6名：SA(トルクメニスタン)、SB(ルーマニア)、SC(スウェーデン)、SD(カンボジア)、SE(インドネシア)、SF(アゼルバイジャン)
④ 考察対象：総録音時間数258分の授業をすべて文字化した。そのうち、各学生スピーチ発表後のディスカッションの部分を考察対象とする。しかし、しぐさや目線などの非言語情報については考察対象とせず、音声データのみとする。

なお、データ収集及び研究への利用については学生の同意を得て行った。

4. 考察

　文字化したデータのやりとりを観察した結果、聞き手からの「聞き返し[9]」がさまざまなふるまいを呈していることがわかった。以下にディスカッションの参加者がどのように相互行為を進めていくかの過程をみていく。そして、協働的な会話の相互作用がどのように実現しているかを示す。

　なお、本スクリプト文字化に当たっては、会話分析研究者の西阪仰氏の文字化原則を参考にした。詳細は稿末を参照されたい。網掛け部分は「聞き返し」発話を指す。

4.1. 反復[10]による聞き返し

（1）〈トルクメニスタンの文化紹介〉

046 T：　　離婚するときはどうしますか？
047 SA：　　離婚？
048 T：　　離婚.いや結婚して：お金をたくさん使ったけど：やっぱり＝
049 SA：　　＝うん
（中略）
059 SA：　　あま.あー：全然ないけどもでも：うーん::ちょっと::離婚.あー::しないで.じゃあ何かしましょうとか.うん.ということだ(.)大抵離婚しない.
060 T：　　離婚［しない.
061 SA：　　　　　［ト、トルクメン人は(.)［だ、
062 T：　　　　　　　　　　　　　　　　　　［うん
063 SA：　　トルクメン人は.

　(1)は「トルクメニスタンの結婚式の文化紹介」の発表後のディスカッションの部分である。046で教師Tによる「トルクメン人は離婚するときにはどうするのか」という新たな質問に対して、SAは047で明確化要求と

して上昇イントネーションで「離婚？」という反復による聞き返しを行っている。048でTはSAの発話を受けて、「離婚(047)」と反復し、その後に「結婚してお金をたくさん使ったけど、やっぱり」と離婚という言葉の意味を説明している。これは047でSAの聞き返し発話が次のことばの説明を誘発した例である。

SAの「〜大抵離婚しない(059)」発話に対して、Tは「離婚しない(060)」と反復によって聞き返し、理解確認をしている。それで、SAは「トルクメン人は大抵離婚しない」ということを再度強調するために「トルクメン人は(061,063)」と言い、「トルクメン人は離婚しない」ということを理解確認している。SAはディスカッション前のスピーチで、トルクメニスタンの結婚の際に「カリム(花婿が花嫁の家族に払うお金のこと)」という習慣があると説明している。SAとTは、トルクメニスタンでは離婚する場合、カリムのお金を返す場合もあるが、殆どの場合、他の方法を考えて離婚を回避するということをお互い反復の聞き返しをとおして確認し、理解に至っている例である。

4.2. 言い換えを含む聞き返し

(2)〈SBによるルーマニアの結婚式の紹介〉

004 SF： あの、期間は、1週間と、[（　　）？
005 SB：　　　　　　　　　　　　　　[う::1週間::えーと:::、おー::
006 SF： 毎日毎日 [いろいろ：
007 SB：　　　　 [ん．毎日．毎日毎日．いろいろな行事(.)
008 SF： あ[あ：
009 SB：　 [があります(.)1週間．おー::1週間(.)あります＝
010 T： ＝1週間かかります
011 SB： あ:;、1週間かかります::昔は:1週間．あー:昔のあな:あ;昔のあとで:あー:::多分:よんの:えー:;なんて言う:にち:(.)ようか：
012 T： よ．よっか？＝
013 SF： ＝よっか？

014 SB：　　よっか.あ:あとで::さんか:え::にか(.)今は:いちにち.
015 T：　　hhhhh

　ここでは、ルーマニアの「結婚式」の文化紹介を発表したSBに対して、SFは004で結婚式の期間は1週間なのかと質問したところ、SBは「1週間(005)」と反復し、その後のフィラーにより、考え中であることを示している。そこで、SFは「1週間毎日どんなことをしますか」のかわりに、「毎日毎日いろいろ(006)」という聞き返しにより、説明を要求している。それに対してSBは、007で「毎日毎日いろいろな行事」と下線部を付加し、発話内容を拡げている。これは、006のSFの発話が、SBの「一週間毎日いろいろな行事があります(007・009)」という発話を誘発し、会話を促進するという機能を果たしていると思われる。

　さらに、Tが聞き手SFと話し手SBの間に「1週間かかります(010)」と入り込んできた。これは、SBが自分のスピーチで、ルーマニアの結婚式は、まず教会で式を挙げ、次の日に花婿側で一日結婚パーティーをし、次の日は花嫁側でパーティーをというように、結婚式の期間は一週間かかるとスピーチ発表で述べていたため、Tは、SBの009「1週間あります」という発話よりも「1週間かかります(010)」のほうが適切だとして、動詞を言い換えている。続けて、011でSBは「1週間かかります」と繰り返し、その「かかる」という言葉から、1週間かかったのは昔で、4日、3日、2日、今は1日というように結婚式にかかる日数が減ってきたことを011・014で伝えている。つまり、Tが「1週間かかります(010)」のように、009の発話を一部言い換えて聞き返すことによって、011・014にみられるような発話の展開に至ったと考えられる。

　以上は、聞き返しが次の相手の発話産出に影響を与え、理解情報を増やすための言い換え表現や、新たな追加情報が付加されていくことによって、共通理解へと進んでいる例である。

4.3. 同義表現を用いた聞き返し

(3)〈SCによるスウェーデンのコーヒー文化の紹介1〉

017 SA： おー::SCさんは:とか::ほかのスウェーデン人は:うーん:::
　　　　　寝られるという::寝られないという:問題がないか(.)あの夜
　　　　　[飲むと寝られない.
018 SC： [うーん::まあ:
019 SF： 不眠=
020 SA： =不眠.はい.不眠の問題.
021 SC： 中毒になったら.:それは問題ないでしょう(.)
022 T： 習慣に？
023 SC： ええ.コ:コーヒーの:中毒.

　ここでは、SAとSCの質疑応答場面だったが、SAの「夜飲むと寝られない(017)」という発話を聞いて、SFは同義表現の「不眠(019)」という言葉で聞き返しを行っている例である。これは、018でSCは言いよどみ、考え中であったため、SFが同義表現で聞き返すことによって、SCとSAのやりとりを促進している例である。

4.4. 疑問詞及び関連語による聞き返し
(4)〈SCによるスウェーデンのコーヒー文化の紹介2〉
087 SA： あー:スウェーデン人は::そんなにたくさん:コーヒーを飲む
　　　　　の.の:原因はなんだろうか？
088 SC： あーじゃあ:気候と……
089 T： 寒いから？
090 SC： 寒い？ええ:寒い.とか(.)うん:そして:冬に:すごく::暗い
　　　　　だから:なんか……さ.スウェーデンの北は.多分(2.0)太陽
　　　　　が::まあ(3.0)あげてない;ときも:ある(2.0)冬に.
091 T： うん？　何が？=
092 SC： =あー:1日中:暗い::だから.
093 T： 1日中暗い=
094 SA： =1日中暗い？
095 T： あー:

096 SC： 　　　北．北の(.)
097 T： 　　　ああそう．どうしてそれが，コーヒー飲む：ことと関係ある？
098 SA： 　　　飲むと，明るくならないでしょうhhh(.)コーヒーを飲むと明るくならない＝
099 SC： 　　　＝ううん：関係がある．夏には：あ；ん::そんなにたくさん::飲まない(.)でも．スウェーデンの北欧は：その：世界の．世界中の：だ．トップ,1番(.)はい．
100 T： 　　　あまり,1日中暗い：所：では，あまり外に出ない，から;,部屋の中で．
101 SA： 　　　うん．
102 T： 　　　みんないるから，友だちとコーヒー飲む．
103 SA： 　　　（　　）

　087のSAの「スウェーデン人がコーヒーをたくさん飲むのはなぜか」という質問に対して、話し手SCは「気候と(088)」と発話した。気候と関係があるということを言おうとしたのだろうが、発話文を完成できず、089でTは直前発話の関連語彙として、「スウェーデンの気候は寒い」という知識から、「寒い」を連想し、寒いからコーヒーを飲むのかという意図で089で「寒いから？」と聞き返している。090で、SCは「気候→寒い→冬→暗い」という語彙の連想から、スウェーデン人がコーヒーを飲む習慣の原因を説明しようとしている。しかし、意図が十分伝わらず、その結果Tは「何が？(091)」とSCに対して明確化要求として聞き返しをしている。

　093ではTが理解確認のため、「1日中暗い」と前の発話を繰り返している。この発話に続いて即座にSAは「1日中暗い？(094)」という上昇イントネーションを伴う聞き返しを行っている。これは、SCが090でスウェーデン人がコーヒーをよく飲む原因の答えを述べようとしているが、理解できていないことを伝えるため、093に続けて聞き返したのであろう。

　095から099までの発話においても、SCの説明が十分ではないため、疑問詞「どうして」を用いてTが聞き返しをしている(097)。098でSAは更に一日中暗いからコーヒーを飲むことにはならないだろうという意図を述べ

ている。それに対して、099 で SC は「ううん、(1日中暗いことと、コーヒーを飲むことは)関係がある」と自己の 092 の発話内容に戻って、言及している。また、099 の「夏にはそんなにたくさん飲まない」という発話から、「冬の間はよくコーヒーを飲むのだ」ということが暗示される。088 から 099 までの発話内容を受けて、T は 100・102 の発話で「スウェーデン人は一日中暗い冬の間は外に出ないから、部屋の中で友達とよくコーヒーを飲む」のだと、全体的な理解確認をしている。これにより、SC の説明がよくわからなかった SA も納得したことを「うん」(101)という相づちで表している。

4.5. 相づちによる聞き返し
(5)〈SF によるアゼルバイジャンの結婚式の紹介〉
002 SD： <u>あの</u>お金は，制限しますか？
003 SF： せいげんとは？
004 SD： はい，せいげんは，リミット．
005 SF： あ，どういう意味ですか？
006 SD： えーと；例えば，えー::あー::100ドル：でなければならないとか．
007 SF： あ：あ．例えば：あー::::SD さん：
008 T ： （　　　）
009 SF： はいはい．ある人，例えば：え::ほかの別の人もあります．う；だれは::だれが::どのぐらい：払いましたか？
010 SD： ==ああ==．
011 SF： 例えばあなたは私の，あ：結婚式に行って；来て，そのぐらい払いました．わたしはそのぐらい；
012 SD： ==あーあー==＝
013 SF： ＝払います(.)
014 SD： あとで：
015 SF： はい(.)た，あ；例えば，え，このごろは，ちょっと，結婚式のこの，え；あのー：この：ビルのなかで：行われているから：例え

```
            ば：レストランのような＝
016 SD：    ＝うん？
017 SF：    例えば：えー::一番, 安いのがこれです(.)一番下の, お金がこ
            れです：と, 言われている(.)しかし, 結婚式する：家族. 言え
            ないこれ. ほかの人たち(.)親類から：聞きます(.)
```

　話し手SFは自己のスピーチの中で、結婚式に招待された人は、式に参加したとき、お金を払うと述べている。聞き手SDは002でそのお金の額に制限があるかと質問している。SFは009でその質問に対して答えようと試みている。それに対して、SDは010で「ああ」という相づちを発している。この相づちは弱い口調で、まだ十分理解できないため続けて説明をしてほしいという意図を伝えていると考えられる。そこで、SFは続けて011で「あなたはそのぐらい払いました」「わたしはそのぐらい払います」という表現で、個人の裁量で結婚式で渡す祝い金の金額を決めてよいという意味を理解してもらおうとしている。SDは相づちをうつことにより(012)、SFの説明によって理解したことを伝えている。

　016でSDは「うん」という上昇口調の相づちで、SFに対して、より具体的な説明を求めている。これは、聞き手SDが相づちにより、不明な部分を相手に説明させて、会話を進めている例である。

5.　まとめ

　以上のように、「スピーチ→ディスカッション」という中級口頭表現授業のディスカッション部分に注目して、会話参加者がどのように協働的に会話構築に貢献しているかを実際の音声データを用い、特に聞き手の聞き返し行動に焦点をあてて考察を行った。その結果、複数の聞き返しパターンがみられた。まず、理解がなされない部分を反復によって示す聞き返しである。これにより、話し手の新たな発話の展開を誘発している。また、一部言い換えによる聞き返し、疑問詞や関連語を用いて会話を互いに構築していく過程や相づちによる聞き返しも観察された。ただし、今回の考察だけでディスカッ

ション活動が即座に習得に影響しているとは言えないが、少なくとも他の教室活動と比べて、擬似的ではなく実際の現実状況での意見表明や質疑応答が行われるという特徴から、現実場面に近いコミュニケーション能力を高める教室活動であると言えよう。

　札野・辻村(2006: 221-257)は、国内の大学の日本語教員に対して、留学生に期待される日本語コミュニケーション能力に関する調査を行っている。その結果のうち、大学での学習・研究活動のために必要な日本語能力として全体平均値順位37のうち、8項目が口頭表現能力に関わるものであった。そのうち、順位2位に「学会や研究会で口頭発表する」、5位に「議論する」という項目があり、1年コースの中級口頭表現クラスで実践している「口頭発表(スピーチ)→ディスカッション」の授業項目は大学での勉学能力に必要なアカデミック・ジャパニーズ能力を育てることにも寄与できるのではないかと考える。

謝辞

　本稿執筆にあたり、東京外国語大学留学生日本語教育センター講師の工藤嘉名子氏、大津友美氏から貴重なご意見・助言をいただいた。記して感謝申し上げる。

注

1　東京外国語大学留学生日本語教育センターの国費学部進学留学生の1年集中予備教育コースにおける中級口頭表現クラスのことである。
2　Canale and Swain(1980)、Canale(1983)。
3　Conversation analysis のこと(Schegloff and Jefferson 1974)。社会的相互行為としての会話の仕組みを解明することを目的とした質的な分析手法で、発話の順番取り(turn-taking)、隣接ペア(adjacency pair)、連鎖構造(sequential organization)、修正(repair)などの構造を基本とする。
4　Canale(1983: 6-14)のモデルでは、「文法能力、社会言語能力、談話能力、方略能力」の4つに修正されている。

5 いわゆる「コミュニカティブ・アプローチ」と呼ばれる複数の教授法が提唱され、インフォーメーション・ギャップ、タスク活動、ロールプレイ、シミュレーション、ゲーム、プロジェクト・ワークなどの指導法とそれらに応じた教材が開発された。

6 「自国の文化紹介」では〈各学生のスピーチ発表3～5分→ディスカッション10分〉、「自国の人口／環境問題」では〈各学生のスピーチ発表5～10分→ディスカッション10分〉という時間構成になっている。

7 『日本事情テキストバンク―新たな授業構築に向けて―』CD-ROM版(2003 東京外国語大学留学生日本語教育センター編)に「ディスカッショントピック」として20トピックが載せてある中からの抜粋。

8 (　)は出身地域をあらわす。日本語学習歴は約6ヶ月で、中級前半レベルである。

9 尾崎(1992)では、第二言語学習者が限られた言語能力の中でコミュニケーションを行う場合、相手の話が聞き取れない、わからないという問題に直面した際、それを解消するために相手に働きかける方策を「聞き返し」のストラテジーと呼んでいる。

10 インターアクションの相互修正の際、「反復」の役割機能として「明確化要求(clarification requests)」「確認要求(confirmation checks)」「理解確認(comprehension checks)」という3つが挙げられる(Dourhty and Pica(1986: 318-9))。

参考文献

Canale, M and Swain, M(1980) "Theoretical Bases of Communicative Approaches to Second Language Teaching and Testing" *Applied Linguistics*, 1/1: pp.1-47

Canale, M(1983)" From communicative competence to communicative language pedagogy" Richard, J. C. and Schmidt, R. W. (eds) *Language and Communication*. Longman, pp.2-27

Chaudron, C. 著 田中晴美他訳(2002)『第2言語クラスルーム研究』リーベル出版

Doughty, C., and Pica, T.(1986) "Information gap" tasks: Do they facilitate second language acquisition?" *TESOL Quarterly* 20, pp.305-325

藤森弘子他(1995)「コミュニケーション能力を高める教室活動」『日本語教育方法研究会誌』Vol.2 No.1　pp.34-35

藤森弘子(2008)「教室内における教室活動のバラエティー―海外の中等教育及び予備教育機関調査から」『東京外国語大学留学生日本語教育センター論集』第34号 pp.55-69

Hymes, D.(1974) "The Scope of Sociolinguistics" *Foundations in Sociolinguistics: An Ethnographic Approach*, Univ. of Pennsylvania Press, Inc.

工藤嘉名子他(2008)「東京外国語大学の「JLC日本語スタンダーズ」に基づいた口頭表現指導」『日本語教育学世界大会2008　予稿集2』pp.255-257

Long, M. H. (1985) "A role for instruction in second language acquisition: Task-based language teaching" *Modelling and Assessing Second Language Acquisition.* pp.77-99

森純子(2004)「第二言語習得研究における会話分析：Conversation Analysis(CA)の基本原則、可能性、限界の考察」『第二言語としての日本語の習得研究』第7号　pp.186-213　第二言語習得研究会

尾崎明人(1992)「「聞き返し」のストラテジーと日本語教育」『日本語研究と日本語教育』pp.251-263　名古屋大学出版会

尾崎明人(2003)「接触会話の研究から会話の教育へ」『接触場面と日本語教育　ネウストプニーのインパクト』pp.69-84　明治書院

Sacks, H, Schegloff, E and Jefferson, G (1974) "A Simplest Systematics for the Organization of Turn-taking for Conversation" *Language,* 50: pp.696-735

札野弘子・辻村まち子(2006)「大学生に期待される日本語コミュニケーション能力に関する調査について」国立国語研究所編『日本語教育の新たな文脈―学習環境、接触場面、コミュニケーションの多様性』pp.221-257　アルク

田中望他(1993)『日本語教育の理論と実際―学習支援システムの開発』大修館書店

義永美央子(2007)「第二言語としての日本語話者の相互行為能力―接触場面会話のケーススタディーから」『言語と文化の展望』pp.473-488　英宝社

義永美央子(2008)「第二言語話者の「能力」―能力観の変遷と第二言語習得研究のパラダイム・シフト」『関西大学人間活動理論研究センター』Technical Reports No.7 pp.143-157

Young, R. (1999) "Sociolinguistic Approaches to SLA" *Annual Review of Applied Linguistics* 19: pp.105-132

使用教材

工藤嘉名子(2007)『2007年度秋学期　口頭表現』東京外国語大学留学生日本語教育センター1年コース口頭表現カリキュラム作成版

文字化の記号

本スクリプト文字化に当たり、西阪仰氏の文字化原則を参考にした。
〈http://www.meijigakuin.ac.jp/~aug/transsym.htm〉2008.2.23

- [　]　重なり
- =　　発話と発話が密着していることを示す。
- (　)　聞き取り不可能な場合は(　　)で示される。空白の大きさは聞き取り不可能な音声の相対的な長さに対応している。
- (　)　沈黙・間合い　0.2秒ごとに(　)内に示す。0.2秒以下の場合は(.)
- ::　　音声の引き延ばし
- –　　言葉の途切れ
- h　　呼気音による笑い
- .h　　吸気音による笑い
- 下線　音の強さ
- .,　　音調の下がり
- ?　　上昇音調

ベオグラードにおける日本語教育
—ベオグラード大学における現状を中心に—

渕上　真由美・和田　沙江香

1. はじめに

　本報告は2006年よりセルビアのベオグラード大学で日本語教育を担当している渕上と、2007年より担当している和田が、ベオグラード大学における日本語教育の現状を中心にまとめたものである。

　セルビア共和国(通称セルビア)は面積約9万平方キロメートル、人口約750万人の国で、首都のベオグラードの人口は約160万人である。セルビアはかつて旧ユーゴスラビア連邦の1構成共和国であったが、1991年から1995年の紛争による旧ユーゴスラビア解体の中で、1992年にモンテネグロとともにユーゴスラビア連邦共和国(新ユーゴ)を樹立し、2003年にセルビア・モンテネグロへと国名を変更した。その後2006年のモンテネグロ独立により現在のセルビアとなった。

　1990年代に行われた国際連合等による諸制裁は文化面にも及び、日本語教育も、日本への留学が出来ず、日本から教師が派遣されないといった影響を受けた。1991年の内戦勃発から1999年の北太平洋条約機構(NATO)による空爆に至るまでの10年間は、研究者の育成も困難な状況に置かれていた。セルビア南部に位置するコソボ・メトヒヤ自治州では人口の約9割をアルバニア系住民が占めており、本報告執筆中の2008年2月17日にコソボは一方的に独立を宣言し、同年3月18日には日本も独立を承認した。このように国家の枠組み自体が流動的ではあるが、日本に対しては友好的で日

本語や日本文化に対する関心も高い。2000年の民主化以降は社会状況も少しずつ安定してきている。2006年からはベオグラード大学でもボローニャ・プロセス[1]を導入しており、2008年現在新制度への移行中である。

セルビアでは現在、8つの機関で日本語が教えられており、その内訳は中等教育機関1、高等教育機関5、学校教育以外2である。第2節で中等教育機関のベオグラード語学専門高等学校における日本語教育の現状を報告し、第3節でベオグラード大学における日本語教育について、第4節でボローニャ・プロセスの導入について報告し、第5節でベオグラード大学における日本語教育の問題点と今後の課題を報告する。

2. 中等教育機関における日本語教育

ベオグラードにおける日本語教育の全体像を把握する上で、まずは大学以前の中等教育機関における現状について概観する。セルビアにおける中等教育機関で日本語が教えられているのは、ベオグラード語学専門高等学校の日本語コースのみで、50名程度の学生が日本語を学んでいる。第3節で述べるベオグラード大学言語学部東洋学科日本語・日本文学専攻課程には、毎年この高校で日本語を学んだ者が5名程度入学している。ここでは、同日本語コースについて、教師や学生からの聞き取り調査をもとに報告する。

2.1. ベオグラード語学専門高等学校における日本語教育の現状
・教育制度と履修

セルビアの教育制度では、義務教育が初等教育の8年間で、その後3年制の職業専門高校や、4年制の普通高校、専門高校へ進む者が多い。3年制の高校を卒業した者はその後就職する場合が多く、大学等の高等教育機関へ進学するのは4年制の高校を卒業した者がほとんどである。

ベオグラード語学専門高等学校は4年制の専門高校の1つで、英語、フランス語、ギリシア語、古代ギリシア語、ロシア語、ドイツ語、イタリア語、スペイン語、中国語、日本語のうち1言語を主専攻とし、他にいくつかの言語を第二外国語として選択するが、英語は全員が学んでいる。また、

ラテン語が4年間を通じて必修で、その他数学、歴史、文学等の普通科目も学ぶ。日本語以外の言語を主専攻とする学生が日本語を第二外国語として選択することもできるが、他の言語に比べて選択する学生は少ないようである。

・日本語教育の内容と方法

この高校では、1992年に日本語教育が始まり、各学年12、3名の学生、高校全体では50名程度の学生が日本語を学んでいる。普通科目を学ぶ場合は、ドイツ語専攻の学生との合同クラスとなる。1コマの授業時間は45分で、日本語の授業は週5コマある。学習者の日本語レベルは初級程度で、日本の現代文化に興味を持って日本語を専攻している学生が多いということである。

・使用教材及び教員

教材は、日本で出版されている総合教材を主に使用している。現在は『初級日本語』を主に用い、4年間で28課中、通常15課まで終える。その他、『Basic Kanji Book Vol.1』、『毎日の聞き取り50日初級編上』や、インターネットの『みんなの教材サイト』から適宜教師が選んで使用している。

教師については、現在2名のセルビア人教師が授業を担当しており、日本語母語話者の教師はいない。2名ともベオグラード大学言語学部東洋学科日本語・日本文学専攻課程の卒業生である。1、2年生を1名の教師、3、4年生をもう1名の教師が担当し、年度ごとに交代している。

2.2. 現状の問題点

高校における日本語教育での大きな問題は、日本語母語話者の教師がおらず、学生が日本語を使う機会が少ないということである。他の言語ではネイティブの教師がいるが、学校の予算上、日本語コースには日本語母語話者を教師として雇う余裕がないようである。また、セルビアでは日本人が少なく、日本のものが手に入らないなど、日本の文化に触れる機会が非常に少ない。日本語母語話者が年に1、2度訪問して学生と日本語で交流するという

ことが以前あったそうだが、継続的にそういった活動が行われていないのが現状である。セルビア在住の日本人が高校を定期的に訪問することで、学生が日本語を使う機会が増えるような活動が望まれている。

もう一つ、使用教材に関する問題もある。現在、高校では日本で出版されている教材が使用されていると述べたが、セルビアでは日本語の教材の入手が困難で、国際交流基金の寄贈に頼っている。また、セルビア語話者用の教材がないため、英語話者用の教材を使用している。高校の教師によると、セルビアの高校生に合った教材の作成が望まれているとのことである。

2.3. 大学との連携の問題点

ベオグラード大学言語学部東洋学科日本語・日本文学専攻課程の入学試験の科目は通常、セルビア語と英語であるが、高校で日本語を学んだ者は英語の代わりに日本語を受けることもでき、毎年日本語で受験する者が数名いる。

本課程の1学年の定員は50名で、そのうち既習者は5名程度であり、ベオグラード大学では、日本語を初めて学ぶ学生がほとんどである。そのため、既習者だけのクラスを設けることができない。一方、既習者が1年次から上の学年の授業を受講することはできない。このことにより、既習者の中には1、2年目に学習意欲を維持できず、3年次に他の学習者よりも苦労をすることになる場合がある。高校から大学への橋渡しの問題は、セルビアの日本語教育における大きな問題の一つである。

3. ベオグラード大学における日本語教育

3.1. ベオグラード大学言語学部の教育制度

ベオグラード大学言語学部(文学部ということもある)には、セルビア・南スラブ語学科、セルビア・南スラブ文学科、スラブ学科、ゲルマン学科など15の学科と、それに属するセルビア語・セルビア文学専攻、ロシア語・ロシア文学専攻、ドイツ語・ドイツ文学専攻など、28の専攻課程があり、日本語・日本文学専攻課程は東洋学科に属する。言語の数としては、セルビア

語を含め22言語の専攻がある。学費は国費で学べる者と私費で学ぶ者がおり、入学試験の成績によって決められる。日本語・日本文学専攻課程の場合、学生50名のうち国費の学生が20名、私費の学生が30名である。私費の場合、学費は年間9万ディナール(日本円にして約18万円)である。入学試験は6月に行われ、学科、専攻課程によって試験科目は異なる。

3.2. ベオグラード大学言語学部東洋学科日本語・日本文学専攻課程

　ベオグラード大学は1905年に創立され、言語学部は1960年にベオグラード大学哲学部から独立した。東洋学科は1926年に始まり、当初はアラビア語・アラビア文学専攻課程とトルコ語・トルコ文学専攻課程の2つの専攻課程があった。その後1985年に中国語・中国文学専攻課程とともに日本語・日本文学専攻課程が加わり、現在それら4つの専攻課程から成っている。

3.2.1. 日本語・日本文学専攻課程の沿革

　ベオグラード大学言語学部における日本語教育は、1976年に始まった。その当時はまだ主専攻課程ではなく、副専攻語として選べる科目の1つであり、2年間のコースで初級レベルまで教えられていた。その後1985年に日本語・日本文学専攻課程(以下、日本課程とする)が発足し、4年間で中級レベルまでの日本語と日本文学史、日本事情などが学べるカリキュラムとなり現在に至る。また、2000年には副専攻語科目の中に日本語が加わり、他の言語・文学専攻の学生が副専攻語として日本語を選択出来るようになった。副専攻語は1年次と2年次に、週2コマずつ教えられている。

3.2.2. 教師について

　日本課程の教師は、日本語・日本文学と、日本事情・副専攻語の大きく二つのグループに分かれている。
　日本課程が始まった1985年には、日本語・日本文学を日本人の現地教師1名と国際交流基金からの派遣講師1名が担当、日本事情をセルビア人教師1名が担当し、教師数は計3名であった。2008年現在の教師数は、日本語・

日本文学の担当が日本人教師4名(現地教師2、客員講師2)とセルビア人教師4名、日本事情・副専攻語の担当がセルビア人教師4名である。

　日本人講師は、1985年からの4年間は、国際交流基金からそれぞれ2年ずつ、計2名の教師が派遣された。1991年の旧ユーゴスラビア内戦勃発に始まり、1992年の国連制裁、1999年の北大西洋条約機構(NATO)による空爆に至るまでの期間は、正規の教師の派遣が困難な状況にあった。そのため、旧ユーゴスラビアについて研究している修士課程の日本人学生1名から2名が、研究と平行して日本語も教えていた。2000年には日本人客員講師として、初めて1名を受け入れ、2006年からは、東京外国語大学大学院博士前期課程日本語教育学専修コース修了生を、客員講師として受け入れている。

3.2.3. 日本語専攻学生について

　1985年に第1期生として10名が入学し、第2期生は68名という大人数となったが、その後は毎年50名程度が入学している。ベオグラード大学言語学部では在籍年数に制限がないため、6、7年かけて卒業する学生が多い。毎年50名程度入学する中で、4年間で卒業する学生は10名程度である。卒業後の就職先としては、在セルビア日本大使館や駐日セルビア大使館に勤める者や、日系企業にバルカン地域の担当として勤める者、また、英語力を生かしマスコミ関係に就職する者もいる。全体として見ると、日本語を使う仕事に就く者は少ない。また、セルビア国内で就職口を探すのが困難なため、他のヨーロッパの国やアメリカなど海外へ進出する者も多い。

　1988年より毎年4年生の中から1名を選抜し、文部省(当時)の学部レベルの奨学金による1年間の留学が行われていたが、国連制裁時の1992年から1996年までは奨学金等が停止された。1997年には文部省の奨学金の支給が再開され、以降毎年4年生1名が早稲田大学などへ1年間留学している。2005年からは文部科学省の学部レベルの奨学金が2枠へと増え、協定校の岡山大学へ毎年4年生1名が留学している。また、2007年からは平和中島財団の奨学金により、3年生が1名協定校の中央大学へ1年間留学している。

その他に、短期の留学として国際交流基金関西国際センターへの日本語学習者訪日研修が、2年生が2週間、3年生が6週間の期間で、それぞれ1名ずつ毎年行われている。また、これまでに4名の日本課程卒業生が文部科学省の大学院レベルの奨学金で日本へ留学している。

協定校については、現在中央大学、早稲田大学、広島大学と大学間協定、岡山大学、東京大学と学部間協定が結ばれている。

3.2.4. カリキュラム

学期は前期が10月中旬から12月末、後期が2月初めから5月末までで、後期の途中に試験期間と春休みがある。授業は前期に12～13週、後期に13～14週行われる。2007年度のスケジュールは以下の通りである。
・10/8～12/29：前期
・12/30～2/3：冬休み、第4回試験期間
・2/4～5/31：後期（4/10～5/4：第5回試験期間、春休み）
・6/1～8/31：第1回試験期間、夏休み
・9/1～10/4：第2回、第3回試験期間

前期、後期の授業が全て終了した後、6月に学年末試験が行われる。不合格の学生は、9、10、1、4月にも試験を受けることができ、1年間で計5回の機会が与えられている。ただし、ボローニャ・プロセス導入以降の学生は、6、9、10月の3回の機会しかない。また、同プロセス導入前の学生は、5回の試験を受けてなお合格できなくても、次の学年の授業を受けながら前年度の試験を受けることができる。つまり、2年生だがまだ日本語Ⅰの試験に合格せず、1年生と一緒に日本語Ⅰの試験を受ける学生や、4年生の授業が終了した後も日本語Ⅲや日本語Ⅳの試験に合格せず、何年も試験を受け続けている学生がいる。日本語Ⅰから日本語Ⅳの試験は筆記試験と口答試験から成っており、筆記試験に受かった者が数日後の口答試験に進む。

3.2.5. 教材・教授内容

日本課程では1、2年次に初級レベル、3、4年次に中級レベルの日本語が教えられている。1985年からは主要教材として、初級は『Intensive Course in Japanese Elementary Dialogues and Drills』(ランゲージサービス)、中級は『Intensive Course in Japanese Intermediate course volume.1』(ランゲージサービス)を使用していた。その後、初級は1989年から1997年は『日本語初歩』(凡人社)を使用し、1998年からは『初級日本語』(凡人社)、中級は2002年から『中級日本語』(凡人社)を使用している。以下、教材については本文中では教材のタイトルのみを示し、参考文献に出典を示す。

現在、4学年とも、セルビア人教師が主要教材を用いてセルビア語による文法解説を行い、日本人講師が漢字指導や既習文型を用いた口頭練習を行うという形で授業を進めている。また、日本語母語話者の教師による日本文学や新聞購読の授業も行われている。

3.2.6. ベオグラード大学での実践報告

次に本稿執筆者である日本人講師2名の授業での主な取り組みを紹介する。日本人講師の主な担当は日本語による文型練習、会話練習、漢字の導入、正字法の科目としての漢字指導であり、初級の前半の方では英語による指示や説明も交えながら指導している。主要教材の『初級日本語』、『中級日本語』とその副教材以外の教材は自由に選ぶことができ、足りない部分を補う形で読解、聴解、会話、作文、語彙、漢字などの教材を適宜使用している。

3.2.6.1. 実践報告1(和田)

ここでは、2007年10月からベオグラード大学で日本語の授業を担当している和田が、授業での実践について報告する。まず学年ごとの指導内容を表にまとめ、漢字指導、作文指導についての取り組みを紹介する。

表1　使用教材と指導内容(和田)

学年・授業数	使用教材	指導内容
1年生 (週2回)	『初級日本語』、『同作文練習帳』、『Basic Kanji Book Vol.1』	主要教材本文の内容確認、文型練習、漢字指導、会話練習、作文指導
2年生 (週1回)	『初級日本語漢字練習帳Ⅰ・Ⅱ』、『同作文練習帳』、『ペアで覚えるいろいろなことば』、『楽しく話そう』	漢字指導、会話練習、作文指導、語彙力を伸ばす活動
3年生 (週1回)	『ペアで覚えるいろいろなことば』、『日本語作文Ⅰ』、『中級へ行こう』	既習文型の応用練習、作文指導、語彙力を伸ばす活動
4年生 (週2回)	『中級日本語』、『同文法練習帳』、『同漢字練習帳Ⅰ・Ⅱ』、『中・上級者のための速読の日本語』、『毎日の聞き取り下』、『日本語作文Ⅱ』	主要教材本文の内容確認、文法の確認、漢字指導、作文指導、読解力・聴解力を伸ばす活動

・漢字指導の実践

　本大学では授業時間のうちかなり多くの時間を漢字指導の時間に当てている。これは日本人講師の役割でもあり、筆者は正字法の科目として1年生の漢字指導と2、4年生の主要教材の漢字指導を担当している。
　1年生は、かなの学習から始まり少しずつ漢字を学習していくが、書き方に慣れるまで時間がかかる。教材には書き順も示されているが、実際にどう書くか、動作を見ないと自分一人の力で書くことは難しいようだ。2年生では、『初級日本語』の新出漢字について、音読み、訓読みと意味を提出し関連語彙を紹介する。4年生では、これまでの漢字の知識の蓄積もあるので、漢字から意味を類推させたり、その漢字を用いた熟語の説明をしたりしている。

・作文指導の実践

　筆者は1～4年生までの作文指導を担当している。作文指導用の教材を用いてトピックの説明や関連する語彙の紹介をして、宿題として課している。

これまで提出された作文を見ていると、1、2年生は表記や文法のミスの他に、辞書で引いた言葉を適切に使えないことによる表現のミスが目立つ。初級の時点では、書きたいことをどう表現していいかわからず、辞書を引いても使い方がわからないということが多いようだ。3、4年生では表記や文法のミスは少なくなるが、文と文のつなぎ方が不自然だったり、段落の構成が不適切だったりすることがある。また、使用している文型の多くは初級レベルで、学んだばかりの中級の文型や表現は使いこなせていないようだ。

3.2.6.2. 実践報告2（渕上）

　ここでは、2006年10月からベオグラード大学で日本語の授業を担当している渕上が、2007年度の使用教材と指導内容を学年ごとの表にまとめる。

表2　使用教材と指導内容（渕上）

学年・授業数	使用教材	指導内容
1年生 （週1回）	『初級日本語漢字練習帳Ⅰ・Ⅱ』、『横山さんの日本語⑦日本語言葉辞典』、『わくわく文法リスニング99』	漢字指導、語彙力・聴解力を伸ばす活動
2年生 （週2回）	『初級日本語』、『みんなの日本語初級Ⅰ・Ⅱ書いて覚える文型練習帳』、『わくわく文法リスニング99』、『Basic Kanji Book Vol.1、vol.2』	主要教材本文の内容確認、文型練習、聴解力を伸ばす活動、漢字指導
3年生 （週2回）	『中級日本語』、『同文法練習帳』、『同漢字練習帳Ⅰ・Ⅱ』、『毎日の聞き取り上』、『日本語中級からのスキルバランス』	主要教材本文の内容確認、文法の確認、漢字指導、聴解力を伸ばす活動、会話練習
4年生 （週1回）	『Intermediate Kanji Book Vol.1』、『会話に挑戦！日本語ロールプレイ』	漢字指導、語彙力を伸ばす活動、会話練習

4. ボローニャ・プロセスの導入

　ベオグラード大学言語学部では2006年度よりボローニャ・プロセスを導入している。新制度での第1期生となる2006年度入学生は、2008年3月現在、2年生へ上がっている。現在、1、2年生は新制度のカリキュラム、3、4年生は旧制度のカリキュラムで学んでおり、制度移行の過渡期にあたる。そこで、本節ではボローニャ・プロセスの概要と、同プロセス導入によるカリキュラムの変化について報告する。

4.1. ボローニャ・プロセスの概要

　1999年6月に、イタリアのボローニャに欧州連合(EU)15か国(当時)を含むヨーロッパ29か国の教育関係大臣が集まり、2010年までに高等教育における欧州圏を構築することを目標としたボローニャ宣言がなされた。同宣言の目標は、以下の6つである。
・他国の大学との比較可能な学位制度の確立
・学部、大学院という2段階式構造の構築
・ヨーロッパ単位互換制度の促進
・学生、教員のヨーロッパ内の移動を可能とする環境作り
・ヨーロッパ次元での、高等教育の質の保証
・カリキュラム開発等の協力を通した、高等教育におけるヨーロッパの一体化の推進

　ボローニャ・プロセスとは、ボローニャ宣言を実際に進めていく過程のことである。2001年5月にプラハで行われた会議では、上の6つの目標を補強する取り組みが追加されるとともに、新たに4か国を含めたプラハ・コミュニケが署名された。2003年9月にはベルリンで会議が行われ、旧ユーゴスラビア諸国を含む7か国が新たに署名し計40か国となった。セルビアもこの時点からの参加となる。2005年には、更に5か国が加わり、同プロセスの参加国は45か国となった。

4.2. ボローニャ・プロセス導入によるカリキュラムの変化

4.2.1. 試験回数の削減

　ボローニャ・プロセスの導入により大きく変わった点の1つはこれまで5回あった試験の機会が3回に減ったことだ。そして3回目の試験でも通らなかった場合、10月中旬から始まる次年度に上がれない。それに伴いこれまで曖昧であった学年間の境界がはっきりしたことも大きな変化の1つだ。これまでは試験に通っていなくても、学年だけ上がって次の学年の授業を受けることができたが、同プロセス導入後はそれが出来なくなり、日本の大学における留年システムと同じようにもう1年同じ授業を受けることとなった。

4.2.2. 授業時間単位の変更

　同プロセス導入1年目の2006年度までは、授業時間が1コマ2時間であったが、導入2年目の2007年度からは1コマ90分となった。ただし、従来の1コマには休憩・移動時間等も含まれていたため、実質的な長さはあまり変化していない。現在は授業と授業の間に15分の休憩時間が設けられている。

4.2.3. 選択科目の増加

　ボローニャ・プロセス導入による科目と授業時間数の変化を表に表すと次のようになる。選択科目は＊をつけて表した。
　各学年とも、同プロセス導入後は選択科目が増え、選択の幅が広がったことが大きな特徴である。また、これまで日本語という1つの科目の中で行われていたものが、文法や正字法など独立した科目となった。文法は4年間を通して必修であるが、正字法は1、2年次のみ必修である。その他、日本語講読や文章翻訳などは選択科目であり、学生がそれぞれの興味に応じ、より専門的に学びたい分野を選べるようになった。

4.2.4. 評価方法の変更

　評価の方法も大きく変わった。これまでは1回の学年末試験の成績がそ

表3 ボローニャ・プロセス導入前と導入後の科目と授業時間数の変化

ボローニャ・プロセス導入前	ボローニャ・プロセス導入後
1 年 生	
日本語Ⅰ(6)	日本語Ⅰ(7)・文法Ⅰ(1#)・正字法Ⅰ(0.5)
日本学(2)	日本学入門(2)
第二外国語(2、主に英語)	第二外国語(2、主に英語)
	セルビア語(1)
言語学、文学理論の内1つ選択(1)	言語学、文学理論、哲学等の内2つ選択(2)
哲学(1)	*日本文学入門(1、半期、2年次でも可)
2 年 生	
日本語Ⅱ(6)	日本語Ⅱ(6)・文法Ⅱ(1#)・正字法Ⅱ(0.5)・*日本語講読(1#)・*日本文学入門(1#)
第二外国語(2)	第二外国語(2)
文化学(1)	文化学、社会環境学、心理学等の内2つ選択(2)
社会環境学(1)	
	*アジア太平洋地域史(1)
3 年 生	
日本語Ⅲ(7)	日本語Ⅲ(5)・文法Ⅲ(1#)・*文章翻訳Ⅰ(1)・*日本文学講読Ⅰ(1#)・*正字法Ⅲ(0.5)
日本文学Ⅰ(1)	日本文学Ⅰ(1)
日本文明学基礎(2)	日本文明学基礎(1)
	*日本史(1)・*日本経済史Ⅰ(1#)
4 年 生	
日本語Ⅳ(7)	日本語Ⅳ(4)・文法Ⅳ(1)・*文章翻訳Ⅱ(1)・*日本文学講読Ⅱ(1#)・*正字法Ⅳ(0.5)
日本文学Ⅱ(1)	日本文学Ⅱ(1)
日本社会文化史(2)	日本社会文化史(1)
	*日本経済史Ⅱ(1)

注)( )内の数字はコマ数、#は半期のみ開講を示す

のまま 10 段階の成績評価に結びついており、100 点満点の試験で 91 点以上が 10、81 点以上が 9 というように成績がつけられ、51 点以上（成績 6 以上）で合格となっていた。しかし、同プロセス導入後の 2006 年度入学生からは、出席、態度、2 回の中間試験、学年末試験の結果を総合して成績がつけられるようになった。その配分は科目ごとに異なるが、日本語Ⅰ・Ⅱの場合、出席 5％、態度 5％、中間試験 15％×2 回、学年末試験 60％となっている。評価については、各専攻で異なった基準を用いている。

5. ベオグラード大学における日本語教育の問題点と今後の課題

5.1. クラスサイズ

ベオグラード大学での日本語教育における問題点として、まずクラスサイズの大きさがあげられる。言語学部における慢性的な教室の不足やカリキュラムの関係でクラスを分けることができないため、1 クラス 50 名という多さとなっている。そのため 1 人あたりの発言機会が少なく、全体でのリピートが多くなりがちである。また、座席数が 36 席しかない教室を使用することもあり、特に人数の多い 1 年生の授業では床に座って授業を受ける生徒もいる。

5.2. 学習意欲の維持

セルビアは日系企業も少なく、日本語に関係のある就職先がほとんどないため、日本へ留学した学生ですら、帰国後日本語に関係のある就職口を探すのが困難な状況である。また、日本への留学機会も、以前より増えてきてはいるものの 1 学年 3 名程度と少ないため、日本語を勉強してもそれを使用する機会のないまま卒業していく学生がほとんどである。そのため、学年が上がるにつれ日本語学習に対するモチベーションが下がり、授業の出席率もそれに比例して落ちていくというのがこれまでの現状であった。これについては、ボローニャ・プロセス導入により出席率も成績に関わってくることや、同プロセスの目的の 1 つである、学生のヨーロッパ内での移動可能な

環境作りにより、日本語の使用機会が増えることで、改善されることを期待する。

5.3. 教育環境とカリキュラムの検討

日本や他の国と比べ設備の整備が整っておらず、ビデオやDVDなどの視覚教材を使っての授業や、E-Learningによる自宅学習などもほとんど出来ていない。そのため、多様化している日本語教材を活用出来ていないことも問題点の一つである。限られた設備の中でいかに工夫して、学生に多様な日本語に接する機会を与えられるかも、大きな課題である。

また、現在初級を2年間、中級を2年間かけて教えているが、同じ東欧のポーランドやブルガリアでは初級を1年で終えており、ベオグラード大学でも初級を1年で終わらせることを目標としている[2]。授業は年間で25〜26週あるため、1年次の初めの2週間でひらがな、カタカナを導入し、その後1週間に1課進めることが出来れば1年次に『初級日本語』の22課程度までは進むことができる。そして、現在、中級終了まで4年間かけているのを、3年間で終えることが目標となっている。

6. おわりに

本稿ではベオグラード語学専門高等学校と、ベオグラード大学言語学部における日本語教育について現状を述べた。第2節で、セルビアの中等教育機関で唯一日本語が教えられている、ベオグラード語学専門高等学校における日本語教育の現状をまとめ、第3節で、ベオグラード大学における日本語教育の沿革と現状、実践報告をまとめた。第4節では、ボローニャ・プロセスの概要と、その導入によるカリキュラムの変化についてまとめ、第5節で、ベオグラード大学における日本語教育の問題点と今後の課題をまとめた。本稿の執筆分担は、第2節と、第3節の3.2.5と、3.2.6.1を和田、その他を渕上が執筆した。本稿では学生の日本語学習動機や、誤用分析等による日本語学習における問題点などに触れられなかったので、それらの点について調査し報告することを今後の課題としたい。

謝辞

　本稿執筆にあたり、ベオグラード大学言語学部東洋学科日本語・日本文学専攻所属の山崎佳代子教授、ダニエラ・ヴァシッチ先生、ダリボル・クリチュコヴィッチ先生、ディーブナ・グルーマッツ先生、ベオグラード語学専門高等学校のマルガレータ・サモラン先生、東京大学大学院総合文化研究科博士課程所属の鈴木健太氏、遠藤嘉広氏、そしてベオグラード大学言語学部東洋学科日本語・日本文学専攻の学生に多大なる御協力を頂いた。この場を借りて厚く御礼申し上げたい。

注

1　ボローニャ・プロセスとは、1999年にイタリアのボローニャでなされた、2010年までに「ヨーロッパ高等教育圏」を構築することを目指すというボローニャ宣言を、進めて行く過程のことである。詳しくは「4. ボローニャ・プロセスの導入」参照のこと。

2　しかし現状では、初めのうち日本語の文字や文法構造になれることにとても時間がかかることや、中間試験の前には復習に時間をかけていることで、1年次に『初級日本語』の16課までを教え、2年次に1年かけて最後の28課までを教えている。また、授業時間外では日本語を全く学習しない学生も少なからずおり、前回までに習ったことが身につかないまま授業へ参加する一部の学生のために、授業の進度自体が遅れてしまうという問題もある。

参考文献

木戸裕(2005)「ヨーロッパの高等教育改革―ボローニャ・プロセスを中心にして」『レファレンス　平成17年11月号』国立国会図書館
　　〈http://www.ndl.go.jp/jp/data/publication/refer/200511_658/065804.pdf〉 2008.3.9
ヨーロッパ日本語教師会著・国際交流基金編集(2005)「ヨーロッパにおける日本語教育事情とCommon European Framework of Reference for Languages」『海外における日本

語教育』国際交流基金
〈http://www.jpf.go.jp/j/japan_j/publish/euro/pdf/ceforfl.pdf〉2008.3.24
リチャード・ルイス著・吉川裕美子訳(2005)「講演録：ボローニャ宣言―ヨーロッパ高等教育の学位資格と質保証の構造への影響」『大学評価・学位研究　第3号』大学評価・学位授与機構
〈http://www.niad.ac.jp/sub_press/sciencemag/No3/06.pdf〉2008.3.24
Filološki fakultet u Beogradu (2006) Informator za studente filološkog fakulteta Beograd: Filološki fakultet u Beogradu.
Filološki fakultet u Beogradu (2007) Informator za osnovne studije　Beograd: Filološki fakultet u Beogradu.

教材
秋元美晴・有賀千佳子(1996)『ペアで覚えるいろいろなことば』武蔵野書院
太田淑子他(1992)『毎日の聞き取り50日上・下』凡人社
加納千恵子他(1989)『Basic Kanji Book Vol.1・Vol.2』凡人社
加納千恵子他(1993)『Intermediate Kanji Book Vol.1』凡人社
国際交流基金(1981)『日本語初歩』凡人社
小林典子他(1993)『わくわく文法リスニング99　ワークシート』凡人社
C&P日本語教育・教材研究会(1988)『日本語作文Ⅰ・Ⅱ』
対外日本語教育振興会(1971)『Intensive Course in Japanese Elementary Dialogues and Drills Part1・Part2』ランゲージサービス
対外日本語教育振興会(1980)『Intensive Course in Japanese Intermediate course volume.1』ランゲージサービス
東京外国語大学留学生日本語教育センター(1994)『初級日本語』『漢字練習帳Ⅰ・Ⅱ』『作文練習帳』凡人社
東京外国語大学留学生日本語教育センター(1994)『中級日本語』『漢字練習帳Ⅰ・Ⅱ』『文法練習帳』凡人社
中井順子他(2005)『会話に挑戦！中級前期からの日本語ロールプレイ』スリーエーネットワーク
姫野昌子(2005)『日本語中級からのスキルバランス　ワークブック』凡人社
平井悦子・三輪さち子(2004)『中級へ行こう』スリーエーネットワーク
平井悦子・三輪さち子(2000)『みんなの日本語初級Ⅰ・Ⅱ書いて覚える文型練習帳』スリーエーネットワーク

文化外国語専門学校(1995)『楽しく話そう』凡人社
三浦昭監修・岡まゆみ著(1998)『中・上級者のための速読の日本語』The Japan Times
宮城幸枝他(1998)『毎日の聞き取り50日初級編上』凡人社
横山信子(1989)『横山さんの日本語⑦日本語言葉辞典』日本語教育センター

参考ウェブサイト

外務省「最近のセルビア情勢と日本・セルビア関係」『各国・地域情勢』外務省
　　　〈http://www.mofa.go.jp/mofaj/area/serbia/kankei.html〉2008.3.24
国際交流基金「2006年度セルビア」『日本語教育国別情報』
　　　〈http://www.jpf.go.jp/j/japan_j/oversea/kunibetsu/2006/serbia.html〉2008.3.24
国際交流基金日本語国際センター『みんなの教材サイト』国際交流基金日本語国際セン
　　　ター　〈http://momiji.jpf.go.jp/kyozai/〉2008.3.16

自己のダイアリーからみる
オーストラリアの日本語アシスタントの
授業における問題とその要因

和田　沙江香

1. はじめに

　本研究の目的は、オーストラリアの中等教育機関で日本語教育に携わる日本語アシスタントが日本語の授業において直面する問題とその要因について、アシスタントのダイアリーを分析することによって明らかにすることである。近年、国内外の日本語教育において、教師とは違った学習援助者として、日本語アシスタントの役割が重要になってきており、オーストラリアの初・中等教育機関で日本語アシスタントを体験する日本語母語話者が増えている。これまでの研究や報告では、アシスタントはその活動の中で大きな役割を果たしていると言われているが、様々な問題も指摘されている(2. 参照)。そこで本研究では、2003年にオーストラリアの中等教育機関で日本語アシスタントとして活動した筆者のダイアリーから、アシスタントが授業において直面する問題を探り、その要因について考察する。なお、本研究は、オーストラリア・ニュージーランドの日本語教育における日本語アシスタントについて研究した、筆者の修士論文、和田(2007b)に基づいたものである。

2. 先行研究

　本研究で用いる「日本語アシスタント」は、「正規教師(教育機関に所属

し、学校業務に従事する、教員資格をもった教師)の管轄のもと、教育機関における日本語教育に参加する日本語母語話者」と定義する。

　日本語アシスタントに関する研究、八田・山口(1993)、トムソン木下・舛見蘇(1999)、高偉・長坂(2000)では、アシスタントは、学習者が多様な日本人と接する機会を与えて学習者の日本社会文化能力を強化する、学習者が教師に感じがちな重圧感や距離がなく、一対一の同格者として接することができる、学習者の自律学習や学習の動機づけ、学習効果に影響を与えると言われている。オーストラリアにおける日本語アシスタントに関しては、浅岡(1987)、Neustupný(1992)、鈴木(1998)、和田(2005)の研究がある。これらの研究では、アシスタントには単に日本語や日本文化を教えるだけでなく、生徒の学習動機や日本に対する興味を高める役割があると言われている。しかし一方で、アシスタントは、生徒や教師との関係、英語力や教室管理の問題等、様々な問題[1]に直面しているとも言われている。

　日本語アシスタントに関して以上のような先行研究の成果があるが、アシスタントが日本語の授業に参加する際、具体的にどのような問題に直面しているか、またそのような問題の原因をどうとらえているかを探るには、一定期間継続して調査し、本人たちの内省記録を分析する必要がある。そこで、ダイアリー・スタディー[2]の手法を用いて、日本語アシスタントがその活動について記録したダイアリーの分析を試みた。ダイアリー・スタディーは、学習者の言語学習、あるいは教師の教授経験における内省、自己評価をダイアリーの記述から分析し、その成長の軌跡をたどることができることから、第二言語学習や教室研究の質的研究手段として用いられており、本研究にも適していると考えた。詳しくは、Bailey and Ochsner(1983)、Bailey(1990)の方法論や、下平(1994)、木谷・簗島(2005)の日本語教育における実践をまとめた和田(2007a)に述べてある。

3. 研究方法

　分析の対象としたのは、2003年、ある民間の会社の海外研修プログラムを利用して、約8ヶ月間、オーストラリア、ヴィクトリア州の中等教育[3]機

関でアシスタント活動をしていた筆者が授業ごとに書いたダイアリーである。筆者は、和田(2007b)において、筆者を含む6名のアシスタント[4]の月ごとの活動報告書を分析し、アシスタント活動において直面する問題とその対応について分析したが、その結果、メインで担当していたクラスにおいて多くの問題をかかえていたことがわかった。また、筆者のダイアリーにおいても、特にメインで担当していたクラスに関して詳細に記述されていたため、和田(2007b)では、そのクラスについて書かれていた部分のみを分析対象として考察した。本稿では、その結果に関して再度考察を試みる。なお、ダイアリー本文は和田(2007b)の付属資料として提出済みであるので、本稿では割愛する。

3.1. ダイアリーの背景

筆者がアシスタント活動をしていた中等教育機関は公立の中高一貫校で、外国語の科目として日本語が教えられていた。7年生から9年生(日本の中学1年生から3年生)までが外国語の科目が必修で、ほとんどの生徒が入学時点で未習者である。メインで担当していたクラスは、3つある8年生(日本の中学2年生)のクラスのうちの1つで、人数は15人程度[5]であった。使用教材はオーストラリアで市販されている日本語の総合教材「Ima!1」(Burnham 1998)で、日本の学校を題材に、学校や生活に関する語彙やそれに関連する簡単な表現を学ぶのが中心であった。また、このクラスは筆者がアシスタントとして加わる以前から授業中騒がしくなることが多く、授業の進度も他のクラスと比べて遅れがちだった。

ダイアリーは2003年5月から11月に書かれ、メインで担当していたクラスの授業は全部で73回(週3回)であった。アシスタント活動は5月の1週目から始まり、このクラスは、初めの1週間(3回)はアシスタントとして参加し、次の週(4回目)からメインで担当することになった。これまで教授経験はなく、これが筆者にとって初めて担当する授業であった。もともとこのクラスを受け持っていた日本語の正規教師は日本語母語話者で、日本語教師を目指す筆者のために、このクラスを教育実習のような形で担当させてくれた。事前に正規教師に授業計画を見てもらい、授業後は指摘、アドバイス

をもらうという形で7ヶ月間、このクラスの授業を担当した。また、授業中生徒が騒がしくなった場合は、正規教師に注意をしてもらっていた。オーストラリアでは教員免許のない者が一人で授業をすることができないため、日本語の正規教師が出張などでいない時は、他の教科の教師が代理で教室に来ることになっていた。つまり、教室には、アシスタント以外に必ず他の教師がいるという状況であった。なお、成績評価は正規教師が行っていた。

3.2. 分析の手順

　分析は、手書きのダイアリーをMicrosoft Excelを利用して整理し、次の手順で行った。

（1）　ダイアリーから授業運営に関する記述を取り出す。授業内での一連の出来事に関する記述を1つ（取り出し例の「　」で1つ）と数える。なお、授業内容のみの記述（取り出し例の〈　〉内の部分）、生徒のレベルや理解度のみについて触れている記述は含まない。

取り出し例（第9回・5月の記述から）

> 「時間割表を作って、聞いて答える練習。この口頭（練習）が長すぎて、たいくつになってしまった。途中でやめて作文させればよかったと反省。」「人数少なかったが、1人うるさくて妨げになったため、なかなかスムーズにいかなかった。」「指示は前回よりはよかったと思う。」〈次回はリスニングを取り入れる。〉「まだ授業計画があまい。もう一度生徒がもしこうだったらというのを考え直さないといけない。」
> （補足：当時、授業科目に関する語彙を学び、時間割表を日本語で作るという作業をしていた。）

（2）　授業で何を問題として認識しているか、何を成功の要因としてみているかということに関して、次のような表現に注目してダイアリーの記述を分類する。
問題の認識：「～てしまった」、「～するべきだった」、「～すればよかった」、

「うまくいかなかった」、「できなかった」など
成功の要因：「〜のでうまくいった／できた／しっかりやっていた」、「〜するとうまくいく／できる／しっかりやる」など

（3） (2)で分類した記述の内容を、問題の原因や成功の要因に注目してさらに詳しくみていくと、表1の左2列に示されているようなカテゴリーに分類できた。分類と記述例を表1にまとめ、分類の基準は■で示す。表1の中の下線部分は、(1)取り出し例の記述と対応している。

（4） 表1のように分類した、問題の認識・成功の要因に関する記述について、記述数の月ごとの変化、分類ごとの割合を見て、記述内容と合わせて考察する。

表1　問題の認識／成功の要因の分類と記述例

分類		記述例
教師	教授技術	〈問題〉 時間割表を作って、聞いて答える練習。この口頭(練習)が長すぎて、たいくつになってしまった。途中でやめて作文させればよかったと反省。(5月) まだ授業計画があまい。もう一度生徒がもしこうだったらというのを考え直さないといけない。(5月) ■授業運営における問題の原因を教師(筆者)の教授技術と認識している記述。 〈成功〉 やはりしっかり制限時間を言っておくとしっかりやる。(6月) ■授業運営における成功の要因を教師(筆者)の教授技術ととらえている記述。
	英語	〈問題〉 まだ指示する際の英語がうまく出てこず、混乱をまねくこともある。(5月) ■授業運営における問題の原因を教師(筆者)の英語にあると認識している記述。
生徒	授業態度	〈問題〉 人数少なかったが、1人うるさくて妨げになったため、なかなかスムーズにいかなかった。(5月) ■授業運営における問題の原因を生徒の授業態度と認識している記述。 〈成功〉 ワークシートみんなやっていた。今日は怖いくらい静かだった。ペアでうるさくなる子がいなかったからだろう。(8月) ■授業運営における成功の要因を生徒の授業態度ととらえている記述。
その他	活動の特性	〈問題〉 ヒントがないと少し難しいタスクはやろうとしないようだ。(7月) ■授業運営における問題の原因を、活動の特性(ゲームや成績評価、レベルなど、活動の持つ性質が授業運営に影響しているもの)と認識している記述。 〈成功〉 やはりaward(ご褒美)があると多少やる気が出る。(6月) ■授業運営における成功の要因を活動の特性ととらえている記述。
	教室環境	〈問題〉 (正規の)先生がいらっしゃらなかったので授業にならなかった。(5月) ■授業運営における問題の原因を、教室環境(教室にいる他の教師、授業の時期(長期休暇前等)が授業運営に影響しているもの)と認識している記述。 〈成功〉 Extra(代理)の先生が男の先生なので(よく生徒を注意してくれるので)比較的ワークした(うまくいった)。(11月) ■授業運営における成功の要因を教室環境ととらえている記述。

4. ダイアリーの分析結果と考察

ダイアリーの記述を分類した結果から、問題の認識と成功の要因の記述数の変化、分類ごとの記述数の割合を見ることによって、授業運営における問題とその要因について考察し、アシスタントとしての変化の過程を見ていく。

4.1. 問題の認識と成功の要因の記述数の変化

まず、問題の認識、成功の要因の記述数はどのように変化していったのか、図1に、それぞれの記述数の変化を月ごとに示し、考察する。

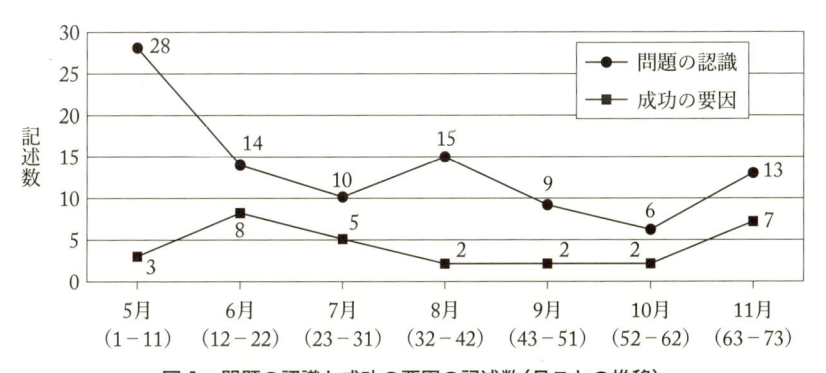

図1 問題の認識と成功の要因の記述数(月ごとの推移)

問題の認識と成功の要因の記述数を比べてみると、前者は後者の3倍以上で、筆者のケースでは、問題の認識がかなり多かった。問題の認識の記述数の変化を見ると、5月が最も多く、6月～8月は10～15程度と減り、9、10月は10以下となった。5月は初めて授業をするということで、毎回授業後に正規教師から様々な指摘、アドバイスを受けており、それをダイアリーに書いていたため、問題の認識が多くなっている。成功の要因は全て10以下で、6月と11月が、若干記述数が多かった。成功の要因の認識はほとんど変わらなかったが、6月からは問題の認識が減ったことから、教授技術が向上し、教師として成長していったと考えられる。筆者自身、初めの頃は授

業に対する余裕が全くなかったが、授業を重ねるごとに生徒を見ることができるようになり、授業を工夫できるようになっていったと振り返る。

4.2. 問題の認識・成功の要因の分類ごとの記述数の割合

次に、授業運営に関して、筆者は問題の認識、成功の要因をどうとらえていたのかを、分類ごとの記述数の割合を見ることによって考察する。表2に分類ごとの記述数、図2に、その割合をグラフで示す。

表2 問題の認識と成功の要因の記述数(分類ごとの比較)

	教師 [教授技術]	教師 [英語]	生徒	活動の特性	教室環境	合計
問題	54(57%)	12(13%)	10(11%)	13(14%)	6(6%)	95(100%)
成功	4(14%)	0(0%)	2(7%)	19(66%)	4(14%)	29(100%)
合計	58(47%)	12(10%)	12(10%)	32(26%)	10(8%)	124(100%)

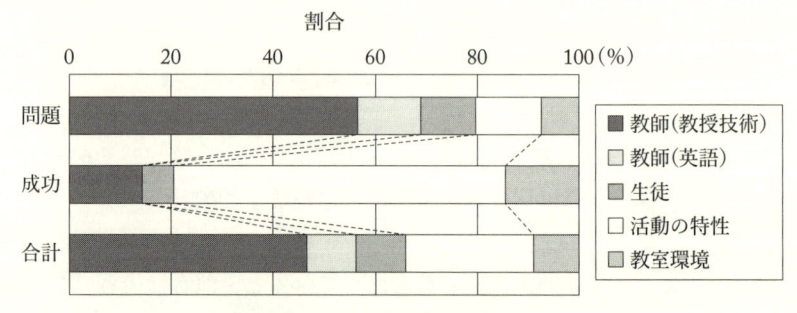

図2 問題の認識と成功の要因の記述数(分類ごとの割合)

問題の認識について記述数の割合を見ると、教授技術に関する記述が半数をこえており、その他の分類に関してはほぼ同数で、教室環境が6%と最も少なかった。成功については、活動の特性が最も多くて66%、英語に関しての記述はなく、教授技術、教室環境が14%、生徒の態度が7%であった。

以上の結果から、筆者は教授技術に問題の認識が高く、成功した場合は、活動の特性に要因があるととらえていたとわかる。当時、筆者は教授経験が

なかったため、教授技術が未熟であることに問題を感じており、また、英語の能力に関しても、現地の正規教師のように授業を行えるほどの力はなかった。記述を見ると、教授技術や英語の問題はアシスタント活動の間ずっと感じていたことがわかり、このような能力を数ヶ月で伸ばすことは難しかったと考えられる。一方で、ゲームやワークシートを取り入れるなど、教室活動を工夫することによって授業が成功したという認識が多いことから、これはアシスタントの努力次第ですぐに効果が出るものではないかと考えられる。これらのことから、アシスタントに教授経験、英語の力が不足していても、教室活動を工夫することによってそれらを補うことができるといえる。

また、教室環境に関する記述はそれほど多くはなかったが、日本語の正規教師が出張で不在のため他の教師が代理で来た場合は、このことに関する記述が必ずあった。代理の教師が授業に協力的でない場合は授業がうまくいかないと感じており、逆に代理の教師が、生徒が騒がしくなるとよく注意してくれるというように協力的な場合は比較的うまくいったという記述があった。つまり、普段は日本語の正規教師がいるため教室内の規律は保たれているが、正規教師がいない場合は、代理の教師の協力次第で生徒の管理が難しくなると感じていたことがわかる。これらのことから、教室内にいる正規教師の存在が授業運営に影響があり、アシスタントが授業を行うには、正規教師による生徒の管理が必要であると考えられる。

5. 授業運営に影響を与える要因

授業ごとのダイアリーの分析から、筆者は教授技術に問題の認識が高く、成功した場合は活動の特性に要因があるととらえていたことがわかったが、具体的にどのような要因が、問題あるいは成功につながっていたのか。教授技術と活動の特性に関する問題の認識と成功の要因についての記述内容をさらに詳しく考察する。

5.1. 教授技術に関する問題と成功の要因

教授技術に関する記述を、授業運営に影響を与えると思われる要因によっ

てさらに分類すると、次のようなカテゴリーにまとめられた。表3に分類と記述例をまとめ、分類の基準を■で示す。

表3 教授技術に関する問題と成功の要因の分類

分類	記述例
授業の進行	〈問題〉 リズムや間がわるく、生徒にスキを与えてしまいがちであった。常に次のことを考えながら授業をしなければならない。(5月) ■教師の授業の進行の仕方が問題であると認識している記述。 〈成功〉 A(答えの文)をやってだれてきたので、パックマン(ゲーム)に変更。これはいい判断だったと思う。(5月) ■教師の授業の進行の仕方が成功につながったと認識している記述。
指示・説明	〈問題〉 はじめに今日はどこまでやればいいのかを言わなかったため、だらけてしまった。反省。(6月) ■教師の指示・説明の仕方が問題であると認識している記述。 〈成功〉 やはりしっかり制限時間を言っておくとしっかりやる。(6月) ■教師の指示・説明の仕方が成功につながったと認識している記述。
授業計画	〈問題〉 まだ授業計画があまい。もう一度生徒がもしこうだったらというのを考え直さないといけない。(5月) ■教師の授業計画が問題であると認識している記述。
全般・その他	〈問題〉 なかなか生徒のコントロールができなかった。(生徒が)次は自分が読むとどんどん言ってくれるのはいいが、あまりまとまらず。(5月) ■教授技術全般に関わるもの、分類に分けられなかった記述。

表3の分類を記述数の内訳で見たのが表4と図3である。授業の進行と指示・説明には重複する記述が2つあった。グラフでは要因の分類ごとに問題と成功の記述を合計した数(表4の網掛けの部分)の割合を示す。

教授技術に関して、問題と成功の要因を見ると、授業の進行、指示・説明と認識しているものが多い。成功したものは4つしか記述がないが、その要因は授業の進行と、指示・説明が2つずつの内訳であった。ここから、

表4 教授技術に関する問題と成功の要因の内訳

	授業の進行	指示・説明	授業計画	全般・その他	合計
問題	21※	21※	2	12	56
成功	2	2	0	0	4
合計	23	23	2	12	60

※授業の進行、指示・説明は2つの記述が重複している

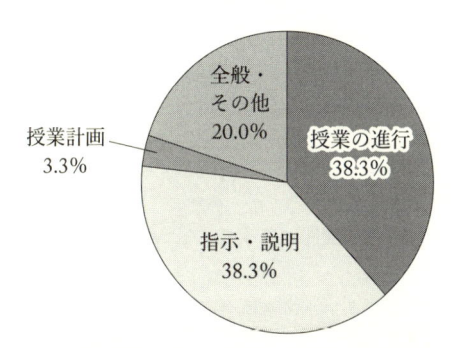

図3 教授技術に関する問題と成功の要因の内訳

筆者は特に、授業の進行の仕方と、指示・説明のよしあしが授業運営に影響を与えるととらえていたとわかる。教授技術に関する問題の認識は月ごとに減っていたものの、アシスタント活動後半のダイアリーにも、「授業のリズムが悪い」、「生徒への説明が不十分だった」というような記述があった。当時はダイアリーを書くだけで記述をあまり読み返さなかったが、読み返して内省していれば、教授技術の向上につながったかもしれないと振り返る。

また、全般・その他に分類した記述には、「正規教師に頼らず自分のやり方で授業をしたいがどうしていいかわからない」というような記述があった。筆者は、一人の教師として自分の力で授業ができるようになりたいという気持ちがあったが、まだそのような力がないと感じていたことが読み取れる。今振り返ると、解決の道が明らかにならないという悩みをダイアリーに書くことで、気持ちを整理していたように思う。

5.2. 活動の特性に関する問題と成功の要因

活動の特性に関する記述を内容によってさらに分類すると、以下のカテゴリーにまとめられた。表5に分類と記述例をまとめ、■で分類の基準を示す。

表5　活動の特性に関する問題と成功の要因の分類

分類	記述例
生徒の興味	〈問題〉 そろそろ、ビンゴ、スターゲーム、口頭練習は飽きてきたらしい。（11月） ■授業での活動が生徒の興味に合わなかったことが問題だと認識している記述。 〈成功〉 ビンゴは意外とみんな必死にやっていて、リスニングにはいいと思った。しっかり聞こうとするので。（7月） ■授業での活動が生徒の興味に合っていたため成功したと認識している記述。
レベルに合った活動	〈問題〉 ヒントがないと少し難しいタスクはやろうとしないようだ。（7月） ワークシートは単語がランダムにあったので、少し難しすぎたようだ。（9月） ■授業での活動が生徒のレベルに合わなかったことが問題だと認識している記述。 〈成功〉 ワークシートはあたりだった。とりあえずみんな一生懸命やっていた。（6月） ■授業での活動が生徒のレベルに合っていたため成功したと認識している記述。
成績・評価	〈問題〉 テストをやらないと、やる気を出さないのかもしれない。（10月） ■授業での活動と成績・評価との関係が不明確だったことが問題だと認識している記述。 〈成功〉 成績に関係あるというとしっかりやる。（5月） やはりaward（ご褒美）があると多少やる気が出る。（6月） ■授業での活動が成績・評価に関係があるため成功したと認識している記述。
ゲームの方法	〈問題〉 漢字の競争は書いてない生徒は歩き回るのでうまく機能しなかった。（8月） ■授業でのゲームの方法が問題だと認識している記述。

上記の分類を記述数の内訳で見たのが表6と図4である。グラフでは要因の分類ごとに問題と成功の記述を合計した数（表6の網掛けの部分）の割合を示す。

表6　活動の特性に関する問題と成功の要因の内訳

	生徒の興味	レベルに合った活動	成績・評価	ゲームの方法	合計
問題	4	3	3	3	13
成功	11	3	5	0	19
合計	15	6	8	3	32

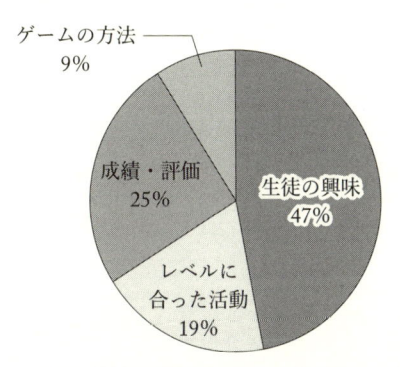

図4　活動の特性に関する問題と成功の要因の内訳

　活動の特性に関して、問題と成功の記述数の合計はそれほど変わらないが、生徒の興味に関する記述で、成功したというものが多かった。ここから、筆者は教室活動を生徒の興味にあったものにすれば、授業運営にいい影響があるととらえていたことがわかる。

　アシスタント活動当時、生徒に日本語学習の動機についてアンケートをとったところ、この8年生のクラスには、日本語や日本文化に興味があるというより、外国語の科目が必修で、他の言語を選択することができなかったため日本語を学ばなければならないという生徒が多かった。したがって、生徒の多くは日本語学習そのものに対する意欲があまり高くなかった。ダイアリーの記述には、新しいゲームやワークシートをした時に生徒が興味をもって取り組んだとあることから、このようなクラスでは、生徒が意欲的に授業に参加するために、教室活動を常に工夫することが重要であるとわかる。

しかし、アシスタント活動後半の記述には、何度か同じようなゲームをしていると生徒が飽きてきてあまり興味をもたなくなり、新しいゲームやワークシートのアイディアが尽きてきたという悩みも書かれていた。この問題に関してはうまく解決できたという記述が見られなかったが、和田（2007b）で6名のアシスタントの報告書を分析したところ、他のアシスタントと授業での活動に関して情報交換をすることが有効であるということがわかった。当時、同じ海外研修プログラムを利用してオーストラリアで日本語を教えていた他のアシスタントとのネットワークがあったが、その多くは初等教育機関であったため、あまり他のアシスタントの教室活動を参考にすることができなかった。中等教育機関で活動する他のアシスタントとのネットワークを築いていれば、自分の授業に役立てることができたかもしれないと振り返る。

6. まとめ

　本稿では、個人のダイアリーを分析することで、アシスタントが授業運営においてかかえる問題を探った。ここで、その結果と考察をまとめておく。

（1）　授業運営に関する問題についての記述数が月ごとに減っていったことから、筆者は授業運営において、教師としての成長がみられたと考えられる。
（2）　筆者は、授業運営において教授技術、特に授業の進行と指示・説明の仕方に問題があると認識し、活動の特性、特に生徒の興味に合った教室活動に成功の要因があるととらえていた。アシスタントに教授経験や英語の力が不足していても、教室活動を工夫することによってそれらを補うことができると考えられる。
（3）　教室内にいる正規教師の存在も授業運営に影響があると考えられ、アシスタントが授業を行う場合、正規教師による生徒の管理が必要である。

　本稿では、ダイアリーの記述から内省を分析することにより、授業におけ

る問題が具体的にわかり、その要因をどうとらえているかということも明らかになった。また、一定期間継続した記録を分析することで、アシスタント、あるいは教師としての筆者の変化の様子も見られた。ダイアリーのような内省記録を分析することは非常に多くの時間と労力を必要とするが、量的調査からは得られない深い洞察を得ることができる。今回の研究では、ダイアリーを書くこと自体の重要性、それを読み返し、分析することの重要性を実感した。今後も、授業の内省を重視し、教師としての成長につながるよう、この研究を生かしていきたい。

注

1 和田(2005)では、アシスタントの多くは教授経験がほとんどないが、一人で授業を任されることも多く、学習意欲があまり高くない生徒に対する授業の運営に悩んでいるという問題が明らかになった。
2 「ダイアリー・スタディーとは、第二言語学習または教授経験について定期的、率直に記述された第一人称による記録であるダイアリーを、特定の視点を定めて分析する研究方法である」(和田 2007b)
3 ヴィクトリア州では7年生から12年生(日本の中学1年生から高校3年生)が対象学年である。
4 オーストラリア・ニュージーランドの初・中等教育機関で一定期間アシスタントとして日本語教育に携わった日本語母語話者で、活動した地域、機関はそれぞれ異なる。詳しくは和田(2007b)参照。
5 この学校では外国語の科目として、日本語、ギリシア語、インドネシア語から1つを選択することになっているが、年度の途中でも科目選択の移動によって生徒が増減することがあった。

参考文献

浅岡高子(1987)「オーストラリアのハイスクールにおける Japanese Language Assistant について―ビクトリア州の場合」『日本語教育』62 pp.241-249 日本語教育学会

木谷直之・簗島史恵(2005)「学院修士課程におけるノンネイティブ現職日本語教師の意識変化―学生のジャーナルの分析を通して」『国際交流基金日本語教育紀要』1　pp.21-36　国際交流基金

下平菜穂(1994)「教師ダイアリー:自己のダイアリー分析の試み」『日本語教育論集』9　pp.1-18　国立国語研究所日本語教育センター

鈴木智美(1998)「オーストラリア中等教育レベルの日本語教育における日本語ネイティブスピーカーの新しい役割」『名古屋大学人文科学研究』27　pp.109-118　名古屋大学大学院文学研究科院生・研究生自治会

高偉建・長坂水晶(2000)「アシスタントを導入したプロジェクトワーク―タイ中等学校日本語教師研修での実践―」『日本語国際センター紀要』10　pp.51-67　国際交流基金日本語国際センター

トムソン木下千尋・舛見蘇弘美(1999)「海外における日本語教育活動に参加する日本人協力者―その問題点と教師の役割」『世界の日本語教育』9　pp.15-28　国際交流基金日本語国際センター

八田直美・山口薫(1993)「日本語教育における日本人アシスタント導入の意義と可能性―91年冬期の実践をもとに」『日本語国際センター紀要』3　pp.17-33　国際交流基金日本語国際センター

和田沙江香(2005)「日本語教育におけるアシスタント教師の役割―オーストラリアの中等教育における日本語アシスタント教師の役割とティームティーチングのあり方」東京外国語大学平成16年度卒業論文

和田沙江香(2007a)「言語教育研究におけるダイアリー・スタディー―その方法論と日本語教育における実践」『TUFS言語教育学論集』2　pp.33-52　東京外国語大学

和田沙江香(2007b)「日本語教育における日本語母語話者アシスタントのダイアリー・スタディー―オーストラリア・ニュージーランドの初・中等教育機関における日本語母語話者アシスタントの事例から」東京外国語大学大学院地域文化研究科平成18年度修士論文

Bailey, K. M. (1990) The use of diary studies in teacher education programs. Richards, J. C. and Nunan, D. (ed.) *Second Language Teacher Education*, pp.215-226. Cambridge [England] ; New York: Cambridge University Press

Bailey, K. M. and Ochsner, R. (1983) A Methodological Review of the Diary Studies: Windmill Tilting or Social Science? Bailey, K. M., Long, M. H. and Peck, S. (ed.) *Second Language Acquisition Studies*. pp.188-198. Rowley, Mass: Newbury House.

Burnham, S. (1998) Ima! 1. Port Melbourne: CIS・Heinemann.

Neustupný, J. V. (1992) The Use of Teaching Assistants in Japanese Language Teaching『世界の日本語教育』2　pp.199–213　国際交流基金日本語国際センター

俳句による日本語・日本文化教育の実践と考察
―総合科目〈HAIKU・俳句〉―

菅長　理恵

1. 科目の概要

　東京外国語大学は、2008年1月現在32ヶ国1地域の65大学と交流協定を結んでおり、毎年80名程度の留学生が東京外国語大学国際教育プログラム (ISEP-TUFSプログラム) で学んでいる。ISEP-TUFSプログラムでは、全学日本語プログラムによる日本語教育とISEP-TUFS専用科目による日本の社会・文化教育とを提供している。英語力のみ必須とし、日本語学習歴を要件としていないため、日本語力に優れた学生からひらがなが読めない学生まで、学生のレディネスには幅がある。これに対応して、全学日本語プログラムは初級レベルから超級レベルまで幅広く設定されており、専用科目の7割は英語による授業である。このISEP-TUFS専用科目は、総合科目として学部学生も履修できるように位置づけられており、留学生と日本人学生双方にとっての共学の場となっている。

　筆者は、2004年度より〈HAIKU・俳句／HAIKU and Japanese HAIKU〉をISEP-TUFS専用科目(総合科目)として秋学期に開講している。当該科目は、俳句実作者および研究者としての立場から、俳句の魅力と奥行きの深さ、楽しみ方を伝えることを目的とするものである。文学作品である以上、日本語の作品は基本的に日本語で扱えるよう、シラバスには、現代日本語がある程度読めることを受講資格として明記してあるが、扱う資料は基本的に全て日英両国語で用意する。受講生の顔ぶれは年によって変動するが、毎

年、イタリア、韓国、台湾からの留学生が複数受講している。他には、フランス・イギリス・ドイツ、スペイン、ロシア、香港、中国、インドネシアの留学生、および日本人学生若干名の受講実績がある。イタリア、韓国の受講生は概して日本語レベルが高いが、受講生全体の日本語レベルと英語のレベル双方にかなりのばらつきが見られ、英語だけでも日本語だけでも十分なコミュニケーションは難しいのが現状である。したがって、10月には主に英語で講義を行いながら時々日本語で補足する形をとり、日本語力不足の学生、英語が苦手な学生の双方に配慮する。11月以降、並行して受講している全学日本語プログラムによる日本語力向上を見込んで徐々に日本語使用を増やして行くが、学生に発言させる場合に日本語英語どちらを使うかは自由としている。

　講義内容の主要な部分は、世界各国でのHAIKU受容の現状と現代俳句に至る日本文学史の流れの紹介を通し、俳句の魅力を伝えることである。また、作品鑑賞と実作を行い、学生の能動的な活動を促す。毎年、最終回には句会形式を経験してもらい、毎回のresponse sheetによる平常点40％と期末レポート60％で評価を行っている。（シラバスを末尾に付す。）

　本稿では、俳句に関する予備知識のない人にも俳句の魅力の一端を伝えることができるよう講義内容の一部を紹介しつつ、鑑賞や実作活動の実践内容および学生の反応も併せて紹介し、俳句を通じた日本語教育・日本文化教育の位置づけについて考察してみたい。

2. HAIKUの受容について

2.1. HAIKUの短さ

　アルファベット表記のHAIKUは、日本語に限定せず世界各国語で作られる作品を意味する。日本語の俳句の翻訳にとどまらず、各国語で作品を作り、鑑賞することが、現在広く行われているのである。HAIKUを作る人の組織も世界各国にあり、それぞれ活発に活動している。また、英語圏では初等言語教育における取り組みの一つとしてHAIKUを作らせることが一般的になっている[1]。

ではなぜ、俳句／HAIKUはそんなに広く世界に受容されたのだろうか。

　俳句／HAIKUは世界一短い詩である。この短さは、世界の詩人たちにまず新鮮な衝撃を与え、次いで短さのもたらす容易さ、即ち、誰にでも作れるという点が人々を魅了した。それは、従来の詩の概念——詩を書くのは専業の詩人のみである、詩を書くことは難しく特別なことである——を覆すものであったのである。

　日本語の俳句のルールは、まず、五七五という定型にある。このルールをその他の言語によるHAIKUにもあてはめ、5-7-5シラブルで作るものであると規定するケースが見られる。（英語圏の初等教育で行われているHAIKU指導はその代表である。）しかし、この拍のルールは、日本語がモーラ言語であることに由るものである。常に等間隔である拍と、長くも短くもなるシラブルとは根本的に異質であり、シラブルの数を5-7-5にしてHAIKUを作ろうとすると、日本語の俳句より語数が増え、内容的にも冗長になりがちである。例えば、「春風や」という五拍は、英語に直訳すれば"oh! spring wind"（HAIKUでは文頭を大文字にせず全て小文字で表記するのがルールとされている。）のように3シラブルとなる。これを5シラブルに合わせようとすると、"oh! gentle spring wind"のように、もともとは無かった"gentle"という説明的な一語が加わる。俳句においては、「春風や」という一語の中に、春風の持つ"gentle"、"warm"、"breezily"（優しい、暖かい、そよそよと）といった特性は全て含まれている。そこに"gentle"という語を重ねることは無駄であり、自由な想像を喚起する俳句の生命を損ねることにもなる。したがって、シラブル言語におけるHAIKUでは、形式よりもむしろ説明を省いた短詩であることに重点を置き、三行で作るというルールを採用するケースも増えている。

　俳句のルールの本質を短さにあるとする時、文学作品である俳句が、言語の壁を超えてHAIKUとなる道が開かれる。この点におけるHAIKU受容の最も良い例として、講義では、フランスの詩人イヴ・ボヌフォア氏の講演を日英両国語で（原語はフランス語）紹介している。この講演は、第1回正岡子規国際俳句賞（後述）大賞受賞の記念講演[2]である。イヴ・ボヌフォア氏は、俳句がフランスの詩人たちに愛されていること、日本語とフランス語の

様々な違いから来る言語の壁(語の含意、文法、表記法等の違い)が翻訳の妨げとなることに触れた上で、以下のように述べる。(川本皓嗣・訳)

　だがそれでいて、フランスではこれまでも今も、俳句が大きな関心を集めています。それはなぜでしょうか。
　おそらくそれは、要するに、フランス語に訳された俳句が、かなり貧弱なものになっているとはいえ、それでもやはり短詩型の最高の見本を提供しているからです。いまヨーロッパでわれわれが置かれている状況から見ると、すでにそれだけでも、手本として、また励ましとして、たいへんな価値があるのです。
　では実際のところ、短詩型の特徴とは何でしょうか。それは、詩的経験そのもの、詩以外の何物でもないような独特の経験に向かって、身も心も開くという能力を増大させることです。
　(中略)これほど狭い言葉のスペース、しかもそれなりに完結し、自立したスペースのなかでは、もちろん何かの物語を展開することなどできません。できたとしても、せいぜいのところ、ただ一つの物語を遠回しに、しかもさっと一筆で暗示する程度のことでしょう。ということは、とりもなおさず、短詩型の言葉は、出来事や物事に対するある種の姿勢に縛られないですむということです。物語では、出来事や物事を因果関係の連なりとしてとらえます。そういう物語的な姿勢をとった場合には、人生のさまざまな状況をなす出来事や物事を認識するのにも、分析的な思考、すべてを一般化するたぐいの思考という回り道を通るほかはない。そこが危険なのです。つまり、個々の具体的な現実を、外からしか見ていないことになります。短詩型は、じかの印象から距離を置こうとする、そうした物語的な誘惑をまぬがれています。だから、他のどんな詩形よりもずっと自然に、ある生きて体験された瞬間と、ぴったり一体化することができるのです。
　しかもこの瞬間のなかでは、しょせんごく僅かなことしか扱うことができません。言葉の数がごく限られているからです。だから、われわれの生きているこの一瞬間に、われわれのなかで、世界のさまざまな物事どうしが作り出すもろもろの関係が、自由に羽を伸ばすことができ、その震え・

おののきをさえ、まざまざと伝えることができます。抽象的、概念的な思考に縛られていないだけに、なおさらよく耳に聞こえるのです。そのようにして、長たらしい弁舌の陰で見失われていた魂の故郷――あの合一感、あの「一(いつ)」なる感情に、われわれは帰り着くのです。そして言うまでもなく、この合一感の体験、ただ頭で考えただけでなく、身をもって生きられたその体験こそが、「詩」に他なりません。西洋ではこのことが忘れられがちです。というのは、われわれの宗教的伝統――世界を超越する人格神の伝統のために、絶対なるものと、あるがままの現実とが切り離されているからです。それにしても、ひとつひとつの物のなかに「一なるもの」を見出そうとするこの姿勢こそが、あらゆる詩が本能的に慕い寄る至高の感情であることに変わりはありません。

　そういうわけで、短詩型は他のどんな詩形よりも、詩的経験そのものに向かう戸口になることができます。ある詩が短詩型をとったとき、その作品は、もうただそれだけのことで、われわれが世界と結びあう関係のなかで「詩」となり得るものに、まっすぐ向かうことになるのです。

ここで重要なのは、氏が「詩的経験」というものは分析したり一般化したりできない合一感の体験(英語で experience of unity、仏語では expérience d'unité)であると捉えていることである。続いてボヌフォア氏は、自作の二行の作品を紹介し、「私の経験に忠実であるためには短さが必要だった」それ以上の言葉を付け加えたなら「無言の明証性」を失っただろうと述べている。

　詩的体験に忠実であろうとすれば詩は短くならざるをえないことに自覚的だったヨーロッパ詩人としては既に 19 世紀にランボーがいたが、ボヌフォア氏は、ランボーは孤立した例外だったとしている。20 世紀に入り、ポール・ルイ・クーシューによる日本の「俳諧(HAIKAI)」の紹介(HAIKAI集『Au fil de l'eau.(流れるままに)』1905、『日本の抒情的エピグラム』1906)、1936 年の高浜虚子によるヨーロッパ講演、R・H・ブライスの『俳句』(1949 ～ 52)という新たな短詩との出会いを経て、フランス詩壇は「詩が短いという事実」の「価値」を再認識したのである。ボヌフォア氏の講演は、

俳句が短詩であることの意味に対する深い洞察を語っている。俳句 (HAIKU) は何よりもまず、短さそのものが価値なのである。そして、その短さゆえに、ものごとを分析したり因果関係を説明したりせず、したがって、読む者の洞察や想像を要請するものとなるのである。

2.2. 自然詩としての俳句

日本語の俳句のもう一つの特性は、季語を要請することである。季語は、日本語以外の HAIKU でも season word として知られてはいるものの、何が季語であるかや季語の持つ季感の規定が熟していないため、必ずしも必須要素とは考えられていない。HAIKU における要件は、自然を対象とすること、とやや緩やかに捉えられている。

現代のいわゆる「俳句」を確立したのは正岡子規である。現在の愛媛県松山市に生まれた子規は、江戸期の古俳諧の研究・分類を行い、俳諧の連句を文学としての「俳句」へと革新する啓蒙活動を行った。蕪村の再評価や、作句原理として「写生」を提唱したことがよく知られている。

19世紀に日本の和歌・俳諧の句が西欧に紹介された頃、日本の詩は十分な思想を語るには短すぎ文学的に無価値であるかのように評されることもあった[3]。それに対して正岡子規は、世界は人事と自然に二分され、西洋の詩は人事を扱うが日本の詩は自然を扱うので、自ずと長さや詠い方に違いがあるのにすぎず、優劣はないと主張した。西欧における「叙事詩(epics)」と「叙情詩(lyrics)」の他に、日本には独自の「叙景詩」があるのである。これを現代日本の詩人大岡信氏は和歌も含めて "Landscape Poetry" と呼び[4]、叙景と叙情とが表裏一体であることを説いている。

正岡子規の後を継いで俳誌『ホトトギス』主宰となった高浜虚子は、1936年の訪欧の際、「HAIKAI は 17 音で作るもの」というフランス HAIKAI の捉え方に対し、5-7-5 は日本語が要求する形であるに過ぎず、範とすべきは四季の現象の中に心象をうたうという点であることを強調した[5]。四季の運行を叙景する中に人間の詩的感興のほとんど全てが含まれるという詩のあり方を示したのである。虚子は「俳句は偶然の使命として季題といふものを荷ってきた特別の文学である」と考えており、季題を用いるこ

とが俳句の要件であるとしている[6]。

　季語が俳句の必須要素とされることは、俳句の短さと無縁のものではない。先に「春風」という語には「優しい、暖かい、そよそよと」といった特性が含意されていると述べたが、季語の背後には、単なる言葉の意味にとどまらず、長年にわたって培われてきた季感、季語の本意[7]と呼ばれる情感が横たわっている。その秘密に気づいている海外の詩人は、次のように語っている。

　　私は俳句的感性を大事にし、陸地に囲まれ、中度の標高をもつシエラネバダ山脈の山河の中で、季節の合図(seasonal signals)となるであろうもの、「季語」を探しています。どのような乾性の香草や花を、どのような鳥を、どのような天気の兆候を見出すでしょうか。日本とは異なっています。自分たちが現在住んでいる土地にかつて暮らしていた先住民の神話や伝説のニセナン語(現在は使われていない言語)からの翻訳を読んでみると、キツツキが見せる奇術、キツネやトリックスターのコヨーテのずるがしこい性格にネイティブ・アメリカンたちがどれほど感心していたかを読み取ることができます。移動性のカナダヅルが、春には北へ、秋には南へと高い空を飛来していくのが私たちの家の真上に見えます。カナダヅルたちは、このような渡りを少なくとも100万年は続けてきたのです。

　　ヨーロッパやアフリカ、アジアから来たアメリカ人たちは、北米の西海岸に200年と少し暮らしていますが、我々がその大地に響きあう詩的なことばを編み出すには、まだ数世紀はかかるでしょう。俳句の伝統は、われわれがこの過程に取り掛かるのに必要な指針を示してくれます。そしてこれは今後長きにわたって北米に、ひとつの文化を、ひとつの家庭(ホーム)を(そして願わくは、やがてすべての人々にとって、地球という惑星の上にひとつの家庭を)作り出すための一助となってくれるはずです。

　これは、2004年度の正岡子規国際俳句賞第2回大賞受賞者ゲイリー・スナイダー氏の受賞記念講演(西村我尼吾(がにあ)・訳)[8]のスピーチの一部である。スナイダー氏は、季語を自然が語りかけてくるsignalとして捉え、その大地の

語りかけにふさわしい詩的なことばを編み出すのには長い時間が必要だと述べている。ここには、日本の文学史がはぐくんできた「季語の本意」と言われるものの秘密が顔をのぞかせている。繰り返される自然の営みを畏怖の念をもって受け止める時、そこに生まれ出るのが、詩的なことばとしての「季語」なのであり、そこに住まう人々をつなぐ共感という絆なのである。短い詩型である俳句が広がりや奥行きを持ち得るのは、共感を揺り起こす詩語を育んできたからである。HAIKUは、俳句が長年にわたり培ってきた詩語を、いま正に培っていこうとしている段階なのだとスナイダー氏は捉えている。

2.3. 正岡子規国際俳句賞

ここで、正岡子規国際俳句賞について紹介しておこう。この賞は、2000年に創設された愛媛県文化振興財団の事業であり、愛媛県出身で近代俳句の創始者である子規の顕彰、および世界最短の詩である俳句のアピールを目的としている。賞の趣意[9]は以下の通りである。

> 洋の東西を問わず、俳句(ハイク)はいま現在、最も多くの人に作られかつ読まれている、もっとも生きのいい文芸のジャンルであろう。親しみやすい短詩型の中に無限の創造性をはらむ俳句(ハイク)は、21世紀以後の文学の歩みを先導する豊かな可能性を秘めている。
>
> 近代俳句の創始者・正岡子規の名を冠する「正岡子規国際俳句賞」は、国籍や言語を問わず、俳句(ハイク)のもつ創造力の開発と顕揚に、最もめざましい功績を挙げた人物に贈られる。受賞者は、俳句(ハイク)への強い関心と何らかの意味での国際的視野をもつことを条件とするが、俳人(ハイク作者)・詩人・作家・研究者・翻訳者・エッセイスト・編集者など、必ずしも専門分野を限定しない。

この賞の選考委員には、日本の代表的な3つの俳句協会(それぞれ立場を異にする)の重鎮が顔を揃えている他、海外の俳人、詩人、歌人、作家、研究者らが名を連ねており、世界的な文学として俳句をアピールしようという

視点から選考が行われている。第1回の大賞受賞者イヴ・ボヌフォア氏も第2回の大賞受賞者ゲイリー・スナイダー氏も、いわゆる「俳人」ではなく詩人であるが、俳句への深い洞察を持ち俳句精神の実践を行っている点で、詩としての俳句を顕揚するにふさわしいとして選ばれた。紹介した両詩人の受賞記念講演は、俳句への洞察と愛、実践の姿勢を明晰にそして美しく語るものであり、賞の趣旨と期待に十分に応えている。これらの講演の記録を通して外から見た俳句の本質と魅力を紹介することは、同じ文化背景を持つ西欧の留学生の理解を助けるのみならず、俳句を何となく古くさいとみなしている日本人学生にも衝撃を与え、改めて俳句の魅力を考え直そうという姿勢を持たせるのに役立っている。

また、大賞以外にも「俳句賞」「EIJS賞[10]」が設けられており、中国、アメリカ、ベルギー、インド、台湾、ブラジル、日本の俳人、俳句研究者らが受賞している。この俳句賞の動向に注目することで、今まさに世界でどのように俳句／HAIKUが受容され活動しているかを知ることができるのである。

3. 俳句文学史からの学び

前に触れたように、「季語」を用いる時、そこには単なる現象の描写を超えた詩的感興としての季感・本意が提示される。俳句作品の読み手は、そこに含意される季感・本意を汲み取ることを要請される。その汲み取り方は人それぞれであることを許されるが、しかし、一方でゆるやかなcommon senseとしての本意を外れることはできない。なぜなら、それは、文学史の流れの中ではぐくまれ継承されてきた文化的記憶としての約束事だからである。

その約束事の在り方を知るためには、俳句に至るまでの文学史的流れをたどっておく必要がある。講義では、『万葉集』から柿本人麻呂の長歌と短歌、『古今集』から春、秋、恋の短歌を紹介し、更に『源氏物語』を扱う。内容について詳述する余裕がないので省くが、これらの作品から、四季の区別と推移のとらえ方、そして自然描写が心情描写と密接に結びついているこ

とを認識してもらうのがねらいである。典型的な例を挙げれば、夏が果てて「秋風が吹く」といったら、夏のように燃え盛る愛を経て、やがて男女の仲に「飽き」が来ることを含意するようなものである。

　続いて、『新古今集』『菟玖波集』『水無瀬三吟百韻』『犬筑波集』『犬子集』等の作品を紹介し、短歌から連歌へ、俳諧の連歌から発句の独立までの流れを見た上で、芭蕉の『奥の細道』を読む。『源氏物語』をはじめ、『新古今集』『水無瀬三吟百韻』も『奥の細道』においても、それ以前の作品を基にした「本歌取り」の手法が縦横に駆使されている。その事実を通して、作品がそれ自体で独立したものではなく、それ以前の作品世界によって背景や奥行きを提示されるものであること、また同時に、先行の作品世界に新たな美を付け加えるものとして成立するものだ[11]ということを認識してもらう。それこそが、短詩型としての俳句の奥行きを感じ取る鍵だからである。

4.　共同作業としての鑑賞

　『奥の細道』には多くの翻訳があり、配布資料には芭蕉の句の英訳を複数掲げることにしている。説明を補ってある訳、意訳して意味をとりやすくしてある訳、単語を置き換えただけの直訳と様々であるが、おもしろいことに、留学生にどの訳がいいと思うか聞くと、「直訳がいい」、「一つをとるのではなく全種類並べて初めて訳が完成する」という両極の意見が出る。

　また、現代俳句を直訳とともに紹介し、解釈や鑑賞を一人ずつ言わせると、実にさまざまな意見が出る。留学生たちは概して積極的に他とは違う意見を述べようとするし、他の学生たちの意見を聞いてそんな発想があるのかと驚くのは日本人学生であることが多い。鑑賞を行う際に強調するのは、自由に発想し鑑賞せよということである。俳句は一切の説明を排除しているのだから、あらゆる解釈の可能性があるのだ。俳句の描く世界から逸脱することはできないが、描かれている世界を解釈する尺度は人それぞれで当然だと言うと、学生たちの目が輝く。何か正解があって、それを答えなければならないと身構えていたから解放されるようである。

たとえば、金子兜太(とうた)の句

　　狼に蛍がひとつ付いていた

では、狼について「恐ろしい」「人を襲う」「強い」というイメージの他に、「孤独」「暗闇」や「もののけ」等のイメージが出されたり、蛍の「はかない」「美しい」イメージとの取り合わせから「希望」「なぐさめ」などを連想したりする。蛍は狼の光る目の比喩だろうという意見や、それなら二つでないとおかしいという意見も出てくる。目を閉じているかもしくは後ろ姿ならどうだ、という議論を経て、黄泉路へ去っていく最後のニホンオオカミへの鎮魂というテーマに辿り着く。無論これが唯一の正解というのではなく、「孤独な狼に寄り添う小さな友達」という鑑賞も「正解」である。

　更に、日本語俳句の英訳(英語が不得手な学生は母語でもよしとする)や英語HAIKUの和訳も試みる。この試みには、その句をどう解釈したか、そして何をポイントとしてどのような表現に移しかえたかがはっきりと現れる面白さがある。互いの訳を発表し合うと、他の学生の作品に対して熱い賛辞を贈り合う光景が見られる。自分になかった発想と出会う面白さがあり、それらの発想を引き出す力が俳句作品にあることが再認識されるのである。

　俳句の魅力の一つは、こうした共同作業としての読み(解釈・鑑賞)が楽しいことである。良い解釈や鑑賞を見聞きすることで、よりよい読者になろうという姿勢が養われるが、俳句ではそれが楽しみとして行われる。

5. 俳句実作への手引き

　日本語俳句のルールは5-7-5の拍と季語の使用の二つだけである。しかし、さあ作りましょうと言っても、初心者にとっては手がかりがなさすぎる。そこで、作句の手ほどきとして、いくつかの方法をとっている。

　一つ目は、講義と平行して授業の初めに毎回行う「穴埋め俳句」である。たとえば、授業開始前に、

　　今日の俳句

　　をりとりて○○○とおもきすすきかな　　　　　　　　（飯田蛇笏(だこつ)）

のように、一部を伏せ字にした句を板書しておき、○○○に入る語句を考え

てもらう。教卓にはすすきを飾っておき[12]、実際に手にとってみた感覚をどう表現するか全員に言ってもらうのである。これは、原作の「はらり」という語を当てて正解を出すのが目的ではなく、どのような表現があり得るか探ることが目的であり、三文字に納まらなくてもどんな発想の語句を入れたいかを発表するだけでもよしとしている。

　留学生たちからは「稲穂のように」「釣りのように」といった比喩だの「ふわり」「ひらり」といった擬態語だの、さまざまな発想が出てきて、いわゆる正解を知っている日本人学生を驚かせる。感じたことをどう表現するか、という言葉の訓練でもあり、短詩における語の選択の効果を実感できる。

　　一月に入ってから取り上げる
　　一月の〇一月の□の中　　　　　　　　　　　　　　　（飯田龍太）
では、〇と□にそれぞれ一文字ずつの漢字を入れてもらうが、「花・室」「声・街」「影・雪」「音・空」等、多彩な答えが出され、「一月の川一月の谷の中」という原作とは全く違った世界が創出される面白さがある。

　二つ目はいわゆる正攻法で、優れた俳句を数多く紹介し鑑賞を行うことによって、作句のモデルを示すことである。古典作品から近現代の作品、海外のHAIKU作品まで、幅広く紹介することで、「こんな句を作ってみたい」という創作意欲を刺激することができる。学生たちには、現代作家の陰影のある句[13]が好まれるようである。

　三つ目として、作句の手引き――取っかかりを見つけて句に膨らませていく段階的手法――をいくつか示すこともある。これは英語圏の初等教育の手法を参考に案出したもので、さまざまなパターンがある。最終回の句会のために俳句を作ってくる宿題を出すのだが、この手引きがとても役立ったという学生もあり、全く参考にせずに自分なりの発想で作ってくる学生もあった。困ったときの手引きに過ぎないので、それで十分と言える。

　句会は、投句（短冊に句を書いて提出）、清記(せいき)（匿名状態にするための清書）、回覧・選句（良いと思うものを選んで選句用紙に書く）、披講(ひこう)（各人の選句を読み上げる）、講評（選んだ人は良いと思った点をコメントする）という形式で行う。俳句の鑑賞は授業の中で度々経験しているため、的確で多彩な

コメントが出され、選ばれた句の作者は嬉しく誇らしげである。最後のresponse sheet には、もっと句会をやりたかったというコメントが多く見られる

6. 考察

　ここまで授業の内容を駆け足で紹介してきたが、最後に、このような俳句講義と創作実践の試みが、日本語教育・日本文化教育の中にどのように位置づけられるかを考えてみたい。

　前述のように、俳句は今や HAIKU として国際化しており、単なる日本文化の紹介にはとどまらない。ただし、俳句のどのような点が国際化の鍵だったのか——短さ、叙景詩、季感＝情感、本歌取り、等々——という分析は、日本の文学の一つの流れそのものを追うテーマでもある。きわめて日本的なものと、世界に共通するものを同時に扱うことができるという点で、俳句は、日本文化に興味のある留学生にも、世界に向けて日本を発信していかなければならない日本人学生にとっても、興味深い素材であり得るだろう。受講生は、俳句という短詩の奥行きに目を輝かせ、日本の古典文学の世界が後世に流れ込んで行く様子に興味を示す。これほど小さな入り口の背後に、いかに広く奥深い世界が横たわっているのかを、駆け足で文学史をたどるだけでも認識することができるのである。

　また、鑑賞や翻訳、句会の場面での意見交換は、さまざまな文化背景を持つ学生たちにとって、刺激を与え合い学び合う場となる。このような活動は素材が何であっても可能なものであるが、実は俳句の本質とも密接な関わりがある。俳句は、短く、説明を省く詩であるため、意味の完結には読み手の積極的な参加が要請されるものだからである。文学史的な蓄積という土台を見通す知識もある程度必要だが、その一方で、俳句が一義的ではなく想像力に対して開かれたものであるがゆえに、さまざまな「読み」が喚起され、読み手は自ずとより豊かな味わい方を求めて良き読み手になろうとする。他の人の「読み」が自分の「読み」への刺激になることを知り、注意深く聞こうとする。一度俳句の世界の入り口をのぞくと、そうした自己運動が生じ、

「座」の中での「読み合い」を楽しむようになるのである。

　俳句の読み解き方は一通りではない、自由に読んで良い、と指示し、さまざまな「読み」を称揚すると、学生たちが徐々に心の垣根を取り払い、俳句を楽しみ始める様子が見て取れる。自由に読み、自由に作ることの喜びは、一度知ったらやめられないものであるようだ。俳句もしくは HAIKU に興味を持った留学生は、帰国後も作句を続けようという意志を表明する。俳句の短さは、手軽さでもあるからだろう。日本語で表現することを続ける手がかりとなれば、日本語教育の一環としても成功であるし、母国語での HAIKU に取り組んでいく者があれば、日本文化を広める伝道者として期待できるであろう。

　このように、俳句を通じた日本語・日本文化教育は、講義内容・活動両面において意義があり、日本人学生の教養教育としても有効である。今後も、正岡子規国際俳句賞の動向を通して HAIKU の現在に注意を払いつつ、俳句の魅力と楽しみを、学生たちと共有していきたいと思う。

　最後に、本稿でその一端を紹介したように、俳句は日本の生んだ世界に誇る文学であり、文化である。しかし、そのことが日本人自身にそれほど認識されていないことを感じることも多い。本稿の実践報告を通して、少しでも俳句への興味や認識を高めることができれば、幸いである。

注

1　佐藤和夫(1991)に詳しい紹介がある。また、佐藤氏は 2.3 で紹介する正岡子規国際俳句賞の第 1 回 EIJS 賞受賞者である。

2　イヴ・ボヌフォワ　正岡子規国際俳句大賞　受賞記念講演「俳句と短詩型とフランスの詩人たち」(2000 年 9 月 10 日)川本皓嗣　訳『国際俳句フェスティバル　正岡子規国際俳句賞関連事業記録集 2000』(2001)愛媛県文化振興財団　所収。
　　日本語：http://www.ecf.or.jp/shiki/2000/bonnefoy%20lecture-j.html
　　英語：http://www.ecf.or.jp/shiki/2000/bonnfoy%20lecture.html

3　有馬朗人　国際俳句コンベンション基調講演(1999 年 9 月 12 日)「俳句よりハイクへ」：http://www.ecf.or.jp/shiki/1999/arima-lecture.html

バジル・ホール・チェンバレン(1890)『日本事物誌(Things Japanese)』

4　大岡信(1994)「叙景歌の叙情性——日本詩歌の本質についての試論」Ooka Makoto (1997) Landscape Poetry

5　高浜虚子(1936)「何故日本人は俳句を作るか——ベルリン日本学会に於ける講演——」『ホトトギス』39(11)をはじめ、1936年前後の『ホトトギス』には、海外俳句に触発された季語・季題論が多く見られる。

6　季題と季語とは漠然と同義に使われることもあり、一句の要(題)となっている場合に季題と呼ぶとされる場合もある。一般的には「季語」が使われ、虚子を師系とする派では「季題」のみを使うという区別も見られる。講義では「季語— season word」として統一的に扱う。

7　その語に備わっている本質的な意味と情感を「本意」と言う。「秋の夕暮れ」が持つ「寂しさ」などが代表的である。川本(1991)では、それは一種の通念としての規範性を持つものとされている。

8　ゲイリー・スナイダー(2004年11月7日)受賞記念講演「松山への道」『平成16年度国際俳句フェスティバル記録集』(2005)愛媛県文化振興財団　所収。スナイダー氏は、アメリカを代表する詩人であると同時に西海岸における禅、環境運動の指導者でもある。講演にも、自然に寄せる共感と平和への志向が強く出ている。

9　2004年度正岡子規国際俳句賞趣意: http://www.ecf.or.jp/shiki_haiku/details1.html

10　2008年よりスウェーデン賞と改称。

11　ハルオ・シラネ(2001)では、増殖・発展する「偉大な季節・地誌のアンソロジー」を文化の記憶、それに喚起されそこに何かを付け加えようとする挑戦を「俳諧的想像力」と呼んでいる。
　　また、川本皓嗣(1994)は、長寿を保っている俳句と、同様にイメージに重きを置き開かれた短詩でありながら短命だったイマジズムとの違いを、詩語の連想喚起力を重んじるか否かにおいて説明している。

12　授業では実感や体験を重視し、可能な限り教室内に実物を持ち込むようにしている。源氏物語の後世への影響のところで持ち込む能面などには、特に強い印象を受けたというコメントが多い。

13　例えば対馬康子の句「一滴の血があり白シャツとは言わず」(句集『天之』(2007)より)に対して、「屈折した感情を表しているところに魅力を感じる」という留学生のコメントがあった。

参考文献

高浜虚子(1936)「何故日本人は俳句を作るか──ベルリン日本学会に於ける講演──」『ホトトギス』39(11)

佐藤和夫(1991)『海を超えた俳句』丸善ライブラリー 012

大岡信(1994)「叙景歌の叙情性　日本詩歌の本質についての試論」『歌と詩の系譜』中央公論社

ハルオ・シラネ(2001)『芭蕉の風景　文化の記憶』角川書店

川本皓嗣(1991)『日本詩歌の伝統─七と五の詩学』岩波書店

川本皓嗣(1994)「伝統のなかの短詩型　俳句とイマジズムの詩」『歌と詩の系譜』中央公論社

Paul-Louis Couchoud, Albert Poncin and André Faure composed "Au fil de l'eau" 1905

Paul-Louis Couchoud "Les épigrammes lyriques du Japon" 1906.

R. H. Blyth "Haiku" 1949-1952, The Hokuseido Press

Ooka Makoto(1997)"Landscape Poetry" *The Poetry and Poetics of Ancient Japan: The College of France Lectures 1994–1995*　University Hawaii Press

Haruo Shirane(1998)　*Traces of Dreams: Landscape, Cultural Memory, and the Poetry of Basho*　Stanford University Press

Koji Kawamoto(2000)　*The Poetics of Japanese Verse: Imagery, Structure, Meter*　University of Tokyo Press

ISEPTUFS	授業科目名		総合科目Ⅶ	単位数/Credits		2
授業題目名	(和文)	HAIKU・俳句				
	(英文)	**HAIKU and Japanese** *HAIKU*				
担当教員名	菅長 理恵		開講学期	2学期		FALL
	SUGANAGA, Rie		曜日・時限	金・3		Fri/3

使用言語(Conducted in): English and Japanese(日本語の作品も読みます)

授業の目標・内容(Course Objective and Outline)

　　　　This course has two aims. One is to introduce one of the streams of Japanese literature: from WAKA to HAIKU. The other is to show how to enjoy HAIKU. HAIKU is the shortest poem in the world, and each one requires the use of a word called KIGO that indicates the season. Today HAIKU is popular throughout the world. We will study why HAIKU is so attractive to so many people. How can such brevity have such charm? What is the KIGO? And why does HAIKU need the KIGO?

　　　　This course is divided into three parts. The first part shows the current state of HAIKU. The second part involves reading the texts of Japanese classics. (The ability to read Japanese is necessary.) The third part examines questions about the charm of HAIKU. We will also try to compose HAIKU in the class and learn how to enjoy HAIKU and the world of HAIKU.

授業の計画(Course Syllabus)

- introduction, about current HAIKU, 5-7-5 morae rule, MASAOKA SHIKI INTERNATIONAL HAIKU AWARD
- three associations of HAIKU in Japan, VIP of Japanese HAIKU poet, some HAIKU
- works of recipients of MASAOKA SHIKI INTERNATIONAL HAIKU AWARD
- HAIKU in the world
- WAKA: *KOKINSYU*　　　　　　　　the text in ancient Japanese
- *The Tale of GENJI*　1 the story　　　the text in ancient Japanese
- *The Tale of GENJI*　2 the sense of beauty　　the text in ancient Japanese
- RENGA and RENKU　　　　　　　the text in ancient Japanese
- HAIKAI and HAIKU, MATSUO BASHO　　the text in ancient Japanese
- Imagism and HAIKU
- The charm of HAIKU 　try to make some HAIKU
- The vision of HAIKU 　try to make some HAIKU
- HAIKU and translations
- Ku-kai

成績評価の方法(Assessment)

1. class attendance　　　　　　　　　　　　　　40%
   Students would be requested to hand in the response sheet every class.
2. essay at the end of the course　　　　　　　　60%

教材・参考書等(Textbooks and reading materials)
   Printed materials will be distributed at the lectures.

口頭発表レジュメの段階的指導の試み
―超級レベルの留学生を対象とした実践例―

工藤　嘉名子

1. はじめに

　近年、学部・大学院のゼミ（演習）などでは、以前にも増して口頭発表をする機会が増えており、プレゼンテーション能力とともに、レジュメやパワーポイントなどの資料作成能力が不可欠となってきている。これは留学生だけでなく、日本語を母語とする日本人学生にとっても同様である。

　しかし、ゼミで発表用資料の作り方を事細かに指導されることは稀で、学生は見様見真似で資料作成を繰り返すうちに、少しずつその書式や文体などを習得していくことが多い。実際、レジュメなどの資料の書き方を説明した教材や文献は、日本人学生向けにも留学生向けにもあまり数がない。しかも、レジュメの見本と数行の説明だけのものも少なくない。日本人学生であれば、たしかに見本の書式を見ただけで、文体などの言語的特徴をあまり意識せずにレジュメを作成することができるかもしれないが、留学生の場合、学部留学生レベル（超・上級レベル）の日本語力を持っていても、なかなかそうはいかないことが多い。見出しの書き方一つとっても、言語的特徴を理解し、運用に結びつけるためには、意識的な学習の段階が必要あると考えられる。

　しかしながら、従来の日本語教育では、レジュメ作成は口頭発表に向けた活動の一部として扱われ、どうしても単発的な学習に終わりがちである。また、その指導も添削などの事後指導や個別指導にとどまっていることが多い

(鎌田 2005: 53)。「一度指導しただけでは、レジュメは書けるようにならない」とか「素晴らしい発表ができるのに、なぜかレジュメは書けない」といった現場の教師の声をよく耳にするが、それはレジュメが口頭発表とは異なるジャンルのものであることによると考えられる。口頭発表指導の中でレジュメが作成できることを目標とするならば、それ相応の体系的な指導が求められるであろう。

そこで、本稿では超級レベルの留学生を対象とした段階的なレジュメ指導の試みについて報告し、口頭発表指導の枠組みの中でいかにジャンルの異なるレジュメの指導を行っていけばよいか考察する。

2. レジュメのジャンル的特徴

レジュメ指導の実践について述べる前に、先行文献を基にレジュメのジャンル的特徴について概観する。なお、大学の講義概要や学会の予稿集資料などもレジュメと呼ぶこともあるが、ここでは学生がゼミ発表などで配布する資料を「レジュメ」と呼ぶ。

2.1. 用語の定義

まずレジュメの定義をしておく。「発表内容の構成、要点を箇条書きにしたもの」(斉山・沖田 1996: 118)や「発表内容の要約や構成、参考資料などをまとめたハンドアウト」(長谷川 1994: 239)など、文献によって定義は異なる。本稿では、レジュメとは「ゼミなどでの発表の際に配布する資料で、発表の要点や参考資料(図表・写真など)をまとめたもの」とする。

2.2. 作成目的

レジュメを作成する目的については、「聞き手の理解を助けるため」としている文献がほとんどである(大島他 2005、古閑他 1999、中山他 2007 など)が、レジュメには発表の後で聞き手が発表内容を想起するのを助ける(長谷川 1994)目的もある。一方、発表者本人にとっても発表を円滑に進めるための手助けとなるもの(長谷川 1994)である。したがって、「良いレジュメ」と

は、聞き手にとってレジュメを見ただけで内容が推測でき、かつ、発表者にとっても発表がスムーズにできるようなものであると言えよう[1]。

2.3. 内容・構成

レジュメに盛り込む情報としては、大島他(2005: 96)にあるように、①発表者名・所属、②発表日時・授業名、③題目、④発表の要旨、⑤図表など、⑥参考文献といったところが一般的である。ただし、図表や写真などの参考資料に関しては、レジュメには含めず、「添付資料」として別に扱う場合もある。

先行文献のレジュメ例[2]を比較すると、実際の書式や情報量(詳しさ)には差があるものの、概ね次のような共通点が見られる。

1) 大見出し(第1階層)、小見出し(第2階層)、箇条書き項目(第3階層)の3階層またはそれ以上の階層で構成される。
2) 見出しには番号をつける。見出し番号のつけ方には大小を示すルールがある(例：Ⅰ＞1＞(1)・1)＞①)。
3) 数値などの具体的データが引用されている。出典を示すことが多い。
4) 分量的には用紙1頁程度(図表などは除く)である。

2.4. 文体

見出しと箇条書きには、それぞれ次のような言語的特徴(ここでは「文体」と呼ぶ)がある。見出しは名詞句(例：「少子化の現状」)または「である」体の疑問文(例：「少子化がなぜ問題なのか」)が一般的である。箇条書き項目は、名詞句(例：「少子高齢化の急速な進行」)または「である」体の短文(1行以内)が基本である。ただし、短文の場合、文末サ変動詞の「する」を省略する(例：「少子高齢化が急速に進行」)ことが多い。また、書き言葉文体特有の語彙や表現が用いられるため、漢語語彙の使用が圧倒的に多く、複合名詞化される(例：「少子高齢化進行の背景」)ことも多い。そのため、必然的にレジュメ作成には上級レベルの語彙知識とその運用力が必要であると考えられる。

こうしたレジュメ特有の文体は、日本語の非母語話者である留学生の場合、そのルールが可視化できないことが多い。さらに、「大気汚染による健康への被害」といった名詞句を例にとってみても、漢語語彙だけではなく、「〜による」「〜への」といった名詞化するための文法力が必要とされる。鎌田(2005)の実践や山本(2007b)の教材では、見出しや箇条書き項目の書き方に焦点を当てた練習を設けているが、レジュメ文体の習得にはやはりそうした意識的な学習の過程が必要であると言えよう。

3. レジュメの段階的指導の実践例

3.1. 対象者

　本実践の対象は、東京外国語大学留学生日本語教育センターの国費学部進学留学生予備教育課程に在籍する超級レベルの留学生(以下「超級者」)計9名である。いずれも、本課程の2008年度春学期(4月〜7月)[3]に筆者が担当した、超級者対象の日本語クラス(以下「超級クラス」)の受講生である。内訳は表1の通りである。

表1　受講生の内訳(2008年4月来日時)

国籍	韓国(3)、モンゴル(2)、シンガポール(1)、ハンガリー(1)、ブラジル(1)、マレーシア(1)
専攻	経営学(3)、経済学(3)、映画・映像学(1)、語学(1)、東洋史学(1)
日本語学習歴	10年以上(2)、8年(1)、6年(1)、4年(2)、3年(2)、15ヶ月(1)
日本滞在歴	3年(3)、1年(2)、3ヶ月(2)、なし(2)
日本語能力試験	1級合格(8)、2級合格(1)

　表1に見るように、受講生の9名中8名が3年以上の日本語学習歴を有している。また、幼少期や高校時代に1年以上日本に滞在した経験を持つ者が過半数である。さらに、9名中8名は来日前に日本語能力試験1級に合格しており、2級合格の1名も4月に実施したプレースメントテストにおいて1級合格相当レベル(「超級レベル」)の日本語力を有すると診断された。

これらの学生は、4月の授業開始時には、既にかなり流暢な日本語を話し、日本語による教室活動においてもほぼ支障がなかった。ただし、話し言葉と書き言葉の適切な使い分けができないなど、大学での勉学活動に必要とされるアカデミックな日本語運用力にやや問題のある者が多かった。なお、レジュメの書き方を習ったことのある者は皆無であった。

3.2. 指導の概要

春学期の「超級クラス」は、週10コマ（1コマ90分）であった。そのうち7コマを、主教材である『国境を越えて［本文編］・改訂版』（山本 2007a）（以下『国境』）を使用した授業に当てた。レジュメ指導は、『国境』に基づき設定した口頭発表課題に組み込む形で、計4回にわたって実施した。

超級クラスでは、書式や文体といったレジュメの「形式」の習得に加え、「資料性の高いレジュメ」が作成できるようになることを目標とした。ここでいう「資料性の高いレジュメ」というのは、①発表の要点がわかりやすく、要点をサポートする具体的データが示されているもの、②見出しの階層化や箇条書き項目間の関連づけが適切なもの、③必要に応じて図表や写真などの資料が付されているものを指す。①③はレジュメの「情報性」に、②はレジュメの「構成」に関わっている。換言すれば、レジュメを見ただけで具体的な発表内容が推測できるようなレジュメである。

こうしたレジュメが書けるようになるには、鎌田（2005）も指摘するように、「繰り返し定着を図る」ことが重要である。そこで、超級クラスでは、学習項目の定着度を見ながら、螺旋状に学習項目を積み上げていく段階的な指導を試みた。大きな流れとしては、「形式」から「内容（構成・情報性）」へと、指導の焦点を移行させた。また、学習が各自の課題でうまく生かせるよう、「練習」から「応用」へと有機的に発展するような授業展開を心がけた。表2は超級クラスにおけるレジュメ指導の概要である。

以下に、各回の指導内容の詳細を述べる。

《第1回》

『国境』第3課のタスクとして、「図表を説明する」という口頭発表課題

表2　超級クラスにおけるレジュメ指導の概要　（下線部：新たな導入項目）

	時期	各課の口頭発表課題	学習内容および指導の焦点
第1回	5月中旬	L3「戦後の社会構造の変容」発表「図表の説明」 ＊発表資料のレジュメ化	「図表説明」のレジュメ例提示 →各自の発表資料のレジュメ化
			焦点：レジュメの書式、見出しの書き方（見出し番号・名詞化）、箇条書き（「である」体・文末サ変動詞の名詞化）
第2回	5月下旬	L5「開発の功罪」発表「レジュメに基づいた口頭発表（食糧自給率 or エコツーリズム）」 ＊レジュメ作成	「日本の食糧自給率」レジュメ完成タスク（解説文を読んで、レジュメの穴埋め） →各自の発表レジュメ作成
			焦点：レジュメの書式、見出しの書き方（見出し番号・名詞化）、箇条書き（名詞化）、サ変動詞の連語的用法、<u>「問題解決型」の構成</u>、<u>タイトルのつけ方</u>、
第3回	6月上旬	L6「地球規模の環境問題と対策」レジュメコンテスト ＊6課トピック3（聴解スクリプト）のレジュメ化	・レジュメ例の比較分析 ・レジュメ概論（「レジュメとは？」「良いレジュメとは？」など） →所定のスクリプトのレジュメ化
			焦点：見出しの書き方（見出し番号）、タイトルの付け方、<u>レジュメの構成（階層化・項目間の関連性）</u>、<u>情報性（情報量・データの引用・出典）</u>、<u>体裁（インデント・特殊記号・文字装飾・図形）</u>
第4回	6月中旬	L6「地球規模の環境問題と対策」討論会「環境問題」 ＊レジュメ作成	第3回の学習内容の確認 →各自の発表レジュメ作成
			焦点：第3回で学んだことをどの程度各自のテーマに応用できるか

を行った。『国境を越えて［タスク編］』（山本2007b）のタスクシート（同書：65）を発表資料として準備させた。この発表資料は、図表の解説を「である」体の簡潔な文章で書くものである。

　この発表資料に基づき各自口頭発表を行った後、第1回のレジュメ指導として、発表資料をレジュメの形に書き直す作業を行った。『国境を越えて

［文型・表現練習編］』(山本・工藤 2001)の図表解説のレジュメ(同書：57)をモデルとして提示し、レジュメの書式や文体について説明した。ここでは、見出しの書き方(見出し番号のつけ方・名詞化)と箇条書きの書き方を中心に、レジュメの形式を導入した。箇条書きについては、文末は「である」体にする、文末のサ変動詞は名詞化する(例：「第一次産業の就業人口は急激に減少」)という2点に絞って指導した。導入後、コンピュータ室で各自の発表資料をレジュメに書き換える作業を行った。

《第2回》

『国境』第5課の課題として、「レジュメに基づく口頭発表」を設定した。テーマは「食糧自給率」か「エコツーリズム」のいずれかとした。

授業では、日本の食糧自給率に関する解説文を基にレジュメを完成させる練習を行った。例1、例2はレジュメからの抜粋である。

例1： 2)自給率（　低下　）の（　原因／背景　）＊見出し
例2：食品廃棄物リサイクル法の（　施行　）

ここでは、前回導入した見出しや箇条書きにおける名詞化の復習をしながら、連語的に用いられるサ変動詞(例：「〜率の低下」「〜法の施行」「予算の計上」)の用法に焦点を当て、的確な語彙選択のための練習を行った。また、レジュメの構成例として、「問題解決型」(現状・原因・対策・対策の評価)の構成について導入した。さらに、具体性のあるタイトルのつけ方(例：「食糧自給率向上のための政策とその問題点」)についても導入し、タイトルとレジュメの構成の関係について説明した。

この練習の後、食糧自給率のレジュメ例を参考に、各自発表の日までに、A4用紙1頁のレジュメを準備してくるよう指示を与えた。

《第3回》

過去2回のレジュメ指導の結果、学生が作成したレジュメには、見出しや箇条書きなど形式面での定着が見られた。一方で、見出しの階層化や箇条

書き項目間の関連性といった構成に関わる問題点や、情報量の不足やデータの出典の不明といった情報性に関わる問題点が目立った。

そこで、第3回目は、形式的な側面から内容的な側面へと指導の焦点を移し、レジュメの構成や情報性の面から「良いレジュメ」とはどのようなものかを考える授業を試みた。

まず、「良いレジュメ」のイメージを具体化するため、グループでレジュメ例の比較分析を行った。比較に用いたのは、第2回目の授業で使用した「食糧自給率」のレジュメを変形させた4パターンのレジュメ例(資料1参照)である。これらは、構成や情報量、体裁の点において、それぞれ以下のように異なる。

> パターン1：アウトラインに近いもので、情報量が少ない上に、第2階層レベルの項目はただ羅列されているだけのもの。
> パターン2：具体的データがあり、情報量としては十分であるが、第2階層以下の階層化や箇条書き項目間の関係づけに問題がある。引用データの出典もない。
> パターン3：第2階層以下の構成が整理され、箇条書き項目間の関連性がわかりやすいもの。出典もある。
> パターン4：パターン3に文字装飾(ゴシック、囲み文字)や図形を加えて、見やすくするためのデザインを施したもの。

（↓ 良いレジュメ）

次に、レジュメについてわかりやすく書かれた文献(長谷川1994：239–240)を読み、「レジュメとは何か」「良いレジュメとは」といった、レジュメについての基礎知識を確認した。このとき、レジュメでよく用いられる記号(「→」「＝」「※」「*cf.*」など)の導入も行った。

こうした教室活動の後、「レジュメコンテスト」と銘打ち、『国境』第6課トピック3の聴解スクリプト(同書：74–75)をレジュメ化するという課題を行った。過去に学生が作成したレジュメは、上述のパターン2レベルのものが大半であったため、少なくともパターン3のような、構成が整理され、情報性の高いレジュメ(＝「資料性が高いレジュメ」)が書けるようになることを、コンテストの目標として示した。

この課題は、A4用紙1頁以内で、授業時間以内に完成させるという制限

のもと、コンピュータ室にて2人ペアで行った。作業中、教師はワープロ操作について、適宜アドバイスを与えた。完成したレジュメは教室に掲示し、クラス関係者(学生・担当教員)による投票を行った。投票の結果、最も票を集めたレジュメの例を資料2に示す[4]。

《第4回》

『国境』第6課に関連し、環境問題に関するテーマをグループで決め、報告型の討論会を行うという課題を設定した。第3回目の授業で学習したことをざっと確認した後、各自討論会までにレジュメを準備するよう指示した。レジュメは、「問題解決型」の構成で、1人につきA4用紙2頁以内(参考資料含む)とした。

レジュメの評価やフィードバックは、以下のように行った。第3回のレジュメコンテスト以外のレジュメは、口頭発表課題の評価の1項目として、1～4点で評価した。内容と形式の両面から評価し、内容・形式ともに問題がなければ4点とし、問題がある場合には、その程度に応じて減点するという方式である。こうした点数による評価に加え、どこに問題があったのか学生自身がわかるよう、評価表にはレジュメについてのコメントを書き、添削したレジュメとともに返却した。

4. レジュメ指導の成果と課題

4.1. データ収集

レジュメ指導の成果および課題を明らかにする目的で、3種のデータを収集した。各データの収集期間および目的は表3の通りである。なお、データ収集および研究への利用については、いずれも学生の同意を得て行った。

アンケート調査は、口頭発表およびレジュメに対する受講生の意識を明らかにする目的で、計12の質問項目(主に自由記述)からなる調査用紙を用いて実施した。さらに、アンケートの回答内容の確認および補足を目的として、一人につき15～20分程度のインタビュー調査も実施した。

表3 データ収集の期間および目的

	期　　間	目　　的
授業で作成したレジュメ	08年5月中旬～6月下旬	学習項目の定着状況およびレジュメの問題点を明らかにする
アンケート調査結果	08年7月下旬	口頭発表およびレジュメに対する受講生の意識を明らかにする
インタビュー調査結果	08年7月下旬～8月中旬	口頭発表およびレジュメに対する受講生の意識を明らかにする（アンケート調査の補足として）

4.2. 学習項目の定着状況

授業で導入・練習した学習項目の定着状況を見るため、表4に示すような評価の観点から、学生が授業で作成した4回分のレジュメを分析した。

表4 レジュメ分析における評価基準

		評価項目	評価の観点
形式	書式・体裁	見出し番号	見出し番号が大小のルール（1＞(1)＞①）に則り、適切につけられているか
		見出し	見出しが名詞句の形で書かれているか
		箇条書き	説明が文章ではなく、箇条書きで書かれているか
		特殊記号	「→」「＊」などの記号が効果的に用いられているか
	文体	文末「である」体	箇条書き項目の文末が「である」体になっているか
		名詞化	箇条書き項目の名詞化が適当か
		語彙選択	書き言葉や連語的用法としての語彙選択が適切か
内容	構成	第1階層	大見出しの構成が適当か
		第2階層以下	小見出し（第2階層以下）の構成が適当か
		項目の関連性	箇条書き項目間の関連づけが適当か
	情報性	具体的データ	要点をサポートするデータがあるか
		出典	データの出典および参考文献が示されているか

各評価項目について、ほぼ問題がないと判断した場合は「合格」、指導の必要があると判断した場合は「不合格」とし、学生全員分のレジュメを評価

したところ、表 5 の結果を得た。表中の「○」は、レジュメ件数の 8 割以上が合格、「△」は 5 割以上が合格、「▲」は合格が 5 割に満たないことを示す。また、網掛けの項目は、レジュメ作成の時点では未導入または指導の焦点を当てていない項目である。

形式に関わる項目は、回が進むとともに「○」が増えている。特に、見出し、文末「である」体、文末名詞化、語彙選択については、第 2 回目以降ほぼ全員問題がなく、箇条書きも第 3 回目以降全員問題がない。このことから、超級者の場合、書式や文体といった形式面の習得は比較的早いと言えよう。

表 5　レジュメ指導における学習項目の定着状況　（　）は「合格」数

	評価項目	第 1 回 (計 8 件)	第 2 回 (計 9 件)	第 3 回 (計 5 件)	第 4 回 (計 9 件)
形式	書式・体裁				
	見出し番号	○ (7)	○ (7)	○ (4)	△ (6)
	見出し	△ (6)	○ (9)	○ (5)	○ (8)
	箇条書き	○ (7)	○ (7)	○ (5)	○ (9)
	特殊記号	▲ (2)	▲ (3)	○ (5)	○ (8)
	文体				
	文末「である」体	○ (8)	○ (9)	○ (5)	○ (9)
	名詞化	○ (8)	○ (9)	○ (5)	○ (9)
	語彙選択	▲ (2)	○ (9)	○ (5)	○ (9)
内容	構成				
	第 1 階層	○ (7)	○ (8)	○ (5)	○ (7)
	第 2 階層以下	▲ (3)	△ (5)	○ (4)	△ (5)
	項目の関連性	▲ (2)	△ (5)	○ (4)	▲ (4)
	情報性				
	具体的データ	○ (7)	○ (8)	○ (5)	○ (8)
	出典	▲ (3)	▲ (2)	○ (5)	△ (5)

その一方で、レジュメの構成や情報性といった内容面においては、最後まで「△」「▲」の項目が見られる。第 2 階層以下の構成、箇条書き項目間の関連性、出典の示し方は、指導してから日が浅いということもあるが、第 4 回目でも半数前後の学生が問題を抱えていることがわかる。そうしたレジュ

メは、前述のレジュメ比較のパターン(396)で見ると、パターン2のレジュ
メに相当する。具体的には、次のようなレジュメである。

レジュメ例(第4回目より抜粋)：

> 3. 影響
>   ・アレルギー・喘息などの発症率が上昇
>   ・ブダペスト(12年間で)　→　喘息患者数が2.5倍に増加
>   　　　　　　　　　　　　　　肺癌患者数が2倍に増加
>   ・塵、埃を原因とする病気に因る死亡者数　→　約30万人
>   　　　　　　　　　　　　　　　　　（EU全国、1年間の間）

　このレジュメ例の場合、第2階層レベルの小見出しはなく、箇条書き項目が3つ並んでいる。しかし、2つ目のブダペストに関するデータは、実際の発表を聞く限りにおいては、1つ目の項目をサポートする具体例であるため、第1項目の下位項目とすべきである。また、データが何年のものかわからない上に、出典も示されていない。
　構成上の問題に関連し、階層が増えて構成が複雑になると、それに連動して見出し番号のつけ方にも問題が生じてくるようである。第4回目のレジュメは、頁数を2頁(図表含む)としたせいか、情報量が多く、構成が複雑なものが多かった。そのため、見出し番号の大小を混同したり、1つしかない項目に番号を振ったりするといった形式上の問題点が新たに浮かび上がってきた。レジュメとして適当な情報量を再検討する必要があるであろう。
　レジュメの構成や情報性に関わる問題は、論理的・分析的思考力だけでなく、推敲力とも密接に関わっており、自分で推敲ができるかどうかがレジュメの精度を左右すると考えられる。今回の学生の場合、ペアでアイデアを出し合い、推敲し合うという協同作業の中では、構成・情報性において精度の高いレジュメを作成することができるということが、第3回目のレジュメの分析結果から推測できる。しかし、第4回目の結果から、半数の学生は個人作業ではまだそのレベルには達していないことがわかる。より精度の高いレジュメを自力で作成できるようになるためには、推敲の重要性やその具

体的方法を示すことで、学生自身の自覚と意識的取り組みを促していく必要があるであろう。

4.3. レジュメ作成に対する受講生の意識

アンケート調査およびインタビュー調査の結果から、レジュメ作成に対して受講生がどのような意識を持っていたのかを見ていく。

まず、「良いレジュメとは？」という問いに対しては、「発表を聞かなくても、見ただけで発表の内容・構成がわかるもの(4)」「後で発表の内容が思い出せるもの(1)」といった聞き手にとって有益なレジュメを挙げた学生が多かった。その他、「話す内容がぱっと見てわかるもの(2)」といった発表者側の視点から捉えた回答や、「内容が豊富でありながら、わかりやすく簡潔に書かれたもの(2)」「短くてわかりやすいもの(2)」といったレジュメの書き方に言及した回答もあった。回答のほとんどに共通しているキーワードは「わかりやすさ」である。こうした「わかりやすさ」に価値を置く共通認識は、超級クラスの活動の中で相互構築されたと考えられる。「だれにとってどのようなレジュメがわかりやすいのか」ということを厳密に規定し言語化することは難しいが、学生はそれぞれ具体的なイメージを伴いながら、「良いレジュメ」のプロトタイプ(1つとは限らない)を獲得できたのではないかと思われる。

次に、「レジュメ作成で難しい点」について尋ねたところ、「膨大な情報の中から情報を選んで、限られたスペースにまとめること(2)」「細かい情報をどこまで書くか(1)」「情報の詳しさとわかりやすさのバランス(1)」といった情報の取捨選択や情報量(詳しさ)の決定に関わる難しさや、「適切な見出しをつけ、適切な具体例を挙げること(1)」「(見出しや項目の)重要度の違いや関係を考えること(1)」「項目と項目の関連性をレジュメに示すこと(1)」といった構成に関わる難しさに回答が集中した。一方、見出しや箇条書きの書き方(形)については、全員「特に難しくない」と答えた。以上のことから、学生自身もレジュメ作成における課題を、レジュメの形式的側面ではなく、情報量や構成といった内容的側面に見出していることがわかる。

インタビューの中でもう一つ明らかになったことがある。それは、学生の

多くはレジュメを作成した時点では自分のレジュメのどこをどう改善すればいいかよくわかっていないということである。しかし、過半数の学生は「発表の途中でレジュメの問題点(具体的データや出典がない、構成が不適切であるなど)に気づいた(5)」とコメントしている。また、「友だちのレジュメと比べたら、自分の問題点がわかった(2)」「構成で悩んでいたとき、友だちに見てもらったらわかった(1)」というコメントもあった。これらのコメントから、より精度の高いレジュメが作成できるようになるための具体的な方策として、「発表の練習をしながらレジュメを修正する(1)」、ピアでレジュメを推敲するといった活動が考えられる。そうした活動は各自の推敲力を養う上でも有効ではないかと思われる。

5. まとめと今後の課題

　本稿では、超級レベルの留学生を対象としたレジュメ指導の取り組みについて報告した。口頭発表課題に組み込む形で計4回にわたって段階的にレジュメ指導を行った結果、ほぼ2回目で書式や文体といった形式の定着が見られた。一方、第2階層以下の構成、箇条書き項目間の関連性、出典の示し方などの内容面(構成・情報性)に関しては、最後まで課題が残った。その要因として、レジュメの推敲作業がまだ自力でできないということが、インタビュー調査の結果から示唆された。さらに、学生自身も自覚しているように、情報量(詳しさ)とわかりやすさのバランスをどうとるかといった課題も残されている。しかしながら、レジュメ作成の経験を繰り返す中で学生各自が「良いレジュメ」の具体的イメージを獲得できたことは、実践の成果であると言えよう。

　冒頭でも述べたが、レジュメの書き方というものは、学部や大学院のゼミで実際に経験を積むことによって身についていく部分が大きい。しかし、日本語教育の中で基本的なレジュメの書き方を指導することは可能であり、また、学生にとっても有益であるはずである。ただし、レジュメ指導をより有益なものにするためには、単発的な指導に終わらせず、段階的・継続的に指導していく必要があるであろう。また、口頭発表指導の枠組みにとどまら

ず、文章表現指導[5]や読解指導などの一環として、見出しや箇条書きを用いて内容を整理する練習を取り入れることも、レジュメ作成能力の育成には有効であろう。

今後は、本稿で得られた知見をもとに、より内容的に精度の高いレジュメを作成するための方策を具体化し、その検証を行っていくつもりである。また、レジュメと口頭発表(アウトプット)、あるいはレジュメと聞き手の理解(インプット)との関係についても明らかにしていきたい。

注

1 ただし、聞き手にとって良いレジュメと発表者にとって良いレジュメは必ずしも一致しない場合がある。ピロッタ丸山他(1996)では、配布用レジュメと発表用レジュメを別のものとして提示している。
2 比較に用いたレジュメ例は、斉山他(1996: 121–122)、中山他(2007: 20)、長谷川(1994: 240–241)、ピロッタ丸山他(1996: 151)、山本(2007b: 164–165)、山本・工藤(2001: 57、138)の計7点である。
3 本課程(通称「1年コース」)では、春学期・秋学期・冬学期の3学期制をとっている。
4 レジュメ例の掲載は学生の承諾を得て行った。
5 文章表現指導の一環としてレジュメなどの発表の提示資料の指導を行った例として、鎌田(2005)の実践が挙げられる。

参考文献

大島弥生・池田玲子・大場理恵子・加納なおみ・高橋淑郎・岩田夏穂(2005)『ピアで学ぶ大学生の日本語表現―プロセス重視のレポート作成』ひつじ書房
鎌田美千子(2005)「学部留学生の発表活動に必要な日本語文章表現指導―レジュメ・提示資料に見られる問題点とその指導」『外国文学』54　pp.53-66　宇都宮大学
古閑博美・倉田安里・金子章亨(1999)『日本語会話表現法とプレゼンテーション』学文社
斉山弥生・沖田弓子(1996)『研究発表の方法―留学生のためのレポート作成・口頭発表の準備の手引き』凡人社

中山亜紀子・藤家智子・山澤園子(2007)『大阪外国語大学 CJLC 教材叢書Ⅱ－8 留学生のための口頭発表』大阪外国語大学日本語日本文化教育センター

長谷川寿一(1994)「口頭発表の作法と技法」小林康夫・船曳健夫編『知の技法』pp.234-253　東京大学出版会

ピロッタ丸山淳・長田紀子・清水澤子・等々力櫻子・吉田直美(1996)『留学生のための大学の授業へのパスポート』凡人社

山本富美子編著(2007a)『国境を越えて［本文編］改訂版』新曜社

山本富美子編著(2007b)『国境を越えて［タスク編］』新曜社

山本富美子・工藤嘉名子編著(2001)『国境を越えて［文型・表現練習編］』新曜社

資料1　比較分析に使用した4パターンのレジュメ例(抜粋)

《パターン1》　情報量が少なく、第2階層レベルは項目の羅列

```
                    日本の食糧自給率について
                                                    2001.6.20
                                                     北山　武

1．低下する食糧自給率
   1）日本の供給熱量自給率の推移
   2）自給率低下の背景

2．食糧自給率向上のための政策
   1）2000年3月：政府による目標値の設定　＝　2010年に45％
   2）農水省：2000年度「水田を中心とした土地利用型農業活性化政策」スタート
   3）食品廃棄物のリサイクル　→　ゴミの減量
   4）2001年：食品廃棄物リサイクル法の施行

3．政策の問題点
       （以下省略）
```

《パターン2》　第2階層以下の構成に問題があり、データの出典もない

```
              食糧自給率向上のための政策とその問題点
                                                    2001.6.20
                                                     北山　武

1．低下する食糧自給率
   1）日本の供給熱量自給率の推移
         1960年：79％　→　1998年：40％　→　2010年：37-38％の予想

   2）自給率低下の背景
       ・食生活の洋風化
       ・肉や乳製品を飲食する食習慣が定着
       ・飼料（トウモロコシなど）を輸入に頼っている
       ・輸入小麦を使ったパンやめん類の消費の増大
       ・コメの消費の減少

2．食糧自給率向上のための政策
       （以下省略）

3．政策の問題点
       （以下省略）

＜参考文献＞
   朝日新聞社編（2001）『朝日キーワード2001』朝日新聞社
   農林水産省「食料自給率の部屋」http://www.maff.go.jp/j/zyukyu/index.html
```

《パターン3》 第2階層以下の構成が整理され、データの出典もある

食糧自給率向上のための政策とその問題点

2001.6.20
北山　武

1．低下する食糧自給率
　　　※「食糧自給率」＝「供給熱量（カロリー）自給率」
　1）日本の供給熱量自給率の推移
　　　＜農水省＞
　　　　　1960年：79%　→　1998年：40%　→　2010年：37-38%の予想
　　　　　　　cf. 先進国では最低水準

　2）自給率低下の背景
　　　①食生活の洋風化
　　　　　→　肉や乳製品を飲食する食習慣が定着
　　　　　　　※飼料（トウモロコシなど）を輸入に頼っている
　　　　　→　輸入小麦を使ったパンやめん類の消費の増大
　　　②コメの消費の減少　＜農水省＞
　　　　　cf. 1人当たりの年間消費量：　1965年…112kg　→　1997年…67kg

2．食糧自給率向上のための政策
　　　（以下省略）

《パターン4》 パターン3に文字装飾を加えて見やすくしたもの

食糧自給率向上のための政策とその問題点

2001.6.20
北山　武

1．**低下する食糧自給率**
　　　※「食糧自給率」＝「供給熱量（カロリー）自給率」
　1）**日本の供給熱量自給率の推移**
　　　＜農水省＞
　　　　　1960年：79%　→　1998年：40%　→　2010年：37-38%の予想
　　　　　　　cf. 先進国では最低水準

　2）**自給率低下の背景**
　　　（以下省略）

2．**食糧自給率向上のための政策**
　　　★ 2000年3月：　| 政府による目標値の設定　＝　2010年に45% |
　1）**農水省**：2000年度「水田を中心とした土地利用型農業活性化政策」スタート
　　　・コメの生産を減らす
　　　・麦、大豆、飼料作物の増産　⇒　| 農家の収入基盤の安定　効率的な土地利用 |
　　　　※最高で10アール当たり7万3千円の助成金

　2）**食品廃棄物のリサイクル**
　　　（以下省略）

資料2　学生が作成したレジュメ例(第3回目)

「携帯電話の廃棄処分による環境問題」

2008. 06. 09
○○○、△△△

1．現状
  （1）携帯電話の普及状況
      ＜電気通信事業者協会＞
        →2005年4月末の発表：　契約者数：約8,743万5千台
                            cf. 人口：1億2千万人
  （2）処分状況
      ＜神奈川県のあるリサイクル会社＞
        →1997年の1年間に回収した量：　350万台
        ⇒リサイクルシステムは整ってきたが、ゴミ箱に捨てられるケースもなお多い

2．問題点
  （1）貴金属が無駄に捨てられる
          金・銀・パラジウム
  （2）有害物質を出す危険性
          焼却しても、埋め立てても、有害物質を排出

3．原因
  （1）早いモデルチェンジ
        （例）メール機能、液晶画面、動画送信機能など ｝気軽に新しい物に換える
  （2）安い本体価格

4．結論
    「リサイクルや再利用よりも、無駄なものを買わないのが一番」
        一人ひとりの責任と意志で
          (例)テレビつき携帯電話
              「～ができるようになった」≠「～が必要だ」
    ∴必要な最低限のラインで満足することが重要

  ＜参考文献＞
    朝日新聞「携帯電話、4年連続の1000万台増加はならず」2000年1月8日
    デーリー東北「創造の未来へ(2)問われる便利さの常識」2000年1月3日
    毎日新聞「携帯電話：世界の台数は年内に5億台－国際電気通信連合報告書」
      1999年10月10日
    社団法人電気通信事業者協会（TCA）http://www.tca.or.jp 2005年7月

ＪＬＣ日本語スタンダーズに
準拠した聴解教育

坂本　恵

1. ＪＬＣ日本語スタンダーズと聴解

1.1. 「ＪＬＣ日本語スタンダーズ」

　東京外国語大学留学生日本語教育センター(以下「センター」)では2006年に「ＪＬＣ日本語スタンダーズ」を策定し、その後も検証を行いながら改訂を行っている。「ＪＬＣ日本語スタンダーズ」(以下「スタンダーズ」)とは大学での勉学に必要な日本語を習得するための教育の目標、スキル、指導方法などの基準であり、本センターでの日本語教育はこれに基づいて行うことを目標としている。「聞く(独話)」「話す(独話)」「聞く話す」「読む」「書く」の5つの技能ごとに初級、中級を前半後半に分けた4段階プラス上級の全部で5段階での行動目標、スキルなどを示した5枚の表にしたものである。現在本センターでは、この教育の実践を試行しているところである。423ページに2007年3月段階でのスタンダーズ「聞く」の表をあげる。[1]

1.2. 「ＪＬＣ日本語スタンダーズ」の「聞く」

　スタンダーズ「聞く」は講義を聴く、研究発表などの聴衆を相手に一人で話すといった「独話」を聞くことを中心としている。日本語教育で「聞く」技能、すなわち「聴解」の試験はテキストとして2人以上の人が話している形式、会話を用いることも多いが、「スタンダーズ」では「聞く」技能を独話を聞くことに限定している。「話す」も同様に、独話、つまりスピー

チ、研究発表をするなどに限定した。「聞く話す（会話）」に関しては、「スタンダーズ」は目的を大学での勉学に必要な日本語と限定したので、日常会話は対象とせず、研究発表後の質疑応答、ディスカッションなどを対象としている。本稿では、「聞く話す（会話）」は扱わず、「聞く（独話）」のみを考察の対象とする。独話を聞くことは、大学においては、講義を聴く、研究発表を聞く、などということで大学での勉学、研究では不可欠なものである。聴衆の一人として独話を聞く場合、質問したり、聞き返したりすることはできず、ただ流れてくる音声を自力で処理しなければならない。会話の参加者として、聞き返したり、説明を求めたりすることのできる場面とは全く異なることになり、全く異なったスキルが要求される。ただし、実際の場面では、聞いている時にレジュメ、配付資料、パワーポイントといった資料を見たり、教科書などを見たりといった、視覚による情報も同時に取り入れることができることが多い。また、聞いているものは、準備されたものであり、何らかの情報を伝えたいという内容のあるものであるという特徴もある。「聞く」ことで求められるのは話し手の伝えようとする内容を過不足なく受け取ることである。ノートを取ったり、聞いた内容を後でまとめたりすることも必要になる。このような能力を養成することを目的としているのがスタンダーズの「聞く」なのである。

1.3. スタンダーズに基づいた教育実践

「スタンダーズ」の目標に達するための教育は「独話」を聞き、内容をつかむ練習が中心となる。現在センターでは１年コース、全学日本語プログラムの技能別授業「聴解」[2]でこの教育を行っている。現在どちらのコースでも教材を作成し、実践を積んでいるところである。学部に進学するための予備教育である１年コース[3]では「話す」「書く」といった他の技能との連携も見据えて教育カリキュラムを整備しているところである。

1.4. スタンダーズに基づいた教材作成

現在センターで行っている「聴解教材作成プロジェクト」[4]は４年目に入り、スタンダーズに基づいた教材を、中級レベルを中心に作成している。こ

れは、作成メンバーが独話テキストを書き、メンバー内で検討した結果作成した「スクリプト」を録音するという手順で教材を増やしている。できたテキストを教室で使いながら改訂も行い、また、このテキストに準拠した問題も作成している。さらに、このテキストを使った試験も作成している。この実践を通じてテキストの信頼性を高めるとともに、スタンダーズそのものの検証にも役立てたいと考えている。

本稿はこの教材作成、教育実践から見えてきたスタンダーズに基づく「聴解」教育についてまとめたものである。

2. スタンダーズ「聞く」のめざすもの

2.1. スタンダーズ「聞く」

スタンダーズ「聞く」の最終目標「ゴール」は「講義や研究発表を聞いてわかる」である。最終的には大学での講義を聴いてその内容を理解し、必要であれば聞いた内容について書いたり話したりできるようになることをめざしている。その最終ゴールに向かうために、それ以前の、初級、中級レベルでもそれを意識した教育が行われるし、また、上級レベルは特に設定していないが、中級レベルで行った教育を、上級レベルのテキストにおいて実現することを意味しているため、特別なスキル等は設定していない。スキル、技能としては中級、上級の違いはなく、ただ、聞くテキストの難易度が上がることが中級、上級を分けるものであるという理解である。

2.2. 「聞く」の意味

それでは、「聞くことができる」というのはどういう意味か、何を表しているのだろうか。聞いたものをどの程度理解しているかは本人でなければわからない。例えばそのスクリプトを見てその中の何パーセントくらい理解できているかを確認することはできるが、実際にどの程度理解できているかはやはり本人しかわからない。聞いて理解できたかどうかを確認するのは実は困難である。授業では、実際に理解できているかどうかを確認するためには、授業中であれば、その内容について質問し、その答えによって理解の程

度を判断することになる。試験では理解できていればわかるような問題に答えられるかどうかで判断する。授業であれ、試験であれ、4肢択一問題や正誤問題のような選択問題を聞いて答えるもの以外は、理解できたかどうかについても書いたり話したりといった他の技能の能力も要求されるということになる。そのため、聴解問題は選択問題を聞いて答えるという形式が多いが、実際は選択問題で測れる理解は、一定限度のものにとどまると言うこともできるだろう。書いたり話したりすることで、理解できているかどうかがわかることも多い。

2.3. 「聞く」ことの教育
2.3.1. 「聞く」練習のための教材

現在「聴解プロジェクト」で作成している基本的な教材は、内容のある「独話」テキストと、その内容と合っているかどうかを問う正誤問題からなっている。実際の授業では、正誤問題も一つの練習として行っているが、そのほかに、内容理解を確認するような問いかけをして学生の理解を深める教育を行っている。また、ノートを取る練習になるような問題を作成し、最終的には自力でノートがとれるようになるような力を養成することを目的としている。[5]

2.3.2. 全体を聞く練習

この場合、まず、独話を聞いて、何について話しているかを問う。このようなテキストを聞いて学生に質問した場合、テキストの中の細かい部分であるとか、その中に現れたエピソード的なもの、例として示された具体的な現象、あるいは、数字に気を取られて、全体を見ないケースが多い。それを、細部ではなく、全体をつかむ練習、テキストの「題、タイトル」をつける練習を行うのである。

次に、この独話がいくつの部分に分かれているか、いくつの話があるか、について問う。これは、全体を大きく段落に分ける練習である。そして、それぞれの段落が何を表しているかを端的に答える練習を行う。いわば、アウトラインを作る際の「項目」であり、「小見出し」と言えるものである。「歴

史」とか、「特徴」とか、「重要性」などの漢語語彙がキーワードとなる。これは本文中には出てこない、上位概念とも言えるくくり方である。このようなまとめはこの話の内容を理解し、当該段落のテキストの中での役割を理解できなければできないことである。また、文の中で、「導入部」であるとか、「例」であるとか、「まとめ」の部分であるといったくくり方もできる。細部ではなく、全体を見た中での部分の位置づけを考えさせるわけである。

全体と段落ごとの意味づけ、そしてその段落の表しているものが理解できると、文章全体の構成が意識できるようになる。文章の構成は読解でも、スピーチなどの口頭表現、文章表現でも必要な認識であるが、なかなかこの意識を定着させることは難しい。聴解のような、短い、全体が見渡せる、そして、全体を覚えていられるようなテキストは、このような理解、練習がさせやすいと言える。この練習は文章表現、口頭表現にも生きてくる。ここでできるのはノートを取る際にも必要な「アウトライン」そのものである。この練習によって「アウトライン」を作る意味を理解させ、アウトラインから文章を構成する重要性を認識させることができるのである。

2.3.3. 細部を聞く練習

全体が理解できたところで細部の聞き取りに入る。この聞き取り練習では未習語も含んだものを使っている。未習語にとらわれず、聞き流す、あるいは前後の文脈から類推するという練習が必要となる。そのためにはまず、音の聞き取りも必要になる。文脈の中での単音の聞き取り練習も必要である。学習者の中で、日本語の単音の認識をしっかりさせることが、ここでの学習の一つの重要な柱となる。聞き取れた音を頼りに辞書を引いて意味を調べることも重要な学習である。また、「聞く」単独ではなく、資料を見ながら聞き、視覚で得た情報を音に結びつけて新出語彙を理解するという練習もある。実際の状況に近い場面を作り、応用できるような力を養うのである。

2.3.4. 聞いたことを表現する練習

次に、理解できた内容をまとめ、表現する練習も行う。「小見出し」をつけることができるようになると、次はそれをノートに取る練習である。ノー

トは個人的なものであるので自由に書くことも可能であるが、ここでは、レジュメにもつながる、アウトラインの書き方として練習させる。導入部、まとめといった全体の構成、個々の項目も大項目、中項目、小項目、それを検証するための例、といった内容の組み立てを考え、理解できなければノート、アウトラインを書くことはできない。言語的な技法としては、体言止めにしたり、言葉を省略したり、記号を使ったりという特徴があり、それも指導したい技法であると言える。また、内容は理解できても、それを自分の言葉で表すことは非常に難しい。まずは、聞き取れたテキストを繰り返すことで、自分の表現ではない、新しい表現を身につけることができる。それを短くまとめた形で表現することで、同じ内容の別の表現を学ばせる。これを繰り返すことによって、新しい語彙、表現の定着をはかる。ノートを取る練習は新しい表現、語彙の習得でもある。これをさらに次週のクイズなどで語彙の定着をはかることも可能である。

2.3.5. 要約を作る練習

さらに次の練習として、要約を作る練習がある。独話テキストは一般的に何か一定の内容を伝えたいとして作られているが、この中で、説明、例示に使われる例、エピソード的なものは要約では必要ない。また、テキストによっては、一番言いたいこと、主張がはっきりした形でなく、例を挙げることによって示されているような場合もある。これを咀嚼して、自分の言葉で表現することが要求される。それはテキストの十分な理解がないと難しいものである。聞いた内容の要約を作る、それを自分の言葉で説明するできることが最終ゴールと言えるだろう。この場合、学習者の中でよくできた要約を示すことは非常に効果が上がる。教師が示すより、仲間の他の学習者を見て学生は学んでいくようである。日本語の力の非常に高い学習者にNHKテレビの解説番組「視点論点」を見て要約を作らせる練習を行ったが[6]、聞いて意味がわかってもよい要約を作ることは難しい。話し手の一番伝えたい主張だけを取り出して、短くまとめることは非常によい練習となる。これができるようになることが日本語教育の段階でのゴールであると言える。

3. レベルと教材

3.1. 「スタンダーズ」に準拠した教材

　内容のある独話を聞くというスタンダーズのゴールをめざした教育では、その目的にあった、内容のある聴解テキストが必要となる。しかし、上級レベルでは講義の聞き取りなどの教材がいくつかあるが、中級段階ではそれほど多いとは言えない。現在、作成している教材はそのような目的にあったものである。教材は中級、中上級レベルを中心とした独話テキストを録音したものと、中上級、上級レベルを対象とした5分から10分のミニ講義を録画したものという2つの種類である。初級段階の「聞く」については、教科書の文型、語彙を定着させ、活用させることが中心になるので、「聞く」に特化した教育は時間的にも難しいところがあり、これまでは教材作成は中級以上を中心に行っている。

3.1.1. 教材のレベル

　このうち独話テキストは、レベル別に作成しているが、これは、「全学日本語プログラム」の授業担当者が作成し、試用しているため、このプログラムのレベルを基準に作成している。このレベルはスタンダーズのレベルとも対応しており、

全学日本語プログラム	JLC日本語スタンダーズ	1年コース
400レベル	中級前半	秋学期前半
500レベル	中級後半	秋学期後半
600レベル	上級前半	秋学期後半、冬学期
700レベル	上級後半	冬学期

ということになる。「聞く」ことのスキルは中級でほぼ出尽くし、上級ではテキストの難易度が上がるだけと考えているため、スタンダーズ「聞く」では上級の設定は行っていない。

3.1.2. 教材の目的

　この教材はスタンダーズに沿った「聞く」力をつけることを目的としてお

り、それぞれのレベルにあった文型、語彙を使ったものになっている。テキストは何かの情報を伝えることを目的としており、聞いた後に、新しい知識が得られたと学生が満足感を持つようなものである。会話テキストであれば、会話参加者の情報ギャップをもとに約束が決まるとか日程が決まるなどの、今聞いたことが理解できているかという種類の教材もできるが、独話教材であれば、何らかの内容、知らない情報を盛り込むしかないことになる。その情報は日本の文化的なもの、習慣や行事、地理、歴史などの学習者に知っておいてほしいと思うもの、また、最近のニュースや出来事などの解説、現代社会の問題などがテーマとして選ばれることが多い。聞いたことで新しいことを知ることができたという気持ちを持たせることが大切だと考える。「役に立つ聴解」とサブタイトルをつける所以である。この場合、本センター1年コースの未習者クラスであればそれまでの授業での未習の語は全て未習語となるが、「全学日本語プログラム」のようにそれぞれの国で初級を終えてきているような学生や、1年コースでも最近の傾向として自国ですでに教育を受けてきたような学生であれば、未習語はそれぞれ学生によって異なることになる。従って、担当者がほぼこのレベルと判断した語彙、文型で作ってはいるが、それぞれの学習者から見ると、未習語、未習文型が含まれる可能性の高いテキストとなっている。未習語をいかに聞いてわかるようにするか、あるいは聞きとばすか、文脈全体から理解するかが求められる技能となる。

また、全体のテーマや段落ごとのまとめができることが目的の一つであるため、それを意識したテキストとなっている。ノートを取ることも練習の一つであるため、段落ごとのまとめ、ノートを取るための体言止めの練習なども行われる。これらの練習ができるようなテキストを聞いての練習問題も作成し、試用している。

3.2. 教材とレベル

このような問題を作り、教室で試用を繰り返した結果、レベル設定、テキストの内容などについて見えてきたことがある。「スタンダーズ」は実践によって検証され、書き換えられていくことを意図しているので、この実践か

らいくらかの見直しが必要であろうと考えている。例えば、レベルによって作ることができる教材が異なり、また、教室での実際の教育も若干異なり、また、学生の習得、聴解力の違いも異なってくることがわかってきた。

3.2.1. 中級前半

400レベル、中級前半では、このような教材を作るにはいろいろ工夫が必要である。文型も少ないが、語彙が少ないことが致命的である。日常的な話題でも、動植物、日常的な品物の語彙が少なく、全てを既習語彙で説明するのも大変である。また、抽象的な語彙も少ないため、解説が難しい。このような制約から、抽象的な話題でテキストを作ることは難しく、日常的な話題、身の回りのもの、状況などの説明といったテキストが多くなる。それでも、未習語がテキストにある程度入ってくることは避けられない。このレベルでは身近な話題で説明されることを聞く練習、未習語を処理する練習などが中心となる。このレベルで作成したテキストは「梅雨」「富士山」「日本人の名前」などである。

3.2.2. 中級後半

500レベル、中級後半は一番テキストが作りやすいところである。この段階で抽象的な語彙やいろいろなものの語彙を増やすことが求められるため、難しい語は説明を加えながら使用することにより、無理なく聞かせることができる。時事性、話題性のあるものも解説をかみ砕くことにより使うことができる。但し、内容をよく理解し、適切に組み立てないと聞いただけではわからないテキストとなってしまう。作成者の細心の注意が求められるところである。このレベルでのテキストは「日本式の住居」「言葉の男女差」「失敗学」などである。

3.2.3. 上級

600レベル、中級後半、中級から上級への架け橋段階ではかなり抽象度の高い問題についても作成が可能である。500レベルでは、どちらかというと具体的な話題が中心で、抽象度の高いもの、込み入った仕組みなどについて

は扱うことができない。それが可能になるのがこのレベルである。全く知識のない抽象的な出来事、理論的なことに関して、聞いただけで頭の中にそのイメージを描けるのはこのレベルになってからということになるのだろう。語彙も増え、抽象的な語彙もあるので、まとめたり、ノートを取ったりすることも難しくなくなるのがこの段階である。この段階のテキストとしては「南極」「そば屋ののれん」「あいづち」などである。

　700レベル、上級段階では、作成したテキストだけでなく、生の教材も使えるようになってくる。テレビの解説番組なども使えるようになる。従って、この段階で作成するテキストは抽象度の高い、専門性の高いしっかりした内容が必要となる。長さもかなり長いものとなる。作成者としては、新書などで題材を得て作ってみても、聞いただけでわかるようなテキストにするためにはかなり深い理解が必要で、結局は使えなかったということもある。題材が非常に重要となる。このレベルのテキストは「マシュマロテスト」「バイオトイレ」などである。

3.3.「スタンダーズ」の「聞く」をめざした練習

　つまり、語彙文型によって、作るテキストに制約があり、抽象度や内容の専門性がレベルが上がるに従って上がっていくということである。学習者の理解もそれにあったものとなっている。ただ、段落ごとに分けること、小見出しをつけることで抽象的な語彙を使ってまとめることなどは、レベルによる違いと言うより、学習者の個人差が大きい。そのため、そこに意識させ、練習を積むことで、どのレベルにあっても、短期間でその力がついてくる。「聞く」ことが細部の、具体的な数字や言葉を聞く、ということから、全体的に聞き、話し手が伝えたいことを受け取って聞く、という「聞く」に転換されていく過程であると考えられる。これがスタンダーズの求める「聞く」ことなのである。

4．評価について

　スタンダーズを確定し、次に必要なことは、各レベルが到達できたかどう

かを測る認定、評価ということになる。初級前半、後半、中級前半、後半、上級の各段階の認定ができれば、学習者個人の日本語力の認定にもなり、学期始めにはプレースメントに使え、また、学期終了時には修了認定にも使うことができるものである。これは、この基準による熟達度テストであり、この教育を行ったあとに使用すれば到達度テストとなる。この各段階終了時を測るテストが各技能に必要となる。1年コースの修了判定に使うのであれば、このスタンダーズに記された上級段階を終え、大学での学習が可能になるというレベルに到達したことを示すものとなる。

　評価を考える場合、口頭表現、文章表現といった表現活動の技能では、客観的な基準が作りにくく、また、評価も難しい。一方、聴解、読解の理解活動の技能では、テストが作りやすく、そのテストにより、到達度が測りやすい。そのテストを全て選択式にするなど、採点に主観が入らないような形で作れば、客観性を保った試験にすることができる。現在センターの1年コースでは、1年間のコース修了時に「読解」「聴解」の修了テストを作成して、修了認定とするよう準備中である。「聴解」に関しては、3年にわたり、「聴読解」として新しいタイプの試験を考案し、試行してきた。この2つのテストは客観性を保つため、全て4肢選択の形式を取り、マークシートを使って採点を行っている。

　スタンダーズが広く使われるためには、各段階での認定試験が必要となる。理想的には、初級修了判定テストなどの形で、各段階終了時のテストが整備されることが望ましい。現在作成中の教材を使って、そのような各段階修了の判定テストを今後作成していきたいと考えている。

　スタンダーズに基づいた「聞く」力を測るテストとしてどのようなものが望ましいかについては別稿に譲る。[7]

5. 他技能との連携

　「JLC日本語スタンダーズ」は5つの技能別に表が作成されている。しかしこれは各技能を別々なものと考え、その技能だけの教育を行う、ということを意味するものではない。学習者の持つ日本語の力は総合的なものであ

り、それを、各技能を一つの面として考え、教育を行い、力を測定するということで、実際の教育では各技能を単独で行う、単独で評価するということではなく、各技能が教育の入口となって他の技能にも発展するという性格のものである。「聴解」においても、「聞く」力のみを伸ばすということではなく、同時に他の技能、例えば「読解」も同時に行うことも考えられるし、聞いた内容を口頭で、あるいは文章で表現するということにつながることも多い。各技能を連携させて、学習者の総合的な力を伸ばしていくということになるだろう。

聞いたことを再構成して口頭で表現する、あるいはノートを取る、要約を書くなどの文章表現活動に結びつける教育についてはこれまでも考えてきた。ここでは、実際の「聞く」活動で多く行われる、「見ながら聞く」という活動を考えてみたい。講義や口頭発表を聞く場合、教科書やレジュメを見ながら、あるいはパワーポイントを見ながら聞くことは多い。テレビ番組を視聴する場合も、視覚情報が同時にあることが多い。何も見ることなく、ただ一方的に聞く場面は、実はそれほど多いとは言えないのである。その意味で、見ながら、視覚で得た情報を使って聞くことは実際の場面で役立つものであり、この練習をする意味は大きい。一般的には、「見ながら聞く」方がやさしいと言えるだろう。「見ながら聞く」ことは、ただ「読む」だけよりもやさしいと言えるかもしれない。視覚情報と聴覚情報が互いに補い合うと考えられるからである。未習語彙があっても、視覚情報の中で漢字を見て意味を推測することができるのは日本語の特徴であるともいえ、聞くことの助けになる。聴解テストにおいても、選択肢を聞く場合と見る場合を比べると、聞くだけで視覚情報がない場合より、視覚情報がある場合の方がやさしいという報告がある。[8]実体験からもそれは言えると考えられる。このようなことを想定したテストを今後積極的に開発していく必要がある。

しかし、実際には、「見ながら聞く」ことを苦手とする学習者も存在することは事実である。「聞くだけ」「読むだけ」であれば力が発揮できるが、同時に行うのは集中できなくて難しい、という学習者もいる。「見ながら聞く」練習は、日本語の授業の中では余り行われない活動であるが、試験や実際の大学での状況を考えると、このような「見ながら聞く」練習は大切であ

る。レジュメを見ながら聞く、あるいは、テレビ番組など、「キーワード」が画面に表示されるものを見ながら聞く練習はこのような力を養うのに必要なものであると言える。

ノートを取る、要約をする、再構成して口頭で表現する、など、聞く活動を表現活動に発展させる指導はスタンダーズに基づいた教育として不可欠のものである。学習者によっては、ノートを取ることはできないが、要約はできる、あるいは、ノートはとれるが聞いた内容を簡潔にまとめることができない、口頭で再構成はできるが、書き言葉としての要約文を書くことは苦手、などいろいろなタイプがある。それぞれ訓練が必要であり、それを授業中に行う意味は大きい。

また、聞く活動を聞くだけでなく、「話す」活動に発展させるもの、「話す」スピーチのモデルとして使うことも考えられる。現在、そのような連携も試行しているところである。

6. 今後の課題

スタンダーズは前にも述べたとおり、常に改訂を加えつつ、進歩していくものである。また、それぞれの機関で状況に合わせていくものである。「JLC日本語スタンダーズ」に関しては今後も改訂を加えていく必要がある。「聞く」についても変更を加えていきたいと思っている。教材作成、クラスに於ける実践も続け、実践の中で教材、スタンダーズの各項目についても改訂を加えていきたいと思っている。多技能との連携も続けて行っていきたい。また、スタンダーズに基づいた各段階の修了テストを作成し、客観的に日本語力を測れるようにしていきたいと考えている。別項にも述べたように、評価基準を明確に記述し、それが反映されるような試験を作っていきたいと考えている。

「聞く」ことはどのようなことであり、どうすればそれが達成されるのか、どのようにすることでその力をつけることができるのかについてさらに考えていきたい。

注

1 「スタンダーズ」の詳細については『JLC日本語スタンダーズ中間報告2007』(東京外国語大学留学生日本語教育センター)参照のこと。2009年3月に「2009改訂版」ができている。
2 センターでは本学に在籍する主に非正規の留学生を対象にした「全学日本語プログラム」を開講している。「全学日本語プログラム」では100から800の8つのレベルで集中、総合、技能別などの教育を行っている。初中級以上の300から700レベルには技能別「聴解」の授業が週1コマずつ置かれている。
3 センターで行われている教育プログラムで、学部進学前予備教育のプログラムである。1年間で初級から学部での教育を可能にする上級レベルまでの教育を行っている。
4 2005年からセンター予算で行っている「聴解教材作成プロジェクト」詳細については、坂本、中村則子、大木理恵(2008)「聴解プロジェクト―JLC日本語スタンダーズに準拠した中級教材作成プロジェクト『役に立つ聴解』」『東京外国語大学留学生日本語教育センター論集』34号 2008.3
5 教育の実際については前掲　坂本、中村、大木
6 2008年度1年コース春学期Aクラス(超既習者対象)聴解練習で行った。
7 坂本、中村、大木(2009(予定))「「JLC日本語スタンダーズ」に準拠した聴解試験」『東京外国語大学留学生日本語教育センター論集』35号
8 島田めぐみ(2004)「日本語聴解テストの項目正答率に影響を与える要因」『東京学芸大学紀要2部門　55』pp.39–46
　内田照久他(2002)「英語リスニング・テストにおける音声の時間構造と提示情報の様式が項目特性に与える影響」『教育心理学研究　50』pp.1–11

表　JLCスタンダーズ「聞く」(2007年3月)

聞く(独話)	ゴール	講義、口頭発表が聞いてわかる		

	初級前半	初級後半	中級前半	中級後半
行動目標	・教師の言っていることを理解し指示に従って行動できる ・身近な事柄についてキーワードとなる情報が聞いてわかる	・日常的な内容についての解説やスピーチが聞いてわかる ・授業の内容に関する説明や、行事・日程・手続きについての説明が聞いてわかる ・やや専門的な内容(初級の文型や語彙の範囲)が聞いてわかる	語彙、文型が制限された講義、スピーチが聞いてわかる	・講義などがメモを取りながら聞ける ・講義などが資料を見ながら聞ける
スキル	・叙述と質問の区別ができる ・質問の意味を理解し、それに答えることができる ・指示を聞いて反応できる	・話のテーマや大筋がわかる ・必要な情報を選んで聞き取れる ・パニックにならずに未習語を聞き流せる ・評価、賛否などがわかる ・発話機能を理解し適切な反応ができる	・キーワードが聞き取れる ・話のテーマや大筋がわかる ・講義や発表の構成がわかる(話題提示─背景説明─根拠─例示─主張といった本論に沿った内容か、脱線している部分か、本論に戻ったのかなどの話の流れが聞ける) ・結論を予想しながら聞ける ・未習語の意味を類推しながら聞ける ・意見を批判的に聞ける ・社会、文化的知識を活性化して聞ける	
項目	・数字、時間、日付等 ・いつ、どこで、だれが、なにを、どうする(4W)	・因果関係、比較、伝聞・引用、推移、変化、分類、定義など ・なぜ、どのように(1W1H)	・グラフ、図表 ・漢語語彙 ・くだけた表現(縮約形など)	・文語的な表現、慣用句的な表現 ・修辞的な表現、婉曲的な表現
テキスト・素材	・指示/説明(問いへの回答を含む)	・説明/解説 ・テーマ性のあるもの	・時事的な話題について述べたもの ・スピーチ/発表 ・縮約形などが入った独話	・テーマに沿って講義形式で5分程度話したもの ・テレビ・ラジオのニュース・解説番組(生教材)
		※語彙・文型等がそれぞれのレベルに全てコントロールされたもの		
指導法	・単音/単語/単文ディクテーション ・キーワードを書き取る ・質問に答えたり、指示に応じて行動する	・キーワードをメモする ・聞いた内容を要約する ・聞いた内容をクラスメイトに伝言する ・聞いた内容について自分の意見を述べる	・キーワードをメモする ・聞いた内容を要約する ・話の構成を確認する ・聞いた内容についてディスカッションする	・レジュメなどを見ながら聞く ・メモを取りながら聞く ・自分のとったメモを見ながら内容を表現(口述・記述)する ・聞いた内容について質疑応答する ・聞いた内容についてディスカッションする

オーストラリア・ビクトリア州教育省 ATJ プログラムについて
―その概要と可能性―

宮城　徹

　ATJ プログラム(Assistants to Teachers of Japanese Program)は、オーストラリア・ビクトリア州教育省[1](旧 Department of Education、以下「DOE」と略す、現 Department of Education and Early Childhood Development、以下「DEECD」と略す)が主催する「日本語ティーチングアシスタント」プログラムである。筆者は 1998 年に本プログラムに参加したアシスタントの異文化における成長について、1 年間にわたり質的研究を行った(Miyagi 2006)。2008 年 8 月、10 年ぶりに本プログラムのミーティングに参加し、参加者の様子を再確認したが、このプログラム自体と参加者の双方の潜在能力を改めて痛感した。しかし本プログラムについては、これまで詳細な報告がなされてきておらず、議論する場合の共通認識の部分が欠けている。そこで本稿は、本プログラムの概要を紹介してそのプログラムの特徴を明らかにし、今後の研究の基礎とすることを目的とする。

1. 背景

1.1. オーストラリアにおける外国語教育

　2006 年時点でビクトリア州では、日本語は、インドネシア語、イタリア語に次いで、3 番目に多くの初等・中等公立学校で教えられている(DEECD 2007: 5)。Language Other than English(英語以外の言語教育、以下 LOTE と略す)として授業科目として採用されるには、いくつかの前提条件があ

る。まず歴史的事情である。例えば、オーストラリアはイタリアから多くの移民を受け入れてきており、彼らとその子孫は、特にビクトリア州に多く居住している。次に当該言語が使用されている国との距離的、経済的な関係である。例えば、インドネシアはオーストラリアの隣国であり、経済的関係も深く、近年インドネシアからの移民も増えている。さらに、当該言語を教えられる教員確保が可能かという問題がある。イタリア移民もインドネシア移民も多いので、それぞれの言語のネイティブ、あるいはそれに近い正規教員は比較的確保しやすい。さらに学校所在地域でその言語を採用することに対する肯定的意識が存在しているかといったことも密接に関連してくる。例えば二つの大きな移民集団が暮らす地域では、そのどちらの言語でもなく、第三の言語が折衷案として採用されることもある。

1.2. オーストラリアにおける日本語教育

では日本語の場合はどうであろうか。日豪両国は第二次世界大戦では敵国であったが、戦後経済的には良好な関係を築いてきており、現在も双方にとって重要な貿易相手国である。一方、オーストラリアの日本人コミュニティは一時滞在者(企業の駐在者とその家族、ワーキングホリデーの若者など)が多くを占め、永住者はつい最近までかなり限られていた。しかし同時に、こうした現状は地域における日本人・日本語のイメージを低めることはなく、むしろ高めてきていたと言えるだろう。ネイティブ、あるいはそれに近い教員を確保することは決して容易ではない日本語教育が中等学校のみならず、小学校においてまで採用されてきた過程はたいへん興味深いが、その理由は必ずしも明確ではない。しかし上に見たように、第一に、戦後日本の復興と経済的繁栄が高く評価されていること、第二に、経済力のみならず、独自の文化的要素(伝統的なもののみならず、アニメ、ファッション、ミュージックといった現代的なものも含め)も世界に大きな影響力を保持し続けていることなどは、無視できない理由であろう。

1.3. 日本語教員の不足

さて、大量の移民によって大きく発展を遂げてきたオーストラリアにおけ

るLOTE教育は、コミュニケーションを重視し、経済活動に役立つかどうかという実用性が常に問われてきた。嶋津(2008)が指摘するように日本語教育も例外ではなく、学習者にとって単なる知的興味を満足させるもの、日本語文書から情報を得るためのものだけでは許されないのである。こうした背景から、いくら流暢な日本語が話せる現地教員が見つからないからとはいえ、その状況を放置したまま日本語をLOTE科目として採用し、別の言語を専門とするLOTE教員を充てておくことは問題であった。またオーストラリアにおけるLOTEは大学入学資格を得るためにも重要な教科であり、12年生(日本の高校3年生に相当)での試験のレベルはかなり高度であり、ネイティブ並みの実力を備えた教師による指導が不可欠となっていった。

1.4. 正規日本語教員へのハードル

しかしLOTE教育が浸透し始めた1980年代半ばから1990年代後半にかけて、日本人ネイティブの正規日本語教員が急速に補充されていったわけではなかった。というのは、ビクトリア州の公立学校で正規の教員になるためには、大学で教育学部を修了するか、他学部の卒業者なら1年間の教育学ディプロマ(DipEd)を修了しなければならない。日本人にとってこれがなかなか困難である。まず教育学部に入学するための英語能力基準をクリアしなければならない。これは通常、一般の学部入学に必要な英語能力より高く設定されている。次に、DipEdコースの定員はその教育内容(教師養成プログラムや教育実習)の性質上比較的少人数であり、その中のLOTE教員希望者の人数にも制限がある。多くの言語の中で日本語教員を目指す学生ばかりを合格させることはあり得ない。また通常、大学の授業では日本語以外の1科目についても教えられるよう科目履修し、教育実習もその両科目にわたってこなさなければならない。

こうして最低1年間の教師養成コースが無事に終わっても、日本人留学生にはさらなるハードルが待ち構えている。それは就労あるいは永住ビザの取得であり就職活動である。学生ビザが切れればオーストラリア国内には滞在できない。ビザがなくても学校側が就労ビザ発給のためのスポンサーになってくれる可能性はあるが、国内にいなければ就職活動はなかなか難し

い。「明日の朝、面接に来てほしい」と言われても応じられないからである。また永住ビザがない海外の労働者を雇用する前に、まずオーストラリア人(あるいは永住者)の応募者を優先するのは当然のことである。したがって運良く留学生に機会が訪れても、それは大学を修了(通常11月頃)してだいぶ経った新学期(1月末)が始まる直前であったり、始まった後であったりで、留学生はすでに帰国していることが往々にして起こる。さらに、面接の連絡をくれる学校は応募者の少ない遠隔地であることがままある[2]。その時期にオーストラリアに留まっているためには、別の滞在理由(さらに学習を続けるなど)でビザを再申請しておく必要があるし、大学キャンパスがある都市から離れた田舎暮らしをする覚悟も必要になる。彼ら留学生はそこまでしてわずかな可能性を信じてオーストラリアに残るか、それとも日本に戻って就職活動を行うか、大きな人生の選択を迫られることになる。

1.5. 学校側の事情

　同時に学校側も、そうした日本人ネイティブの正規教員を雇用することに消極的にならざるを得ない理由がある。第一に、いくら教員養成課程を修了しているとはいえ、オーストラリアの学校教育システムや学校文化に不慣れで、英語でのコミュニケーションが完璧でない日本人をあえて雇用することに対する不安である。これまでの研究で指摘されているとおり(たとえば浅岡1987)、日本人教員は生徒を円滑にコントロールする能力(クラスマネジメント)が不十分である場合が少なくない。また成績管理、英語での成績表への記述などについても、ネイティブのようにはいかないこともある。第二に、学校側にとっては日本人教員の就労ビザ取得のための手続きが煩雑である。また何年か就労した後に、永住ビザを取得した日本人教員が都市部に移動してしまい、再度新しい教員を探さなければならない地方の学校も多い。第三に、LOTE教育の不安定さが考えられる。ある言語(例えば日本語)学習の人気が落ち履修する学生数が減れば、学校側は学習者確保のために別の言語や科目を用意する必要があるが、その際日本人日本語教員に別の言語や科目を教えさせるということはなかなか難しい[3]。こうした理由から、正規の日本語教員、特に日本人教員が十分に全国を網羅するということはあり得

ないのである。

1.6. ティーチングアシスタントの登場

　この需要と供給のギャップをうまく埋めたのが、日本語ティーチングアシスタント（以下 JTA と略す）であったと言えるだろう。彼らの多くはワーキングホリデービザで来豪するが、教員資格がないので無報酬の協力者と言ってもよい。日本人、それも日本語教育に理解を示す若者を確保できる学校としては好都合である。日本人側も、日豪交流に参加できるし、生きた英語を学ぶこともできる。また観光とは違ったオーストラリア人の普段の生活を味わうことができる。他にも日本語教員を目指す者にとっては、海外での実践経験を比較的簡単に、自分の都合のよい期限を設定して得ることができる。こうして双方のニーズが合致したのである。

　JTA を大雑把に分類すると次のようになるだろう。まず一番大きなグループは、日本あるいはオーストラリアの仲介業者を介して派遣されてくる日本人である。業者は学校やホームステイ先の斡旋、さまざまな渡航手続きの代行、事前・途中・事後のトラブルや悩みの相談、学校側やホストファミリーとの交渉などを行う。JTA となる日本人は、その業者に対して費用を支払う（例えば、約 2 か月で 30 万円程度）とともに、航空運賃やホームステイ費用などの滞在費も別途負担する[4]。また学校側も紹介料を支払う。第二のグループは、留学やワーキングホリデーでオーストラリアに滞在している最中に学校関係者に声をかけられ、偶然にアシスタントを始める日本人である。彼らの場合は特別な金銭的負担は発生しない。

1.7. ティーチングアシスタントが盛んな理由

　なぜ彼らがこれほどまでにオーストラリアの日本語教育現場に浸透したのか。それには上記のような需要供給関係以外にも次のような理由が考えられる。まず、アシスタント応募者の特徴が挙げられるだろう。JTA のプログラムに日本語教育や英語学習に関心のない者が基本的に応募してくることはなく、「海外で働くための足掛かりをつけたい」「日本語教師としての経験を積みたい」といった動機づけの高い高学歴者が応募者の中心である。性別とし

ては女性が圧倒的に多く、年齢的には20代が多いが、退職後の50代以降の場合もある(佐藤2004)。彼らは総じて異文化適応能力が高く、責任感もあり、経済的にも十分な蓄えを持って来豪する。例外もあるだろうが、自己主張が極端に強くなく、各学校の状況を素直に受け入れ、ホスト(学校)側の要求に強く反発することは少ない。それによって学校側は適度な授業レベルを保持できるし、限られた日本語能力しか持たないLOTEコーディネーターにとっても、明確な上下関係のあるJTAに対して指示を出しやすい。JTAもオーストラリアにおける教員資格がないので、授業内容や成績処理などについて不満があっても、立場上強く主張することは少ない。

　第二に、上記のように斡旋業者を介している場合がほとんどであり、JTA・学校双方の行き違いや不満を緩衝するシステムが機能していることもアシスタントが活用される理由であろう。通常斡旋業者は教育制度やホストファミリーとの問題などに通じているオーストラリア人や英語運用能力の高い日本人を交渉役として設置しているので、双方からのコンフリクト調整が行いやすい。双方にとってこの心理的負担の軽減は大きいと思われる。第三に、学校側にしてみれば、わずかな予算で人員が不足している時だけ必要な人員を容易に確保できるし、短期の試行期間を設定して有能と認められたJTAのみ延長を希望すればよいという使い易さが指摘できる。LOTE日本語が不人気になったり、予算が不足したりすればJTAを切ればよいだけなので、経済的負担となりかねない日本語正規教員を最初から雇用せずに済む。つまりJTAはその学校運営において「安全弁的機能」を果たしている側面があるといえる。

2. ATJプログラム

2.1. ビクトリア州教育省によるアシスタントプログラム

　一般的なアシスタント(JTA)が仲介業者によって派遣されるのに対し、ATJプログラムはDEECD国際課が管理運営するアシスタント派遣事業である。国際課では本プログラム以外に公立学校で受け入れる留学生や姉妹校活動、教員交流などを扱っているため、国際交流関連のノウハウが蓄積され

ている⁵。

　ビクトリア州では、母語話者アシスタントを用いた外国語教育はかなり古くからおこなわれていた。浅岡(1987)によれば、1968年にドイツ語とフランス語で、1976年からは日本語でもアシスタント(Japanese language assistant)が採用され、当初の採用人数は年間1、2名であった。彼らは1986年頃まではビクトリア州の高校教師に準じた待遇を受けていたが、2、3校を掛け持ちしていたという(浅岡 1987: 241–242)。

　同じ時期(1980年代から90年代)、オーストラリアの日本語普及に関しては、国際交流基金の果たした役割も大きく、基金によってかなりの規模の人的、経済的支援が行われていた(嶋津 2008)。事実、1997年に筆者が当時のDOE日本語アドバイザー Marie Pitt氏にインタビューしたとき、氏は「ティーチングアシスタントの普及や(交流基金による日本語)アドバイザー派遣などにより、ビクトリア州においてはたとえ地方であっても、学校で日本語を学んでいる生徒たちはネイティブの日本人と話したことがあるか、少なくとも会ったことがあるはずである」と語った。

　しかし日本語教育需要の高まりとすそ野の広がりに、このアシスタントプログラムでは十分に対応できなかった。その理由は、高校教員並みの給与で毎年わずか1、2名のみを雇用するという制度上の問題であったと思われる。この代替案としてアシスタント制度を引き継ぎ拡大する形で、本ATJプログラムがボランティアベースで実施されることになったようである⁶。

2.2. ATJプログラムの概要

　第1回は、1996年に姫路獨協大学と同志社女子大学の卒業生20名が参加し始まった。その後、いくつかの大学の出入りがあったが⁷、2008年度では、同志社女子大学、姫路獨協大学、日本女子大学、東京女子大学、名古屋外国語大学、国際基督教大学の卒業生、あるいは大学院生約25名のATJが12か月あるいは9か月のプログラムに参加し、ビクトリア中の公立小学校あるいは中学・高校(Secondary School)で活躍している。中には派遣期間を延長し2年間留まる者もいる。参加者の内訳は小学校11名(複数校に勤務している者もいる)、中学・高校14名であり、女性アシスタントは23名、

男性アシスタントは2名である。また9カ月派遣者は1名、2年目のアシスタントは7名である。彼らのうちメルボルン都市部に勤務している者はわずかであり、約半数がメルボルンの郊外、4分の1が周辺地域、4分の1はかなり離れた地域(自動車で数時間)の町に居住している。メルボルンからかなり離れた地域であっても地方都市として大きいところもあり、かえってメルボルン周辺地域の小さな町の方が田舎の雰囲気が味わえる場合もある。

2.3. ATJの選考手続き

このプログラムが、さほど知られていない理由の一つは、公募ではないことがある。関東及び関西を中心とする大学数校に対し、毎年夏頃DEECDから応募の通知がされる。応募の条件はだいたい次のとおりである(DEECD 2008a)。

1) 該当する大学の卒業生であること(大学院生も可)
2) TOEFL500(TWE3.5)以上、あるいはIELTS5.0以上の英語力を有すること
3) 学校で働くにふさわしい性格と技能を有すること
4) 学校を取り巻くコミュニティの中で活動する強い意志を有すること
5) ティームティーチングで働く能力を有すること
6) 適応力と柔軟性を備えていること
7) 性格と知的能力に関して、出身大学の推薦を得られること

10月に書類申請が締め切られ、11月には教育省担当者が来日してインタビュー試験が実施される。そこでは英語の運用能力、性格、適応能力などが審査され、また派遣地域の希望聴取が行われる。

他方、DEECDはビクトリア州内の公立学校に対し、アシスタントの受け入れを希望するかどうかの連絡を行い、11月の面接の段階までにリストを作成し候補者と希望する学校のマッチングをする。つまり候補者が希望する地域(都市部か地方都市か地方の町かなど)や学校レベル(小学校か中・高校か)と、学校側の要望(例えば、女性が好ましいとか日本語教育を専攻している者が望ましいとか)を合わせていく。その結果、派遣先が決まらず不採

用となる候補者もいるし、学校によっては適当なアシスタントが得られないということも起こりうる。

　11月下旬頃、採用者が発表となり、合格者は健康診断、犯罪歴照合、ビザ取得などの手続きを経て、翌年4月初旬にオーストラリアに赴任することになる。ちなみにATJには、滞在期間中有効な特別ビザ（サブクラス416）が与えられ、このプログラムのみに従事することが義務となる。オーストラリアの健康保険は適用にならないので、旅行保険に入ることが要求される。

2.4. 現地での受け入れ[8]

　4月のプログラム開始時にはメルボルンにあるDEECDにおいてオリエンテーションが開かれ、他の参加者や受け入れの学校関係者と顔合わせをし、概略の説明を受ける。そしてそこから学校関係者と共に赴任先に移動するのが通常である[9]。任期中では8月の金曜日にDEECDに集合し、途中経過を報告し合ったりティーチングのアイディアを交換したりする機会も用意されている。さらに3月にはプログラム終了と最終報告会を兼ねて、担当した学校関係者も交え、DEECDでパーティが開かれる。

　参加しているATJは、授業上や生活上の問題を円滑に解決できるように、各学校のLOTEコーディネーター（言語教育セクションのまとめ役であるが、必ずしも日本語の専門家ではない）や校長・副校長に相談できるし、ホストファミリーにも様々な相談ができる場合もある。ホストファミリーは通常、子供がその学校に通っている場合が多いが、中には教員家族であることもある。こうした「学校コミュニティ」で問題が解決できない場合には、ATJはDEECDの担当官に相談できるようになっているが、これは学校側にとっては決して喜ばしいことではないので、ATJも最終手段として考えざるを得ない。現実にはこうした学校コミュニティに関連する問題については、ある程度ATJ同士のコミュニケーションによって、解決・軽減されていると考えられる。たとえば、毎年同期のATJ間では「ATJ Newsletter」を発行している。ほぼ全員が自己紹介、授業アイディア、さまざまな不満や相談などを日本語で書き、有志が編集し、DEECD担当者が印刷配布してい

る。このニュースレターはインターネットも携帯電話も十分に普及していなかった本プログラム開始当初から始まっているが、DEECD担当者によると、現在でも続刊が望まれており、貴重な意見交換の場となっているようである。

2.5. ATJの業務内容

ATJの業務内容は様々であり、派遣先の学校、学年、生徒、校長、LOTEコーディネーターといった関係者の状況によって、大きく変化する。通常、小学校では、文化学習を中心とし、基本的な日本語を教えることが多いが、同時に生徒の学習意欲そのものを維持・促進させるためにかなりのエネルギーを割く必要がある。また中学・高校レベルでは、LOTEが必修となっていながらも、他言語学習の必要性をあまり感じていない生徒もいるし、苦手な生徒もいるが、思春期を迎えていることもあり、彼らの学習動機を高めることは非常に難しい。一方、VCE（卒業資格）を目指す生徒たちに対しては、非常に高度な日本語運用能力を身につけさせる必要があり、ネイティブのATJをうまく活用することが鍵になることが多い。特に作文の添削や会話練習の相手などは彼らに任せられることが多く、責任も重くのしかかってくる。そうしたレベルによる異なる難しさにATJをどう向き合わせるかは、校長やLOTEコーディネーターの判断に任されている。また学校側がATJを単なるヘルパー、ボランティアと考えて日本語に関係のないコピー取りなどをさせているようなケースも過去にはあったようである。しかし一般的には、小学校ではクラス担任教員の、中学・高校ではLOTEコーディネーターの監督の下、ATJは補佐的に日本語・日本語文化の授業を行うことになっている。

もちろん、こうした学校側の判断は、派遣されたATJ側のパーソナリティや能力に左右されるということも忘れてはならない。つまりいくら学校側がATJにVCE受験指導を任せたいと考えても、ATJにそれをうまく実行する能力がないとか、生徒とのコミュニケーション能力に問題があると学校側がみなせば、ATJには別の活動を依頼するしかない。ここにおいて、学校側のATJに対する期待と希望、ATJの授業に対する期待と希望にギャップが

生じ、システムが円滑に機能しないということもよく起こることである。

3. ATJの体験と成長

次にATJの体験と成長について、Miyagi(2006: 172–180)を基にして簡単にまとめておく。

3.1. 依存から自立へ

多くのATJは大学卒業と同時にオーストラリアに渡ってくる。彼らは日本社会に踏み出すのではなく、オーストラリア社会に放り出される。そこでは経済的自立はないが、異文化に一人で立ち向かい、現実場面で日本語を教え、英語を学ぶという精神的自立を求められる。彼らは他者と不慣れな環境に対して、安定した関係を確立するという難しい作業を要求されるのである。

3.2. 自己管理感覚 と 限界感の発達
　　　（sense of agency[10]）（sense of limitation）

ATJは日本を離れ、異文化に身を置き、心理的プレッシャーを感じながら、アイデンティティを模索する。そこでは自立心の発達とともに自己管理感覚が発達する。それは例えば、「ここでは周囲が私のために気を回してくれることを期待してはいけない。自分が声を上げなければ、助けてくれないことも多い」といった意識を生み出す。またこのことは、「人間は違った関心を持ち、違った意見を持ちつつ、一緒に生きているのだ」という重要な気づきを彼らに与えもする。自己管理感覚は、他方で現実社会の中での自分の限界も教えてくれるのである。しかしそれを味わうことでATJは成人として成長し始めるとも言えるだろう。

3.3. 生み出される多面アイデンティティ（multiple identity）

数々の体験（多くは失敗体験）を通し、彼らは様々な知識、感情、認識を会得する。それによって彼らは自分の持つ様々な側面を統合させていくこと

も、生活と精神を安定させるために行う必要がある。例えばATJ は、日本語アシスタント、言語や文化の学習者、オーストラリア文化のよき理解者、日本文化の説明係、日本人の若者、短期滞在者、(一般家庭における)ゲストなどといった役を同時に演じつつ、破綻させないアイデンティティを獲得する必要がある。1、2 年の比較的短期の滞在であるATJ の場合、日豪文化をhybrid(混交的)に統合するというよりも、状況に応じて、多面的に使い分けることになるようである。その使い分けが十分にできない時にストレスが増大するとも言えるだろう。

3.4. 心理的悪循環の構造

上記3.1 から3.3 のような変化が何の問題もなく起こるということはまれである。ATJ の多くは大きな修羅場(あるいは数多くの小さな障害)を経験する。それはオーストラリア社会に適応する過程で、日本人としての「現状維持」を打破する必要があるからである。3.2 で述べたように、真面目で英語に自信がないから黙りこんでいるATJ は、学校で「社会性が欠けている」「変わっている」「不満を持っている」と認識されたり、「話さないほうが仕事しやすいのだろう。あれが日本では優秀な証なのかもしれない」と意図的に放置されたりすることもある。否定的な自己イメージによって、殻に入りこんでしまうATJ は、どんどんと学校や家庭において、周辺に追いやられていくこともある[11]。

4. ATJ プログラムの評価、成功のポイントと今後の可能性

4.1. プログラムに対する第三者評価

ATJ プログラムが関係者から肯定的に評価され、軌道に乗っていることは、過去10 年以上、ほぼ同数のアシスタントを毎年採用して現在に至っていることからも容易に推測できる。これまでの公式的な第三者評価としては、メルボルン大学プログラム評価センターのHoare(2005)による調査研究が挙げられる。そこでは、ATJ プログラム本体ではなく、2003 年と2004 年に地方[12] の8 小学校に投入された特別萌芽予算によるATJ プログラムがど

のようなインパクトを与えたかの評価である。その評価の概要は以下のとおりである(Hoare 2005: i)

- プログラムはすべての関係者(校長、語学担当教員／コーディネーター、アシスタント)によって、高く評価され、教育省の目的に合致していた。
- 地方の学校は有資格の LOTE 教員を確保するのが難しい状況が認められた。
- 遠隔地域においては、当該 LOTE 母語話者が得られるか否かが、そのまま LOTE 教育の存続に直結していた。
- ATJ プログラムがなければ、日本の商業ベースの仲介業者による「インターンシップ生」を利用することになる。しかし多くの学校は、こうした商業的な「インターンシップ生」は、ATJ に劣ると考えていた。その第一の理由は、ATJ プログラムはより良く運営されており、英語学習の経験を単に求めている場合が多いインターンに比べ、ATJ はキャリアとしての教授経験に強く関心があるからだと考えられていた。
- ATJ の存在は、日本語および異文化学習の双方においてすぐれた結果を生み出していた。
- ATJ プログラムは学校を越えたより広いコミュニティにおいて文化的気づきを生み出していた。

ここにみられるように、開始から 10 年以上経過した本プログラムは、ビクトリア州に限って言えば、広く認知され、高く評価されてきているといえるだろう。

4.2. プログラム成功のポイント

さて上述のように、ATJ プログラムが順調に発展してきた背景にはどのようなことがあるのだろうか。もちろん、これまで記してきたように、ビクトリア州教育省の主催するプログラムであること、厳密かつ適正な選考過程を踏んで参加者が選抜されること、現地の学校コミュニティ全体に認知されて行われていることなどは成功に大きく関わっている要因といえるだろう。

これに加え、本プログラムに初期から携わってきた石田敏子氏によると、第一にビクトリア州教育省側担当者の努力が挙げられる。当初の担当者は頻繁に来日して準備を行い、現在の担当者もすでに10年以上の経験を有し、さまざまな問題についての対応を心得ている。第二に日本の大学側の送り出し教員の苦労が挙げられる。大学ごとに対応は異なるが、大学全体というより、国際交流担当や、日本語教師養成担当の教員等が円滑な運営のために努力をしている。場合によっては、派遣先まで出向き、ATJの行っている教授法についてのアドバイスや生活適応のための支援もしてきたという。第三に、この州側担当者と送り出し教員の間に緊密かつ友好的なコミュニケーションが存在していること、送り出し側は面接を受ける学生を選んで推薦する、受け手側は来日して、きちんと面接をした上で引き受けるという点で、それぞれが責任を果たしてきたことが挙げられる。こうした関係者の努力と信頼関係作りによって、ATJプログラムはここまで発展してきているといえるであろう。

4.3. 今後の可能性

では今後の発展においてどのような問題が考えられるだろうか。一番の問題は需要と供給のバランスである。いくらボランティアとはいえ、学校側には受け入れのためのさまざまな負担がある。地域によってはホストファミリーの確保が難しく、継続を断念した学校もある。一方ATJを送り出す日本の大学側に起因する問題もある。まず参加希望者は応募時には大学4年生であるが、参加時には既に卒業生であるため、大学側が責任ある対応を躊躇する傾向があり、窓口教員の好意によって維持されている場合が多い。したがって当該教員が退職、転職した場合、窓口がなくなる場合もある。また新卒者の雇用状況の変化などによって、プログラム参加希望者にも少なからず影響を受ける。現在の大学生の就職状況として、3年時に就職先を決めるのが当然になると、4年時の10月申し込みという本プログラムに応募しようとする学生はかなり限定的になるだろう。また参加者の出身大学の偏りも気になるところである。2008年度の場合、25人中14人が同じ大学出身者である。担当官の説明によると、この大学からの応募者は他大学に比べて極

端に多く、各大学内での倍率はほぼ同じであって、選考プロセスに問題はないという。しかしこれまで自立を促す過程として機能してきた本プログラムが、一部の大学、学部の卒業生による研修旅行化あるいは準就職先化しているのではないかという危惧を感じないわけではない。

5. ATJ 研究の可能性

5.1. 研究対象としての ATJ あるいは ATJ プログラム

これまで「ティーチングアシスタント」プログラムについては、主に日本語教育の側面から調査研究されてきているが(たとえば浅岡1987、ネウストプニー1995、和田2007)、筆者はアシスタントやホスト側の異文化接触、関係者の人間的成長、アイデンティティなどといった側面からアプローチしてきた。筆者が興味深いと考える観点を挙げると以下のようになる。

ATJ 側の特徴について
1) 青年後期～成人前期の移行期におけるアイデンティティ獲得の過程
2) 個人内での日本文化とオーストラリア文化の位置づけ
3) 日本語、日本文化を異文化社会で教えるということ
4) 留学とも海外勤務とも異なる存在として海外に滞在するということ
5) 日本での英語教育の成果をオーストラリアにおける日本語教育を行いながら確かめるということ
6) Sojourner(一時滞在者)から immigrant(永住者)あるいは international worker(越境労働者)への移行の可能性を含んでいること
7) 正規日本語教員あるいは英語教員の卵であるということ[13]
8) 帰国後、オーストラリアでの体験がいかに生かされ、アイデンティティがいかに変容していくか

また現象をよりマクロな視点からも捉える意味でも、ATJ だけではなく、ホスト側、特に LOTE コーディネーターや生徒側の変化についても調査研究が重要であると考える。視点としては、たとえば以下のとおりである。

1) ATJとのインターアクションによって、どういうことが学習されているのか
2) ATJのアイデンティティ形成過程に沿って、他方のホスト側はどのようなアイデンティティを獲得していくのか
3) 地方の小さな町では、ATJの存在と行動がコミュニティーに与えるインパクトは無視できない。本プログラムによって、コミュニティーにいかなる変化が起きているか

5.2. 研究方法について

では、以上のような研究課題をいかなる方法で解明していくことができるだろうか。これらの様々な観点をすべて包含する研究方法はあり得ないだろうが、筆者が現在注目しているのは筆者が "Seven Up! method" と呼んでいる手法である。"Seven Up!" とはイギリスで1964年に制作されたドキュメンタリーテレビ番組である。様々な社会階層、境遇にある7歳の子供たち14人の生活を描いた作品で、同じ人物をその後も1970年に "7 Plus Seven"、1977年に "21 Up"、と7年ごとに追い、2005年に "49 Up" と放送し続けてきている著名な番組である。これを参考にした同様のドキュメンタリーは多くの国で制作され、日本ではNHKが「7年ごとの成長記録」として放送している。この手法の優れている点は、第一に、個人の成長や変化を如実に知ることができること、第二に、過去数十年、工業化、高度資本主義化、国際化の中で、我々を取り巻く環境や価値観が大きく変わり、それによって主人公たちだけではなく、我々も大きくその変化に翻弄されてきたということに気づくことである。つまりこの手法は主人公たちの変化を描きながらも、番組視聴者も自分をそこに投影しながら自分たちの生きてきた時代を再確認することができるところに特徴がある。製作者も参加者同様、歳を重ねるわけだが、そこに両者の一体感が生まれることも重要な点と言えるだろう。

現在筆者は1998年に調査対象としたATJに10年ぶりに連絡を取り、面接調査を開始している。日本語教育や英語教育の分野で活躍している者、まったく違った仕事についている者、子育てに励む者、非常に多様である

が、彼らの20代前半での異文化体験、ATJ体験の意義についての理解も様々である。これについては近く別の場で報告したい。

6. おわりに

本稿では、オーストラリア・ビクトリア州教育省による日本語「ティーチングアシスタント」プログラムの概要とそのプログラムの発展の可能性、そして研究対象としての意義について検討した。十分かつ正確に記述しきれなかったところもあるが、今後ATJプログラムに関心を持って、参加する若者が増えること、また本プログラムに関わらず、オーストラリアにおける日本語教育や日本研究について、関心を持つ研究者が増えることを強く望んでいる。

注

1 教育省の呼称は政府第一党の交代などによって変わる。90年代から現在までにDepartment of Education and Training (DE&T)、Department of Education, Science and Training (DEST) となっていた時期もある。
2 現在ではそうした遠隔地のポジションも得にくくなっているという。
3 オーストラリア人日本語教員は、別の言語や科目を教える資格を持ち、転科がしやすいが、日本人の場合は、英語のハンディキャップがあるために転科が困難という現状がある。
4 費用が高いと考えるか否かは個人の問題であるが、そうした斡旋組織が存在し続けているということは適正価格であるとも言えるだろう。
5 ATJプログラムのほかにも、同省国際課ではTJFLプログラムという3週間あるいは4週間のアシスタント派遣プログラム＋英会話コースを行っているが、こちらはより商業的であり、4週間の学校とホームステイ費用で1850ドル、これに英会話がつくコースは2750ドルとなっている(2009年度)。
6 アシスタントは無給であるが、1日3食と宿泊先(たいていはホームステイ)が与えられる。さらに学校側からわずかながら「小遣い」も毎週支給されている。

7 　開始時から現在に至る経過、特に送り出し大学側の実情については、未調査の部分が多い。今後関係者からの聞き取り調査を進める必要がある。
8 　異文化への適応を促すために、出発前オリエンテーションを実施している大学もある。
9 　このオリエンテーションでの学校関係者との出会いはある意味その後を象徴していることがある。あるATJは、「LOTEコーディネーターが来てくれず、ホストファミリーだけだった。その後もLOTEコーディネーターとはうまくいかなかった」と教えてくれたし、別のATJは、「校長に乗せてもらい現地に向かったが、着いたのは夜中。本当に真っ暗な田舎で、『地の果て』という感じだった。」と不安を語っていた。
10 　sense of agencyという表現は管見の限り、日本語訳がないし、その概念も一般に紹介されていない。自分を行動の主体者とみなし、他者から要求された行動と区別する感覚である。これは同時に、自分の行動、能力の限界を実感することにつながる。
11 　筆者がある学校にATJの様子を見に行くと、他の教師たちが机を向き合わせて座り、コーヒーを飲みながら談笑しているのに、そのATJだけは壁を向いて座り、ひとり黙々と仕事をしていた。彼女は「いつの間にかこうなって、自分では『仲間に入れてほしい』と言えなくなってしまった」と嘆いていた。
12 　ここでは、rural and regional Victoriaを「地方」の一語で訳したが、日本でいう「地方」という表現とは様々な意味で異なる。
13 　ATJ修了者には、英語教員になる者、英語を使って日本語教育を行っている者も多い。Tanaka and Ishida(2007)では、JETプログラム参加者がその後母国に帰って、日本語教員となっている例が多いことを指摘しており、類似性が注目される。

参考文献

浅井亜紀子(2006)『異文化接触における文化的アイデンティティのゆらぎ』ミネルヴァ書房

浅岡高子(1987)「オーストラリアのハイスクールにおけるJapanese Language Assistantについて―ビクトリア州の場合」『日本語教育』62　pp.241-248

石田敏子(2000)「初・中等教育日本語アシスタントの諸問題―日本語教師養成への示唆」『小出記念日本語教育研究会論文集』8　pp.83-89　小出記念日本語教育研究会

大谷みどり(2007)「外国人指導助手(ALT)と日本の学校文化―日本人教員とALT間における異文化的要因」『島根大学教育学部紀要(人文・社会科学)41　pp.105-112　島

根大学教育学部
佐藤昭治(2004)『自立論　模索するアイデンティティ―成熟世代の異文化体験による変革的主体形成』一橋大学大学院社会学研究科　博士論文
嶋津拓(2008)『オーストラリアにおける日本語教育の位置』凡人社
ネウストプニー, J. V. (1995)『新しい日本語教育のために』大修館書店
和田沙江香(2007)『日本語教育における日本語母語話者アシスタントのダイアリー・スタディ―オーストラリア・ニュージーランドの初・中等教育機関における日本語母語話者アシスタントの事例から』東京外国語大学　修士論文

Department of Education and Early Childhood Development (2007) *LOTE REPORT 2006: Language Other Than English in Government Schools*. Victoria: DEECD.

Department of Education and Early Childhood Development (2008a) *General Information Handbook "Assistants to Teachers of Japanese Program" 2008/2009*. Victoria: DEECD.

Department of Education and Early Childhood Development (2008b) *Assistants to Teachers of Japanese (ATJ) Program: Pre-Departure and Arrival Guide*. Victoria: DEECD.

Department of Education and Early Childhood Development (2008c) *Assistants to Teachers of Japanese Program: Living in a Homestay: A Guide for New Assistants*. Victoria: DEECD.

Department of Education and Early Childhood Development (2008d) *Assistants to Teachers of Japanese Program: Cultural Notes: Advice for Schools and Host Families*. Victoria: DEECD.

Hoare, Lyn (2005) Evaluation of the Assistants to Teachers of Japanese (ATJ) Pilot Program in Rural and Regional Victoria. Centre for Program Evaluation, The University of Melbourne.

Kim, Young Yun (2001) Becoming Intercultural: An Integrative Theory of Communication and Cross-cultural Adaptation. Cal. Sage.

Miyagi, Toru (2006) Cross-cultural Adaptation and Identity Development: A Longitudinal Study of Native Japanese Language Assistants in Victorian State Schools. Unpublished Ph.D. dissertation. La Trobe University.

Tanaka, Masami and Ishida, Toshiko (2007) Influence of the JET Programme on Japanese Language Education: Did joining JET motivate the UK returnees to become a teacher of Japanese? BATJ Journal 8: pp.17–23. British Association for Teaching Japanese as a Foreign Language.

付記：原稿を読んで有益なコメントをくださった石田敏子筑波大学名誉教授、および花蘭悟氏(本センター准教授)に深く感謝申し上げます。

現代日本における
留学生受入れ政策の課題と展望

岡田　昭人・中島　久朱

1. はじめに

　グローバリゼーションの進行に伴い、情報や知識の超時空的な共有に加え、国家的枠組みを超えた人やモノ、資本の移動もさほど珍しいものではなくなってきている。一方、先進諸国を中心に進む少子化や、過去10年の間に急速に進行した市場原理は、政治・経済分野のみならず、各国の高等教育機関の経営戦略にもその影響を及ぼしつつあり、個々の機関は「生き残り」のために国内のみならず国外の機関との競争も余儀なくされている。そのため、現在様々な大学において、研究・教育水準の向上をはじめとして、国際化政策、とりわけ留学生受入れ環境の整備に関わる多文化理解・国際協調精神の涵養等が緊要な課題として取り組まれ始めている。

　こうした背景を受け、2008年5月26日、福田康夫首相直属の諮問機関である教育再生懇談会による第1次報告が提出された。同報告は、1)少子化による人材不足の解消、2)国際社会における影響力の拡大を目指す、という方針のもと、初等教育段階からの英語教育必修化案の推進を目指すとともに、同年1月に首相が施政方針演説で「国家戦略」として提示した「留学生30万人計画」を明文化したものである。続く6月5日には、中央教育審議会大学分科会の留学生特別委員会が「留学生30万人計画」に対応する具体的な方策案を大筋でまとめている。そこでは、留学生受入れの政策だけでなく、卒業後の就職支援も求められる。また、優秀な海外人材を獲得するた

めに、英語による授業の履修のみでの学位取得が可能な大学、大学院の大幅な増加に向け、現在5％程度の国内全大学における外国人教員の増員が必要であることにも言及している。

本論では、世界的規模で展開されている留学生政策の取り組みを概観した上で、近年の日本における留学生受入れ政策の現状と課題を明確にすることを主たる目的としている。また、その主要な取り組みの一つとして短期交換留学生プログラム（通称：短プロ）に焦点を当てながら、大学の国際戦略との関連性のなかでその将来像を模索する。

2. 現代日本における留学生政策

1980年代半ば以降、加速する世界情勢の変化への対応という観点から、日本の「国際化」という言葉が様々な場面で使用されてきている。近年の日本の留学生政策は、1983年の「21世紀の留学生政策に関する提言」（通称：「留学生受入れ10万人計画」）の策定を端緒とし、以降同計画を基本的枠組みとして推進されてきた。当時の中曽根康弘内閣の下発足した臨時教育審議会の最終答申の中で強調されていたように、日本の教育現場ではあらゆる学校レベルでの国際化を推進する傾向が現在でも続いている。その一例として日本の大学における留学生教育が注目を集めてきた。そこでは、日本への留学生受入れ枠を拡大するとともに、日本人の大学生との積極的な交流を促進する機会の提供が主張されている。

しかしながら、同政策は当時の日米構造協議の中で、いわば外圧を受けて提起されたという側面もあり、充分な受入れ態勢の整わないまま打ち出された計画であったため、目標の達成は2003年まで20年の歳月を要した。過去10年程の中国を中心としたアジア諸国からの留学生の増加を受け、2005年に121,812人まで達した国内の留学生数は、その後不法滞在や刑法犯検挙数の激増等の影響を受け法務省が審査を強化したこと等から多少の減少はあったものの、2007年5月1日現在で118,498人となっており、この数年は比較的安定している。

安倍晋三政権の下2007年4月には教育再生会議が「留学生100万人計

画」を、同年 5 月には「アジア・ゲートウェイ戦略会議」が「留学生 35 万人計画」を発表した。前者は、「留学生 10 万人計画」は達成したものの、世界中から集中するアメリカや英国と比較すると未だその数が少ないという事実から、2025 年までに国内の留学生を 100 万人まで増やすというものであったが、その数字は非現実的であるとの見方が大方であった。後者は、アジア地域において日本が唯一の経済大国であった時代は終焉を迎え、むしろその中で孤立し、取り残されないためには如何なる戦略をとるべきであるかという認識のもと、「アジアの中の日本」としてリーダーシップを発揮しつつ、「アジアと世界の架け橋となるゲートウェイ国家」としての未来像を描き出そうとするものであった。その中で示された留学生 35 万人という数字は、2025 年には全世界規模で 700 万人規模に達することが予想される「留学生市場」のうち、「世界への知的貢献・影響力を維持するため」少なくとも現状を維持するということから、現在日本がもつシェア 5% を根拠として設定された。

2.1. 留学生 30 万人計画

　福田政権による国家戦略の一部を成す「経済財政改革の基本方針 2008」（通称『骨太の方針』）では、その審議の段階で「『留学生 30 万人計画』は、大学の国際化のみならず、国際競争力強化、国家安全保障の観点からも、重要な意味を持つものであり、国として戦略的に取り組む」ことが表明された。具体的には(1)大学院生の受入れ促進、(2)アジア地域以外の留学生の獲得に向けた努力、(3)短期留学や自国の学生の海外留学の支援、(4)高水準かつ先駆的な留学生受入れ重点大学の形成、(5)優秀な留学生を国内に留めるための就職支援制度の整備等に支援をすること等に言及されている[1]。

　具体的には主に以下のような課題が設定されている。まず、教育の国際化として(a)「グローバル 30(国際化拠点大学 30)」(仮称)構想の具体化、(b)留学生の就職支援・受入れ環境づくり、(c)英語教育の強化の 3 項目である。以下その内容を紹介する。

(a)「グローバル 30(国際化拠点大学 30)」構想の具体化
・英語で受講・卒業できるコースの創設：9月入学の拡大やダブルディグリーの実施
・国際的に優秀な教員の採用：英語による教育コースの増設による一流研究者の招聘
・海外校や海外ワンストップ拠点の展開：海外の優秀な留学生をリクルート・選抜
・支援措置の重点化：拠点大学に対する重点的支援(留学生教育については国立大学法人の授業料設定を弾力化等)

(b) 留学生の就職支援・受入れ環境づくり
・産学官連携支援：企業の情報提供や就職相談窓口の拡充、企業のキャリアプログラムの開発促進、在留資格の審査手続や卒業後の継続在留期間の見直し等
・「アジア人材資金構想」の推進：アジア等の優秀な留学生の国内産業界での活躍促進
・海外における日本への留学支援：情報提供及び支援の一体的な実施を推進
・受入れ環境の整備：渡日前入学決定や入国審査の迅速化等留学決定の円滑化、寄宿確保の取組等受入れ環境づくり

(c) 英語教育の強化
・英語教育の早期必修化：小学校低・中学年(例えば3年生)からの英語教育、各学校段階の到達目標を明確化(TOEIC・TOEFL・英検の活用)
・英語教員採用制度の検討：JETプログラムを活用したALTや、英語能力の高い社会人等の指導者の確保やTOEIC、TOEFL、英検英語教員の採用の見直し
・日本人高校生・大学生の海外留学を推進

　このように、同方針においては、高度人材としての外国人の受入れの増

加、外国人滞在資格の緩和等の提言がなされた。しかし、その実現に向けては、これまでの日本の留学生政策および外国人受入れ政策に関して更なる検証を行い、問題点と改善すべき事項をまず明らかにすることが求められよう。留学生のみならず、国内に定住する外国人の総計は200万人を数え、今後ますます社会における多文化の混在が促進されていくことは必至である。したがって、これからの留学生政策は「多文化共生」の実現も視野に入れつつ、より慎重に検討されるべき問題であるといえよう。

2.2. 留学生受入れにおける諸課題

以上に述べたとおり、近年飛躍的に留学生の受入れ数は増加している。そのような現実を踏まえ、個々の大学は以下の諸点を検討する必要があろう。

第一に、各大学は留学生受入れをも包括する、教育・研究の国際化のための組織的戦略や具体的な中期計画・目標をデザインすることが希求される。たとえば、より研究者の養成機関としての役割を強化するのか、もしくは高度職業人を育成することを目指すのか、日本語・日本文化に関する諸分野における教育を強化するのか等、独自の選択が迫られよう。

第二に、体系的かつ特色のあるプログラムやカリキュラムを開発し、留学生の育成に取り組むことも今後重要な点となると思われる。今後大学間の国際競争の場での学生の獲得力が将来を左右するような状況になれば、日本語のみならず、英語をはじめとした多様な言語での教育を提供することが求められよう。なお、この点は後述する短期留学生プログラムの項に詳しく述べる。

第三に、留学生を受入れるには、学業面のみならず、日常生活においても生じうる様々な摩擦に速やかに対応することのできる専門の教員もしくは職員の配置も必要となる。異文化間摩擦の軽減、安全な居住環境の提供、学生が犯罪や事故に巻き込まれた際の迅速な対応体制の配備等、留学生が学業に取り組むことのできる環境を保証することも大学の役割となろう。

最後に、コースを卒業・終了した後の留学生の進路に関する責任の一端を担うことがあげられよう。留学中に専門的知識や技能を習得した優秀な留学生がその後も貴重な人材として日本に留まることができるような制度を整備

する、あるいは留まることを望むような社会を構築することが肝要である。研究者や卒業生のネットワークを確保し、国内外の各機関や国際的企業への就職を推進するような情報の共有を図れるようなシステムの構築が緊要であろう。

3. 世界の留学生政策

　過去数10年間における情報技術の躍進的な発展、国際間移動が容易になったこと等の影響を受け、各国の高等教育機関における研究・教育のあり方にもまた大きな変化が生じた。海外の大学の情報へのアクセスが容易になり、学生の国際間移動は年々増加している。国際連合教育科学文化機関(UNESCO)の教育統計所(Institute for Statistics)の統計によれば、各国における留学生数の合計は2004年の時点で約250万人とされており、それより5年遡った1999年と比較して約40％の増加を見せている。同統計が開始された1975年時点と比べるとその差は170万人にも上り、その数字は高等教育の国際化を示す上で注目に値するものである。なお、各国の留学生受入れ状況は次の表のとおりである。

　一方、全地球規模での国際間移動の増大の中で、1980年代より先進諸国の主導により急速に進められた地域経済統合政策の一環として、地域内の結束を高めるために学生の域内での相互移動を促進させることを目的とした政策も試みられてきている。後述する1987年より欧州委員会(European Commission)の支援を受け実施されてきたERASMUS(The European Community Action Scheme for the Mobility of University Students)と呼ばれるEU域内での短期留学プロジェクトがその最も成功している例であろう。また、それに続き1991年には環太平洋諸国の大学間の学生交流を促進することを目的としたUMAP(University Mobility in Asia and Pacific)プロジェクトが発足した。これらのプロジェクトでは、学生は自国の大学に所属したままで短期に提携国の大学で学ぶ教育交流活動である。

　これらの2つのプロジェクトの根底には、各国の経済戦略構想があると考えられる。これまで経済学分野においては、国や地域の経済発展の一つの

表1　主要国における留学生受入数(2004年度)＊中国のみ2001年度

国　名	留学生	主要受入れ地域
アメリカ合衆国	572,509	東アジア・太平洋(229,577)、南西アジア(99,115)、北米・西欧(78,477)、中南米(70,235)
英国	300,056	北米・南欧(117,713)、東アジア・太平洋(93,639)、南・西アジア(25,041)
ドイツ	260,314	中・東欧(105,371)、北米・西欧(55,946)、東アジア・太平洋(40,402)
フランス	237,587	中東(76,273)、南部アフリカ(41,430)、北米・西欧(37,295)
オーストラリア	166,954	東アジア・太平洋(102,575)、南・西アジア(23,347)、北米・西欧(16,115)
日本	117,903	東アジア・太平洋(107,854)、北米・西欧(3,039)、南・西アジア(2,591)
中国	162,695	不明
韓国	7,834	東アジア・太平洋(5,662)

UNESCO, Global Education Digest 2006、中華人民共和国中日本国大使館ホームページ(中国のみ)
http://www.china-embassy.or.jp/jpn/lxsjl/zglx/zglxgy/t176355.htm より作成

指標として高等教育の充実度が挙げられてきた。先進諸国は優秀な高等教育機関を有しており、それらの機関による科学的発見や技術研究、人的資源の開発により、そうした国々はより長期的な経済発展を促す力を蓄えることができる。また、先進諸国では、自国内の少子化や更なる経済発展戦略の一部として、他国の学生を自国の高等教育機関に取り込み、優秀な人材を育成、確保していこうという動きもある。

　しかし、経済基盤の脆弱な発展途上国においては、高度な人材を育成するのに充分な高等教育機関を整備することが難しく、優秀な学生はより学習環境の整った先進諸国の大学で学ばざるをえない。こうした人材は、卒業した後も自国には戻らず経済的に豊かな生活の望める先進国での就職機会を求める傾向が高い。このような頭脳流出、人的資本の流出により、途上国は潜在的な経済成長力を失い、地域間経済格差はより拡大することになる。

3.1. EUの留学生政策[2]
3.1.1. ERASMUS計画

　EU発足後、ヨーロッパでは地域経済および社会統合の拡大・深化が進むなか、高等教育面でもその水準の統合が進められている。学生の国際間移動を容易にすることを目的とし、域内の大学に在籍する学生が一定期間(最大1年間)他の域内対象国に留学し、そこで課程の一部を修了することを財政、学術的、行政の3側面から支援する制度がEUの成立する少し前の1987年に発足したERASMUSプログラムである。大学1年次の課程を終えた者であれば誰でも参加資格を得ることができる。ただし、自国で在籍する大学・学部と留学先の大学・学部との間でコンソーシアムが形成されていることが前提となる。同プログラムの成立背景には、1986年に制定された単一欧州議定書による国境を超えた領域の実現、域内各国に共通する共同体意識の醸成が重要課題として捉えられていたことが見受けられる。つまり、ヨーロッパ統合政策の一環として同計画は登場したのである。1990年代に入ると、ヨーロッパの高等教育政策は新たな展開を見せる。マーストリヒト条約の締結により、ヨーロッパにおける高等教育レベルでの学術交流、研究協力は1990年代にはSOCRATES/ERASMUSプログラムに発展する。

　同政策の大きな特徴としては、欧州単位互換制度(European Credit Transfer System: ECTS)があげられる。これは、学習の量に基づき単位を算出し、留学先における学修期間と履修単位を学修期間と履修成績を本来所属する大学の修学内容と同等に認めるという方策である。これにより、同プログラムに参加する学生は、留学により学修の期間を延長することなく、所定の年限で自国の大学を卒業することが可能となる。

　さらに、1992年以降SOCRATES/ERASMUSは大別して次の2点につき改革を行った。まず、それまでは学部間の協定にもとづき学生の交換をしていた制度を、大学間協定に基づくものとし、責任の主体を学部から大学の中央組織に移行した。そのことにより、行政面における支援体制が改善され、域内の学術交流・高等教育協力について個々の大学が一定の政策をもつことが期待された。次に、移動する学生のみでなく、自国で学ぶ学生に対しても、教員の交流や国際的なカリキュラム開発協力等により、国際的な視点や

域内の多様性への理解、ヨーロッパ市民としての感覚等を涵養するための方策が模索された。これまで各国間において独自の発展を遂げてきた EU 諸国の高等教育を一定の基準に基づきそのシステムの再構築をはかることにより、学術的国境を乗り越え人的交流、知識・情報伝達の促進、また教育体制の緊密化を高めることが目指されたのである。

3.1.2. ボローニャ・プロセス

その後、1999 年 6 月にイタリアのボローニャにおいて、EU 各国の教育担当相により、加盟国の高等教育に関し、いわゆる「ボローニャ宣言」(Bologna Declaration) が採択される。これにより、「ヨーロッパ高等教育圏」(European Higher Education Area) 設立が目指され、2010 年までに、以下の項目を達成することが目標とされる。

- ディプロマ・サプルメント (Diploma Supplement) の採用等、理解しやすく比較可能な学位制度を採用する
- 学士課程と大学院課程の段階を全加盟国に導入し、教育レベルを水準化する
- ECTS と互換性のある単位制度を導入し、学生の流動化を促進する
- 自由な学生・教職員の移動の障壁をなくし、流動化を促進する
- 各国の協力により比較可能な基準と方法を開発し、教育の質の保証に努める

現在ボローニャ・プロセスの名称で推進される上記の政策は、すなわち、それまで各国に独特であった高等教育システムにヨーロッパ・レベルでの水準化をはかり、それぞれの参加国が主体的に高等教育制度の改革に努力することを求めるものである。その最大の要因としては、グローバル化と先進諸国における少子化等の諸問題から、高等教育の国際競争が激化し、ヨーロッパもその潮流を感化することはできないとする、EU 各国に共通する危機感があったものと推察される。域内の流動化のみではなく、留学生獲得におけるアメリカの圧倒的優位性に対する挑戦であるといえよう。

以上のような文脈から、それまで域内の学術交流を主眼としてきた ERASMUS に、近年 ERASMUS MUNDUS というプログラムが設立され

た。同プログラムは、EU 域外の高等教育機関にもパートナーとしての参加を認め、それらの機関から EU 各国の高等教育機関の修士課程への留学を支援する制度である。これにより、留学先としてのヨーロッパの魅力を高め、EU の国際間競争力を強化が図られている。

3.1.3. アメリカの留学生政策

米国は、2004 年現在で約 572,509 人の留学生を受入れているとされるが、教育の質から見れば一概に成功しているとはいえず、より優秀で各学術分野における国際的な先駆者となりうる若手研究者をいかに自国に招き入れるかという議論から、留学生の受入れ政策の見直しが近年政策課題とされる。一方、留学生の受入れの現状とは対照的に、海外への学生の送り出し数は、他の先進諸国に比べ多いとは言い難く、閉塞的であると批判を受ける同国の国際学術交流における孤立状況からの脱出を図るべく、自国の学生が多様な言語・文化にふれる機会を提供することに、近年注目が寄せられている。そのような流れのなか、2007 年よりアメリカ国内の高等教育機関における国際化推進のため、留学生派遣 100 万人計画を含む、通称「ポール・サイモン留学基金法案」(Senator Paul Simon Study Abroad Foundation Act: Commission on the Abraham Lincoln Study Abroad Fellowship Program)が推進されている。同政策は、故ポール・サイモン上院議員の名にちなみ設立されたアメリカ政府による留学生政策の一環であり、選考を受けた機関が参加しており、その目標は以下の通り設定されている[3]。

1. 海外の高等教育プログラムへの参加を促進する
2. 学生に海外での多様な教育への参加を推奨する
3. 特に発展途上国において、留学先の多角化を推進する
4. 留学を今日的高等教育の礎とする

これまでは留学生の受入れに積極的に取り組んできたアメリカ政府は、現在同国の高等教育の質を高め、国際的競争力を強化するために自国の学生を海外に送り出すことを緊要な課題としていることが見受けられる。

表2 主要国における留学生送出し数(2004年)

国　名	留学生	主要留学国
アメリカ合衆国	41,182	英(13,381)、カナダ(4,394)、オーストラリア(3,439)、独(3,419)、仏(2,687)
英国	23,542	米(8,439)、仏(2,611)、独(2,154)、アイルランド(2,132)、オーストラリア(1,652)
ドイツ	56,410	英(12,096)、米(8,745)、仏(6,698)、スイス(5,823)、オーストリア(5,657)
フランス	53,350	ベルギー(12,458)、英(11,295)、米(6,818)、独(6,678)、ベルギー(6,238)
オーストリア	6,434	米(2,706)、英(1,501)、カナダ(398)、日本(346)、独(324)
日本	60,424	米(40,835)、英(6,395)、オーストラリア(3,172)、独(2,547)、仏(2,337)
中国	343,126	米(87,943)、日本(76,130)、英(47,738)、オーストラリア(28,309)、独(25,284)
韓国	95,885	米(52,484)、日本(23,380)、独(5,488)、オーストラリア(3,915)、英(3,482)

UNESCO, Global Education Digest 2006 より筆者作成

　この流れは、日本の今後の留学生受入れ戦略にも大きく影響するものであると考えられる。表2で示した通り、アメリカの学生の留学先として主に選択されるのは、イギリス、カナダ、オーストラリア等の英語圏の国々であることに注目されたい。これには、国際社会における共通言語としての英語の地位が大きく関係することが推察される。換言すれば、英語を母語とする学生は、すでに国際共通語としての英語の能力を獲得しており、言語の習得以外の分野で魅力ある機関への留学を選択することが多いということであろう。従って、今後膨大な留学生を送り出す可能性のある同国からの留学生を獲得するためには、英語による学修が可能となるプログラムの開発が求められることが予想されよう。

4. 日本の短期留学生プログラム

4.1. 短期留学生プログラムの現状

　世界規模で留学生獲得競争が激化しているなかで、日本の大学では従来のカリキュラムや評価の枠組みにとどまらない短期留学推進制度(以下「短プロ」とする)の新しい展開が期待されている[4]。本節では特に国立大学法人(以下「国立大学」とする)の取り組みを検討する。

　国立大学の短プロは原則として各大学と海外の大学間交流協定等に基づいており、留学生は母国の大学に在籍したまま1年以内の期間で日本に留学させる一方で、日本人学生(短期大学・大学学部・大学院在籍)を諸外国の高等教育機関に派遣することを目的としている。本制度は2004年度から日本学生支援機構(JASSO)の事業となり現在に至っている。国立大学における短プロの制度設計は各大学によって様々な形態をとっており、またそこでの授業形態も各担当教員の工夫に任せられている。しかしながら、各大学の短プロの特徴を整理してみると以下の3点が共通したものとなっている。

（1）　英語による授業：日本語学習以外の全てのプログラムの授業が英語によって行われている。
（2）　欧米型の授業：ディスカッションやディベートを取り入れた学習である。
（3）　混合型授業：留学生と日本人学生が同じ教室で学習する機会が提供されている。

　短プロでは海外協定校間における適切な教育・研究連携を推進することが課題となっている。留学生は日本の大学での学習経験、異文化理解、日本語習得等を主たる目的としており、また通常日本人学生を対象としている授業を聴講することや、個別の研究指導を受けることが認められている。留学生が安定した生活の中で勉学に励める環境をつくるため、文部科学省や各大学は、学習奨励費制度や授業料減免措置等私費留学生に対する援助措置の充実に取り組んでいる。

4.2. 短期プログラムの課題

しかしながら、近年の国立大における短プロの現状は、行政レベルでの明確なプログラムの制度設計が提示されていないこともあり、各大学によってその運営が多様で、また指導形態も担当教員の裁量に任されている。また、学術研究のレベルでは、短プロに関してどのようなプログラム設計がなされているのか、またどのような教育実践が行なわれているについての調査は、各大学でプログラム別に報告されているものの、総合的に検討したものはまだ少数にとどまっている。その結果、国立大学の間では短プロに関する情報交換が十分なされているとはいえず、カリキュラム・デザインをはじめ、単位互換の様式やプログラム評価の基準についても合意が形成されていないと思われる。

5. 大学国際戦略本部強化事業と短プロの関連性

5.1. 短プロの発展と大学の国際化

2004年8月、科学技術・学術審議会の国際化推進委員会から「科学技術・学術の国際展開の戦略的推進について」の中間報告が出された。本報告は21世紀が「知の時代」に突入し、厳しい国際競争の時代であると認識した上で、日本の大学が世界の著名な大学と「知」をめぐる国際競争に耐えうるよう「国際展開の戦略的推進」をはかるよう明記していた。これを受けて、2005年度、文部科学省の新規事業として、大学全体として明確な「戦略国際展開」の計画を持つ国公私立大学に対し、国際的な活動・国際化のための活動の基盤整備を支援する「大学国際戦略本部強化事業」が開始された。2005年度には本事業には全体で68件の申請があり、20件が採択され、研究・教育の両面において、大学のリソースを有機的に活用し、全学的・組織的な国際活動への取り組みを行う大学が2010年までの5年間、本事業の下、支援されることになる。

「留学交流」(2006年1月号)において、清浦隆は期待される取り組みの諸例として、以下のような項目を挙げている。

・コンソーシアム参加・形成をはじめとする海外の大学、諸機関との研

究・教育連携強化
- 国際的な外部資金の獲得と事務体制・業務の国際標準化
- 外国人研究者等の教育・研究環境ならびに生活環境の組織的支援
- 職員の国際業務に関する専門性を高めると共に外部人材の登用による専門家の確保
- 日本人学生、研究者の海外留学・派遣機会の充実
- 地域との連携を含めたいわゆる「内なる国際化」への体系的な取組み
- 海外拠点の機能の明確化と有効活用

次に、短プロを大学国際戦略本部強化事業との関連性を踏まえて示唆を与えるならば、以下の諸点があげられよう[5]。
- 短プロ(受入れ)の質的向上(FD等)とカリキュラム及び教員の国際的通用性を高める必要性があり、ひいては、大学における教育(授業)改革の核となるようにする。
- 短プロ(受入れ)の協定校以外への開放と広報の強化を図り、プログラム運営資金の補填を図る(ただし、プログラムの質向上が前提)。
- 短プロ、交換留学プログラムの共同運営・相互利用(相互乗り入れ)のために、内外の大学コンソーシアムを活用し、効率化を図るとともに受入れる留学生の多様化と彼らのプログラム及び科目履修における選択の幅を広げる。
- 受入れた留学生が日本だけでなく、日本人学生とともに東南アジア諸国(第3国)でも学べるようなプログラムを開発する(海外拠点の有効活用を図るとともに、プログラムの多様化と学生の流動化を促進する)。
- 海外留学・派遣(送り出し)の量的拡大が急務とされていることを活かし、短プロ(受入れ)拡大の機会と捉える(交換留学においては、受入れが増えなければ、送り出しも増やせない)。

上記の取組みを発展的に向上させる諸例として、①「プログラム・ディレクター(教員と職員の中間的存在)」の採用・養成(専門的なスタッフの確保とキャリアパスの形成)、②夏期・春期休暇を活用した「呼び水」としての

「超短期プログラム(受入れ)」の設置、③地域との連携を強化し、ホームスティ等の促進(宿舎確保)や地域住民と留学生の交流促進による共生社会への意識の涵養を図り、ひいては地域社会の国際化に積極的に貢献、④企業との連携によるインターンシップを取り入れた短プロの開発、⑤短プロでの受入れを大学院レベルでの学位取得留学への契機・導入と位置づける留学生マーケティングの必要性等が今後さらに検討されなければならない。「グローバルな留学生教育市場の成長と産業化」が顕著となり、疑いなく日本もその流れに巻き込まれている昨今の状況を鑑みると、大学国際戦略本部強化事業と短プロの関連性を強化して行くことは、先の採択された20大学においては必要不可欠なことであり、他の大学においても、短プロの発展的改革は、大学の教育における国際化をさらに促進する契機となると考えられよう。

5.2. 短プロに関する国内外大学間コンソーシアムの形成

上記で述べた大学国際戦略本部強化事業では、特に短プロを実施する大学にとって重要であろうと考えられる方策の一つとして「コンソーシアム参加・形成をはじめとする内外の大学、諸機関との研究・教育連携強化」がある。

短期プロの授業は英語によって行われているため、英語を母語としない教員には授業内容、教育形態、また評価方法等様々な面で負担(国際標準への取組み、国際的な評価に堪えうる授業の提供)がかかることが多い。岡田(2006)は、短プロの授業は各大学によって多様であり、短プロを持つ大学間でその教育方法や内容、FD活動等を通じて包括的に検討し、プログラムにはどのような効果が期待されているのか、またどのようにプログラムを評価するべきかについては、未だに総合的な情報の共有と共同での改善への取り組みが行われていないことを報告している[6]。

しかし近年、こうした状況に危惧を抱く短プロ関係者の間で、大学間ネットワークを構築し、相互情報交換と授業の質向上に取り組む動きが見られている。例えば、短プロを有する8つの国立大学(電気通信大学、東京外国語大学、東京農工大学、東京工業大学、横浜国立大学、名古屋大学、大阪大学、岡山大学)は、「英語で開講する授業の国際水準化支援事業―短期留学プ

ログラムの授業を手本にして国際的教育能力の向上を目指す―」と題した事業を立ち上げ、2006年文部科学省の大学教育改革の支援事業の一つ、「大学教育の国際化推進プログラム(海外先進教育実践支援)」に採択された。本事業は参加大学の教員数名を欧米の大学に派遣し、そこで開講されている授業法の研修(FD)を受講させることによって、「英語による授業の質の向上手法を学ぶ」ことや、実際のFD研修の様子をビデオ撮影し、短プロを実施する大学間ネットワークの構築を通して共有すること等が目標とされた。　将来的には「欧米の大学で使われている授業共有・管理システムの活用状況」を学び、「英語授業科目を日本の大学間で相互に利用する可能性と問題点を調査」することによって、短プロ授業の効率化を図ること等が目標とされている[7]。

　このように、短プロの授業実施関係者(教職員)が、大学の垣根を越えて連帯し、情報の共有と教授法の向上(Faculty Developmentとして)、そしてカリキュラムの共同開発(Curriculum Developmentとして)等を行うためのコンソーシアムを形成する必要性が高まっている。また、短プロを実施する大学だけでなく、広く国内外の大学間で連携し、世界的な水準での教育プログラムと教授法の研究開発を行うことも重要である。コンソーシアム参加大学が共同で文部科学省の「国際教育推進事業」等の競争的資金を獲得し、短プロに関するFD、CDプロジェクトを遂行することが考えられよう。さらに、コンソーシアムで得られた知見や成果をWebサイト上で公開することで、短プロを持つ全ての大学と情報を共有し、またフィードバックを受けることによってさらなる改善の取り組みへとつなげることが望まれよう。また、このサイトでは常時、短プロの教職員が情報交換を行ったり、問題解決に向けてのディスカッションができるようにし、全国に散らばっている短プロ担当者のオンライン・コミュニティを構築することが検討されなければならない。

　前述したが、特に欧米圏諸国では早い時期から交換留学プログラムやジュニア・イヤー・アブロード・プランを実施している大学が多く、そうした大学と連携することはプログラムの制度設計や授業方法等についての先進的なノウハウを得ることができるだろう。また近年では、韓国等の非英語圏の

国々でも英語による授業を提供する大学が急激に増えている。これらの大学では、英語の授業を実施する際に様々な工夫や取り組みがされているであろうし、そうした事例を参考にすることも日本の大学にとって有益であると思われる。

6. まとめ

以上のように、本論では今後日本の留学生政策の動向を検討するために、まず、海外の事例の分析を試みた。ここでは、特に EU 内の学生の移動を飛躍的に高めたとされる ERASMUM 計画、ならびにアメリカの留学生送り出し政策であるポール・サイモン留学生基金法案等を概観した後、日本の大学で実施されている短期交換留学プログラム（短プロ）を近年の戦略的な国際化政策との関連性の中で検討した。

現在世界規模での経済構造の変化・技術革新により教育改革が進められる一方で、多元化する社会的要求への対応は個々の大学の責任とされるが、教育機関全体としての一定の教育・研究水準は維持されなければならない。また、大学が担うべきであるとされる役割も多様化しており、単に知識の伝達、発展、応用に留まらず、国際社会において求められる人材の育成、より効率的な教育・研究の実施を実現すること等があげられる。教育の提供者である教員と並び、学習の主体である学生もまた大学の構成員としてその教育発展の一翼を担う存在として注意が向けられる。

近年留学生受入れの一つとして、日本の大学では短プロをはじめ、英語による授業の実施、学位の取得が注目を集めている。しかし、英語での授業を増やすことのみにより留学生を誘致しやすくなるというのは、やや短絡的であるようにも思われる。現在日本で学ぶ留学生のうち、英語を母語とする者、あるいは英語を公用語とする地域出身の者はさほど多くない。中国・韓国を中心とする東アジア・太平洋地域からの留学生が大半を占め、また教育再生懇談会も明示しているように「中東、アフリカ、中南米出身の留学生を中心に増やし、東南・西アジアからも誘致する計画」であるとすれば、その根拠には疑義が残る。

確かに、欧米、特に英語圏出身の学生は留学先にも英語圏を選択する傾向は高く、英語による授業の提供は留学生獲得の戦略の一つとして有効であるかもしれない。しかし、日本で学ぶ、もしくは日本について学ぶ学生にとって、日本に留学することの意義ははたしてどこにあるかと考えれば、国際共通語である英語による授業の提供に加えて、日本語教育機会の充実を図るという点にも注意が払われてしかるべきであろう。言語の理解はその国やそこで暮らす人々の思考、文化の理解にもつながるものでもある。

以上のように現在の日本の留学生受入れ戦略には、これから更に熟慮すべき課題が多くあるといえよう。特に、単純に数値のみを比べてアメリカや英国と同等の数字を確保するというのではなく、20年後の社会像を見つめ、その社会に見合った留学生受入れ目標値を検討することが求められる。さらに、他国の大学と比べてより魅力的である、あるいは他国の大学では得られないものを提供できることが、今後国際間の学生獲得競争に打ち勝つ道となるのではなかろうか。

注

1 「経済財政改革の基本方針2008」（通称骨太の方針）平成20年6月27日 http://www.keizai-shimon.go.jp/cabinet/2008/decision080627.pdf（2008年8月22日アクセス）。
2 ヨーロッパの高等教育改革に関しては以下の論文を参照のこと。吉川（2003）、木戸（2005）。
3 NAFSAホームページ http://www.nafsa.org/public_policy.sec/commission_on_the_abraham/（2008年8月22日アクセス）。
4 「短期留学推進制度」には、留学生の「受入れ」と日本人学生の「派遣」の両方を含む制度のことを意味する。また「短期留学推進制度」とは、短期交換留学プログラムを推進するための、奨学金の支給を含めた枠組みとしての制度を指す。本報告書で主に使用する「短プロ」とは所謂、各大学で取り組まれている「受入れ」のためのプログラムを意味する．本節は岡田（2006）「新しい留学生教育プログラムの開発とその評価に関する研究報告書」平成16・17年度　文部科学省科学研究費（若手研究B）を参照のこと。

5 2005年12月10日に東京外国大学で開催された科研研究報告会「新しい留学教育プログラムの開発と評価に関する報告会」における一橋大学の太田浩の発表原稿に若干の加筆・修正を加えたものである。
6 岡田前掲書。
7 本プロジェクトに関する詳細は以下の報告書を参照のこと。文部科学省平成18年度大学教育の国際化推進プログラム(海外先進教育実践支援)『英語で開講する授業の国際水準化支援事業―短期留学プログラムを手本にして国際的教育能力の向上を目指す―(成果報告書)』平成19年3月31日。

参考文献

岡田昭人(2006)「新しい留学生教育プログラムの開発とその評価に関する研究報告書」平成16・17年度　文部科学省科学研究費(若手研究B)．

清浦隆(2006)「大学に求められるグローバル化と組織体制の整備―大学国際戦略本部強化事業の立場から」『留学交流』vol.18

木戸裕(2005)「ヨーロッパの高等教育改革　ボローニャ・プロセスを中心にして」『レファレンス』2005年11月号　pp.74–98　国立国会図書館

船津秀樹(2007)「地域経済統合の進展と学生の国際間移動」『經濟學研究』56(3)　pp.1–10　北海道大学

堀田泰司(2007)「日本の留学生政策における学生交流の新たな展開方策― UCTSとバイリンガル教育の活用を求めて」『広島大学　高等教育研究開発センター　大学論集』第39集　pp.205–221

吉川裕美子(2003)「ヨーロッパ統合と高等教育政策―エラスムス・プログラムからボローニャ・プロセスへ」『学位研究』第17号　大学評価・学位授与機構 研究紀要 pp.69–90

UNESCO Institute for Statistics (2006) *GLOBAL EDUCATION DIGEST 2006: Comparing Education Statistics Across the World*. UNESCO Institute for Statistics: Montreal.

The European Higher Education Area. Joint declaration of the European Ministers of Education convened in Bologna on the 19th of June 1999. (Bologna Declaration)

Education, Audiovisual & Culture Executive Agency ホームページ http://eacea.ec.europa.eu/index.htm

NAFSA ホームページ http://www.nafsa.org/public_policy.sec/commission_on_the_abraham/

地域における新たな日本語教授法
「参加型学習」導入の試み
―共に育む活動の創造―

伊東　祐郎

1. はじめに

　1980年代後半以降の日本における急速な国際化の中で、各地域には定住化する外国人が増加し、地域社会は多言語多文化社会へと変わりつつある。このように地域で日本語を学ぼうとする外国人住民の増加にともなって、多くの日本人が市民ボランティアとして日本語学習支援活動に積極的に関わるようになってきた。地域の日本語教室は、市民ボランティアも居住する外国人も「自らの意志」で集ってくる、まさに、多文化の人々が同じ市民という立場で集い合い活動する場となっている。日本社会にとって、このような地域活動は恐らく日本全国を見渡しても他にはないであろう。日本語ボランティア活動は、今後の日本社会の「多文化共生」の有り様を左右するほどの大きな存在といえる。まさに、日本における多文化共生社会の構築の鍵は地域の日本語教室の現場にあると考えられるのである。

　本稿では、まず、地域における日本語教育の実情を概観する。次に、多文化共生における日本語教育のあり方を開発教育の視点から概観する。そして、新たなアプローチ、参加型学習について紹介し、日本語学習との関係について考察する。最後に、地域日本語教育が多文化共生社会構築に貢献でき得る可能性について検討を試みたい。なお、本文中の「ボランティア」と「支援者」を、また、「居住する外国人」と「学習者」を同義で使うことにする。

2. 地域日本語教育の実際

　地域の日本語教室では、日本語を学びたいという外国人のニーズに対して、様々な背景や動機を持った人々が日本語を教えている。外国人のお世話をしたいから、外国人に日本語を教えたいから、また、外国人から外国語を学びたいから、異文化に触れたいから、国際交流に関心があるからなど簡単に説明しきれない。その形態や指導内容は地域や支援の現場によって様々である。これらの日本語ボランティアの活動は、大学や日本語学校のような教育機関とは違い、地域に暮らす日本人と外国人が同じ市民という立場で、しかも日常的かつ継続的に接触交流する場になっている。これまでの日本語教育活動は、主に留学生やビジネスパースンを対象としたものであった。日本の大学での勉学のための日本語学習やビジネスの場面で求められる日本語運用力獲得のための日本語教授というものが、これまでの日本語教育のイメージであった。しかしながら、地域で行われている日本語教育は、留学生やビジネスパースンに対するものとは異なり、多言語多文化化する社会の中で、外国人、日本人を問わず、言語や文化が異なるもの同士がいかにコミュニケーションを図り、住みよい地域社会を創り上げていくことと深く関わるものとなっている。

　しかしながら、日本語を教える活動という性格上、また、これまで日本で行われてきた、「講義型」「知識伝達型」の手法では教師が生徒に教えるという一方通行の活動に陥りやすく、どうしても「先生」と「生徒」といった上下の人間関係になりやすい。また、日本に暮らす外国人は問題を抱えたときに最も相談しやすい日本人は身近かな日本語ボランティアであるケースが多く、上下関係まではいかないにしても外国人は常に支援を受ける側に置かれやすいという課題を抱えている。国際交流の最前線であるにもかかわらず、このような固定的な環境になってしまうことは大変惜しいことである。この意味において、日本語教育のアプローチの捉え直しが迫られている。

3. 開発教育とは

　筆者ら「むさしの参加型学習実践研究会」のメンバーは、日本語学習活動の中で、同じ地域に暮らす市民としての「対等な人間関係」が構築でき、参加する市民の異文化間コミュニケーション力を高められ、多様な背景や価値観をもつ人たち同士の相互理解力の向上と、多文化共生社会の実現に貢献できる可能性のある学習法として、開発教育で行われている「参加型学習」の手法の導入の可能性を検討してきた。

　開発教育は、1960年代にヨーロッパや北米で始められた教育活動で、「共に生きることのできる公正な社会づくり」をめざした教育活動として定着してきた。貧困や南北格差に代表される開発問題の理解とその解決をめざす教育活動がその基本にある。1980年代後半以降では、人の移動にともなう地域の国際化の進展とのかかわりから、開発教育の位置づけも多様化してきている。特に多文化共生に焦点をあてて、日本の地域社会の教育的課題も扱うようになってきた。山西（2004）は、多文化共生に向けての教育の基本的な課題として、「人間理解と人間関係づくり」「人間と文化の関係性への理解」「文化的参加〜文化の表現・創造活動への参加」を挙げている。この中で、人間理解そして人間関係づくりは、多様な文化を有する人間が地域で共に生きていこうとする場合の最も基本的かつ重要な課題として位置づけている。そして、文化の中身への理解ではなく、人間と文化の関係、人間にとっての文化のもつ役割への理解が重要であると述べている。そして、文化的存在としての人間の精神的・情緒的・文化的側面に注目し、それらの表現・創造活動への参加が多文化社会においては肝要であることを強調している。

　筆者らは、開発教育の中で述べられている多文化共生社会に求められる「人間関係づくり」に共感し、日本語教育の新たなアプローチの展開を試みるに至ったのである。

4. 参加型学習とは

　開発教育の中で紹介される「参加型学習」とは、教室という狭い限られた

空間の中にあっても、比較的手軽に学習者の学習過程への参加を促すことができる学習法である。その特徴は、学習者の緊張を解きながら、学習者がもっている知識や経験、考えを引き出し、相互の意見交流・理解を促進し、その「プロセス」の中で、参加者が相互に新たな気付きや発見をしていくことを大切にしているものである。その中で、筆者らが注目した手法は、セルフエスティーム（自尊感情／自己肯定感）、コミュニケーション、コーポレーションの３つの能力を基礎目標とした「人間関係づくりアプローチ」の理念に基づいたものである。なぜなら、外国語学習は、未知の言語体系を学ぶという行為において、とかく自信を喪失したり、本来の能力や才能を発揮できないことが多い。そのために、自尊感情を感じられないことすらある。また、言語についての規則や仕組みを学ぶことが優先され、人間が生きるために必要となる人と人との触れあい、そこから生まれるコミュニケーション活動の実現が難しくなる。そして、言葉によるコミュニケーションがとれないことによって他者と協働したり感動したりする機会がないまま日々を送ることになる。このような異国における精神的な問題を可能な限り軽減し、少しでも人間らしい生活の実現をめざすために、このようなアプローチに意義を見いだしたのである。

　参加型学習を進める際に支援者に求められる役割は、日本語の文法や規則を教えるといった知識の伝達者や形式重視の指導者ではなく、「ファシリテーター」としてのそれである。ファシリテーターとは、進行役というよりも、対話を生み出すためのきっかけづくりとしていくつかの手法を活用し、学習者の経験や意見を引き出しつつも自らも意見などを示し、対話を通した学び合いに参加していく人のことをいう。参加型学習では、このファシリテーターを除いては、学習者も支援者も同じ立場での参加者となり、また、ファシリテーターは、参加者それぞれの考えや意見を引き出しながら、相互に学び合う双方向の関係性を育む役割を担うことになる。活動は日本語で行うが、その目的はどれだけ参加者（学習者と支援者の全員）間で意見交換や交流が行われ、お互いを理解し、よりよい人間関係が築けるかということが重要である。結果として日本語習得の興味・関心が高まり学習が進むことが期待されている。ただし、その理念を忘れて手法だけが先行しないように留意

する必要がある。

　過去数年にわたって実践研究を行ってきた結果、(1)部屋の四隅、(2)いいとこさがし、(3)フォトランゲージ、(4)二頭のロバなどの手法は学習者の生の声を引き出すのに、想像以上の効果があることがわかってきた。詳細は、むさしの参加型学習実践研究会著(2005)を参照されたい。

5. 参加型学習の実践例

　ここでは、上記の3つの手法の「方法」と「ねらい」を簡単に紹介し、続いて、日本語教育でよく使われている写真パネルを「フォトランゲージ」として利用した実践例を紹介してみる。

「部屋の四隅」
〈方法〉　部屋の四つの隅を「はい」「どちらかといえば、はい」「どちらかといえば、いいえ」「いいえ」などとし、ファシリテーターの質問に対して参加者が自分の考えのところに移動する。移動後、なぜそう思うかについて全体で意見交換をする。
〈ねらい〉・参加者がいろいろな意見や背景を持っていることに気づく
　　　　　・アイス・ブレーキングとして活用する
　　　　　・さらなる学習への導入として活用する

「フォトランゲージ」
〈方法〉　身近な写真を用意し、グループで話し合いながら写真を読み解いていく。ランキングや物語づくりなどにも応用できる。
〈ねらい〉・共感的な理解や想像力を高める
　　　　　・ものごとの多様な捉え方に気づく
　　　　　・無意識のうちに持っている偏見や固定観念に気づく

「いいとこさがし」
〈方法〉　参加者がグループに分かれ、各グループ毎に各自のいいところをさがし合い、そのいいところを各人の紙に書き出す。書かれたことについてグループのみんなで話し合う。
〈ねらい〉・セルフエスティーム(自尊感情／自己肯定感)を育む
　　　　　・自己成長への前向きのエネルギーを引き出す
　　　　　・自己肯定から他者肯定へ、さらには人間存在・自然存在の肯定へと肯定・尊重の輪を広げる

【参考】『わーい！外国人が教室にやってきた！』武蔵野市国際交流協会
　　　　『わくわく開発教育―参加型学習へのヒント』開発教育協議会

以下に、筆者が行った、フォトランゲージを使っての参加型学習を紹介してみる。日本語教育では、写真や絵を使って、新しい語彙や文型を導入することが一般的である。参加型学習の一手法であるフォトランゲージも、写真を使っての活動であるが、これまでの写真の活用と違って、写真を「読み解く」という点にねらいを置いている。

[準備するもの]
絵パネル「食堂」「ファミリーレストラン」「レストラン」「立ち食いスタンド」
（同じものをグループ数）

【出典】国際交流基金『写真パネルバンク Ⅱ．社会生活シリーズ』
[人数]
　1グループ3人～6人とし、何グループでも可
[日本語レベル]
　初級以上
[ファシリテートの仕方]

写真を配る	各グループに1枚ずつもしくは1組ずつ同じ写真を配る。
↓	
質問を出す	話し合いが進むような質問を出す。

↓	
グループで話し合う	写真を観察し、各人の意見や考えをグループごとに話し合う。
↓	
全体発表	グループでどんなことが話し合われたかを各グループの代表に発表してもらう。また、なぜそう思ったか、その理由を述べてもらう。
↓	
ふりかえり	活動後ほかの人の意見や考えを聞いて、感じたことや気づいたことについて全体で話し合う。

　ファシリテートの中の、「質問を出す」は、話し合いを開始するとっかかりとなる部分で、全員が興味・関心を示すようなものにする。例えば、上の4枚の絵パネルを使った場合には、「一番行きたいところはどこ？」「なぜ行きたい？」「だれと行きたい？」という質問を出す。すると、グループでは、様々な思いや考えが出てくることになる。ファミリーレストランに行ってみたいと言った韓国の男子学生は、国では高くて行ったことがない、との発話をしたり、立ち食いスタンドに行ってみたいと言ったマレーシアの女子学生は、行きたくても男性ばかりで行きにくい、との発言。実に参加者がそれぞれの思いを発言し、お互いの考えや気持ちを共有することができる。他には、ランキングといって、「一番おいしいと思う順に並べて」「写真の中に参加するとしたら、どの順に参加したい？」など、4枚の写真をランクづけして並べてもらうこともできる。紙面の都合で、ほんの一部しか紹介できないが、異なる質問を出すことによって、異なる文化や慣習を持っている人達の多面的な考え方や感じ方を知ることができる。また、これまで気にもしなかったような自分自身の生活行動や態度を客観的に捉えられる機会や気づきも生まれるのである。

6. 開発教育と日本語教育との融合
   ―内容・課題・話題を重視した活動

　それでは、参加型学習―日本語教育版をとおして日本語はどのように習得されるのだろうか。もちろん日本語の習得は、単語の獲得から文レベルの理解や表現まで、習得される日本語力も幅広いが、最近の外国語習得理論では、学習者個人が目標言語を使って、有意味なコミュニケーション活動を行ったときに習得は促進されると考えられている。他の言葉で言えば、学習者は他者との交流ややりとり、例えば交渉や意見交換などを通して習得されるとされている。それは、言語習得は学習者の自己表現や自己実現と深く関わるものであるからである。

　地域における学習者の背景は、文化的にも言語的にも多様である。また日本語力も同一ではない。その結果、同じ学習内容を与えても、学習者全員が同じような学習過程を経て学ぶわけではない。必ずしもボランティアが期待したとおりに学習が起こるわけではないのである。したがって、参加型学習においては、活動に先行した特定の言語シラバス形式というものはないのである。むしろ、このような多様な学びの側面を前提にして、すべての学習者が積極的に学習に参加できる環境を創出し、学習者は必要に応じて、自らが学びの機会を活動の中に見出し、自主的にしかも自律的に学ぶことがより大切になる。同様に、学習者が意識するしないに関わらず、自分にとって必要だと認めたものを新たな学びとして獲得していくことが重要になるのである。このような場を創り出すことができる参加型学習―日本語教育版は、日本語による社会参加への入り口であるとともに、日本語学習においても有効なものとして捉えたい。

7. 協同言語学習を重視

　参加型学習では、グループによる共同学習が中心的な活動となる。このような外国語学習は、協同言語学習(Cooperative Language Learning)という理論的枠組みがその支えとなっている(Richards and Rodgers 2001)。

協同言語学習は、協同学習（Collaborative Learning）としても知られているごく一般的な手法の一つである。協同学習は、教室で学習者同士がペアになったり、小グループを作って、協同による活動を最大限に活かして指導しようとする手法でグループ学習活動として構成されたものである。学習は、グループ内の学習者同士による情報交換に基づいていて、学習者は自分自身の発話に責任を持ち、他の学習者の学習を促進させられるよう動機づけられているものである。また、学習者の動機を高め、ストレスを軽減し、積極的で感動的な学習環境を創造するものであると理解されている。

　協同学習は、数百年以上も前に提案されていた仲間同士の指導や仲間同士の観察が前提になっているのが特徴である。教室内学習の伝統的なモデルというものは、教師主導型であり、協同というより競争心を育て、大多数の学習者に対して行うものであると信じられていた。しかし、協同学習における、協同という用語は、もう一つの協同言語学習の重要な側面を強調している。それは、学習における競争というよりむしろ協同を育もうとする教室の創造と関係したものである。第2言語教育における協同言語学習というのは、教室での実際の言語を使ったやりとりを増大させる方法で、言語運用力を伸ばす言語指導の拡大版として捉えられている。この方法では、教師主導型の教室活動を超えた、多くの利点、例えば、学習者を緊張や不安から解放し、信頼に支えられた、学習者中心の指導法として理解することが大切である。

　協同言語学習は、また、学習者の批判的な思考力の開発も模索している。この力は、どんな学習においても中心的な役割を果たすものである。協同活動は、ある課題を達成するために開発されたもので、共有された学習目標を達成するために、学習者が一丸となって一緒に作業をするものである。そこにはコミュニケーションの必然性が生まれ、グループの参加者相互間で支援したり、助けたり、勇気づけたり、学習上うまくやっていくために必要な援助をすることになる。ここで培われた人間関係が日本語学習を促進する基盤となるのである。

8. ボランティアと学習者の役割

　協同言語学習の成否は、活動の性質や活動の組み方次第である。したがって、注意深く計画された学習プログラムが求められることになる。その結果として、学習者は相互のやりとりを行い、動機づけられお互いの学習を向上させることになる。

　学習者の基本的な役割は、参加者の一員として他の仲間たちと協力して一緒に活動することである。学習者は、チームワークをうまくとりながら活動に参加することになる。また、学習者は、自分たちの学習の指南役でもある。このように、学習とは、学習者の直接的で積極的な関わりと参加を必要とするものである。ペア活動は、最も典型的な協同言語学習であり、ペアを組んだ双方の学習者が学習課題に取り組むために最大限の時間を保証したものといえる。

　協同言語学習でのボランティアの役割は、伝統的な教師主導型授業における教師の役割とはかなり異なっている。教師は、教室をはじめ、学習目標の設定や、学習課題の計画や準備、実際の教室作り、学習者のグループ分けや役割分担、教育素材の選定などにおいて、高度に構造化され、うまく組織化された学習環境を作らなければならない。これに対して、支援者にとって大切な役割は、学習の調整役、つまり、ファシリテーターなのである。調整役としての支援者は、必要に応じて、学習者やグループに対して助言指導するために、教室内を動き回ることが期待されている。

　教室を動き回っている間に、支援者は学習者と接触を持ったり、学習支援を行ったり、再確認したり、質問したり、問題をはっきりさせたり、元気づけたり、詳述したり、発展学習できるよう導いたり、賞賛したり、大切なところを強調したりする。どのような問題が起こるかにもよるが、助言を与えたり、質問を出してグループ全体を集中させたり、グループを元気づけて問題解決に向けさせたりすることである。そして、活動を発展的に拡大させることが大切になる。学習者をよく観察して、必要な情報や資料、ヒントを提供することも重要になる。

　協同学習におけるグループ活動は、学習の中心的様式である。グループ活

動は、学習者の相互のやりとりを最大化するよう計画されていて、学習者の参加がお互いの学習に役に立つよう促進させられるようになっている。そして、協同言語学習は、他の教育方法や教授法と共に連携して使えるようになっているのも特徴である。

9. 人間学的なアプローチを実践

　教授法の発展と変遷を概観すると、常に新しい言語教育理論や概念がその根底にあり、教授法が開発されている。そして、既存の教授法に対する批判や不満から、新たな教育概念が生まれ、その上に新たな教授法が生み出されている。1950年代から60年代に注目を浴びたオーディオ・リンガル・メソッドは、その後、認知心理学を基礎とするサイレント・ウエイやサジェストペディア、コミュニティー・ランゲージ・ラーニングなどが登場した。これらは、人間学的な手法(humanistic approaches)と言われるものである(Williams and Burden 1997)。

　人間学的な手法は、学習者の内的側面に注目して、各自の考えや、感情、感動を人間的発達段階の重要な要素として扱っている。人間学的な手法の特徴は、学習経験というものが、個人のアイデンティティの確立に役に立つものであること、また、学習が将来の目標に何らかの関連をもっていることとして捉えられている。したがって、学習はできるだけ個人的なものであることが望ましく、教室という環境のなかでは、学習者個人の要求に対応したものを学習課題として提供することが大切であるとされている。

　また、学習者は自己実現のためには、学習者には何をどのように学ぶべきかは自分の裁量で決定できるよう指導されることが学習に役に立つと言われている。支援者にとって、学習者は一人の地域に居住する隣人として見なされ、各人がどのように取り組んでいるかその方法を見つけることが重要である。決して、支援者やある特定の学習者の見解や意見などを他の参加者に押しつけることがないよう配慮された環境が望ましい。

　地域日本語教育で新たな手法として試みようとする参加型学習—日本語教育版は、この人間学的な手法でいうところの理念と共通の基盤を持つと言え

るだろう。

10. おわりに

　ボランティアで日本語を教える場合、外国人からの日本語を学びたいという要望を軽視するわけにはいかない。依然として、日本語を体系的に習得したいという希望者もいる。そのために、ボランティアの人たちは、適切な教材や教具を用意し、また、効果的に教える方法を学んだり、教室運営を円滑にするために大変な努力をしている。人間関係アプローチは、たとえ体系的に日本語を教える状況にあっても、ボランティアと外国人双方にとってのコミュニケーション力の向上、相互の学習の場づくりという観点を維持することが大切であると考える。その点において、ボランティアが、日本語の文法規則や語彙の使い方などを専門的に説明できない場合も共に学ぶという意識で臨むことがボランティア活動の醍醐味であると捉えたい。肩の力を抜いて、コミュニケーションを楽しみ、さらに発展させられたらよいのではないかと考える。

　地域日本語教育が目指すところは、日本語学習者が学習者としてではなく一地域住民としていかに日本語で表現し、異文化間でのコミュニケーション力を高められるかにある。要するに、参加型の手法によって個人の持つ様々な意見や考えを引き出すことを中心に据えていて、ボランティアと外国人との対話を作り出していくことにねらいがあるのである。

　このような学習活動では、日本語を母語とするボランティアも日本語が不自由な外国人も対話に参加する仲間として水平的な立場に位置づけられている。教師も生徒も存在しないのである。参加型学習では、活動に参加することによって、多文化社会で生活する住民個々人の個性や資質、能力を発信することが期待されている。自己発信、自己表現を実現し、また同時に隣人の考え方、見方に触れて他者を理解すること、自己を振り返ること、そして参加者同士が学び合うことに感動することが大切になる。コミュニケーション力と日本語力はこうした過程から身に付いていくものであると考えたい。そして、何と言っても、地域日本語教育は、言葉を基盤とした伝え合う場、社

会参加が実現できる場であると捉えることが必要である。地域における様々な日本語支援活動が、居心地のよい社会作りに大きな可能性を秘め、大切な役割を果たすことになるのである。ここで提案した参加型学習―日本語教育版を学習支援活動の中にときどき組み込むことによって、活動そのものが多文化共生の地域社会づくりの一端を担うことを願いたい。

参考文献

青木直子他編(2001)『日本語教育学を学ぶ人のために』世界思想社

上田市外国籍市民支援会議(2006)『上田市の外国籍市民に関する調査報告書』上田市市民協働課

岡崎眸(2008)「日本語ボランティア活動を通じた民主主義の活性化―外国人と日本人双方の「自己実現」に向けて」『日本語教育』138号　日本語教育学会

岡崎洋三・西口光一・山田泉編著(2003)『人間主義の日本語教育』凡人社

開発教育協議会(2001)『わくわく開発教育―参加型学習へのヒント』開発教育協議会

国際交流基金(1997)『写真パネルバンク Ⅱ. 社会生活シリーズ』日本出版貿易株式会社

佐伯胖(2003)『「学び」を問いつづけて―授業改革の原点』小学館

佐藤郡衛・吉谷武志編(2005)『ひとを分けるものつなぐもの』ナカニシヤ出版

田尻英三・田中宏・吉野正・山西優二・山田泉(2004)『外国人の定住と日本語教育』ひつじ書房

土屋千尋(2005)「外国人集住地域における日本語教室活動―相互理解と課題発見のための日本語コミュニケーション」『日本語教育』126号　日本語教育学会

東京外国語大学編(2008)「地域日本語教育から考える共生のまちづくり―言語を媒介にともに学ぶプログラムとは」『シリーズ多言語・多文化協働実践研究5【野山班】07年度活動』東京外国語大学　多言語・多文化教育研究センター

徳井厚子(2002)『多文化共生のコミュニケーション』アルク

徳井厚子(2008)「地域におけるニューカマー支援と連携―異文化間教育学の視座から」『異文化間教育』28 異文化間教育学会、アカデミア出版会

日本語教育学会編(2008)『平成19年度文化庁日本語教育研究委嘱「外国人に対する実践的な日本語教育の研究開発」』(「生活者としての外国人」に対する日本語教育事業)

日本教師教育学会編(2002)『講座教師教育学1　教師とは』学文社

西口光一(2008)「市民による日本語習得支援を考える」『日本語教育』138 号　日本語教育学会

西口光一編著(2006)『文化と歴史の中の学習と学習者』凡人社

野山広(2008)「連携におけるコーディネーターの役割と課題―地域における研修やワークショップを事例として」『異文化間教育』28 異文化間教育学会、アカデミア出版会

野山広(2008)「多文化共生と地域日本語教育支援―持続可能な協議実践の展開を目指して」『日本語教育』138 号　日本語教育学会

文化庁編(2004)『地域日本語学習支援の充実―共に育む地域社会の構築に向けて』文化庁文化部国語課

細川英雄(2008)「日本語教育学における『実践研究』の意味と課題」『早稲田日本語教育学』第 3 号　早稲田大学大学院日本語教育研究科

むさしの参加型学習実践研究会著(2005)『やってみよう「参加型学習」！日本語教室のための 4 つの手法―理念と実践』スリーエーネットワーク

武蔵野市国際交流協会編(2003)『わ～い！ NGO が教室にやってきた！―学校と地域がつくる国際理解教育』武蔵野市国際交流協会

武蔵野市国際交流協会編(2002)『わ～い！外国人が教室にやってきた！―学校と地域がつくる国際理解教育』武蔵野市国際交流協会

武蔵野市地域日本語教育推進委員会(2000)『武蔵野市地域日本語教育推進事業報告書―市民活動としての日本語「共育」の試み』(文化庁委嘱)

Jack C. Richards and Theodore S. Rodgers (2001) *Approaches and Methods in Language Teaching second edition*, Cambridge University Press.(邦訳：アントニー・アルジェイミー＆高見澤孟監訳(2007)『アプローチ＆メソッド世界の言語 教授・指導法』東京書籍)

Marion Williams and Robert L. Burden (1997) *Psychology for Language Teachers: a Social Constructivist Approach*, Cambridge University Press.

東京外国語大学留学生
日本語教育センターの歩み

小林　幸江

1. はじめに

　東京外国語大学留学生日本語教育センター(以下、センター)の前身である外国語学部附属日本語学校(以下、附属日本語学校)は1970年に創設された。以来、その取り組みはわが国の留学生に対する日本語教育の発展に大きく貢献してきた。センターは、2010年に創立40周年を迎える。現在、センターでは、更なる飛躍を目指して、将来構想をめぐり活発な議論が続けられているが、昨今のセンターを取り巻く状況の変化はめまぐるしいものがあり、将来の予測は難しくなっている。

　センターは現在に至るまで様々な変革を経てきた。その間、センターで学ぶ留学生は多様化し、事業内容も拡大している。過去において、変革を迎える時、センター内では激しい議論が繰り返されてきた。そうして始まった新しい企画・試みが軌道に乗るまでには時間がかかる。しかし、社会の動き・変化は速く、ようやく一つのことが固まってきたと思う頃には新たな状況への対応を迫られる。センターは常にこのような変革を繰り返し今に至っている。こうした過去の積み重ねの上に現在のセンターがあり、将来がそれに続いていく。センターの40年の歩みを振り返ることにより、今後のセンターのあり方、方向性を考えるヒントが得られるのではないだろうか。

2. 資料

本資料は、巻末の参考文献・資料を基に作成した。(2008 年 9 月 1 日現在)

3. 表の見方

センターの歩みは、社会・世界の動き・文部科学省の政策等と連動している。それを視覚的に示すために、本資料では、「年代」、「社会」、「日本語教育」、「文部省・文部科学省」、「東京外国語大学」、「留学生日本語教育センター」の項目順にセンター創設前の時代も含めて示している。

1 「社会」：その時代を思い起こさせるような事件、日本語教育の動きに影響を与えた事件を示している。資料の表は単年で区切っており、年度としては次の年にまたがっている。
2 「日本語教育」：日本語教育関連機関の動きを示している。
3 「文部省 / 文部科学省」：留学生及び日本語教育に関する報告・政策等を中心に示している。
4 「東京外国語大学」：学部・大学院の留学生に対する日本語教育関係を中心に東京外国語大学の動きを示している。
5 「留学生日本語教育センター」：その年の主な出来事を示している。センターの歩みを補足するものとして、歴代の校長・センター長名、センター受け入れの留学生、及びセンターが教育をしている学部所属の留学生のカテゴリー、数、出身国数を添えている。なお、留学生数は、基本的には修了時のデータに基づいている。それ以外のデータについては、表中にその旨記している。

4. 解説

筆者は、附属日本語学校の基盤がほぼ出来上がった 1977 年に着任した。その後、日中国交回復(1978)、マレーシア政府の留学生派遣計画(1982)等、

将来の留学生増加を予想させるニュースが続く。それらは附属日本語学校の教育に直接影響することはなかったが、80年代に入ってからは留学生増加に対応すべく将来構想に関する議論が盛んに行われるようになった。1983年のいわゆる「留学生10万人計画」以降、センター受け入れの留学生数が徐々に増加し、議論は本格化していった。

　センターの過去を振り返った時、3つの大きな転換期があったように思われる。第1の転換期は1986年にやってきた。従来の留学生に対する予備教育に加えてこの年に「教材開発センター」が設置され、教材開発がセンターの事業の大きな柱となった。教材開発センターは大学組織であり、附属日本語学校内に身分の異なる組織が並存するという変則的な状況が出現し、当初は様々な議論を招いたが、それは第2の転換期を迎えるための重要な準備段階となった。

　第2の転換期は1992年にやってきた。この年に、附属日本語学校と教材開発センターを留学生日本語教育センターに改組し、センターが新たな一歩を踏み出した。その後、国費研究留学生、国費教員研修留学生、日韓共同理工系学部留学生等、新たなカテゴリーの留学生の受け入れが始まった。こうした留学生の多様化への対応は、第3の転換期を迎える重要な準備段階となった。

　第3の転換期は、2004年にやってきた。この年に、東京外国語大学への移転統合が行われた。それは国立大学の独立法人化の年でもある。附属日本語学校の頃は、「文部省附属日本語学校」と言われるほど、文部省・文部科学省との結びつきが強かったが、キャンパスが統合され、センターは名実ともに全学の1部局として位置づけられるようになった。移転後、それまでのセンター受け入れの国費研究留学生に対する6ヶ月のコースを整備し、センター及び全学に在籍する様々な非正規の留学生を対象とした6ヶ月の「全学日本語プログラム」を立ち上げた。また、学部所属の日本語・日本文化研修留学生に対する「日研生プログラム」を新たに立ち上げた。全学の留学生に対する日本語教育がセンターの新たな事業として重要性を増してきている。

　センターでは、現在、センターが作成した「JLC日本語スタンダーズ」

に則った日本語教材の開発が進行している。完成後は、全学の日本語教育に還元され、より大きな成果をあげることが期待される。「JLC日本語スタンダーズ」はアカデミック日本語の習得を優先し、大学での勉学に必要となる日本語の標準を示している。様々な機会をとらえ国内外に発信しているが、各地の日本語教育機関で高い関心を集めている。また、学内の総合情報コラボレーションセンターとの協力により、センターの日本語教材がe-learning化され、世界中に配信されている。こうした先進的な教育研究・教材の配信は今後もセンターに求められる重要な役割となるだろう。

東京外国語大学のグランドデザインにある「日本語教育の世界的拠点」を担う重要な組織として、センターの役割は大いに期待されている。その実現に向けて、センターは日本語教育・留学生教育の40年の蓄積を大学の中でどのような形でどのように還元し貢献していくのか。また、大学がそれをどう大学全体の将来構想に取り組んでいくのか。センターの将来構想の大きな課題であると同時に、それは東京外国語大学の将来構想の大きな課題となっている。

5. 終わりに

柏崎先生は、1993年にセンターに着任された。その前年に、それまでの附属日本語学校と教材開発センターが留学生日本語教育センターに統合改組されるという大きな節目の時期を迎え、センターは新たな一歩を踏み出した。そのような大変革の時期に、先生をお迎えできたことはセンターにとって幸いなことであった。その後続く激動の時期に、先生はセンターの日本語教育、運営に多大な貢献をされ、大きな足跡を残された。先生のご退職にあたり、感謝の意を込めて本資料をまとめた。

参考資料・文献
「社会」の動きに関する資料

『週刊 YEAR BOOK 目録 20 世紀』講談社
「日本語教育」の動きに関する資料
　　『日本語教育―激動の 10 年と今後の展望』古川ちかし他(1997)アルク
　　国立国語研究所、国際交流基金、日本語教育学会、国際教育協会等関係機関のホームページ
「文部省・文部科学省」の動きに関する資料
　　文部科学省ホームページ
「東京外国語大学」の動きに関する資料
　　『東京外国語大学概要』
　　『東京外国語大学史』東京外国語大学史編集委員会(1999)東京外国語大学
「留学生日本語教育センター」の歩みに関する資料
　　附属日本語学校教官会議資料(1973 年〜1991)
　　留学生日本語教育センター教授会資料(1992〜2008)
　　「附属日本語学校概要」(1967〜1991)
　　「留学生日本語教育センター概要」(1992〜2003)
　　「留学生日本語教育センター年報」(1994〜2007)
その他:
　　「留学生に対する日本語―教育国策としての昭和 29 年〜昭和 45 年の時代を中心に」窪田富男(1993)『講座日本語と日本語教育　第 15 巻　日本語教育の歴史』明治書院
　　「日本語学校紹介」『日本語学校論集』1 号　鈴木忍(1974)東京外国語大学附属日本語学校
　　「高橋一夫先生と日本語学教育」『日本語学校論集』2 号　鈴木忍(1975)東京外国語大学附属日本語学校
　　「マイコンによる言語研究―フィンランド語の例」吉川武時『日本語学校論文集』9 号(1982)東京外国語大学附属日本語学校
　　「日本語・日本文化研修留学生プログラム―東京外国語大学における日研生プログラムの現状と課題」鈴木智美『東京外国語大学留学生日本語教育センター論集』第 33 号(2007)東京外国語大学留学生日本語教育センター
　　「全学日本語プログラム―年間の報告書」2007 年東京外国語大学留学生日本語教育センター
　　「JLC 日本語スタンダーズ―中間報告 2007」東京外国語大学留学生日本語教育センター

	社　　会	日本語教育	文部省／文部科学省	東京外国語大学
1949 (昭24)	中華人民共和国成立(10月)	中国からの宣教師引き揚げで日本語学習者急増	国立大学設置法公布(新制国立大学69校設置)	東外大、新制大学として発足
1954 (昭29)	第5福竜丸事件(3月) 自衛隊発足(7月)		「国費留学生制度実施要領」発表(定員枠30名:学部留学生・研究留学生受入) 東外大と阪外大に留学生別科新設(3月) 阪外大、国費研究留学生受入開始 「国費外国人留学生招致制度」創設	「東京外国語大留学生別科規定」作成 留学生別科新設(予備教育・1年制兼担による指導 担当教官:半田一郎・河野一郎・小澤重男・鈴木忍他)(9月)(～1960年)
1960 (昭35)	ローマオリンピック 日米新安全保障条約・協定調印(1月) 所得倍増計画		研究留学生・学部留学生計23名来日 千葉大、留学生課程(理系)新設 インドネシア賠償留学生制度発足(東西両外大で5年間に52名受入)	留学生別科が留学生課程に改組される。(文系留学生受入・3年制:予備教育＋大学前期教育)(～1968)
1962 (昭37)	テレビ受信契約者数1千万人突破(普及率48.5％)(3月) キューバ危機(10月)	「外国人のための日本語教育学会」発足(6月)	大学設置基準の一部を改正する文部省令(留学生の一般教育等履修について日本語科目代替可の特例を設ける。)	
1963 (昭38)	初の日米テレビ宇宙中継で、ケネディー大統領暗殺伝える。(11月)	日本語教育学会主催「外国人のための日本語教育講習会」開催	文部省、「留学生資料」(昭和38年度版)作成	アジア・アフリカ言語文化研究所を附置(4月)
1964年 (昭39)	東海道新幹線開通(10月) 東京オリンピック		(留学生数 3,003名) 文部省に留学生課設置	
1968 (昭43)	東大紛争 十勝沖地震(5月) メキシコオリンピック 3億円事件(12月)	大学等の留学生担当者による外国人留学生問題研究会(JAFSA)設立	外国人留学生問題調査研究に関する会議、「日本語学校、日本語教育研究センターの設立について」報告(8月)	留学生課程が特設日本語学科に改組される。(大学教育・4年生)(～1988)(文系留学生の内、日本語専攻者を選考の上、受入)
1970 (昭45)	大阪万博(3月)	日本国際教育協会、(1957年設立)第1回私費外国人留学生統一試験実施(12月)	(留学生数 4,444名) 国費学部留学生に対する大学入学前の予備教育開始	
1971 (昭46)	沖縄返還協定調印(5月)	国際交流基金発足(6月)	留学生問題に関する調査研究協力者会議設立 メキシコ政府交換制度始まる。	

（　）内は国と地域の数

留学生日本語教育センター	校長／センター長	国費学部留学生	国費研究留学生	国費教員研修留学生	その他の留学生
外国語学部附属日本語学校設置（1年制・定員60名）（校舎完成まで北区西ヶ原の仮校舎で授業）（4月）教務・学生・寮務3委員会体制	髙橋一夫	第1回生 17名 (7) 日本語9 文系8 理系0			
府中市住吉町の新校舎に移転寮を併設し、全寮制となる。	髙橋一夫	36名 (12) 日本語8 文系7 理系21			

	社会	日本語教育	文部省／文部科学省	東京外国語大学
1972 (昭47)	沖縄返還(5月) ミュンヘンオリンピック 日中共同声明(9月)		東外大、千葉大の留学生課程廃止 外国人留学生医療費補助制度スタート	留学生課程廃止(3月)
1973 (昭48)	ベトナム和平協定(1月) 日本国内で出生数ピーク (209万人)(12月)	中国、戦後最初の留学生7名を和光大学へ派遣(10月) 国際交流基金主催「第1回海外派遣日本語教員研修会」開催(11月)		
1974 (昭49)	小野田さん、フィリピン・ルバング島から帰還(3月) 三菱重工ビル爆破事件(8月)	国際協力事業団(JAICA)発足	「外国人に対する日本語教育の推進の具体策について」(文化庁) 「日本語教育センター」(仮称)設立について(文化庁・国立国語研究所)(12月)	特設日本語学科と外国学部の教授会一体化
1975 (昭50)	マイクロソフト社の設立(4月) ベトナム戦争終結(4月) 沖縄国際海洋博覧会開幕(7月) 第1回サミット開催(パリ)(11月)		第1回日本語教育研究協議会開催(文化庁) ベトナム、カンボジア留学生の教育について特別な配慮を要請(緊急資金貸付を閣議決定) 「日本語教員に必要な資質能力及びその向上のための方策について」最終報告書(文化庁) 留学生問題調査・研究の実施(〜1976)	東外大大学院外国語学研究科に日本語学専攻を設置
1976 (昭51)	ロッキード事件発覚(2月) 南北両ベトナム統一(7月) モントリオールオリンピック アップルコンピュータ設立(12月)	国立国語研究所の「日本語教育部」を「日本語教育センター」に改組(10月)	「日本語教育に必要な資質能力及びその向上のための方策について」(文化庁)最終報告書	初めて中国政府派遣留学生を聴講生として受け入れる。(〜1978)
1977 (昭52)	ダッカ日航ハイジャック事件(9月) アップルコンピュータからPCⅡ発売(12月)	社団法人・日本語普及協会(AJALT)設立 日本語教育学会が社団法人となる。(会長：小川芳男) 国立国語研究所、日本語教育長期専門研修開始		学内電算機研修会

( )内は国と地域の数

留学生日本語教育センター	校長／センター長	国費学部留学生	国費研究留学生	国費教員研修留学生	その他の留学生
記録欠	高橋一夫	30名 (10) 日本語7 文系5 理系18			
体育館・校舎(図書室、視聴覚室等)増設 『日本語I』『日本語II』完成 『日本語I』マニュアル作成(〜1974) 教官の日直当番開始(6月) 国際交流基金の依頼による日本語専門家派遣(メキシコ、2年)	高橋一夫	35名 (11) 日本語13 文系2 理系20			
『日本語学校論集』第1号発行(3月) 卒業生追跡調査実施 運動場開き(12月)	今井庄次	39名 (13) 日本語11 文系7 理系21			
永井文部大臣に、日本語専攻の留学生7人が文系専攻への変更の直訴(朝日新聞に「7人の侍」と報道され、留学生の希望が聞き入れられる。) 「附属日本語学校の管理・運営に関する内規」(3月) 沖縄海洋博に附属日本語学校の学生が招待される。(8月) 中国政府からの留学生の受入れの要請を受け検討「附属日本語学校における国費学部留学生以外の学生の受入れについて」試案作成(7月) 初の海外研修(韓国6ヶ月)承認 私費統一試験の試行(12月) 国立国語研究所の委託による日本語教育のための基本的な語彙に関する調査研究	今井庄次	27名 (8) 日本語5 文系7 理系15			
校長・主事の任期に関する規定・教官の寄宿寮宿日直規定 『日本語III』完成 文化庁委託研究、「外国人留学生の学習困難点からみた日本語教育に関する研究」(〜1979)	半田一郎	35 (12) 日本語9 文系8 理系18			
国際交流基金の依頼による日本語専門家派遣(タイ、2年) 中国政府派遣研日本語教員修生に対する日本語教育開始(4月)(〜1979) 日本育英会奨学金(大学院)の返還免除機関に認定される。(4月)	半田一郎	31名 (8) 日本語4 文系6 理系21			中国政府派遣日本語教員研修生 6名

	社 会	日本語教育	文部省／文部科学省	東京外国語大学
1978 (昭53)	日中平和友好条約調印(8月) 東芝から、日本初のワープロ JW-10 発売(9月) 日立製作所、国産初のパソコン、ベーシックマスター発売	国際交流基金主催「第1回日本語教育国際会議」開催(3月)	中国政府、日本政府に対し中国政府派遣留学生の予備教育のための教員派遣と資材の援助等要請 私費留学生に学習奨励費支給開始	左記の中国政府の要請に関し、文部省留学生から東外大に支援の要請あり。東外大として、業務請負を決定
1979 (昭54)	米中国交成立(1月) ジュネーブでインドシナ難民問題国際会議(7月) 日本電気から、PC-8001 発売	インドシナ難民のための姫路定住促進センター開設(～1996)	中国政府派遣の学部留学生の受け入れを各大学に依頼(10月) 日中共同事業として、中国の東北師範大学に赴日留学生予備学校設置(3月) 「日本語教育の内容・方法の整備充実に関する調査研究について」(文化庁)	中国政府派遣の留学生を聴講生から研究生としての受け入れに改める。 中国の東北師範大学での日本語教育の責任機関となることを決定 国内で初めて日本語・日本文化研修留学生受入(10月) 創立80周年記念行事(11月)
1980 (昭55)	イラン・イラク戦争勃発(9月) 日本の自動車生産台数世界一に(12月)	インドシナ難民のための大和定住促進センター開設(～1998)	日中間で中国北京言語学院に日本語研修センター設置することで合意(4月)	文部省通知「外国人留学生特別指導費の取り扱い」により、「チューター制度」始まる。(4月) 「教員研修留学生制度」(研究生レベル)受入開始(10月)
1981 (昭56)	マレーシアのマハティール首相「ルック・イースト政策」発表(6月) モスクワオリンピック 内閣、「常用漢字」施行(10月)	国際交流基金助成「外国人のための日本語能力検定試験」実施 国立国語研究所「日本語教育センター」に「日本語教育指導普及部」設置(4月)		

(）内は国と地域の数

留学生日本語教育センター	校長／センター長	国費学部留学生	国費研究留学生	国費教員研修留学生	その他の留学生
国際交流基金の依頼による海外海外日本語教育短期巡回指導(中南米・米国他)(1月) 中国の教育代表団来訪(10月)	半田一郎	31名 (8) 日本語 8 文系 7 理系 16			中国政府派遣日本語教員研修生 5名
日本庭園造園(2月) 国際交流基金の依頼による海外海外日本語教育短期巡回指導(中南米地域)(2月) 中国政府派遣留学生予備教育への教師派遣開始(1年制・長春) 東京外国語大学附属日本語学校教材開発研究協議会設立(3月) LL教室の整備(3月) 日本語非常勤講師採用開始(4月) 「外国人留学生の日本語能力の標準と測定」文化庁委託研究・第1次(〜1980年) 日本語・日本文化研修留学生に対する日本語教育開始(10月)(〜1985)	半田一郎	32名 (8) 日本語 2 文系 12 理系 18			中国政府派遣日本語教員研修生 6名 日本語・日本文化研修留学生 10名 (6)
一橋大学主催による多摩地区国私立大学在籍外国人留学生に対する日本語課外補講に講師派遣開始(〜1986年) 「外国人留学生の日本語能力の標準と測定」文化庁委託研究・第2次(〜1981年) 国際交流基金による海外日本語教育短期巡回指導(メキシコ・米国)(8月)	小澤重男	35名 (7) 日本語 2 文系 12 理系 21 ※入学後に1名東外大日本語学科へ直接配置			日本語・日本文化研修留学生 17名 (10)
「日本語専攻」「文科系専攻」が「文科系専攻」にまとめられる。(4月) 国際交流基金の依頼による海外日本語教育短期巡回指導(中南米)(7月) 理科実験棟・音楽室・和室増築(7月)	小澤重男	37名 (7) 文系 14 理系 23			日本語・日本文化研修留学生 16名 (9)

	社会	日本語教育	文部省／文部科学省	東京外国語大学
1982 (昭57)	東北新幹線、上越新幹線開業(6月) 中曽根内閣発足(11月)	就学ビザ発給開始 国際交流基金、海外派遣日本語教員養成のための実習講座発足	日中共同事業として、中国の大連外国語学院に赴日留学生予備学校設置(3月)(～1988) マレーシア政府派遣留学生の現地での日本語予備教育開始(2年) 高等専門学校留学生制度・専修学校留学生制度発足	東外大外国語学部・大学院レベルの研究生・教員研修留学生・研究留学生等を対象とした日本語補講開始(～2003)
1983 (昭58)	NHK「おしん」放送開始(4月) 大韓航空墜落事件(9月) 国際結婚総数が年間1万件を越す。	「21世紀の留学生政策に関する提言」「留学生10万人計画」(中曽根首相) 「外国人日本語能力試験」(東京・大阪)実施(日本国際教育協会)	(留学生数10,428名) マレーシア政府派遣留学生の現地での日本語による教科教育開始(1年) 日本語教育研究協力指定校制度始まる。(文部省)	
1984 (昭59)	ロサンジェルスオリンピック 英中、1997年の香港返還合意文書調印(12月)	中国帰国孤児定着促進センターで日本語教育開始 法務省入国管理局、各種学校への就学生入国手続きの簡素化(代理申請可) 第1回「日本語能力試験」(国際交流基金と協力し国内外で実施)	マレーシア政府派遣第1期留学生受入れ(4月) 留学生問題調査・研究に関する協力者会議、留学生受入態勢整備について提言	
1985 (昭60)	科学万博'つくば85開催(3月) 日航ジャンボ機墜落(8月) 日本の口1億2105人(国勢調査)(10月) 円高進む。		筑波大学、東京外国語大学に日本語教育主専攻課程設置 日本語教育施策推進に関する調査研究会、「日本語教員の養成について」報告「日本語教員養成のための標準的な教育内容」を発表	荒川区西尾久に国際交流会館開設(4月)(～2006) 特設日本語学科が日本語学科に改組される。(4月)(～1998年) 「移転問題検討委員会」設置される。(11月)
1986 (昭61)	チェルノブイリ原発事故(4月) 男女雇用機会均等法施行(4月) 内閣告示として、現代仮名遣い公布	就学生急増、「外国人就学生受け入れ機関協議会」発足 国際交流基金、放送ビデオ教材『ヤンさんと日本の人々』(第1巻)制作	臨時教育審議会、第2次答申の中で留学生受入態勢の整備・充実について答申(4月)	文部省の国立学校統合整備等に関する連絡調整会議、本学の移転について協議・了承(2月)
1987 (昭62)	国鉄分割・民営化(4月) NTTから携帯電話発売 世界の人口が50億人突破(7月)	財団法人・国際文化フォーラム設立	学部・大学院留学生在学の正規の私費留学生を国費留学生に採用する規定を制定(11月)	

東京外国語大学留学生日本語教育センターの歩み　491

( )内は国と地域の数

留学生日本語教育センター	校長／センター長	国費学部留学生	国費研究留学生	国費教員研修留学生	その他の留学生
国際交流基金の依頼による日本語教育派遣(中国日本語研修センター)(4月〜7月) 国際交流基金派遣海外日本語教育短期巡回指導(東南アジア)(3月) 東外大の研究留学生に対する日本語補講協力 センター内で、附属日本語学校の拡充改組を目指す将来構想案案(「東京外国語大学日本語教育研究センター案」)が活発に議論される。(→1986 留学生教材開発センター) チューター制度導入 留学生に対する「マイコン教室」開講(教官私有のマイコン使用)	田中忠治 (1月〜11月) 金丸邦三 (12月〜)	33名 (9) 文 13 理 20			日本語・日本文化研修留学生 16名 (10)
『日本語Ⅰ』改定作業始まる。 国際交流基金の依頼による海外日本語教育短期巡回指導(中南米)(7月〜8月) 長春用日本語教材『中国人学生(理科系)のための日本語』完成 パソコン2台導入される。(PC-8801)	金丸邦三	38名 (9) 文系 18 理系 20			日本語・日本文化研修留学生 19名 (10)
国際交流基金の依頼による海外日本語教育短期巡回指導(中国)(3月) ＊記録欠	金丸邦三	38名 (11) 文系 17 理系 21			日本語・日本文化研修留学生 15名 (10) 「附属日本語学校概要」の数字
総務庁青少年対策本部主催の「IYY国際青年の村」に留学生参加(7月) ＊記録欠	金丸邦三	36名 (10) 文系 17 理系 19			日本語・日本文化研修留学生 14名 (7) 「附属日本語学校概要」の数字
『初級日本語』三省堂より出版 留学生教育教材開発センター設置(人文・社会系・理工系・視聴覚の4部門制)(学内共同教育研究施設)(4月) 国際交流基金の依頼による海外日本語教育短期巡回指導(米国)(8月)	金丸邦三 (〜3月) 河野一郎 (4月〜)	34名 (12) 文系 17 理系 17			
文部省依頼による海外日本語教育事情調査に参加(3月〜4月) 日本事情検討委員会設置(4月)	河野一郎	45 (12) 文系 25 理系 20			

	社　会	日本語教育	文部省／文部科学省	東京外国語大学
1988 (昭63)	イラン・イラク戦争終結(8月) ソウルオリンピック (就学生、ビザの早期発給を求めて抗議)	第1回「日本語教育能力検定試験」実施(1月) 日本語学校の標準的基準に関する調査研究協力者会議が「日本語教育施設の運営に関する基準」発表(12月)		東外大の移転統合が閣議決定される。(7月)
1989 (平1)	昭和天皇逝去 中南米諸国から日系人の出稼ぎ急増 天安門事件(6月) ベルリンの壁崩壊(11月) 東芝、ノートパソコンDynaBook発売	国際交流基金内に「日本語国際センター」発足(7月) 「日本語教育振興協会」第1次認定77施設	「日本語教育振興協会」発足　日本語学校の認定を行う。(文部省管下)(5月) 国際学友会(文部省所轄)で国費学部留学生受入(～1990) (財)留学生支援企業協力推進協会設立(文部科学省・経済産業省)	移転先が府中に決定(8月)
1990 (平2)	大学入試センター試験始まる。 日本人初の宇宙飛行(4月) 「出入国管理および難民認定法(入管法)改正(在留資格の再編)(6月) 東西両ドイツ統一(10月)	文部省、「日本語教育振興協会」を日本語教育施設審査・証明事業の法人として認定(3月) 全国専門学校日本語教育協会発足		
1991 (平3)	湾岸戦争勃発(2月) 東京都庁が新宿副都心に移転(4月) ソ連崩壊(12月)	国際研修協力機構(JITCO)発足(10月) 「大学日本語教員養成課程研究協議会」設立(11月)	阪外大、留学生別科を留学生日本語教育センターに改組。国費学部留学生受入開始(4月) UMAP(アジア太平洋大学交流機構)設立 日本語指導の必要な外国人児童生徒の実態調査開始	中国政府派遣留学生予備教育へ日本課程から1名派遣(6ヶ月・長春)(1987年・1990年・1992年)

( )内は国と地域の数

留学生日本語教育センター	校長/センター長	国費学部留学生	国費研究留学生	国費教員研修留学生	その他の留学生
附属日本語学校等移転計画検討委員会発足(4月) 「日本語能力試験」のモニターへの協力(6月)	斉藤次郎	50 (14) 文系 23 理系 27 ※入学後に1名特設へ直接配置			
「日本語能力試験」のモニターへの協力(1月) 「日本語教育カリキュラム改善研究小委員会」設置(2月) 日本語ビデオ教材開発(〜1993年) 天安門事件発生に伴い、長春派遣の危機管理について活発に議論	斉藤次郎	59名 (15) 文系 23 理系 36 ※入学後に1名へ直接配置			
REX 事前研修のための施設増設(3月) REX プログラム事前研修開始(文部科学省・総務省共同プロジェクト) 留学生教育教材開発センターに日本語の教材開発部門が設置される。(4月) 『1年で社説が読めた―日本語学校の365日―』(研究社)	斉藤次郎	54名 (14) 文系 24 理系 30			
国際学友会の委嘱による「海外における留学予備教育の実態調査のため」派遣(タイ・インドネシア) 『初級日本語』出版(三省堂)(3月) NHK が第 21 回卒業式をテレビ取材(3月) 長春へは東外大から3名派遣することとなった。(東外大2、非常勤1) 学校紹介ビデオ完成 社団法人尚友会倶楽部からの寄付の申し出であり。(9月) 「海外渡航についての申し合わせ」決定(10月) 「日本語カリキュラム検討小委員会」報告書作成(10月) 私費海外研修渡航(3ヶ月)承認される。 卒業生の追跡 WG 立ち上げ(11月) 留学生生活指教官2名採用される。(11月〜12月)	新田 実	54 (18) 文系 31 理系 23			

	社会	日本語教育	文部省／文部科学省	東京外国語大学
1992 (平4)	経済企画庁がバブル景気の終結を発表(2月) 国家公務員の週休2日制スタート(5月) 公立学校毎月第2土曜日が週休2日制となる。(9月) バルセロナオリンピック 天皇初の訪中(10月) 外国人登録者が総人口の1％を超える。	「日本語教育振興協会」認定校522施設。廃校が続出(12月) 「日本語教育学会創立30周年・法人設立後15周年記念大会開催	「21世紀に向けての留学生政策に関する調査研究協力者会議」が「21世紀を展望した留学生交流の総合的推進について」という報告書を文部大臣に提出、留学生の地方分散化を提唱 『にほんごをまなぼう』発刊(文部省)(シリーズ1～3：～1995)	日本語学科の入学願書受付期間が12月中旬に早まる。また、入学定員枠外扱い3名に制限 西河原キャンパス留学生数282名(5/1現在) 大学間交流協定締結校14校
1993 (平5)	曙、外国人力士初の横綱昇進(1月) 欧州連合発足(11月) マイクロソフト社からPC用ソフト3.0発売 国際結婚総数26,657件(約30組に1組が国際結婚)	外国人児童生徒1万人超える。 都内で外国人に日本語を教えているボランティアグループが「東京日本語ボランティアネットワーク」結成	文部省、学部進学留学生の定員拡充の方針打ち出す。 『日本語をかなぼう2』発刊 総務庁行政監察局が文部省に対し、大学側の留学生受け入れ態勢の整備を指導するよう勧告 外国人児童生徒等日本語指導講習会開始	

( )内は国と地域の数

留学生日本語教育センター	校長/センター長	国費学部留学生	国費研究留学生	国費教員研修留学生	その他の留学生
東外大日本語学科の入試手続き及び条件（日能試1級）の変更により、以降留日センターからの東外大受験者途絶える。 旧卒業生の会が「寮生交流の集い」となって開催される。(1月) 卒業生アンケート実施・集計(2月) 研究留学生予備教育準備委員会発足(5月) 日本語教育学会創立30周年・法人設立後15周年記念大会会場(5月) 週休2日制導入によるカリキュラムの見直し開始 留学生日本語教育センター諸規定整備・運営組織整備 長春派遣者の帰国後の海外研修始まる。 社団法人尚友会倶楽部からの寄付により、CAIシステム関連機器購入 附属日本語学校と留学生教育教材開発センターを留学生日本語教育センタに改組(留学生教育部・日本語教育推進企画部・留学生生活指導部の3部門制)(～2005) 留学生日本語教育センター開所式(9月)	新田　実	49名 (13) 文系21 理系28			
国費学部留学生の定員60名から70名となる。 大学院レベルの研究留学生対象の予備教育開始 「センター年報」創刊 センター内委員会整備 長春派遣はセンターから3名派遣(センター教員1、非常勤2) 直通電話回線によるパソコン通信関連業務開始(送受信、及び各種データベースへのアクセス可能となる。)	新田　実	51名 (16) 文系28 理系23	10月期： 5名 (3)		

	社 会	日本語教育	文部省／文部科学省	東京外国語大学
1994 (平6)	松本サリン事件発生(6月) 関西国際空港開港(9月)		外国人留学生5万人を超える。国内の日本語教育施設1143箇所で学ぶ習者数は76,940人、過去最高を記録(文化庁93年11月現在)	
1995 (平7)	終戦50周年 阪神大震災(1月) 地下鉄サリン事件(3月) 公立学校、土曜日が隔週で休日となる。 マイクロソフト社からPC用ソフト(OS)ウインドウズ95発売	国際交流基金『海外の日本語教育の現状』発刊(海外の日本語学習者160万人、10年前の3倍)	(留学生数53,847名) 短期留学推進制度の創立	外国語学部を7課程3大講座に改組(日本語学科は日本課程となる。)(4月)
1996 (平8)	アトランタオリンピック ペルー日本大使公邸人質事件(12月) 携帯電話・PHSの契約者数急増 インターネット普及	第1回「ジェトロ・ビジネス日本語能力テスト」実施(6月) 留学生教育学会設立(7月) 法務省、留学生・就学生に義務付けていた身元保証書を廃止(10月)	(留学生数52,921名) 留学生総数が減少に転じる。	事務局に留学生課新設 留学生委員会規定制定 留学生のための「電算処理入門教室」開催(7月)
1997 (平9)	消費税5%に 憲法施行50周年(5月) 香港、中国に返還(7月)		(留学生数51,047名) 短期留学プログラム開始	創立百周年(建学124年)記念式典挙行(4月) 新キャンパス起工式挙行(9月)

東京外国語大学留学生日本語教育センターの歩み　497

（　）内は国と地域の数

留学生日本語教育センター	校長／センター長	国費学部留学生	国費研究留学生	国費教員研修留学生	その他の留学生
修了式・入学式の会場が府中の森芸術劇場になる。 シンポジウム「留学生教育の多様化と展望」開催(3月) 将来計画検討委員会・報告書「将来構想モデル(案)」が出される。(3月) 東外大受入れの教員研修留学生に対する日本語指導開始(～2001) 長期海外渡航に関する申し合わせ作成 『初級日本語』『中級日本語』凡人社より出版 国費学部留学生の多様化に対応し、学習レベル等を考慮したコースを設定 文部省委託による日本語教材調査実施 学生用コンピュータ室の充実・コンピュータの授業への導入 学生からインターネット加入の要望出るが、予算的に対応できず。	松田徳一郎	50名 (20) 文系23 理系27	4月期： 7名 (7) 10月期： 5名 (5)	東外大受入教員研修留学生(～2001) 1名	
プレハブ校舎増築(3月) シンポジウム「学部留学生教育の現状」開催(3月) センター人事委員会規定改正(4月)(選挙により人事委員選出等) 「中・上級社会科学系読解教材テキストバンク」開発プロジェクト発足(9月) インターネット利用のための環境整備始まる。	松田徳一郎	53名 (21) 文系24 理系29	4月期： 4名 (4) 10月期： 4名 (4)		
シンポジウム「マレーシア政府派遣留学生教育について」開催(3月) センター長選出規定が改正(センター教員の中からセンター長を選出し、学長に具申) 文部省共同プロジェクト「外国人子女に対する日本語指導に関する調査研究」(10月)(～1998) 『センター活動記録』発行 視聴覚コンユータ委員会を中心にLAN導入への取り組み本格的にスタート	姫野昌子	52名 (17) 文系26 理系26	4月期： 7名 (7) 10月期： 2名 (1)		
将来検討委員会、「センター拡充構想」「21世紀における大学教育の在り方試案―センターの将来像をめぐって―」の2案まとめ、学長ヒアリングを受ける。(2月) 「中・上級社会科学系テキストバンク」完成(3月) 「外国人子女の日本語教育に関する調査研究　中間報告書」文部省に提出	姫野昌子	53名 (21) 文系18 理系35	4月期： 2名 (2) 10月期： 2名 (2)	2名 (1)	

	社　会	日本語教育	文部省／文部科学省	東京外国語大学
1998 (平10)	韓国の金大中大統領来日。「21世紀に向けた新たな日韓パートナーシップ」と題した「共同宣言」に署名 (10月) マイクロソフト社から PC 用ソフト(OS)ウインドウズ 98 発売		(留学生数 51,298 名) 留学生数再び増加 大学審議会、「21世紀の大学像と今後の改革方策について」(中間まとめ)(6月) 日韓政府共同宣言に基づき、日韓共同理工系学部留学生受け入れ開始(10月)	中島嶺雄学長、UMAP(アジア太平洋大学交流気候初代事務局長に就任) 東外大国際教育プログラム(ISEP of TUFS) 開講(10月)
1999 (平11)	独立行政法人法成立(8月) 国旗・国家法、公布・施行(8月) マカオが中国に返還される。(12月)		(留学生数 55,755 名) 留学生政策懇談会、「知的国際貢献の発展と新たな留学生政策の展開を目指して―ポスト 2000 年の留学生政策―」報告(3月)	西河原キャンパス留学生数 484 名・35 の国と地域(5/1現在)大学間交流協定締結校 44 校 「ポスト 2000 年の留学生政策」アクションリスト 東京外国語大学独立百周年記念式典挙行(11月)
2000 (平12)	三宅島、雄山噴火による全島避難(9月) シドニーオリンピック 九州・沖縄サミット		(留学生数 64,011 名) G8 教育大臣会合で学生等の交流の倍増に合意、九州・沖縄サミットで再確認	東外大の留学生のための日本語補講に留日センター教官がコーディネーターとして配置される。(10月) 日研生プログラム開始(10月) 東京外国語大学留学生支援の会発足 学部、大学院が府中キャンパスに移転(10月)

（　）内は国と地域の数

留学生日本語教育センター	校長／センター長	国費学部留学生	国費研究留学生	国費教員研修留学生	その他の留学生
修了生座談会「国費学部留学生の眼から見た日本の留学生受入れ制度」開催(2月) 留日センター内LAN稼動開始(5月) インターネット講習会開催 「中・上級社会系読解教材テキストバンク」完成(3月) 「外国人子女の日本語教育に関する調査研究　最終報告書」同調査研究「資料集」文部省に提出 『自己点検・評価報告書』をまとめる。(留学生へのアンケート、進学先大学へのヒアリング実施) ISEPTUF・日本語担当開始(10月) 『上級日本語』出版(凡人社) 『実力日本語―豊かな語彙・表現力を目指して』凡人社から出版 『外国人児童生徒のための日本語指導』第1分冊〜第5分冊、ぎょうせいより出版(〜1999)	姫野昌子	62名 (20) 文系28 理系34	4月期： 1名 (1) 10月期： 2名(2)	2名 (2)	
公開講座WGによる府中市民対象の公開講座開始(2月)(〜2003) 『実力日本語』凡人社より出版 将来計画検討委員会を中心に留日センター移転基本構想(案)がまとめられる。(7月) 大学入学のための「準備教育課程」への再申請(9月) 「留学生教育総合センター」(仮称)新設概算要求(国費学部留学生100人構想・全学留学生のための留学センターの役割)→センター機能分教官2名認められる。(12月)	姫野昌子	63名 (24) 文系32 理系31	4月期： 6名 (6) 10月期： 1名	2名 (2)	
日韓共同理工系留学生受入開始(〜2002) 以降、日本語・日本文化研修留学生プログラムを留日センター教官が担当(〜2004) 「留日センター設立30周年記念国際シンポジウム」開催 「REXプログラム10年の総括と展望」報告書作成(第3者評価・自己点検評価報告書) 「留学生生活指導部」が「留学生指導部」に名称変更 1コマ45分から90分授業となる。 新カリキュラム案WG、今後予想される業務展開を検討	姫野昌子	60名 (27) 文系32 理系28	4月期： 5名 (3) 10月期： 4名 (4)	2名 (2)	日韓共同理工系学部留学生5名 日研生 計15名 (13) (大使館推薦13名 大学推薦　2名)

	社　　会	日本語教育	文部省／文部科学省	東京外国語大学
2001 (平13)	アメリカで同時多発テロ事件発生(9月)	独立行政法人「国立国語研究所」発足(4月) 私費外国人留学生統一試験廃止 国立国語研究所、政策研究大学院大学、国際交流基金日本語国際センターによる連携大学院開始(10月)	(留学生数78,812名) 中央省庁編成により、「文部省」から「文部科学省」となる。 国立大学の任期制教官採用始まる。 留学生受入制度百年記念式典開催(11月) 「我が国の留学生受け入れ百年の主な歩み」作成(11月) 国際研究交流大学村開村 ヤング・リーダーズ・プログラム(YLP)による留学生受入開始 外国人児童・生徒のための「JSLカリキュラム」開発(～2003)	百周年記念事業の一環として、本郷サテライトオープン UMAP LEADERS PROGRAM開設 池端新体制発足 台湾大学サマープログラムへの協力要請あり
2002 (平14)	AU(アフリカ)連合発足(7月) 新学習指導要領実施1(小中学校) 完全週休2日制実施	第1回日本留学試験実施	「国立大学法人化作業スケジュール」(11月)	アジア・アフリカ言語文化研究所が府中キャンパスに移転(2月) 大学院に高度専門職業人養成を目的とした3コース新設される。 「東京外国語大学グランドデザイン」公表 学生後援会設置 中期目標計画部会設置

( )内は国と地域の数

留学生日本語教育センター	校長／センター長	国費学部留学生	国費研究留学生	国費教員研修留学生	その他の留学生
学生用コンピュータ室にコンピュータ20台入る。(1月) 日本留学試験模擬試験実施協力(2月) 台湾大学サマープログラムの協力依頼あり、コーディネーターとして協力(7月) 全学将来検討委員会に「留学生日本語教育センター将来構想案」を全学将来計画検討委員会に提出(11月) センター内点検評価委員会活動開始 「長期海外渡航に関する申し合わせ」(10月) 「青の会」(将来計画検討委員会下部組織) 教員研修留学生、日本語・日本文化研修留学生、SEPTUFS、補講プログラムの留学生のための6ヶ月コース原案作成 100人体制カリキュラムWG設置(教務委員会)(〜2004) 「履修案内書」に出席は80％以上を必要とすること明記	横田淳子	63名 (24) 文系33 理系30	4月期： 5名 (5) 10月期： 8名 (8)	1名	日韓共同理工系学部留学生5名 日研生計14名 (8) (大使館推薦11名 大学推薦 3名)
REX-NET第1回国際教育シンポジウム(東外大共催) 『日本事情テキストバンク』完成 「留学生日本語教育センター中期目標・中期計画参考資料(案)」作成 文科省、日本国際教育協会からの依頼により、日本留学試験モニター実施(12月) 大学院・日本語専修コースに留日センター教員5名任意参加 出欠記録作業がコンピュータ化される。 市民学習推進係設置、公開講座の企画運営にあたる。 全学日本語プログラムWG(〜2003)	横田淳子	62名 (21) 文系29 理系33	4月期： 6名 (5) 10月期： 5名 (5)		日韓共同理工系学部留学生5名 日研生計14名 (8) (大使館推薦10名 大学推薦 4名)

	社　会	日本語教育	文部省／文部科学省	東京外国語大学
2003 (平15)	朝青龍第68代横綱に昇進(1月) 宮城沖地震発生(5月)		留学生10万人計画達成される。 国立大学法人化案が閣議決定される。(2月) 中教審、「新たな留学生政策の展開について(答申)―留学生交流の拡大と質の向上を目指して―」(留学生の質確保と「相互交流重視」提案) 総務省行政評価局、「外国人児童生徒の教育に関する行政評価・監視結果に基づく通知―公立の義務教育諸学校への受け入れ推進を中心として」(8月)	「国立大学法人東京外国語大学中期目標・中期計画」を文部科学省に提出(9月)
2004 (平16)	国立大学法人化 アテネオリンピック開催(8月) スマトラ島沖地震発生(12月)	日本経団連、「外国人受入問題に関する提言」(4月) 日本育英会・(財)日本国際教育協会・(財)内外学生センター・国際学友会・(財)関西学友会が合併し、「日本学生支援機構」設立(4月)		多文化コミュニティー教育支援室設立(～2007) 学部に日本語教育特化コース設置される。 国際交流会館1号館完成(1月)

（　）内は国と地域の数

留学生日本語教育センター	校長／センター長	国費学部留学生	国費研究留学生	国費教員研修留学生	その他の留学生
シンポジウム「国際理解教育への展望―REXネット構築へ向けて―」(2月) 本郷サテライトで日本語教師のための公開講座開催(3月) シンポジウム「留学1年目の教育の在り方」開催(3月) 6ヶ月コース(研究留学生・教員研修留学生)は、朝日町新キャンパスで授業実施(2004年度開講の全学日本語プログラムの試行) 『初級総合教材』開発プロジェクト発足 日本語e-learning教材の発信開始(留日・総合情報処理センター共同開発) センター受入れ教員研修留学生プログラム開始 「日本事情テキストバンク」CD-REM発行 中国国内のSARS発生、長春派遣業務に影響。危機管理について活発に議論される。 「JLC日本語スタンダーズ」WG、研究・開発に着手(7月) 引越しWG、備品WG等設置、移転の計画・遂行	横田淳子	59名 (20) 文系41 理系18	4月期： 12名 (12) 10月期： 4名 (4)	以下、留日センター受入教員研修留学生 2名 (2)	日研生計 17名 (11) (大使館推薦 10名 大学推薦 7名)
住吉町お別れ会開催(2月) 朝日町キャンパスに移転(2月) 法人化に伴い、REX事前研修の大幅予算減(前年度の45%) 移転記念オープニングセレモニー開催(4月) 副センター長を置く。(4月) 1年コース(国費学部留学生に対する予備教育)が3学期制から2学期制に変更。授業開始時間を学部に合わせて9時に変更 JLC日本語スタンダーズの開発・作成作業開始 全学日本語プログラム開始(10月) 移転記念シンポジウム「アカデミック・ジャパニーズを考える」を開催(11月) シンポジウム「日本語e-learningの現状と課題」開催(3月) FD研究委員会発足	横田淳子	69名 (37) 文系41 理系28	4月期： 15名 (15) 10月期： 5名 (4)	3名 (3)	全学日本語プログラム登録者数 4月期： 166名 (44) 10月期： 130名 (37) 日研生計 17名 (12) (大使館推薦 10名 大学推薦　7名)

	社 会	日本語教育	文部省／文部科学省	東京外国語大学
2005 (平17)	京都議定書発効(2月)	国立国語研究所・一橋大学との連携による大学院教育開始(4月) 日本語指導の必要な外国人児童の数、2万人を超える。	大阪外国語大学留学生日本語教育センター、日本語日本文化教育センターへ改称	博士後期課程、言語教育学講座設置
2006 (平18)	世界の推計人口65億人突破(2月)	「外国人労働者等特別委員会」(自民)受入拡大を目指す方針まとめ、政府に関連の制度の新設求める。(7月) (財)日本語教育振興協会認定の日本語教育機関390機関(学生数30,607名)	(留学生数117,927名) 文化庁、「地域における日本語教育」(国語分科会日本語小委員会)(3月) 初等・中等教育における外国人児童生徒教育の充実のための検討会、「外国人児童生徒教育の充実・方策について」報告	日本語教育学会2006年度春季大会会場(5月) 産学連携プロジェクト「在日ブラジル人児童への教材作成」(三井物産)(〜2008) 多言語多文化教育センター設立 国際交流会館2号館完成(3月)

（　）内は国と地域の数

留学生日本語教育センター	校長／センター長	国費学部留学生	国費研究留学生	国費教員研修留学生	その他の留学生
長岡技術科学大学ツイニングプログラムの日本語教育について協力要請あり。（アドバイジングの一環として対応）（3月） 1年コース（国費学部留学生）、2学期制から3学期制に再度戻る。1〜3学期から春〜冬学期に名称変更。冬学期に総合日本語の授業設定 新入生歓迎パーティー開催（5月） 日本語・日本文化研修留学生プログラムを留日センターが組織的に担うことが認められる。日研生プログラム運営委員会設置 3部門制廃止：教材開発室、試験開発室、日本語支援室の3室設置（〜2007） REX事前研修、予算の大幅減を受けて、研修内容の大幅な見直し e-learning教材、1年コース授業への活用開始 e-learning教材、中級の教材の電子化開始（留日・情報処理センター共同開発）	横田淳子	63名 (29) 文系35 理系28	4月期： 9名 (8) 10月期： 4名 (4)	6名 (4)	全学日本語プログラム登録者数 4月期： 138名 (39) 10月期： 135名 (41) 以下、留日センター日研生プログラム計21名 (16) （大使館推薦13名 大学推薦8名）
「JLCシンポジウム─日本語スタンダーズを考える」開催（3月） 高大連携事業として、埼玉県教育委員会派遣の教員の受入（1年） センター内改組により、「留学生指導」が「留学生相談・支援室」となる。 留学生の多様化に対応し、国費学部留学生の日本語コースに超既習者クラスを設ける。 留日センター外国人研究者受入に関する申し合わせ（7月） 「国立大学法人東京外国語大学外国語学部・大学院地域文化研究科に置く講座に関する規定」の改正により、留日センター教員の大学院参加は兼担扱いとなり、現状追認された。 広報委員会作成のセンター紹介DVD完成 留日センターのHPリニューアル 従来の「弁論大会」が総合日本語の授業の一環として「修了発表会」となる。	横田淳子	71名 (39) 文系37 理系34	4月期： 23名 (18) 10月期： 3名 (3)	6名 (4)	全学日本語プログラム登録者数 4月期： 154名 (48) 10月期： 141名 (40) 日研生計20名 (12) （大使館推薦12名 大学推薦8名）

	社　　会	日本語教育	文部省／文部科学省	東京外国語大学
2007 (平19)	インドネシア・スマトラ島沖大地震(3月) 郵政民営化(10月)	日本経団連、「外国人受入問題に関する第二次提言」(企業の果たすべき義務：住宅の確保・日本語教育…)(3月) 経済産業省「アジア人材資金構想・高度実践留学生育成事業」 独立行政法人国立国語研究所が大学共同利用機関法人へ移行することが閣議決定される。(12月)	「留学生100万人計画」(教育再生会議) 大阪大学・大阪外国語大学合併統合(4月) 「外国人の子供の不就学実態調査の結果について」 初等・中等教育における外国人児童生徒教育の充実のための検討会、「外国人児童生徒教育の充実と方策について」報告	亀山新体制発足(9月) 「東京外国語大学アクション・プラン2007」(10月) 多言語コミュニティー教育支援室、多言語多文化教育研究センターに統合
2008 (平20)	大型サイクロンミャンマー直撃、四川大地震(5月) 北京オリンピック開催(8月) インドネシアの看護士や介護福祉士300人来日	「留学生30万人計画」(福田首相施政方針演説)(1月)	(留学生数) 文化庁、「地域における日本語教育」(国語分科会日本語小委員会)(3月)	東外大留学生総数574名 69の国と地域(2007年5/1) 大学間交流協定締結校65校(1/1現在) 大学院重点化承認される。(2009年度施行) 特別研修制度始まる。 「国際日本研究センター」準備委員会設立(7月) 東外大出版会立ち上げ(10月) 東外大国際教育プログラム(ISEPTUFS)10周年記念シンポジウム(10月)

（　）内は国と地域の数

留学生日本語教育センター	校長/センター長	国費学部留学生	国費研究留学生	国費教員研修留学生	その他の留学生
在籍生と修了生の交流会(3月) JLC研究会「JLC日本語スタンダーズの実践」開催(3月) 現代GP成果報告シンポジウム「e-日本語―インターネットで拡げる日本語の世界」(3月) 「英語力・日本語力高度化推進プロジェクト」追加概算要求	田山のり子	66名 (27) 文系34 理系32	4月期： 15名 (14) 10月期： 2名 (2)	13名 (9)	全学日本語プログラム登録者数 4月期： 173名 (53) 10月期： 165名 (51) 日研生 計18名 (10) (大使館推薦 12名 大学推薦 6名)
現代GP成果報告シンポジウム「e-日本語―インターネットで拡げる日本語の世界」(3月) プロジェクト統括部署として「教育研究開発プロジェクト」設置される。(4月) 日本語力高度化推進プロジェクト(追加概算不採用に伴う学内措置による。)の実施に伴う任期付き助教採用(4月) 留学生のための日本語ライティング支援コーナー設置(4月) 質の高い大学推進プログラムに「世界的基準となる日本語スタンダーズの構築」申請・ヒアリング受ける。(8月) 新版初級日本語教材、全学日本語プログラムでの試用開始(10月) 新版中級日本語教科書開発開始(4月) 特別研修制度によるセンター研修第1号 (2008.10月～2009.3) 大学院への関わり方、次期中期計画について活発な議論がされる。	田山のり子	60名 (29) 文系37 理系23	4月期： 10名 (10) 10月期： 5名 (4)	10人 (6)	全学日本語プログラム 4月期： 161名 (53) 10月期： 日研生プログラム予定 24名 (18) (大使館推薦 17名 大学推薦　7名)

28年の日本語教育を振り返って
—日本語教育史の現場から—

柏崎　雅世

1. はじめに

　1981年国立オリンピック記念青少年総合センターの広いフロアには、大勢の人々の中国語や日本語が共鳴し響き渡っていた。切実なまでの真剣な思いが厚い空気の層になりそこに立つ者を圧倒した。「中国残留孤児」（当時の呼称）の第一次集団訪日調査の現場である。そこが私の日本語教育経験のスタートであった。

　振り返ってみると、私の28年の日本語教育経験は1980年代からの日本語教育の歴史に寄り添うように進んでいった。この教育の現場における私の日本語教育の経験を語ることは、一つの事例として参考になると考え、ここに述べることにする。付表として「日本語教育に関する動向と私の日本語教育歴対照表」を掲げたので、ご参照いただければ幸いである。

2. 北京時代（1977—1980）での経験

　1977年は、毛沢東がその前年死去し、華国鋒に「あなたに任せれば安心だ」と述べたという会談の大きな立て看板があちこちに立ち、公的建物には毛沢東と華国鋒の肖像画が並んでいる年だった。そのような時期、1977年から3年間北京に滞在する機会を得た。そのときの経験が私の日本語教育の原点である。

北京滞在中に、中国に残された大勢のいわゆる「中国残留婦人」[1]と出会ったのである。日本は高度経済成長を遂げ豊かさが当たり前になっている一方、中国は厳しい文革運動がようやく収束して、落ち着きを取り戻しつつあったものの、経済は停滞したままで、残留婦人は皆、着古して擦り切れた紺の人民服姿であった。そして、望郷の思いをほとばしるように語り、その言葉は私の心に深く刻み付けられた。

3. 帰国した「中国残留孤児」[2]への日本語教育ボランティア

1981年、年少者の日本語教育では草分け的存在の目黒区東根小学校のすぐ裏手に東京特別区の公営住宅があった。そこに「中国残留孤児」が居住することになり、日本語教育が開始された。私はまだ日本語教育や教授法に関する基礎知識もないままボランティアに加わることになった。開始してすぐに、基本的な勉強の必要性を痛感することになり、朝日カルチャーセンターの教師養成講座に通い勉強しながらのボランティア活動となった。まだ十分な知識はないが、ともかく一隣人として役に立てればと、病院に付き添ったり、学校からのお知らせを説明したりと生活にも関わっての活動だった。この間で、もっとも強く記憶に残っているのは、黒龍江省から帰国した1家族だった。その家族は、養父母が貧しかったために学校に行くことができず、識字教育の経験を持っていなかった。4人は黒龍江省の方言しか話さず、私の方はおぼつかない中国語のため、常用していた「漢字で確認する」という方法もとれず、意志の疎通をまったく図ることができなかった。その家族は県営住宅があたり、日常の挨拶をやっと言えるようになった3ヶ月後に引っ越していった。

4. 野村證券研修部における
日本経済研究研修生への日本語教育

日本語教師養成講座の勉強仲間で野村総合研究所勤務の友人から請われて、養成講座修了後、野村證券研修部で中国研修生への日本語教育を2名

の日本語教師で担当することになった。当時の田淵社長の方針で始まったこの研修制度は10年計画の3年目に入っていた。その目的は、中国の経済界の優秀な若手を年に10〜15名招聘し、日本の経済活動や金融制度を研修してもらい、中国帰国後は、日中の経済関係の太いパイプとなりうる人材を育成することであった。研修生は当時の国家計画委員会、国家経済委員会、対外貿易部、中国銀行、その他中国経済の中枢機関の中で、さらに選ばれたえりすぐりの「一を言えば十を知る」ような優れた研修生たちだった。日本語レベルは未習者から政府外交関係の通訳もしていたという超級にまで及んでいた。

　この研修生を対象とした日本語教育は、まさにその後1995年ごろから活発になるビジネス日本語教育の範疇に入るものであったと思うが、まだ当時はそのような捉え方もなく、初級教材は『日本語の基礎』だった。この研修計画は7年をもって打ち切りとなった。中国経済が真に活性化するのはそれから6〜7年後ぐらいであり、おそらくこの時点では、研修成果が十分に得られなかったか、またはその見通しが立たなかったということかもしれない。

5. 日本語学校就学生に対する日本語教育

　1986年ビザ取得手続きの簡素化により就学生が急増する状況下で、数多くの日本語学校が設立された。私も非常勤講師として勤めることになった東京国際大学付属日本語学校もその一つであった。この日本語学校は教師陣を揃え、しっかりしたコースカリキュラムを立てて発足した。教科書は学友会発行の『日本語』が使用された。現在は、東外大（東京外国語大学）留学生日本語教育センター発行の『初級日本語』『中級日本語』が使用されている。その初年度は、わずか5人の就学生で教師数のほうが多い中のスタートだったが、教育の成果は高く、数年で大きな日本語学校に成長した。この当時、初級日本語の読解教材といえば、ただ単に文型練習のためだけのまったく内容的に興味がわかないものであった。しかし、日本文化・社会・習慣などの内容が盛り込まれていて、読んで面白い読解教材であれば一層学習への意欲

が高まると考え、主任の三井豊子先生指導の下、6人の共著で作成したのが『読解20のテーマ』であった。

　この時代に、もう少し日本語学・日本語教授法等について深く学びたいと考え、おずおずと門戸を叩いたのが東京外国語大学大学院日本語学専攻であり、入学の許可を得たのは45歳であった。在学中は窪田富男先生に師事し大変お世話になるとともに、待遇表現や語用論の世界に導いていただいた。また、最初に論文の書き方のご指導をいただいたのは故松田徳一郎先生であった。

6.　東外大留学生日本語教育センターにおける日本語教育

　大学院修了の翌年、センターの教員募集に「年齢50歳まで」とあったのを見出した。年齢的にも応募可能と分かり、さっそく応募し、ほんとに幸いにも採用していただけることになった。この時には、まさに日本語教育のメッカとも言える機関で仕事をさせていただける喜びと、あまりにも恵まれた幸運に畏れおののくような気持ちであったことを覚えている。この時期は、「留学生10万人計画」に基づき、留学生が増加し始め、5万人に達しようとする時で、センターが受け入れている文部省(当時)奨学金を得て来日する国費留学生数も増加してきていた。

　センターに入ってからは、さまざまな仕事に携わることになった。日本語教育の対象学生としては、学部進学を目指す国費留学生、日韓理工系大学留学生、日本語・日本文化研修留学生、教員研修生などである。また、REX (外国教育施設日本語指導教員派遣事業)事前研修担当、長春赴日予備学校における基礎日本語教師派遣団団長などの業務、そして、さまざまな日本語教育教材の作成を行った。『中級日本語　語彙文型例文集』の語彙編の編集に続いて、姫野昌子元センター長の精力的なご指導の下『上級日本語』『実力日本語』シリーズ、さらに、放送大学教材、『日本語表現活用辞典』などの作成にも共著者として参加できたことはこの上ない幸せであった。『日本事情テキストバンク』は作成チーフとして、これも良き共同編集メンバーに恵まれ、日本内外の研究者と連絡を取りながら汎用性の高い教材を作成するこ

とができた。また、センター教員の研究成果と知見で構成された吉川武時先生編の『形式名詞がこれでわかる』をまとめさせていただいた。

　2002年からは新たに立ち上げられた大学院日本語教育(学)専修コースにおいても、教育現場での体験に基づき、教育という視点からの日本語教育学研究や教師養成に関わって今日に至っている。大学院生の真摯な教育や研究への姿勢、あふれるようなアイデアと工夫などは大きな刺激であった。経済や情報のグローバル化の新たなる時代の中で、修了生が世界に羽ばたき、日本語教育の幅広いネットワークを構築してくれることを楽しみにしている。

7. おわりに

　多様な背景を持つ学習者に対する日本語教育は、決して教える側と教えられる側という上下関係における知識の伝授ではなく、文化や社会習慣の相違、政治や経済の流れを超えたところで、同じ人として正面から向き合い、自分自身を開示しながら、気持ちを伝え合っていくものだと思っている。

　日本語教育の変化の流れの中で、様々な先生方、共にチームを組んで仕事をしたり学んできた同僚や仲間たち、そして多様な学習者や院生に、常に支えられ、教えられ、恵まれた環境で次々と仕事ができたことに、深い感謝の気持ちでいっぱいである。最後に、このような退職記念論文の編集の労をとってくださった藤森弘子・楠本徹也・宮城徹・鈴木智美・花薗悟諸氏、補佐をしてくれた韓金柱さんに心より感謝の気持ちを申し上げる。

注

1　中国に残され、あるいは残らざるを得なかった日本人のうち、終戦時13歳未満は「残留孤児」、13歳以上は「残留婦人」と呼ばれていた。
2　「孤児」は当時の呼称で、これは最年少でも35、6歳、年長者は50歳になっている成人であり、その線引きにも強い批判があったので、この呼称には「　　」で示す。

(付表)

年	日本語教育に関係する動きと流れ	私の日本語教育
1972	日中国交回復　国際交流基金発足	
1975	ベトナム戦争終結によるボートピープルの到着	
1977～1980		中国・北京に滞在(「中国残留婦人」との出会い)
1977	中国政府派遣日本語教員研修生受け入れ開始(～1979)	
1979	中国赴日本国留学生予備教育(長春)への教師派遣開始	
1980	インドシナ難民大和定住促進センター開設(1996閉所)	
1981	中国残留孤児第一次集団訪日調査開始(肉親判明率63.8%)	中国帰国者の日本語教育ボランティア開始
1983	国際救援センター開設(合法出国計画による呼び寄せ家族中心) ・中曽根首相「留学生10万人計画」を出す	野村證券株式会社研修部における日本語研修(～1988)
1984	・中国帰国者定着促進センターで日本語教育開始 ・第1回「日本語能力試験」実施	
1986	ビザ取得手続きの簡素化により就学生急増	
1987～1990		東京国際大学日本語学校で就学生の予備教育
1990	「出入国管理および難民認定法(入管法)」改正→日系人の就労受け入れ	東京外国語大学外国語学部研究科日本語学専攻入学(～1992修了)
1991	文省「日本語指導が必要な外国人児童生徒の受け入れ状況等に関する調査」開始	東京外国語大学研究生日本語補講担当
1992	外国人登録者数が総人口の1%を超える 外国人児童生徒指導用教材『にほんごをまなぼう』刊行	東京女子大学(～1993)・國學院大學での留学生日本語教育(～1994)
1993	外国人児童生徒が1万人を超える	東外大留学生日本語教育センターに採用される
1994	外国人留学生が5万人を超える	文部省「外国人子女等日本語指導講習会」講師
1995	文部省『ようこそ日本の学校へ―日本語指導が必要な外国人児童生徒の指導資料―』刊行	同上
1996	・文部省＆東京外国語大学「外国人子女に対する日本語指導に関する調査研究」(～1998) ・ジェトロビジネス日本語能力テスト実施	
1997		中国赴日本国留学生予備学校における基礎日本語教育(長春)
1998		・REX事前研修担当(～2002) ・文部科学省「外国人児童生徒等日本語指導講習会」講師(～2001)
2000	日韓共同理工系学部留学生受け入れ開始	日韓共同理工系学部留学生(東大工学部進学予定)の日本語教育
2001	文部科学省＆学芸大学「JSLカリキュラムの開発」開始	日本語教育学会日本語教師研修委員会委員(～2005)
2002		大学院日本語教育(学)専修コース担当開始
2005		日本語教育学会評議委員・学会誌委員(～2009)

柏崎雅世教授略歴

（撮影：荒川洋平　東京外国語大学留学生日本語教育センター准教授）

名前　　　柏崎 雅世（かしわざき まさよ）
生年月日　1945年7月1日

学　歴

1964年3月　　東京都立西高等学校卒業
1964年4月　　東京女子大学文理学部入学
1968年3月　　同大学文理学部社会学科卒業
1990年4月　　東京外国語大学外国語学部研究科日本語学専攻入学
1992年3月　　同大学院修了

日本語教育職歴

1983年12月　　野村證券株式会社研修部において中国研修生（日本の経済研究のために来日）に対する日本語研修担当（～1988年12月）
1987年4月　　東京国際大学付属日本語学校非常勤講師（～1990年12月）

1991年4月	東京外国語大学研究生日本語補講講師(～1993年9月)
1992年4月	東京女子大学文理学部非常勤講師(日本事情担当)(～1993年3月)
1992年4月	國學院大學文学部兼任講師(～1994年3月)
1993年10月	東京外国語大学留学生日本語教育センター助教授
2001年4月	東京外国語大学留学生日本語教育センター教授
2002年4月	東京外国語大学大学院地域文化研究科言語応用専攻日本語教育学専修コース兼担
2008年4月	放送大学客員教授

学会・社会的活動関係

1994・1995年	文部省「外国人子女等日本語指導講習会」講師
1998年8月	文部科学省「外国人児童生徒等日本語指導講習会」講師(～2003年8月)
2001年4月	日本語教育学会日本語教師研修委員会委員(～2005年3月)
2005年7月	日本語教育学会評議会委員(～2009年6月)
2005年7月	日本語教育学会学会誌委員会委員(～2009年6月)

業績一覧

研究業績

1991年 「「(て)下さい」について―行動要求表現における機能分析」『東京外国語大学日本語学科年報』13

1993年 『日本語における行為指示型表現の機能―「お～／～てください」「～てくれ」「～て」およびその疑問・否定疑問形について』くろしお出版

1995年 「「そう」で導かれモダリティーを伴った応答文について」
『日本語の研究と教育 窪田富男教授退官記念論文集』専門教育出版

1996年 「インフォーマルな［と］相談における談話運営の発話」
『東京外国語大学留学生日本語教育センター論集』第22号

1997年 「インフォーマルな「と」相談における提案の分析」『日本語教育』92号
(共著：柏崎雅世・足立さゆり・福岡理恵子)

1997 年 「文体変化に伴う丁寧さを示すための勧め表現の交替―手紙文の場合」
『東京外国語大学留学生日本語教育センター論集』第 23 号
1997 年 「日本語は曖昧か―応答文「そうでもない」から受ける印象の日中対照」
『日本語教育論集 国際シンポジウム編』第 4 号 東北師範大学出版社
2000 年 「「ことになる」「ことにする」の意味と用法その一「ことになる」」
『東京外国語大学留学生日本語教育センター論集』第 26 号
2001 年 「「ことになる」「ことにする」の意味と用法その二「ことにする」」
『東京外国語大学留学生日本語教育センター論集』第 27 号
2005 年 「「について」と「に関して」―「に対して」を視野に入れながら」
『東京外国語大学留学生日本語教育センター論集』第 31 号
2006 年 「日本語教育の視点からの"着"の用法分析―日中アスペクト表現の対照研究(1)」『東京外国語大学留学生日本語教育センター論集』第 32 号
(共著：楊紅・柏崎雅世)
2007 年 「テーマを示す複合助詞「について」と格助詞「を」」
『東京外国語大学留学生日本語教育センター論集』第 33 号

教育・教材作成業績

1991 年 『初級日本語問題集　読解 20 のテーマ』凡人社(共著：三井豊子・柏崎雅世・柴田章江・田中晶子・宮田百合子・山形美保子)
1994 年 『中級日本語　語彙・文型例文集』東京外国語大学留学生日本語教育センター編著　凡人社(「語彙編」の最終責任編集者：池田智子・柏崎雅世・渡邉裕司)
1998 年 『上級日本語』東京外国語大学留学生日本語教育センター編著　凡人社
(共同編集：姫野昌子・伊丹千恵・柏崎雅世・金子比呂子・藤村知子)
1998 年 『実力日本語―豊かな語彙・表現力をめざして(上)』東京外国語大学留学生日本語教育センター編著　発行アルク　発売 凡人社
(共著：姫野昌子・田山のり子・柏崎雅世)
1999 年 『実力日本語―豊かな語彙・表現力をめざして(上)単語・文法解説書(中国語版)』東京外国語大学留学生日本語教育センター編著　発行アルク　発売 凡人社
(共同編著：姫野昌子・田山のり子・柏崎雅世)
2000 年 『実力日本語―豊かな語彙・表現力をめざして(下)』東京外国語大学留学生日本語教育センター編著　発行アルク　発売 凡人社
(共著：姫野昌子・田山のり子・柏崎雅世)
2000 年 『実力日本語―豊かな語彙・表現力をめざして(下)単語・文法解説書(中国語版)』

東京外国語大学留学生日本語教育センター編著　発行アルク　発売 凡人社
(共同編著：姫野昌子・田山のり子・柏崎雅世)

2000 年　『日本語 I ―外国語としての』姫野昌子・吉岡英幸・伊東祐郎編著　放送大学教育振興会　(他共著者：荒川洋平・柏崎雅世・小林幸江・鈴木美加・藤村知子)

2003 年　『形式名詞がこれでわかる』吉川武時編 代表：小林幸江・柏崎雅世　ひつじ書房
(共著者 14 名)

2003 年　『日本事情テキストバンク―新たな授業構築に向けて』CD–ROM 版　東京外国語大学留学生日本語教育センター作成(開発チーフ担当　共同編集：柏崎雅世・菅長理恵・鈴木美加・藤村知子・藤森弘子)

2004 年　『日本語表現活用辞典』姫野昌子監修　研究社(共著：姫野昌子・柏崎雅世・藤村知子・鈴木智美・花薗悟・横井雅子・種田美由紀)

2005 年　「年少者日本語教育とは？―日本国内外での傾向と取り組み」『日本語教育通信』第 51 号 国際交流基金

2006 年　『日本語基礎 A('06)―文法指導法と学習』姫野昌子・伊東祐郎編著　放送大学教育振会(他共著者：荒川洋平・柏崎雅世・小林幸江・鈴木美加・藤村知子)

2006 年　『外国・在外教育施設における日本語教育の現状と需要調査研究』科学研究費補助金海外学術調査基礎研究(B)成果報告書課題番号 15401017 研究代表者：藤森弘子　研究分担者(伊東祐郎・柏崎雅世・中村彰)

2007 年　『複合助詞がこれでわかる』グループ KANAME 編著代表鈴木智美　ひつじ書房
(共著者 12 名)

教育関係報告

1995 年　「3 学期プログラムとしての「専門日本語・経済」の方法―「アジャンクト・プログラム」の試み」『東京外国語大学留学生日本語教育センター論集』第 21 号
(共著：柏崎雅世・池田智子)

1998 年　「中国赴日本国留学生予備学校における基礎日本語教育― 1997 年度報告」『東京外国語大学留学生日本語教育センター論集』第 24 号

2001 年　『国際教育協力の現状と課題― REX プログラム 10 年の総括と展望　第三者評価・自己点検評価報告書』東京外国語大学留学生日本語教育センター日本語教育推進企画部　(共同編著：藤森弘子・柏崎雅世・金子比呂子・土屋順一)

2002 年　「英仏中等教育機関における REX プログラムに関わる日本語教育事情の現状と課題」『東京外国語大学留学生日本語教育センター論集』第 28 号

2004 年　「『日本事情テキストバンク』の教材開発」『東京外国語大学留学生日本語教育セ

2009年 ンター論集』第30号
「大学学部進学留学生に対する「漢字系統樹」指導の試み―東京外国語大学留学生日本語教育センターにおける実践報告」『日本語教育連絡会議論文集』Vol.21

その他の著作
1981年 『遥かなる北京の日々』朝日ソノラマ
1983年 「アッカンべぐに」『日本児童文学』1月号 偕成社

あとがき

　柏崎雅世先生はその温かなお人柄と鋭い洞察力から教育者としても研究者としても卓越した存在であると思います。それ故、多くの人々が自然と回りに集まってくるのでしょう。3月13日に行われた最終講義と記念パーティーには多くの方が参加され、笑いと感動でいっぱいでした。

　ここに収められた論文は、留学生教育・日本語教育研究を専門とする専任教員ならびに東京外国語大学大学院の日本語教育学専修コース(日本語教員養成修士課程)の修了生たちによるものです。「日本語教育学研究への展望」というタイトルどおり、日本語教育の領域に関わる幅広い論文が27も集まりました。第1章 音声・語彙・文字、第2章 文法、第3章 会話分析、第4章 国内外の教育実践報告・留学生施策についてなど、内容は多岐にわたっています。日本語教育の需要が高まるにつれ、ますます研究の広がりと深みが増していくことが望まれます。

　本書出版を快く引き受けてくださったひつじ書房代表取締役の松本功氏をはじめ、細かい校正作業などを担当してくださった細間理美氏に心よりお礼申し上げます。また、本書を編集するに当たり、当初からさまざまなアイデアを出し合い、修了生の論考の査読や最終の校正作業を共にした花薗悟氏、楠本徹也氏、宮城徹氏、鈴木智美氏に心より感謝いたします。

平成21年3月吉日
編集代表　藤森弘子

執筆者紹介　（論文掲載順　＊は編者）

姫野昌子（ひめの　まさこ）　放送大学教授
　　日本語教育学

金愛子（きむ　えじゃ）　東京外国語大学大学院地域文化研究科博士後期課程
　　言語学、音声学

柳澤絵美（やなぎさわ　えみ）　東京外国語大学留学生日本語教育センター助教
　　日本語音声学、日本語教育

韓金柱（かん　きんちゅう）　東京外国語大学大学院地域文化研究科博士後期課程
　　日本語教育、意味論

鈴木綾乃（すずき　あやの）　東京外国語大学大学院地域文化研究科博士後期課程
　　日本語教育学、第二言語習得論

黄慧（こう　けい）　東京外国語大学大学院地域文化研究科博士後期課程
　　日本語教育、対照言語学

田山のり子（たやま　のりこ）　東京外国語大学留学生日本語教育センター教授
　　日本語教育学、文章論

善如寺俊幸（ぜんにょじ　としゆき）　東京外国語大学留学生日本語教育センター准教授
　　漢字学、漢字教育、日本語教育

楊紅（よう　こう）　中国重慶大学外国語学院日本語学部助教授
　　日本語学、日本語教育学

王景傑（おう　けいけつ）　中国重慶大学大学院日本語学専修コース
　　日本語学

梓沢直代（あずさわ　なおよ）　元中国青海民族学院講師
　　日本語教育学

清水淳（しみず　じゅん）　亜細亜大学経営学部講師
　　日本語学、日本語教育学、対照言語学

張麗（ちょう　れい）　東京外国語大学大学院地域文化研究科博士後期課程
　　日本語教育学、社会言語学

鈴木智美（すずき　ともみ）＊　東京外国語大学留学生日本語教育センター准教授
　　現代日本語意味論、日本語教育

花薗悟（はなぞの　さとる）＊　東京外国語大学留学生日本語教育センター准教授
　　日本語学

池田智子（いけだ　ともこ）　桜美林大学言語学系・基盤教育院准教授
　　コミュニケーション学（相互行為分析）、日本語教育

郭碧蘭（かく　へきらん）　台湾真理大学応用日語学系助理教授
　　日本語教育、応用言語学、語用論

金銀美（きむ　うんみ）　東京外国語大学大学院地域文化研究科博士後期課程、桜美林大
　　学オープンカレッジ講師
　　日本語教育、応用言語学、会話分析

宮武かおり（みやたけ　かおり）　東京外国語大学大学院地域文化研究科博士後期課程
　　日本語教育学、自然会話分析

藤森弘子（ふじもり　ひろこ）＊　東京外国語大学留学生日本語教育センター教授
　　日本語教育学、応用言語学（第二言語習得論）

渕上真由美（ふちがみ　まゆみ）　ベオグラード大学言語学部東洋学科講師
　　日本語教育学

和田沙江香（わだ　さえか）　ベオグラード大学言語学部東洋学科講師
　　日本語教育、応用言語学

菅長理恵（すがなが　りえ）　東京外国語大学留学生日本語教育センター准教授
　　日本語文法、古典、俳句

工藤嘉名子（くどう　かなこ）　東京外国語大学留学生日本語教育センター講師
　　日本語教育学

坂本恵（さかもと　めぐみ）　東京外国語大学留学生日本語教育センター教授
　　日本語学、日本語教育学

宮城徹（みやぎ　とおる）＊　東京外国語大学留学生日本語教育センター准教授
　　異文化間心理・教育学、臨床心理学

岡田昭人（おかだ　あきと）　東京外国語大学外国語学部地域・国際講座准教授
　　比較・国際教育学、留学生政策

中島久朱（なかじま　くす）　東京外国語大学大学院地域文化研究科博士後期課程
　　比較・国際教育学、日本語教育学

伊東祐郎（いとう　すけろう）　東京外国語大学留学生日本語教育センター教授
　　日本語教育学、応用言語学（テスト研究）

小林幸江（こばやし　ゆきえ）　東京外国語大学留学生日本語教育センター教授
　　日本語教育学

柏崎雅世（かしわざき　まさよ）　東京外国語大学留学生日本語教育センター教授
　　日本語教育学

	シリーズ言語学と言語教育 【第19巻】 日本語教育学研究への展望 柏崎雅世教授退職記念論集
発行	2009年3月31日　初版1刷
定価	7200円＋税
編者	©藤森弘子・花薗悟・楠本徹也・宮城徹・鈴木智美
発行者	松本功
装丁者	吉岡透 (ae)／明田結希 (okaka design)
本文フォーマット	向井裕一
印刷所	三美印刷 株式会社
製本所	田中製本印刷 株式会社
発行所	株式会社 ひつじ書房 〒112-0011　東京都文京区千石2-1-2 大和ビル2F Tel 03-5319-4916　Fax 03-5319-4917 郵便振替　00120-8-142852 toiawase@hituzi.co.jp http://www.hituzi.co.jp

造本には充分注意しておりますが、落丁・乱丁などがございましたら、小社かお買上げ書店にておとりかえいたします。
ご意見、ご感想など、小社までお寄せ下されば幸いです。

ISBN978-4-89476-441-5　C3080
Printed in Japan